A Guide to MATLAB® for Beginners and Experienced Users

기초부터 응용까지

MATLAB® 프로그래밍 응용

여영구 역

Brian R. Hunt
Ronald L. Lipsman
Jonathan M. Rosenberg

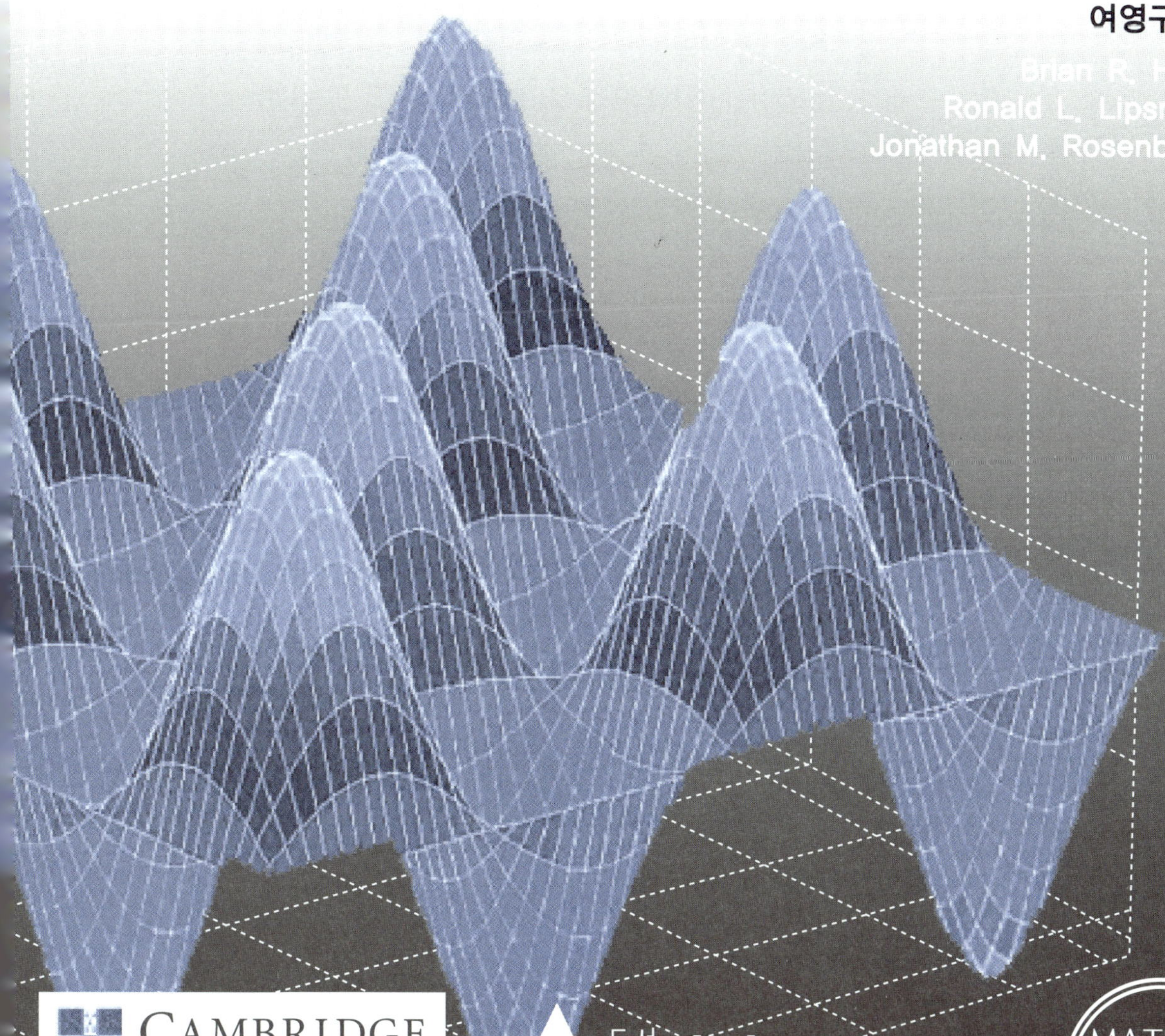

CAMBRIDGE UNIVERSITY PRESS

A-JIN 도서출판 아진

MATLAB® version 7

A Guide to MATLAB®

for Beginners and Experienced Users

Brian R. Hunt
Ronald L. Lipsman
Jonathan M. Rosenberg

"나의 가는 길은 오직 그가 아시나니 그가 나를 단련하신 후에는 내가 정금같이 나오리라 (욥23 : 10)"

This edition of *A Guide to MATLAB® 2/E* by *Hunt, Lipsman, Rosenberg* is published by arrangement with Cambridge University Press UK.

ISBN : 9780521615655
Translated by A-jin Publishing Co.
Printed in Korea

차 례

머리말

MATLAB®은 고급 테크니컬 컴퓨팅 언어이며 알고리듬 개발, 데이터 제시, 데이터 분석, 그리고 수치계산을 위한 대화식 환경이다. MATLAB을 이용하면 C, C++, 그리고 Fortran과 같은 종래의 프로그래밍 언어들보다 더 빠르게 테크니컬 컴퓨팅 문제들을 해결할 수 있다. -The MathWorks, Inc.

위의 언급은 MATLAB의 개발자인 *The MathWorks, Inc.*의 관점을 함축하고 있다. MATLAB® 7은 야심적인 프로그램이다. 이 프로그램은 수학적 연산을 수행하기 위한 수백 개의 명령어들을 포함한다. 이 프로그램을 이용하여 함수의 그래프와 방정식의 풀이 및 통계적 테스트는 물론 더 많은 작업들을 수행할 수 있다. MATLAB은 Fortran과 C와 같은 언어들과 교통할 수 있는 고급 프로그램 언어이다. 사용자는 소리를 만들고 그래픽스를 움직이게 할 수 있다. 또한 (특히 사용자가 기본적인 MATLAB 뿐만 아니라 Simulink에도 접속할 수 있다면) 모사와 모델링을 수행할 수 있다. 사용자는 웹에 올릴 수 있는 자료를 만들 수 있다. 나아가 MATLAB을 이용하여 수학적 계산을 텍스트 및 그래픽과 결합시킴으로써 세련되고 통합된 대화식 문서를 만들 수 있다.

이와 같이 정교한 프로그램은 많은 속성들과 옵션들을 포함한다. 사용자가 활용 가능한 수백 개의 유용한 명령어들이 있다. MATLAB의 도움기능은 수천 개의 항목들을 포함하고 있다. 표준적인 참고문헌들은 제품에 대한 MathWorks 사의 사용자 지침이거나 이 책과 경쟁이 되는 다른 어떤 책들이건 간에 명령어, 옵션, 그리고 사용자가 학습하거나 접속할 것으로 기대되는 속성들을 나타내는 수많은 표들을 포함하고 있다.

MATLAB®은 환상적인 계산기 이상이다; MATLAB은 극히 유용하고 다재다능한 도구이다. MATLAB에 대해서 단지 조금만 알고 있다고 하더라도 이를 이용하여 상당한 것들을 성취할 수 있다. 그러나 MATLAB을 신속하고 효과적으로 사용하고자 할 때 어려운 점은 수백 개의 명령어, 수많은 도움말, 그리고 수천 개의 항목들 가운데 어느 것을 살펴볼 필요가 있는가 하는 것이다.

이 점이 바로 우리가 주목하고 있는 부분이다.

우리는 왜 이 책을 쓰게 되었는가

이 책의 목표는 사용자가 MATLAB을 빠르고 성공적으로 사용할 수 있도록 하여 주는 것이다. 세세한 내용으로 힘들게 하지 않고 여러분이 알 필요가 있는 MATLAB 부분들을 집어내어 주고 있다. 여러분이 자신의 작업을 수행할 때에 참조할 수 있는 MATLAB의 실제적 사용에 대한 보기들은 물론 MATLAB의 가장 유용한 속성들에 대한 간명한 참조를 제공하고 있다. 여러분이 이 책을 마치게 되면 MATLAB을 효율적으로 사용할 수 있게 될 것이다. 또한 스스로 MATLAB에 대하여 더 탐색할 준비가 갖추어지게 될 것이다.

이 책을 마쳤을 때 MATLAB 전문가가 되지 않을 수도 있지만 그것이 여러분이 원하는 것이라면 그런 전문가가 될 준비는 갖추게 될 것이다. 그 분야가 금융이나 물리학, 심리학이나 공학이건 간에 여러분은 아마 자신의 전문분야에서 전문가가 되는 데에 더 관심이 있을 것으로 생각한다. 여러분은 우리가 하는 방법대로 MATLAB을 도구로서 사용하기를 원하고 있다. 이 책은 여러분이 하고 있는 일을 잘 진척시킬 수 있도록 가능한 한 빨리 유능한 MATLAB 사용자가 되는 것을 도와주기 위해 고안되었다.

누가 이 책을 읽어야 되는가

이 책은 완전한 입문자, 기법을 다듬어 보려는 간헐적인 사용자, MATLAB® 7의 새로운 특징들에 대하여 학습하기를 원하는 중급이나 숙련된 사용자, 혹은 Simulink 사용법을 익히려는 사용자, 그리고 자신들이 모르는 어떤 것을 저자들이 알고 있는지를 확인하여 보려는 전문가들에게까지도 유용할 것이다.

여러분은 MATLAB®을 스스로 학습하기 위해 이 지침서를 독파할 수 있다. 여러분의 고용주(혹은 교수)가 여러분을 MATLAB이 설치된 컴퓨터 앞에 주저앉히고 MATLAB 사용법을 익히도록 지시했을 때 이 책이 특히 유용함을 알게 될 것이다. 여러분이 가르치거나 택하고 있는 교과과정에서 – 수학, 과학, 공학, 경영, 혹은 통계 등 – 다른 주제의 탐색을 위해 MATLAB을 도구로 사용하기를 원하는 경우 이 책은 완벽한 보충자료가 될 것이다.

이미 언급한 바와 같이 우리는 MATLAB® 7의 사용을 위해 이 지침서를 저술하였다. 그러나 여러분이 MATLAB® 5나 MATLAB® 6을 계속 사용하고자 한다 하여도 여전히 이 책으로부터 도움을 얻을 수 있다. 이 책에서 MATLAB 명령어에 관한 사실상의 모든 내용들은 모든 MATLAB 버전들에 적용된다. 이전의 버전들에서 찾아볼 수 없는 MATLAB® 7의 우선적인 특징들은 제 2장에서 다루는 익명함수, 그리고 제 3장과 7장에서 다루는 출판 들이다. 이들 외에는 주로 제 1장, 3장 및 9장에서 찾아볼 수 있는 MATLAB 접속에 대한 일부 내용들만이 MATLAB® 5에 적용되지 않는다.

이 책은 어떻게 구성되어 있는가

이 책의 저술에 있어서 우리는 중요한 정보를 가능한 한 신속하게 제공하는 데에 집중하기 위해 경험에 의존하였다. 이 책은 MATLAB에 대한 짤막하고 집중된 소개를 포함하고 있다. 이 책은 (완전한 풀이와 함께) 연습문제들을 포함하고 있어서 여러분의 지식을 테스트해 볼 수 있다. 여러분에게 MATLAB이 어떻게 실제 응용에 사용될 수 있는지를 보여주는 몇 가지의 예시적인 샘플들이 있으며 오류의 해결에 한 장을 할애하고 있다.

이 책의 핵심은 제 1장~4장 및 제 5장의 앞부분으로 이루어져 있다. 이 부분을 많이 읽으면 MATLAB의 기본을 잘 파악하게 될 것이다. 나머지 부분 – 그래픽 관련의 나머지 부분과 프로그래밍, 출판, Simulink, GUI, 응용, 오류 해결, 그리고 용어해설 – 들을 읽으면 MATLAB으로 상당한 작업을 하기에 충분할 만큼 알게 될 것이다.

다음은 이 책의 내용에 대한 자세한 요약이다.

제 1장 *시작하기*는 다양한 한경에서 MATLAB을 어떻게 시작할 것인가를 다루고 있다. 여기에서는 명령어 입력방법, 실시간 도움말 찾는 방법, 마주치게 될 여러 가지 MATLAB 창들의 인식방법, 그리고 작업중지 방법들을 소개하고 있다.

제 2장 *MATLAB® 의 기초*는 MATLAB을 이용하여 초보적인 수학 연산을 하는 방법을 보여주고 있다. 이 장은 가장 핵심적인 MATLAB 명령어들을 포함한다.

제 3장 *MATLAB® 과의 접속*은 MATLAB 데스크톱 접속을 소개하고 있다. 이 장은 작업에서의 기본적인 창 특징, 소프트웨어를 가장 효과적으로 사용하기 위해 이용하게 될 소규모 프로그램 파일 (M-파일), 그리고 MATLAB 작업결과를 보여주는 몇 가지 방법들을 소개하고 있다. 이 장을 마친 후에는 여러분은 이 머리말 서두의 인용부분에서 언급된 폭을 더 잘 이해하게 될 것이다.

연습 A *대수와 연산*은 여러분이 새로 알게 된 MATLAB 기법들을 연습하여 보기 위한 몇 가지의 간단한 문제들을 포함하고 있다. 이 문제들에 대한 풀이도 제공되어 있다.

제 4장 *기초를 넘어서*는 MATLAB을 효과적으로 사용하는 데에 필수적인 사항들

에 대한 설명들을 포함하고 있다.

제 5장 *MATLAB® 그래픽*은 그래프 작성을 위한 많은 MATLAB 명령어들에 대하여 자세히 살펴보고 있다.

연습 B *미적분, 그래픽, 그리고 선형대수*는 여러분이 익힌 것을 연습하여 볼 또 다른 기회를 제공하고 있다. 이전과 마찬가지로 이들에 대한 풀이가 제시되어 있다.

제 6장 *프로그래밍*은 MATLAB의 프로그래밍 특징들을 소개하고 있다. 이 장은 초보 프로그래머 및 숙련된 Fortran이나 C 프로그래머 모두에게 유용하도록 고안되었다.

제 7장 *출판과 M-북*은 M-파일과 publish 명령어를 사용하거나 MATLAB과 마이크로소프트 워드를 조합하여 MATLAB® 7에서 사용 가능한 워드 처리 및 데스크탑 출판 속성들을 소개하고 있다.

제 8장 *Simulink*는 동적 시스템의 모델링, 모사, 그리고 분석을 위한 그래픽 지향 패키지로서 MATLAB의 짝인 Simulink 소프트웨어를 다루고 있다. MATLAB으로 수행될 수 있는 많은 계산들은 마찬가지로 Simulink에 의하여 동등하게 수행될 수 있다. Simulink에 접속할 수 없다면 제 8장을 생략하도록 한다.

제 9장 *GUI*는 MATLAB을 사용한 그래픽 사용자 접속기(GUI)의 구성과 배치를 소개하고 있다. 이 장은 대부분의 다른 장들보다 약간 고급이다.

제10장 *응용*은 많은 서로 다른 영역들에서 MATLAB 및 Simulink를 사용하는 실제 문제들의 풀이에 대한 보기들을 제시하고 있다.

연습 C *MATLAB® 기법의 향상*은 그 풀이에 제 6장~10장에서 익힌 방법과 기법들이 사용되는 연습문제들을 포함하고 있다.

제11장 *오류의 해결*은 무언가가 잘못되었을 때 찾아볼 곳이다. 많은 공통적인 문제들은 이 장의 조언을 읽음으로써 (그리고 되풀이 읽음으로써) 해결될 수 있다.

*용어해설*은 많은 MATLAB 명령어들과 객체들에 대한 간략한 설명들을 포함하고 있다. 이는 완전한 참고는 되지 못하지만 MATLAB의 대부분의 중요한 특징들에 대한 간편한 지침이 된다.

이 책에서 사용되는 규칙들

이 책에서는 다양한 것들을 구별하기 위해 독특한 폰트들을 사용하고 있다. 새로운 항목이 처음으로 소개는 경우 이 항목은 *이탤릭* 체로 되어있다. MATLAB 명령어들과

출력들은 간혹 다음과 같이 별도의 줄로 나타난다:

```
>> x = sqrt(2*pi + 1)
x =
   2.6987
```

(MATLAB 데스크톱, 그림창 등의 메뉴 바에서) 선택 가능한 메뉴 항목들은 **굵은** 체로 표시된다. 부메뉴들은 File:Open...과 같이 주메뉴 항목들과 콜론으로 구분된다. 창들의 이름이나 버튼들은 "정규" 서체로 인용부호 안에 위치한다. 컴퓨터 키보드 상의 키 이름들은 대문자로 표시된다.

이 책에서는 특별한 기호들이 사용되고 있다. 그 의미는 다음과 같다.

☞ 이 표시가 있는 문장은 이 책의 다른 부분들에 대한 교차 참조나 어디에서 다른 장으로 넘어갈 것인지에 대한 제안을 포함한다.

➪ 이 표시가 있는 문장은 중요한 사항을 포함한다. 우리가 좋아하는 것은 "작업을 빈번하게 저장하라"라는 메시지이다. 이 표시가 있는 문장에 특히 주의를 기울이기 바란다.

✔ 이 표시가 있는 문장은 유용한 요령이나 관심있는 특징들을 포함하고 있다. 첫 번째 읽을 때에는 이들에 대하여 수의깊게 생각할 필요는 없을 수도 있으나 후에 되돌아 살펴본다면 MATLAB의 일부 세부적인 사항들에 대한 여러분의 관심을 끌 수 있다.

☆ 이 기호로 시작하는 장, 절, 혹은 문제들은 이 책의 나머지보다 약간 더 고급스러운 것들로서 원한다면 첫 번째 읽을 때에는 건너뛸 수 있다.

\# 이 기호가 있는 부분은 (*수치*에 대하여) *기호*계산에 사용되는 MATLAB의 기호 수학 툴박스의 속성들을 다룬다. 기호 수학 툴박스를 사용하지 않는다면 이 부분들은 건너뛸 수 있다.

 이 기호가 있는 문장은 Simulink의 특징들을 다룬다. Simulink를 사용하지 않는다면 이 부분들은 건너뛸 수 있다.

여러분이 학생이고 학생용 버전의 MATLAB을 구입하였다면 그 패키지에는 기본적인 MATLAB과 함께 기호 수학 툴박스와 Simulink가 자동적으로 포함되어 있다.

저자들에 대하여

저자들은 미국 워싱턴 College Park에 있는 메릴랜드 대학교의 수학과 교수들이다. 우리들은 연구와 수학관련 교과목들에서 발표와 예시, 웹 및 책을 위한 그래픽 작성, 그리고 집에서 아이들의 숙제를 도와주는 데에까지 MATLAB을 사용해 오고 있다. 여러분들 역시 우리들과 마찬가지로 MATLAB이 유용하다는 것을 알게 될 것으로 희망하며 여러분이 신속하고 효과적으로 MATLAB을 사용하는 것을 익히는 데에 이 책이 도움이 될 것으로 생각한다.

감사. 우리는 우리들의 연구에 대한 국립과학재단의 지원에 대하여 기쁘게 감사를 드린다. 국립과학재단은 이 책의 저술을 위해 수년 동안 기여해 주었다. 제 2판의 작업은 부분적으로 국립과학재단 보조금 DMS-0103647, DMS-0104087, ATM-0434225, 그리고 DMS-0504212에 의해 지원받았다. 이 책의 내용에 제시된 의견, 발견, 그리고 결론이나 제언들은 저자들에 의한 것이며 국립과학재단의 관점을 반드시 반영하는 것은 아니다.

Brian R. Hunt
Ronald L. Lipsman
Jonathan M. Rosenberg

College Park, 메릴랜드
2006년 1월

제 1 장
시작하기

이 장에서는 MATLAB®을 효과적으로 이용하기 위해 필요한 도구들을 소개하고 있다. 이에는 컴퓨터 플랫폼과 소프트웨어에 대한 약간의 관련정보, 설치 원칙, MATLAB 시작방법, 명령어와 실시간 도움말 입력방법, MATLAB의 다양한 창들의 목록, 그리고 프로그램 중지방법들이 포함된다. 여러분은 MATLAB 사용을 시작하고 싶어 조바심이 날 것으로 생각되므로 이 장을 간단하게 유지하기로 한다. 이 장을 마치고 바로 제 2 장으로 가면 수학 연산을 위한 MATLAB 사용에 있어서의 간결하고도 단순한 지침들을 발견하게 될 것이다. 제 3장에서는 MATLAB 접속에 대하여 보다 세밀하게 다루고 있다.

플랫폼과 버전들

아마도 여러분은 마이크로소프트 윈도우즈를 실행하는 컴퓨터나 (리눅스와 같은) 어떤 형태의 유닉스 운영시스템을 실행하는 컴퓨터에서 MATLAB을 사용하게 될 것이다. 일부 이전 버전의 MATLAB들은 매킨토시를 지원하지 않았지만 현재 운용중인 대부분의 버전들은 이를 지원하고 있다. 여러분이 매킨토시를 사용하고 있다면 윈도우즈에 대한 지침들이 여러분이 필요로 하는 대부분의 사항들에도 적용되는 것임을 알게 될 것이다. 이전 버전들과는 달리 MATLAB® 6 및 MATLAB® 7은 이들 서로 다른 플랫폼 상에서 사실상 동일하게 보인다. 확실히 하기 위해서 우리는 독자들이 윈도우즈 컴퓨터를 사용하고 있는 것으로 간주할 것이다. 매우 드물기는 하지만 우리의 지침이 리눅스, 유닉스, 혹은 매킨토시 사용자들에 대하여 다르게 적용되어야 하는 경우에는 이를 명료하게 지적하여 둘 것이다.

✔ 우리는 윈도우즈라는 용어를 모든 종류의 윈도우즈 운영 시스템을 지칭하는 데에 사용하고 있다. MATLAB® 7 (R14)은 윈도우즈 2000, 윈도우즈 NT(버전

4.0 이상), 그리고 윈도우즈 XP에서 수행된다. MATLAB® 7은 윈도우즈 95, 윈도우즈 98, 혹은 윈도우즈 ME에서는 수행되지 않는다. 그러나 MATLAB® 6.5 (R13)는 윈도우즈 98이나 윈도우즈 ME에서 수행된다.

이 책은 현재 버전의 MATLAB, 즉 MATLAB® 7 (R14)과 호환되도록 쓰여졌다. 우리가 다루는 대부분의 MATLAB명령어들은 MATLAB 접속기의 많은 특징들(예를 들면 M-파일 편집기/디버거 및 M-북)과 마찬가지로 6.5 버전 (R13)에 대해서도 유효하며 어떤 경우들에서는 그 이전의 버전들에 대해서도 유효하다. 서로 다른 버전들 사이에 중요한 차이점이 발생할 때에는 이들을 지적할 것이다. 아울러 전문가 버전의 MATLAB과 학생 버전의 MATLAB 사이의 차이는 다소 미미하며 초보자들이나 중급 사용자들까지도 사실상 그 차이를 알아차리지 못한다. 물론 전문가 버전에서만 가능한 MATLAB 속성을 다루는 흔치 않은 경우에는 이를 명료하게 지적할 것이다.

설치

MATLAB®, 특히 학생용 버전을 자신의 컴퓨터에서 수행하고자 한다면 스스로 이를 설치해야 하는 경우가 대부분이다. 이는 제품 CD들을 이용하여 쉽게 할 수 있다. 어떤 새로운 소프트웨어를 설치할 때와 마찬가지로 설치 안내를 따른다. 어떤 설치과정에서는 어떤 툴박스를 설치하기를 원하느냐고 질문을 받기도 한다. 심각한 공간상의 제약이 없다면 여러분이 관심있는 어떤 것이나 앞으로 어느 시점에서 사용하게 될지도 모른다고 생각되는 것들을 설치하라고 권하고 싶다. 그러나 이 책을 위해서는 기호 수학 툴박스를 확실히 포함시켜야 한다. 아울러 우리는 제 8장에서 다루게 되는 Simulink를 설치할 것을 강력히 권장한다.

MATLAB® 시작하기

다른 소프트웨어 응용 때와 마찬가지로 MATLAB을 시작한다. 윈도우즈에서는 **MATLAB® 7.0**이나 **Student MATLAB**과 같은 이름 아래의 **Start** 메뉴를 통하여 MATLAB에 접속한다. 이와 달리 간단한 더블 클릭으로 MATLAB을 시작할 수 있는 데스크탑 아이콘을 가질 수 있다. 리눅스나 유닉스에서는 비록 MATLAB 설치 디렉토리의 bin 종속 디렉토리를 먼저 찾아내어 이를 사용자의 경로에 추가시켜야 할지도 모르지만 일반적으로 터미널 창에서 matlab만 타이프하면 된다. 혹은 이 작업을 수행하여 주는 아이콘을 데스크탑 위에 가질 수도 있다.

MATLAB®을 어떻게 시작하던 간에 간단히 MATLAB 로고와 제품정보를 보여주는 창을 보게 될 것이며 다음에 *MATLAB 데스크탑* 창이 뜰 것이다. 이 창은 타이틀 바, 메뉴 바, 툴 바, 그리고 하나가 감추어진 네 개의 포개진 창들을 포함하고 있을 것이다. 가장 크고 중요한 창은 오른쪽의 *명령어 창*이다. *명령어 히스토리 창, 현 디렉토리 검색기*, 그리고 *작업공간 검색기*와 같은 다른 세 창들의 사용과 조정에 대하여 제 3장에서 보다 자세히 다루게 될 것이다. 여기에서는 MATLAB 명령어를 가능한 한 신속하게 사용할 수 있도록 하기 위하여 명령어 창에만 집중하기로 한다. 명령어 창의 상부에서는 MATLAB에 대한 약간의 일반적인 정보, 아마도 시작하기나 도움말 접근에 대한 어떤 특별한 지침을 볼 수 있을 것이다. 그러나 가장 중요한 것은 *명령어 프롬프트*(>>, 혹은 EDU>>)를 보게 된다는 점이다. 명령어 창이 "활성"이면 그의 타이틀 바는 짙은 색을 띨 것이며 프롬프트 다음에 커서(깜박이는 수직선)가 위치할 것이다. 여기가 MATLAB 명령어(제 2장 참조)를 입력하게 될 곳이다. 명령어 창이 활성이 아니라면 그 안의 어떤 곳에서 클릭하기만 하면 된다. 그림 1.1은 새로 띄워진 MATLAB 데스크탑의 예이다.

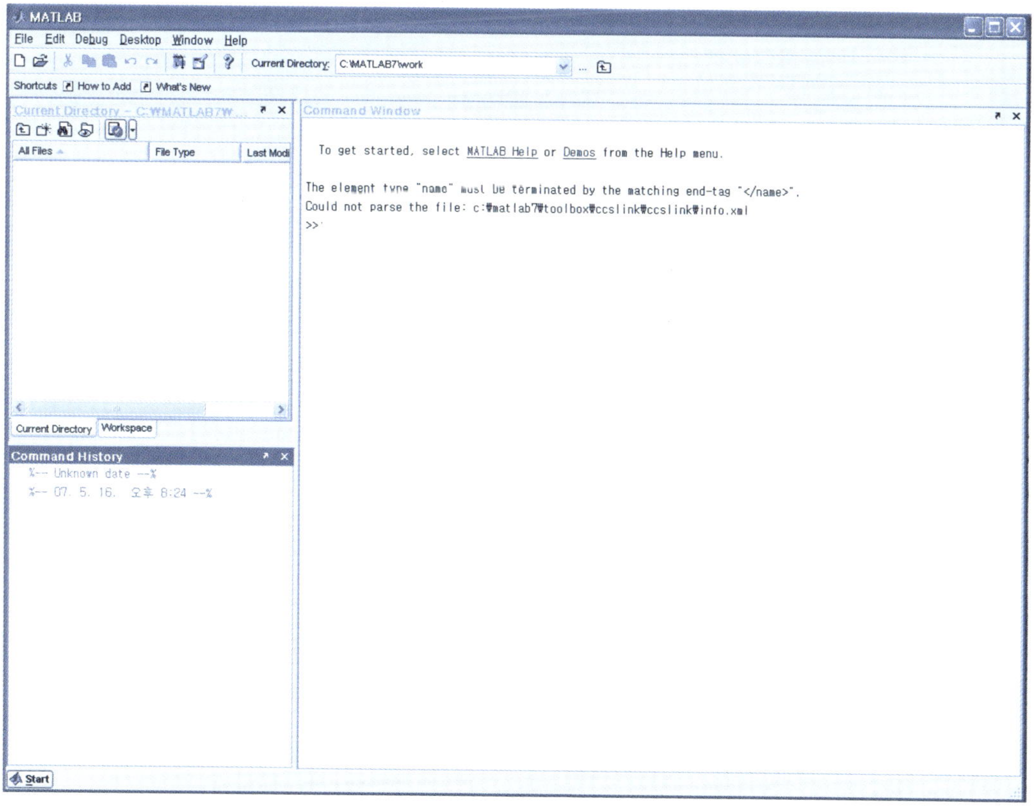

그림 1.1. MATLAB® 데스크탑.

✔ MATLAB® 6은 데스크탑을 지니고 있지만 5.3 버전과 같은 오래된 버전의 MATLAB에서는 통합된 데스크탑이 없으며 단지 명령어 창만이 나타난다. (유닉스 시스템에서는 MATLAB® 5를 띄운 터미널 창이 명령어 창이 된다.) MATLAB의 데스크탑 내부에서 명령어 창에 여러분이 입력해야 하는 명령어들은 이전의 어떤 버전에서도 명령어 창으로 직접 입력될 수 있다.

명령어 창에서의 입력

명령어 창에서 클릭하여 이를 활성화시킨다. 창이 활성화되면 타이틀 바가 진하게 되고 깜박거리는 커서가 프롬프트 다음에 나타난다. 이제 여러분은 명령어 입력을 시작할 수 있다. 2+2를 타이프하고 ENTER 키나 RETURN 키를 눌러보자. 다음에 factor (123456789), 그리고 마지막으로 sin(100)을 시도하여 보자. 여러분의 MATLAB 데스크탑은 그림 1.2처럼 보일 것이다.

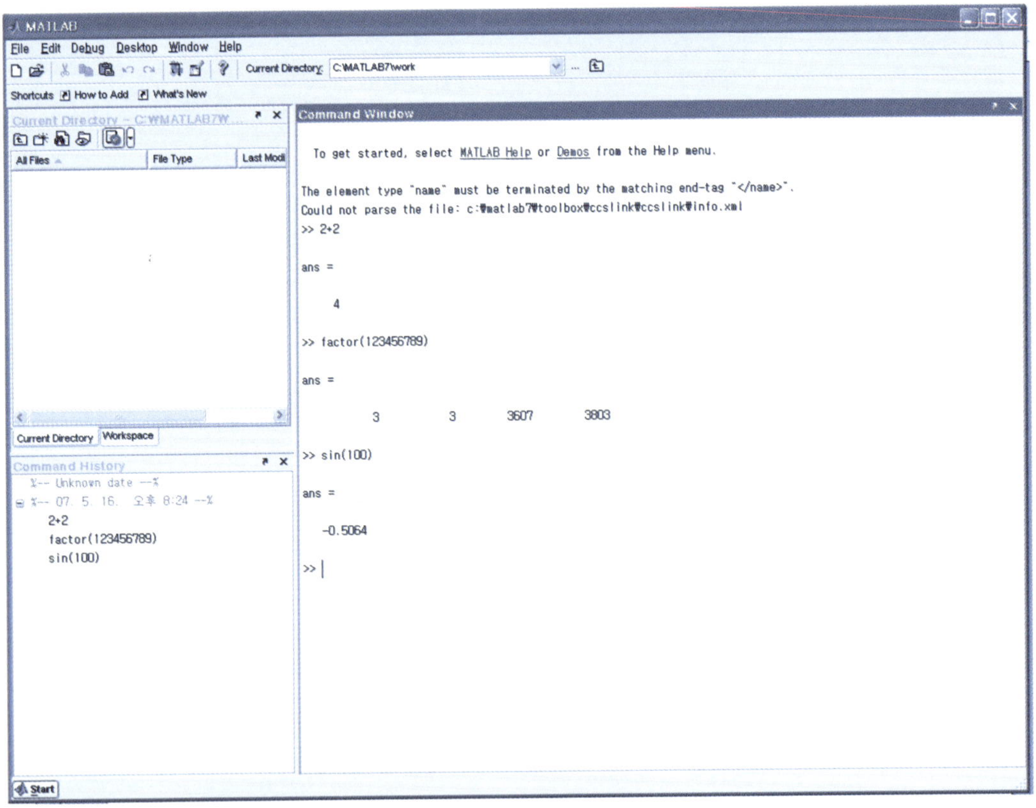

그림 1.2. 몇 가지 명령어가 수행된 MATLAB 데스크탑.

온라인 도움말

MATLAB®은 광범위한 온라인 도움말을 지니고 있다. 사실 이 책과 온라인 도움말을 사용하는 것만으로 여러분은 MATLAB에 아주 능숙해질 수 있어야 한다.

온라인 도움말은 여러 가지 방법들 가운데 어느 한 가지를 이용하여 접근할 수 있다. 명령어 프롬프트에서 help를 입력하면 도움말이 가능한 주제의 긴 목록들이 나타날 것이다. 예시를 위하여 help general을 입력해 보자. "일반적인 목적"의 MATLAB 명령어들에 대한 긴 목록을 보게 될 것이다. 다음에 help factor를 입력하여 factor 명령어에 대하여 학습하여 보자. 위의 모든 경우에서 여러분의 컴퓨터 스크린을 벗어나는 정보는 스크롤될 것이다. 창의 오른쪽에 있는 스크롤 바를 이용하여 아래로 스크롤할 수 있다. 이와 달리 more on을 입력하여 MATLAB이 한 번에 하나의 스크린 분량만큼의 정보를 나타내게 할 수 있다. 다음 스크린을 나타나게 하려면 공간 바를 누른다; 자세한 사항은 help more을 입력하여 알아본다. more on을 입력하면 more off를 입력할 때까지 이어지는 모든 명령어들이 영향을 받는다.

lookfor 명령어는 지정된 문자열에 대한 모든 MATLAB 도움말 파일의 첫 번째 줄을 탐색한다(모든 줄들을 찾아보려면 lookfor-all을 이용한다). 예를 들어 명령어 이름이나 간단한 설명의 일부로서 "factor"라는 단어를 포함하는 모든 MATLAB 명령어들의 목록을 보고자 한다면 lookfor factor를 입력한다. 찾고자 하는 명령어가 목록에 나타나면 그 명령어에 대하여 help를 이용하여 더 많은 정보를 얻는다.

명령어 창에서 help는 특정 명령어에 대한 신속한 정보를 얻는 데에 유용하지만 *MATLAB 도움말 검색기*를 이용하면 보다 광범위한 내용을 얻을 수 있다. 이 검색기는 예를 들면 명령어 프롬프트에서 doc를 입력하는 것과 같은 몇 가지 방법으로 활성화시킬 수 있다. 이와 달리 메뉴 바에서 **Help**를 통해서도 가능하다. 마지막으로 툴 바의 물음표 버튼 역시 도움말 검색기를 띄워준다. 이를 띄우면 두 개의 창을 보게 될 것이다. 첫 번째 창은 *도움말 탐색기*로서 내용을 찾는 데에 사용된다. 두 번째 창은 *표시창*으로서 내용을 보는 데에 이용된다. 표시창은 정상적인 웹 브라우저와 매우 유사하게 작용한다. 이 창은 주소창, (사용자가 방문한 창들 가운데에서) 전후 이동을 위한 버튼, 문서내용 주위를 이동하기 위한 하이퍼링크, 선호하는 페이지들의 저장능력, 그리고 다른 유용한 도구들을 지니고 있다.

도움말 검색기를 올리는 특히 유용한 방법은 예를 들면 doc sin을 입력하는 것이다. 이는 도움말 검색기를 띄워주고 sin에 대한 참조 페이지를 보여준다. 명령어에 대한 참조 페이지는 일반적으로 (help를 통하여) 얻을 수 있는 텍스트와 유사하지만 때로는 더 많은 정보를 지닌다.

또한 도움말 탐색기를 사용하여 표시창에서 살펴보고자 하는 문서를 위치시킬 수 있다. 도움말 탐색기는 서로 다른 방법으로 문서탐색을 정렬하게 하여주는 네 개의 탭을 지닌다. 첫 번째 탭은 가능한 모든 문서 주제들의 나무형상을 보여주는 *내용* 탭이다. 나무형상의 범위는 원래의 MATLAB 설치에서 사용자가(혹은 사용자의 시스템 운영자가) 얼마나 많이 (얼마나 많은 툴박스 등) 포함시켰는가에 따라 결정된다. 두 번째 탭은 모든 가능한 문서들을 인수 형태로 보여주는 *인수* 탭이다. 이 탭은 사용자가 조사해 보고자 하는 항목들과 유사한 항목을 입력하면 통상적인 알파벳 반응모드로 응답한다. 세 번째 탭은 *탐색* 매카니즘을 제공한다. 함수이건, 혹은 다른 설명적인 항이건 찾고자 하는 것을 입력하면 탐색엔진은 입력 내용을 포함하는 문서를 찾아준다. 마지막으로 네 번째 탭은 MATLAB에 대하여 더 많이 알기 위해 수행할 수 있는 *예시*들의 작은 모음이다. 이 탭들의 어느 하나에 나타나는 항목을 클릭하면 해당되는 문서가 표시창에 제시된다.

도움말 검색기는 그 자체의 조작을 보여주는 탁월한 취급설명서를 지닌다. 이를 보려면 검색기를 열고 메뉴 바에서 Help:Using the Help Browser를 선택한다. 도움말 검색기는 MATLAB의 다양한 속성들에 대하여 필요로 하는 정보를 찾기 위한 강력하고도 사용이 쉬운 수단이다. 다른 그러한 도구와 마찬가지로 이를 더 사용할수록 그 이용에 더욱 능숙하여진다.

✔ MATLAB® 5.3이나 그 이전 버전으로 작업하고 있다면 명령어 프롬프트에서 help, help general, 혹은 help factor를 입력하면 위와 같은 효과가 나타날 것이다. 도움말 검색기는 없지만 명령어 helpwin이나 helpdesk는 여전히 유용하면서도 보다 원시적인 도움말 창의 형태를 호출한다.

여러분이 기다릴 줄 알고 제 2장으로 넘어가는 것을 애타게 원하지 않는다면 demo를 입력하여 MATLAB의 온라인 예시들 가운데 일부를 살펴볼 수 있다.

MATLAB® 창

이미 우리는 MATLAB 명령어 창과 도움말 검색기를 다루었으며 명령어 히스토리 창, 현재의 디렉토리 탐색기, 그리고 작업공간 창에 대하여 언급하였다. 이러한 창들 및 MATLAB으로 작업하면서 마주치게 될 몇 개의 다른 창들에서 다음과 같은 일들을 수행할 수 있다: 사용자와 MATLAB이 접속할 필요가 있는 파일과 폴더들을 제어한다; MATLAB을 효과적으로 수행하기 위해 이용할 소규모 MATLAB 프로그램(M-파일)들을 작성하고 편집한다; MATLAB을 사용하면서 정의하는 변수와 함수들을 추적한다; 그래픽을 나타내고 조정한다; 아울러 문제들을 풀고 공정들을 모사하기 위한 모델들을 설계한다. 이 창들 가운데 일부는 독립적으로 나타나며 일부는 데스크탑에 결합되어 있다. 독립적으로 나타나는 창들은 Desktop 메뉴를 통하거나 툴 바에서 아래쪽으로 굽어진 화살표를 클릭하여 데스크탑으로 조합시킬 수 있다. MATLAB 데스크탑 안에 있는 창들은 그 창의 툴 바의 상부 오른쪽 구석에 있는 위로 굽어진 화살표를 클릭하여 독립시킬 수 있다.

이러한 속성들은 이후의 장들에서 보다 자세히 다루어지고 있다. 현재로서는 여러분이 마주치게 되는 그래픽스 창과 같은 다른 주된 형태의 창에 관심을 가져줄 것을 바란다. 여러분이 다루는 많은 명령어들은 그래픽이나 그림들을 생성할 것이다. 이들은 *그림창*으로 불리는 독립적인 창에 나타날 것이다. 제 5장에서는 MATLAB 그림창을 가장 효과적으로 생성하고 다루는 방법을 소개할 것이다.

그림창의 간단한 예는 제 2장의 그림 2.1에서 볼 수 있다.

✔ MATLAB® 6이나 그 이전의 버전에서는 그림창을 결합시킬 수 없다. 이는 여러분이 매킨토시를 사용하는 경우 버전 7에서도 마찬가지이다.

작업 중지하기

MATLAB® 작업을 끝내는 가장 간단한 방법은 프롬프트에서 quit를 입력하는 것이다. 또한 일반적으로 창을 닫아주는 버튼(대개 상부 오른쪽 구석에 있는 ×)을 클릭할 수도 있다. 작업을 중지하는 또 다른 방법은 데스크탑의 File 메뉴에서 Exit MATLAB을 이용하는 것이다. MATLAB을 중지하기 전에 수행한 작업을 확실히 저장하고 필요로 하는 그래픽이나 다른 파일들을 프린트하고 깨끗이 정리해야 한다. 이렇게 하기 위한 몇 가지 요령이 제 3장에서 논의되고 있다.

제 2 장
MATLAB®의 기초

이 장에서는 수학 연산을 수행하기 위해 MATLAB을 사용하는 방법을 익히기 시작할 것이다. MATLAB을 수행하면서 이 장을 읽기를 권한다. 책을 따라 명령어들을 시도하여 보라. 여기에서 제시하는 보기들을 자유로이 변형시키면서 실험하여 보라; MATLAB이 명령어에 어떻게 반응하는가를 알아내는 최선의 방법은 이를 시도해 보는 것이다.

☞ *연습을 더 해 보려면 연습 A에 있는 문제들을 가지고 작업할 수 있다. 아울러 많은 MATLAB 연산자, 상수, 명령어, 그리고 프로그래밍 지침들의 개요에 대해서는 용어해설을 참조할 수 있다.*

입력과 출력

명령어 창에서 명령어들을 입력한다. MATLAB은 두 가지 방법으로 결과를 반환한다: 대개는 텍스트나 수치적 결과가 동일한 명령어 창에 반환되지만 그래프 결과는 별도의 그림창에 나타난다. MATLAB 데스크탑과 "Figure 1"로 이름이 붙여진 그림창을 보여주는 스크린이 그림 2.1에 나타나 있다. 이 스크린을 생성하려면 먼저 1/2 + 1/3을 입력한 다음 ezplot('x^3 -x')를 입력한다.

✔ MATLAB®이 수행되고 있는 동안에는 "wait" 기호가 나타나기도 한다 - 예를 들면 많은 운영 시스템에서는 모래시계 모양의 기호가 나타난다. 혹은 그 계산이 끝날 때까지는 아무런 가시적인 표시가 제시되지 않기도 한다.

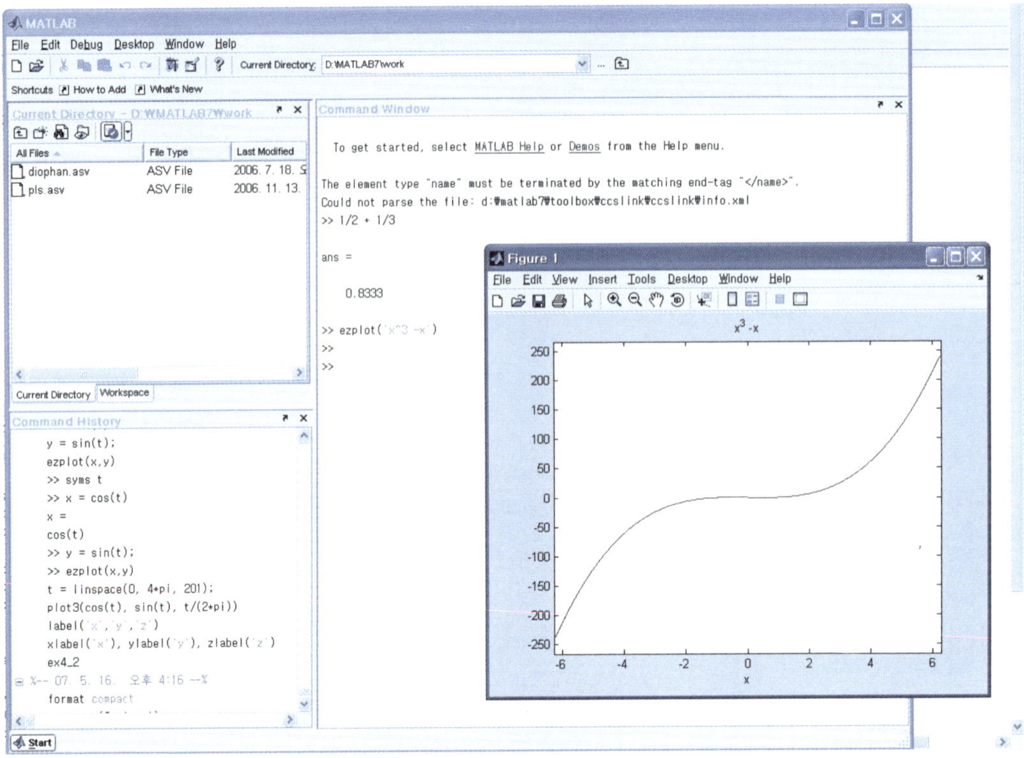

그림 2.1. MATLAB® 창.

연산

조금 전에 살펴보았듯이 연산을 수행하기 위해 계산기를 사용하는 것과 같이 MATLAB을 이용할 수 있다. +로 더하고 −로 빼며 *로 곱하고 /로 나누며 ^로 멱급수 연산을 수행할 수 있다. 예를 들면:

```
>> 3^2 - (5 + 4)/2 + 6*3
ans =
   22.5000
```

MATLAB®은 답을 프린트하고 그 값을 ans라고 불리는 *변수*에 할당한다. 이 답을 가지고 다른 계산을 수행하려면 답을 다시 타이프하는 대신 변수 ans를 사용할 수 있다. 예를 들면 이전 답의 제곱과 제곱근의 합은 다음과 같이 계산할 수 있다:

```
>> ans^2 + sqrt(ans)
```

```
ans =
  510.9934
```

MATLAB®은 매 계산마다 새로운 값을 ans에 할당함을 주목하자. 좀 더 복잡한 계산을 하려면 계산된 값들을 여러분이 선택하는 변수에 할당할 수 있다. 예를 들면:

```
>> u = cos(10)
u =
   -0.8391
>> v = sin(10)
v =
   -0.5440
>> u^2 + v^2
ans =
     1
```

✔ MATLAB®에서 삼각함수들은 각도가 아닌 라디안을 사용함을 유의하자.

MATLAB®은 이중 정밀도 부동 소수점 연산을 이용하는데 이는 대략 15자리까지 정확하다; 그러나 MATLAB은 기본적으로 5자리만 나타낸다. 더 많은 자리수를 나타내려면 format long을 입력한다. 그러면 이후의 모든 수치 결과들은 15자리까지 나타날 것이다. 5자리 표시로 돌아가려면 format short를 입력한다.

MATLAB®은 엄밀한 산술연산을 수행할 수 있다는 점에서 계산기와 차이가 있다. 예를 들면 MATLAB은 분수 1/2과 1/3을 기호적으로 더하여 정확한 결과로서 분수 5/6를 제시하여 준다. 이를 수행하는 방법을 이 장 후반부의 *기호 식, 변수의 정밀도,* 그리고 *엄밀한 연산* 절에서 논의할 것이다.

문제의 복구

어떤 수학용 소프트웨어 시스템을 사용하는 경우에는 필연적으로 사소한 오류들에 마주치게 된다. 간단한 연산 명령어들을 입력하는 중에서도 우연히 타이핑을 잘못하거나 무의식적으로 MATLAB 규칙을 위배할 수 있다. 여기에서는 이러한 종류의 문제들을 다루기 위한 세 가지 방법들을 언급하고 있다.

입력에서의 오류

입력 라인에서 오류를 범한다면 MATLAB은 보통 에러 메시지를 나타내어 준다. 예를

들면 다음은 3u^2를 계산하려고 했을 때 무슨 일이 일어나는지를 보여준다:

```
>> 3u^2
??? 3u^2
     |
Error: Missing MATLAB operator.
```

여기에서 오류는 곱셈 연산자 *가 빠진 것이다. 올바른 입력은 3*u^2가 될 것이다. MATLAB은 오류가 있을법한 위치에 표지(수직선분)를 나타냄을 주목하자; 그러나 실제 잘못은 그 표현의 앞이나 뒤에서 발생되었을 수도 있다.

✔ MATLAB® 7.0.4(이 책이 작성된 시점에서 가장 최근 버전)에서 생성되는 에러 메시지는 약간 다르다. 접하게 되는 에러 메시지와 경고 메시지는 프로그램의 버전에 따라 달라질 수 있음을 알게 될 것이다.

➪ **연산자와 괄호를 누락시키는 것은 초보 사용자들이 범하는 가장 흔한 입력 오류들 가운데 하나이다.**

☞ *제 1장에서의 온라인 도움말에 대한 논의를 상기하자. MATLAB 명령어로 야기된 에러 메시지를 판독할 수 없다면 그 명령어에 대한 온라인 도움말을 참조하거나 도움말 검색기의 탐색 기능을 이용한다.*

상향 화살표(↑) 키를 이용하여 이전의 명령어를 다시 나타나게 하고 왼쪽 및 오른쪽 화살표 키들을 이용하여 명령어들을 편집한 다음 RETURN이나 ENTER 키를 누름으로써 입력 라인을 편집할 수 있다. 상향 및 하향 화살표 키들은 MATLAB 작업 중에 입력한 모든 명령어들을 앞뒤로 움직여 볼 수 있게 하여주며 이전의 명령어를 수정, 교정, 혹은 다시 입력하고자 할 때에 매우 유용하다.

계산의 중지

MATLAB®이 계산에서 빠져나오지 못하거나 연산의 수행에 너무 오랜 시간이 걸릴 것 같은 경우에는 CTRL+C를 눌러 이를 중지시킬 수 있다; 즉 CTRL이나 CONTROL 키를 누른 상태에서 C를 누른다. 이 방법은 아주 확실한 것은 아니지만 MATLAB이 응답하지 않을 경우에 취할 수 있는 방법이다.

대수 및 기호 계산

\# MATLAB®의 기호 수학 툴박스를 이용하면 다항식의 인수분해나 대수 방정식의 풀이와 같은 대수나 기호 계산을 수행할 수 있다. help symbolic을 입력하여 사용중인 시스템에 기호 수학 툴박스가 설치되어 있는지 확인하여 보자.

기호 계산을 수행하려면 syms를 사용하여 기호 변수로 사용하고자 하는 변수들을 선언해야 한다. 다음과 같은 일련의 명령어들을 고려하여 보자:

```
>> syms x y
>> (x - y)*(x - y)^2
ans =
(x-y)^3
>> expand(ans)
ans =
x^3-3*x^2*y+3*x*y^2-y^3
>> factor(ans)
ans =
(x-y)^3
```

✔ 기호 출력은 왼쪽으로 밀려 있지만 수치 출력은 들여쓰기로 나타남을 주목하자. 이 특징은 흔히 기호 출력을 수치 출력과 구별하는 데에 유용하다.

비록 MATLAB®은 사용자가 입력하는 식을 최소한으로 간략화 시키지만 사용자가 지시하기 전에는 크게 변경시키지 않는다. expand 명령어는 식을 곱하도록, 그리고 factor 명령어는 이를 다시 인수분해된 형태로 회복하도록 지시하고 있다.

MATLAB®은 simplify라는 명령어를 갖는다. 이 명령어는 종종 공식을 가능한 한 간단하게 표현하는 데에 사용될 수 있다. 예를 들면

```
>> simplify((x^3 - y^3)/(x-y))
ans =
x^2+x*y+y^2
```

✔ MATLAB®은 종종 simplify보다 더 잘 작용하는 simple이라고 불리는 좀 더 강건한 명령어를 갖는다. 비교를 위해 삼각함수 식 sin(x)*cos(y) + cos(x)*sin(y)에 이들 두 명령어를 적용하여 보자 – 답을 완전히 이해하려면 simple에 대한 온라인 도움말을 읽어야 할 것이다.

기호식에서의 치환

기호식으로 작업할 경우 종종 식의 원래 변수들 가운데 하나(혹은 그 이상)에 대하여 수치값이나 다른 기호식으로 치환할 필요가 있다. 이는 subs 명령어에 의하여 수행된다. 예를 들어 기호 식 w가 정의되고 기호 변수 u가 이 식에 포함된다고 가정하면 명령어 subs(w, u, 2)는 식 w에서 변수 u 대신에 2를 치환할 것이다. 예를 더 들어보면:

```
>> d = 1, syms u v
d =
     1
>> w = u^2 - v^2
w =
u^2-v^2
>> subs(w,u,2)
ans =
4-v^2
>> subs(w,v,d)
ans =
u^2-1
>> subs(w,v,u+v)
ans =
u^2-(u+v)^2
>> simplify(ans)
ans =
-2*u*v-v^2
```

✔ 하나의 라인에서 콤마로 구분되는 다수의 명령어들을 입력시키는 경우 MATLAB 은 각 명령어들을 계산하고 결과들을 별도의 라인들에 보여준다. 위의 첫 번째 라인에서는 두 번째 명령어가 출력을 생성하지 않았으므로 첫 번째 명령어에 대한 출력만 볼 수 있다.

기호 식, 변수의 정밀도, 그리고 엄밀한 연산

이미 언급한 바와 같이 MATLAB®은 계산에서 부동 소수점 연산을 사용한다. 기호 수학 툴박스를 사용하면 기호 식으로도 엄밀한 연산을 수행할 수 있다. 다음 예를 살펴보자:

```
>> cos(pi/2)
ans =
  6.1232e-017
```

위의 결과는 부동 소수점 포맷으로 쓰여졌으며 6.1232×10^{-17}을 의미한다. 그러나 $\cos(\pi/2)$는 사실 0과 같음을 우리는 알고 있다. 이 부정확성은 MATLAB에서 pi를 입력하는 것은 π에 대하여 올바른 값이 아닌 15자리까지 정확한 근사값을 부여하는 것에 기인한다. 근사적 결과가 아닌 정확한 결과를 계산하려면 sym('pi/2')를 입력하여 $\pi/2$에 대한 엄밀한 *기호* 표현을 생성해야 한다. 이제 $\pi/2$의 기호 표현에 대한 코사인을 취하여 보자:

```
>> cos(sym('pi/2'))
ans =
0
```

이는 기대했던 결과이다.

sym('pi/2')에서 pi/2 주위의 따옴표는 문자 pi/2로 구성되는 *문자열*을 생성하며 MATLAB이 pi/2를 부동 소수점 수로 계산하는 것을 방지하여 준다. 명령어 sym은 문자열을 기호 식으로 전환시킨다.

명령어 sym과 syms는 서로 밀접하게 연관되어 있다. 사실 syms x는 x = sym('x')와 대등하다. 명령어 syms는 그 인수에 대하여 지속되는 효과를 갖는다. 만일 x가 이전에 정의된 경우에도 syms x는 그 정의를 지우고 x를 기호 변수로 만들어 준다 – 이는 x가 다시 정의될 때까지 유효하다. 반면에 sym은 x = sym('x')에서와 같이 변수에 출력을 할당하지 않는다면 단지 일시적 효과만을 갖는다.

다음은 1/2과 1/3을 기호적으로 더하는 방법이다:

```
>> sym('1/2') + sym('1/3')
ans =
5/6
```

마지막으로 vpa를 이용하여도 *변수 정밀도 연산*을 수행할 수 있다. 예를 들어 $\sqrt{2}$를 50자리까지 프린트하려면 다음을 입력한다:

```
>> vpa('sqrt(2)', 50)
ans =
1.4142135623730950488016887242096980785696718753769
```

자리수를 지정하지 않는 경우 기본값은 32로 설정되어 있다. 기본값은 명령어 digits를 이용하여 변경할 수 있다.

➪ 변수 정밀도 연산을 적용하기 전에 MATLAB이 계산해야 하는 식에 대한 sym이나 vpa의 사용에는 주의가 필요하다. 예를 들어 3^45, vpa(3^45), 그리고 vpa('3^45')를 계산하여 보자. 첫 번째로부터는 부동 소수점 근사값을 얻으며 두 번째 표현으로부터는 – MATLAB이 지수의 부동 소수점 계산에서 16자리 정밀도만을 수행하므로 – 처음 16자리까지만 정확한 결과를 얻는다. 세 번째 표현에서는 정확한 답을 얻게 된다.

☞ *MATLAB®이 기호표현과 부동 소수점 수 사이를 어떻게 전환하는가에 대한 자세한 사항에 대해서는 제 4장의* 기호 및 부동 소수점 수 *절을 참조한다.*

벡터와 행렬

MATLAB®은 원래 수학자, 과학자, 그리고 공학자들이 선형대수의 도구들, 즉 벡터와 행렬들을 가능한 한 적은 노력들 들이고 처리할 수 있게 하여주기 위해 작성되었다. 이 절에서는 이 도구들의 개념을 소개하고 있다.

벡터

*벡터*는 순서로 나열된 수들의 목록이다. 여러분은 대괄호 안에 수들을 콤마나 빈 칸으로 구분시켜 타이프하여 넣음으로써 임의 길이의 벡터를 입력할 수 있다. 예를 들면:

```
>> z = [2,4,6,8]
z =
     2     4     6     8
>> Y = [4 -3 5 -2 8 1]
Y =
     4    -3     5    -2     8     1
```

1에서 9까지의 값을 갖는 벡터를 생성한다고 하자. 다음은 각 수를 타이프하지 않고 이를 만드는 방법이다:

```
>> X = 1:9
X =
     1     2     3     4     5     6     7     8     9
```

1:9와 같은 표현은 1부터 9까지 1씩 증가하는 수들의 벡터를 나타내는 데에 사용된

다. 증가분은 세 인수들의 가운데 인수로 지정할 수 있다:

```
>> X = 0:2:10
X =
     0     2     4     6     8    10
```

증가분은 예를 들면 0:0.1:1이나 100:-1:0과 같이 분율이거나 음수일 수 있다.

벡터 X의 원소들은 X(1), X(2) 등과 같이 취할 수 있다. 예를 들면

```
>> X(3)
ans =
     4
```

벡터 X를 행벡터로부터 열벡터로 바꾸려면 X 다음에 프라임(')을 붙인다:

```
>> X'
ans =
     0
     2
     4
     6
     8
    10
```

벡터에 대하여 수학 연산을 수행할 수 있다. 예를 들어 벡터 X의 원소들을 제곱하려면 다음과 같이 한다:

```
>> X.^2
ans =
     0     4    16    36    64   100
```

위에서 마침표(.)는 매우 중요하다; 이는 X 안의 숫자들이 개별적으로, 혹은 *원소별*로 제곱되어야 함을 말해준다. X^2라고 타이프하면 X에 그 자신을 곱하는 행렬 곱셈을 수행하도록 MATLAB에 지시하는 것이 되며 이 경우 에러 메시지가 나타날 것이다. (행렬에 대해서는 다음부분과 제 4장에서 논의하고 있다.) 마찬가지로 벡터들을 원소별로 곱하거나 나누고자 한다면 .*이나 ./를 이용해야 한다. 예를 들면 벡터 X의 원소들을 벡터 Y의 해당되는 원소들과 곱하려면 다음과 같이 한다:

```
>> X.*Y
ans =
     0    -6    20   -12    64    10
```

대부분의 MATLAB® 연산들은 기본적으로 원소별로 수행된다. 예를 들면 덧셈과 뺄셈 연산자 앞에는 마침표를 두지 않으며 X의 각 원소들에 대한 지수값을 얻으려면 exp(X)를 입력한다(행렬 지수함수는 expm이다). MATLAB의 강점들 가운데 한 가지는 벡터에 대한 연산들을 효율적으로 수행할 수 있는 능력이다.

행렬

*행렬*은 수들을 사각형 모양으로 배열한 것이다. 위에서 논의한 행과 열 벡터들은 행렬들의 예이다. 다음과 같은 3×4 행렬을 고려하여 보자:

$$A = \begin{pmatrix} 1 & 2 & 3 & 4 \\ 5 & 6 & 7 & 8 \\ 9 & 10 & 11 & 12 \end{pmatrix}$$

이는 MATLAB에서 다음과 같이 입력할 수 있다:

```
>> A = [1, 2, 3, 4; 5, 6, 7, 8; 9, 10, 11, 12]
A =
     1     2     3     4
     5     6     7     8
     9    10    11    12
```

각 행의 *행렬* 원소들은 콤마로 구분되며 행들은 세미콜론으로 구분됨을 유의하자. 행의 원소들은 또한 빈 칸으로도 구분될 수 있다.

만일 두 행렬 A와 B의 크기가 같다면 이들의 (원소별) 합은 A + B에 의하여 얻어진다. 또한 하나의 스칼라(하나의 숫자)를 행렬에 더할 수도 있다; A + c는 c를 A의 각 원소에 더하여 준다. 마찬가지로 A − B는 A와 B의 차이를 나타내며 A − c는 A의 각 원소로부터 숫자 c를 빼준다. A와 B가 곱셈이 가능하다면, 즉 만일 A가 n×m이고 B가 m×l이면 이들의 곱 A*B는 n×l이다. A*B의 i번째 행과 j번째 열의 원소는 A의 i번째 행의 원소들과 B의 j번째 열의 원소들을 곱한 것들의 합임을 상기하자. 즉

$$(\mathrm{A}*\mathrm{B})_{ij} = \sum_{k=1}^{m} \mathrm{A}_{ik}\mathrm{B}_{kj}, \quad 1 \le i \le n,\ 1 \le j \le l$$

숫자 c와 행렬 A의 곱은 c*A로 주어지며 A'은 A의 공액 전치를 나타낸다. (더 많은 정보를 얻으려면 ctranspose 및 transpose에 대한 온라인 도움말을 찾아본다.)

간단한 예로서 위의 3×4 행렬 A와 4×1 열벡터 Z'의 행렬 곱을 살펴보자:

```
>> A*Z'
ans =
    60
   140
   220
```

결과는 3×1 행렬, 즉 열벡터이다.

☞ *MATLAB®은 행렬 처리를 위한 많은 명령어들을 지니고 있다. 이들에 대해서는 제 4장의* 행렬 더 알아보기 *절과 온라인 도움말로부터 찾아볼 수 있다.; 이들 가운데 일부는 제 10장의* 선형 경제모델 *절에서 예시되어 있다.*

출력의 억제

입력라인의 끝부분에 세미콜론을 넣으면 MATLAB 명령어의 출력이 프린트 되는 것이 억제된다. 세미콜론은 일반적으로 (X = -1:0.1:2;와 같이) 대규모 벡터나 행렬을 정의할 때 사용되어야 한다. 이는 또한 MATLAB 출력을 보일 필요가 없을 때 사용될 수도 있다.

함수

MATLAB®에서는 내장된 함수들과 사용자가 스스로 만든 함수들을 사용하게 될 것이다.

내장함수

MATLAB®은 많은 내장함수들을 지니고 있다. 이에는 sqrt, cos, sin, tan, log, exp, 그리고 atan들은 물론 gamma, erf, 그리고 besselj와 같은 보다 전문적인 수학적 함수들이 포함된다. MATLAB은 또한 pi(숫자 π), i(복소수 $i = \sqrt{-1}$), 그리고 Inf(∞) 등을 포함하는 몇 가지의 내장상수들을 갖는다. 예를 들면:

```
>> log(exp(3))
```

```
ans =
    3
```

함수 log는 자연로그로서 많은 책들에서는 "ln"으로 호칭된다.

```
>> sin(2*pi/3)
ans =
   0.8660
```

정확한 답을 얻으려면 기호 인수를 사용할 필요가 있다:

```
>> sin(sym('2*pi/3'))
ans =
1/2*3^(1/2)
```

사용자 정의함수

이 절에서는 MATLAB®에서 사용자가 자신의 함수를 정의하는 두 가지 방법을 살펴보고 있다. 첫 번째 방법은 명령어 inline을 사용하며 두 번째 방법에서는 연산자 @를 사용하여 소위 "익명함수"를 생성한다. 후자는 MATLAB® 7에서 새로운 방법으로서 보다 선호되는 방법이다. 이전 버전의 사용자들을 위하여 inline을 주기적으로 언급할 것이지만 MATLAB® 7 사용자들 및 새로 업그레이드하는 이전 버전의 사용자들은 그들의 함수를 정의하는 통상적인 방법으로 @를 사용할 것을 강력히 권장한다. 함수들은 또한 M-파일로 불리는 별도의 파일로 정의될 수도 있다 - 제 3장을 참조한다.

다음은 이 명령어들을 사용하여 함수 $f(x) = x^2$을 정의하는 방법을 보인 것이다:

```
>> f = @(x) x^2
f =
   @(x) x^2
```

이와 달리

```
>> f1 = inline('x^2', 'x')
f1 =
     Inline function:
     f1(x) = x^2
```

어떤 방법으로든 일단 함수가 정의되면 우리는 이를 계산할 수 있다:

```
>> f(4)
ans =
    16
>> f1(4)
ans =
    16
```

앞에서 살펴본 바와 같이 MATLAB 함수들은 스칼라는 물론 벡터에 대한 연산을 수행할 수 있다. 여러분의 사용자 정의 함수가 확실하게 벡터에 작용하도록 하기 위하여 수학적 연산자 *, /, 그리고 ^ 앞에 마침표를 넣는다. 따라서 $f(x)=x^2$의 벡터화된 버전을 얻으려면

```
>> f = @(x) x.^2
```

와 같이 입력하거나

```
>> f1 = inline('x.^2', 'x')
```

를 입력한다. 이제 우리는 벡터에 대하여 함수값을 계산할 수 있다. 예를 들면:

```
>> f(1:5)
ans =
     1     4     9    16    25
```

이 장 후반부의 *그래픽스* 절에서 살펴보게 될 몇 가지 방법에 따라 MATLAB 그래픽스를 이용하여 f와 f1을 도시할 수 있다. 두 개, 혹은 그 이상의 변수들의 함수도 정의할 수 있음을 언급하면서 이 장을 마치고자 한다. 예를 들면

```
>> g = @(x, y) x^2 + y^2; g(1,2)
>> g1 = inline('x^2 + y^2', 'x', 'y'); g1(1,2)
```

로부터 두 경우 모두 5의 결과를 얻는다. 만일

```
>> g = @(x, y) x.^2 + y.^2;
```

와 같이 정의하면 벡터에 대하여 계산할 수 있다; 따라서

```
>> g([1 2], [3 4])
ans =
    10    20
```

로부터 점 (1,3)과 (2,4)에서의 함수값을 얻는다.

변수의 운용

우리는 부동 소수점 수, 문자열, 기호 표현, 그리고 함수와 같은 네 가지 서로 다른 형태의 MATLAB 데이터들을 접하게 되었다. 아주 긴 MATLAB 작업에서는 사용자가 정의한 모든 변수들의 이름과 형태를 기억하는 것이 어려울 수 있다. whos를 입력하면 현재 정의되어 있는 변수들의 이름과 형태, 혹은 *클래스*들에 대한 요약을 살펴볼 수 있다. 그러나 그 이전에 먼저 a = pi, b = 'pi', 그리고 c = sym('pi')를 할당한 다음 whos를 입력하여 보자. 다음은 이 장에서 이루어진 MATLAB 작업들에 대한 출력결과이다.

```
>> whos
  Name          Size              Bytes  Class

  A             3x4                  96  double array
  X             1x6                  48  double array
  Y             1x6                  48  double array
  Z             1x4                  32  double array
  a             1x1                   8  double array
  ans           1x2                  16  double array
  b             1x2                   4  char array
  c             1x1                 128  sym object
  d             1x1                   8  double array
  f             1x1                  16  function_handle array
  f1            1x1                 824  inline object
  g             1x1                  16  function_handle array
  g1            1x1                 882  inline object
  u             1x1                   8  double array
  v             1x1                   8  double array
  x             1x1                 126  sym object
  y             1x1                 126  sym object

Grand total is 148 elements using 2394 bytes
```

변수 A, X, Y, Z, a, 그리고 d에는 수치 데이터가 할당되어 있으며 "double array"로 표시되어 있다. 이는 이 변수들이 이중 정밀도 숫자들의 배열임을 의미한다; 이 경우 배열 a와 d는 크기가 1×1, 즉 스칼라이다. "Bytes" 열은 각 변수에 대하여 얼마만큼의 컴퓨터 메모리가 할애되어 있는지를 보여준다. 아울러 ans 역시 숫자 데이터인데 이는 이 변수에 최종적으로 할당된 출력이 1×2 벡터이기 때문이다. 변수 b는 문자열로서 "char array"로 표시되어 있지만 변수 c, x 및 y들은 기호 변수들이다. 마지막으로 익명함수 쌍과 인라인 함수 쌍들에 해당되는 두 개의 함수 핸들과 두 개의 인라인 객체를 볼 수 있다.

명령어 whos는 정의된 모든 변수들에 대한 정보를 보여 주지만 변수의 값들은 보여주지 않는다. 어떤 변수의 값을 보려면 단순히 그 변수의 이름을 입력하면 된다.

MATLAB® 명령어는 입력으로서 특별한 부류의 데이터를 기대하는데 주어진 명령어에 의하여 어떤 부류의 데이터가 기대되는지를 아는 것은 중요하다; 어떤 명령어에 대한 도움말 텍스트는 보통 기대되는 입력의 부류를 알려준다. 잘못된 입력 부류는 대개 에러 메시지를 생성하거나 예기치 않은 출력을 생성하여 준다. 예를 들어 sin('pi')를 입력하고 문자열을 받아들이는 것으로 고안되지 않은 함수에 문자열을 도입하였을 때 어떻게 예기치 않은 출력이 나타날 수 있는지를 살펴보자.

정의된 모든 변수들을 없애려면 clear, 혹은 clear all을 입력한다. 또한 예를 들면 x와 y만을 없애기 위해 clear x y를 입력할 수도 있다.

일반적으로 새로 계산을 시작하기 전에 변수들을 없애 주어야 한다. 그렇지 않으면 이전의 계산으로부터 얻은 값들이 우연히 새로운 계산으로 도입될 수 있다. 마지막으로 *작업공간 탐색기*는 whos에 대한 그래프로 제시되는 대안을 제시하여 줌을 알 수 있다. 현 디렉토리 검색기 아래의 탭을 클릭하거나 명령어 프롬프트에서 workspace를 입력하여 이를 활성화시킬 수 있다. 그림 2.2는 명령어 창과 작업공간 검색기가 위의 whos에 의해 제시된 것과 동일한 정보를 포함하고 있는 데스크탑을 보여주고 있다.

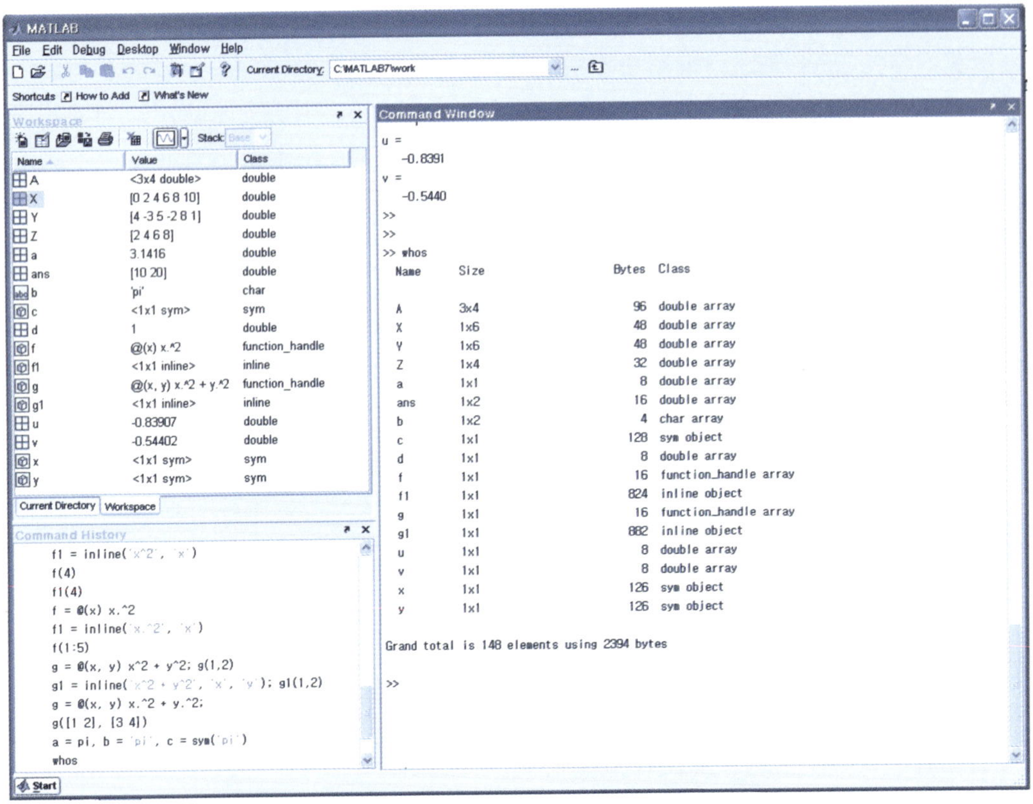

그림 2.2. 작업공간 검색기가 제시된 데스크탑.

변수와 할당

MATLAB®에서는 변수에 값을 할당하기 위해 등호(=)를 사용한다. 예를 들면

```
>> x = 7
x =
     7
```

에 따라 앞으로 변수 x의 값은 7이 될 것이다. 이후부터는 MATLAB이 문자 x를 대할 때마다 여기에 값 7을 대입시킬 것이다. 예를 들어 y가 하나의 기호 변수로 정의되는 경우

```
>> syms y
>> x^2 - 2*x*y + y
```

```
ans =
49-13*y
```

가 된다.

기호 변수들에 대하여 매우 일반적인 할당을 하고 후에 이들을 처리할 수 있다:

```
>> syms x y
>> z = x^2 - 2*x*y + y
z =
x^2-2*x*y+y

>> 5*y*z
ans =
5*y*(x^2-2*x*y+y)
```

변수나 함수 이름으로 문자로만 시작하는 한 문자열이나 숫자, 그리고 밑줄들이 사용될 수 있다(구두점은 허용이 안 된다). MATLAB은 대문자와 소문자를 구별한다. 일반적으로 소문자를 이용하여 기억하기 쉬운 이름을 선택해야 한다. 예를 들면 3차 방정식의 풀이의 이름으로서 cubicsol을 사용할 수 있다.

➪ **혼란스러운 오류를 야기시키는 흔한 요인은 이전에 정의된 변수들의 부주의한 재사용이다.**

MATLAB®은 따로 지시받지 않는 한 사용자가 정의한 것을 결코 잊지 않는다. 간단히 변수의 이름을 입력함으로써 그 변수의 현재값을 조사할 수 있다.

방정식의 풀이

solve나 fzero를 이용하여 변수들을 포함하는 방정식을 풀 수 있다. 예를 들어 2차 방정식 $x^2-2x-4=0$의 해를 구하고자 한다면 다음을 입력한다:

```
>> solve('x^2 - 2*x - 4 = 0')
ans =
 5^(1/2)+1
 1-5^(1/2)
```

근을 구할 식은 문자열로 지정됨을 주목하자; 즉 방정식은 인용부호로 싸여있다. 답은 엄밀한(기호) 해 $1 \pm \sqrt{5}$로 구성된다. 수치해를 얻으려면 double(ans)를 입력하며 더 많은 자리수를 나타내려면 vpa(ans)를 입력한다. solve에 대한 입력은 기호식이 될 수 있지만 이 경우 MATLAB은 방정식의 우변이 0일 것을 요구한다. 실제로 $x^2 - 3x = -7$을 풀기 위한 구문은 다음과 같다:

```
>> syms x
>> solve(x^2 - 3*x + 7)
ans =
 3/2+1/2*i*19^(1/2)
 3/2-1/2*i*19^(1/2)
```

답은 엄밀한(기호) 해 $(3 \pm \sqrt{19}\,i)/2$(복소수로서 문자 i는 허수단위 $\sqrt{-1}$을 나타낸다)로 구성된다. 수치해를 얻으려면 double(ans)를 입력하며 더 많은 자리수를 나타내려면 vpa(ans)를 입력한다.

명령어 solve는 고차 다항식은 물론 많은 다른 형태의 방정식들을 풀 수 있다. 또한 하나 이상의 변수를 포함하는 방정식들도 풀 수 있다. 변수들보다 식의 수가 적다면 어느 변수에 대해서 풀 것인가를 (문자열로서) 지정해야 한다. 예를 들어 solve('2*x - log(y) = 1', 'y')를 입력하면 $2x - \log y = 1$을 y에 대하여 풀어서 x의 식으로 나타낸다. 마찬가지로 하나 이상의 방정식들을 지정할 수 있다. 예를 들면

```
>> [x, y] = solve('x^2 - y = 2', 'y - 2*x = 5')
x =
 1+2*2^(1/2)
 1-2*2^(1/2)
y =
 7+4*2^(1/2)
 7-4*2^(1/2)
```

이 방정식 시스템은 두 개의 해를 갖는다. MATLAB은 두 개의 x 값들과 두 개의 y 값들을 답으로 제시하여 준다. 따라서 첫 번째 해는 첫 번째 x 값과 첫 번째 y 값으로 이루어진다. 이 값들은 x(1)과 y(1)을 입력하여 얻을 수 있다:

```
>> x(1)
ans =
1+2*2^(1/2)
>> y(1)
ans =
```

```
7+4*2^(1/2)
```

두 번째 해는 x(2)와 y(2)를 입력하여 얻을 수 있다.

이전의 solve 명령어에서는 출력을 *벡터* [x, y]에 할당하였다. 출력을 벡터에 할당하지 않고 방정식 시스템에 solve를 사용한다면 MATLAB은 해의 값들을 자동적으로 보여주지 않는다:

```
>> sol = solve('x^2 - y = 2', 'y - 2*x = 5')
sol =
    x: [2x1 sym]
    y: [2x1 sym]
```

해의 x 및 y 값들의 벡터를 보려면 sol.x 및 sol.y를 입력한다. 개별적인 값들을 보려면 sol.x(1), sol.y(1) 등과 같이 입력한다.

☞ *이 예에서* solve*의 출력은 구조 배열이다. 이러한 데이터 클래스에 대하여 더 알아보려면 제 6장의* 셀과 구조 배열 *절을 참조한다.*

어떤 방정식들은 기호적으로 풀 수 없는데 이 경우 solve는 수치값을 찾으려고 한다. 예를 들면:

```
>> solve('sin(x) = 2 - x')
ans =
1.1060601577062719106167372970301
```

때로는 하나 이상의 해가 존재하며 원하는 해를 얻지 못할 수도 있다. 예를 들면:

```
>> solve('exp(-x) = sin(x)')
ans =
-2.0127756629315111660706990971+2.7030745115909622136148044265*i
```

해는 복소수이다. 이 해는 비록 방정식에 대한 유효한 해이지만 또한 실수해들이 존재한다. exp(−x)와 sin(x)의 그래프가 그림 2.3에 나타나 있다; 두 곡선의 각 교차점은 방정식 $e^{-x} = \sin(x)$의 해를 나타낸다.

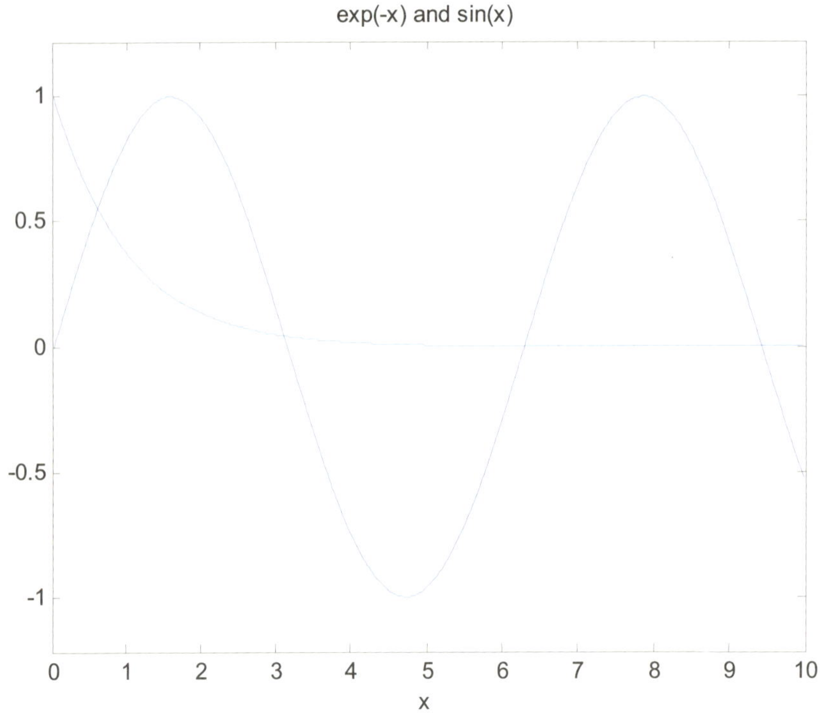

그림 2.3. 교차하는 두 곡선들.

fzero 명령어를 이용하여 그래프에 보인 (근사)해들을 수치적으로 구할 수 있는데 이 명령어는 지정된 x 값 근처에서 주어진 함수의 근을 찾는다. 방정식 $e^{-x} = \sin(x)$의 해는 함수 $e^{-x} - \sin(x)$의 근이므로 x=0.5 근처에서의 근사해를 구하려면 다음과 같이 입력한다:

```
>> h = @(x) exp(-x) - sin(x);
>> fzero(h, 0.5)
ans =
    0.5885
```

0.5를 3으로 대체하고 다음 해를 찾는 방법을 계속해 나갈 수 있다.

그래픽

이 절에서는 MATLAB의 두 가지 기본적인 그래프 명령어를 소개하고 이들의 사용 방법을 보이고 있다.

ezplot을 이용한 그래프

단일변수 함수의 그래프를 그리는 가장 간단한 방법은 ezplot를 사용하는 것이다. ezplot는 도시될 함수를 나타내는 문자열, 기호식, 혹은 익명함수를 받아들인다. 예를 들어 구간 −2에서 2 사이에서 (ezplot의 문자열 형태를 사용하여) x^2+x+1의 그래프를 그리려면 다음을 입력한다:

```
>> ezplot('x^2 + x + 1', [-2 2])
```

그래프는 "Figure 1"로 이름 붙여진 새로운 창의 스크린에 나타난다. 기호식을 사용하면 다음과 같이 입력하여 그림 2.4의 그래프를 생성할 수 있다:

```
>> syms x, ezplot(x^2 + x + 1, [-2 2])
```

마지막으로 ezplot에 대한 인수로서 다음과 같이 익명함수를 사용할 수 있다:

```
>> ezplot(@(x) x.^2 + x + 1, [-2 2])
```

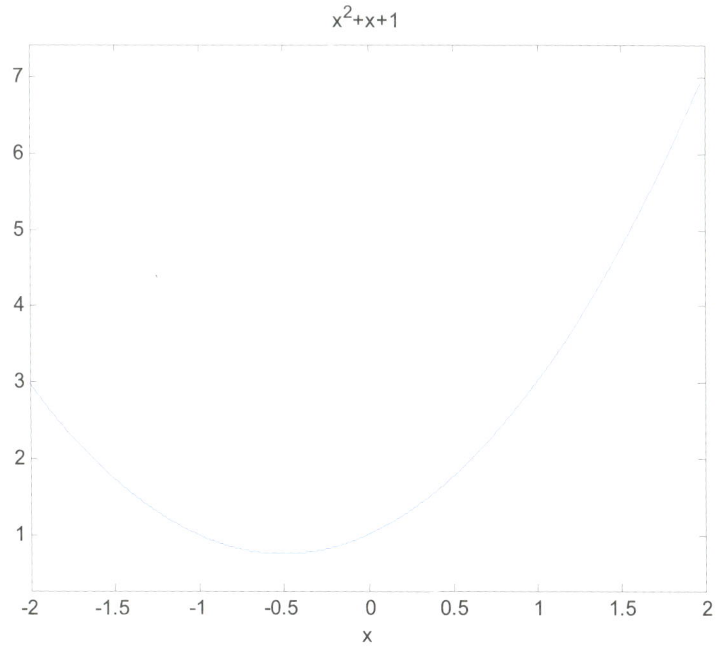

그림 2.4. 구간 [−2, 2]에서의 포물선 x^2+x+1.

✔ 그래프는 축에 주의를 기울이지 않는다면 오해의 소지가 있다. 예를 들어 ezplot (x^2 + x + 3, [-2 2])를 입력하면 세로축의 눈금표시가 다른 것을 제외하고는(아울러 MATLAB은 그래프에 다른 타이틀을 부여한다) 이전의 것과 동일하게 보이는 그래프가 생성된다.

그래프의 보정

여러 가지 방법으로 그래프를 개선시킬 수 있다. (그림창이 아닌 명령어 창에서) 다음과 같이 입력함으로써 그림 2.4에 보인 그래프 위의 타이틀을 바꿀 수 있다:

```
>> title 'A Parabola'
```

그림창의 상부에 있는 Edit 메뉴에서 Axes Properties...를 선택함으로써 그림창에서 직접 동일한 변경을 수행할 수 있다. ("Title"로 표시된 상자에서 새 타이틀을 그저 타이프하기만 하면 된다.) ylabel을 이용하여 세로축에 라벨을 추가하거나 xlabel을 이용하여 수평 축에 라벨을 붙일 수 있다. 아울러 axis 명령어를 이용하여 수직축과 수평축의 범위를 변경할 수 있다. 예를 들어 수직축의 범위를 0부터 3까지로 제한하려면

```
>> axis ([-1 2 0 3])
```

을 입력한다. 위에서 처음 두 숫자는 수평축의 범위이다; 한 범위만 변경하더라도 두 범위들을 모두 포함시켜야 한다.

그래프의 모양을 정사각형으로 만들려면 axis square를 입력한다; 이는 또한 x와 y가 같은 길이의 범위를 갖는다면 두 축의 척도를 동일하게 만들어 준다. 임의 길이의 범위에 대하여 axis equal을 입력함으로써 모양을 바꾸지 않고 두 축에 동일한 척도를 부여할 수 있다. 일반적으로 이 명령어는 범위들 가운데 하나를 필요한 만큼 확장시킬 것이다. 그러나 무의식적으로 그래프의 일부를 잘라냈을 경우 사라진 부분은 MATLAB이 기억하고 있다. 위에서와 같이 axis 명령어를 이용하거나 axis tight를 입력하여 전체 그래프를 포함하도록 범위들을 자동적으로 설정함으로써 범위들을 다시 조정할 수 있다. help axis를 입력하여 더 많은 가능성들을 살펴본다. (한 번에 스크린 하나만큼을 보기를 원한다면 먼저 more on을 입력하는 것을 상기하자.)

그림창의 툴 바의 메뉴들을 탐색하면 알게 되듯이 이와 같은 변화들 가운데 일부는 그림창에서 직접 수행할 수 있다. 우리의 경험으로는 명령어 창에서 MATLAB 명령어들을 통하여 변경작업을 수행하는 것이 보다 강건하며 특히 동일한 그래프를 나중에 재생하기 위하여 명령어들을 M-파일(제 3장 참조)에 저장하고자 할 경우에는 더욱

그러하다. 그림을 닫으려면 close나 close all을 입력하거나 간단히 창의 오른쪽 구석에 있는 × 표시를 클릭한다.

☞ *그래프를 다루는 더 많은 방법들에 대해서는 제 5장을 참조한다.*

plot을 이용한 그래프

plot 명령어는 수치 데이터의 벡터에 대하여 작용한다. 구문은 plot(X, Y)와 같으며 X와 Y는 같은 길이의 벡터이다. 예를 들면:

```
>> X = [1 2 3]; Y = [4 6 5]; plot(X,Y)
```

✔ 여기에서는 한 줄에서 콤마 대신에 세미콜론으로 명령어들을 구분하였다. 세미콜론이 이어지는 명령어의 출력은 억제됨을 유의하자.

plot 명령어는 벡터 X와 Y를 그래프 상에서 x 좌표와 y 좌표의 연속적인 점들의 목록으로 간주하며 이 점들을 선분으로 연결하여 준다. 따라서 그림 2.5에서 MATLAB은 (1,4)를 (2,6)으로, 이를 다시 (3,5)와 연결하고 있다.

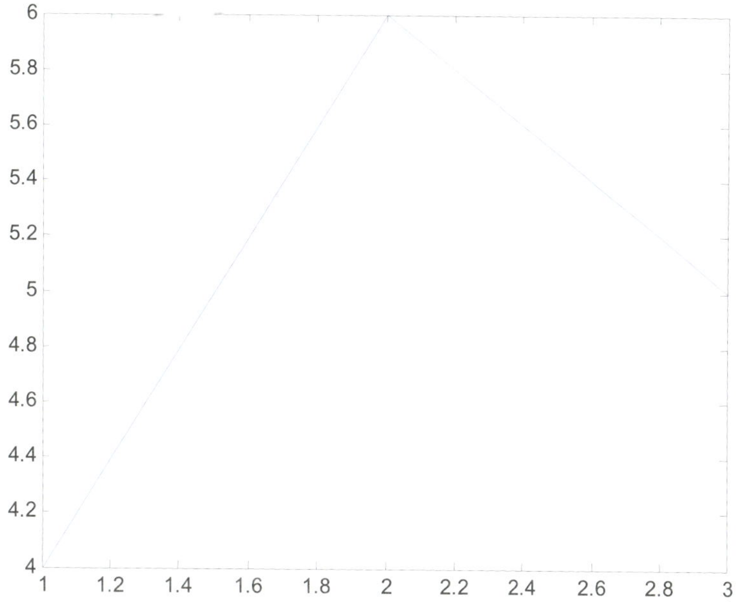

그림 2.5. 선분의 그래프.

구간 [−1, 2]에서 x^2의 그래프를 그리려면 먼저 x 값들의 목록 X를 만든 다음 plot(X, X.^2)를 입력한다. (여기에서 .가 필수적인 이유는 X.^2가 정방행렬이 아닌 벡터 X의 원소별 제곱을 나타내기 때문이다.) "점들을 연결"하여 얻어지는 그래프가 매끄럽게 보이도록 하려면 충분한 x를 이용할 필요가 있다. 증가분을 0.01로 하면 다음으로부터 포물선의 그래프가 얻어진다:

```
>> X = -1:0.01:2; plot(X, X.^2)
```

위의 결과는 그림 2.6에 나타나 있다. 301개의 원소들을 갖는 X의 출력을 억제하기 위해 세미콜론을 사용하였음을 유의하자.

☞ *제 5장에서 더 많은 MATLAB 그래픽 명령어들을 찾아볼 수 있다.*

현재로서는 같은 그래프 상에 한 쌍의 식을 어떻게 나타낼 것인가를 보여주는 것으로 만족하기로 한다.

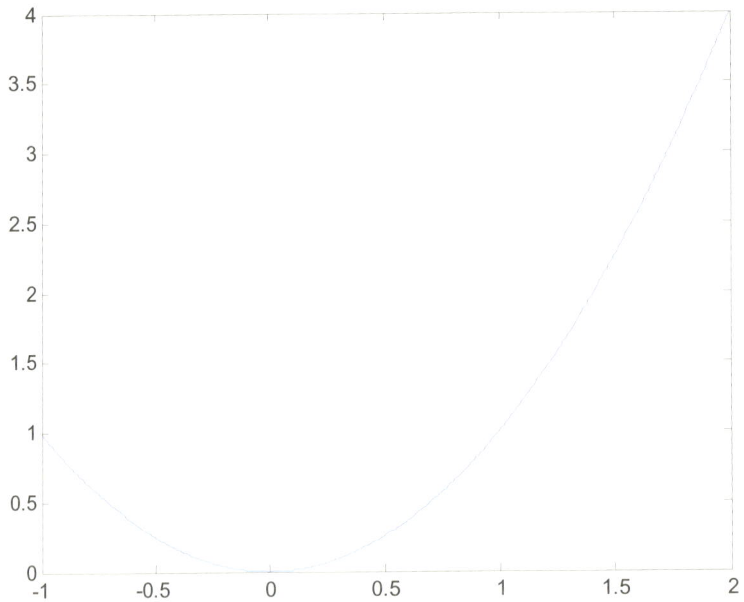

그림 2.6. 포물선의 그래프.

여러 곡선들의 그래프 그리기

그래프 명령어를 수행할 때마다 MATLAB은 이전의 그래프를 지우고 새 그래프를 그린다. 두 개 이상의 그래프를 겹쳐 그리려면 hold on을 입력한다. 이 명령어는 MATLAB에게 이전 그래프를 유지하고 그 위에 새 그래프를 그리도록 지시한다. 이 명령어는 사용자가 hold off를 입력할 때까지 유효하다. 다음은 ezplot를 사용하는 예이다:

```
>> ezplot('exp(-x)', [0 10])
>> hold on
>> ezplot('sin(x)', [0 10])
>> hold off
>> title 'exp(-x) and sin(x)'
```

그림 2.3은 위의 결과로 얻어진 것이다. 명령어 hold on과 hold off는 모든 그래픽 명령어들과 작용한다.

plot을 이용하면 여러 곡선들을 직접 그릴 수 있다. 예를 들면:

```
>> X = 0:0.01:10; plot(X, exp(-X), X, sin(X))
```

x-좌표들의 벡터는 도시되는 각 함수에 대하여 지정되어야 함을 주목하자.

제 3 장
MATLAB®과의 접속

이 장은 MATLAB®으로 작업하고 그 결과를 준비하고 제시하기 위한 효과적인 과정을 다루고 있다. 특히 MATLAB 접속기의 일부 특징들과 *M-파일*의 사용에 대하여 논의하고 있다. MATLAB® 7에서 새로운 명령어 publish를 도입하고 있는데 이 명령어는 포맷된 출력을 생성하여 준다. 아울러 사용자의 M-파일을 디버깅하기 위한 약간의 간단한 요령들을 제시하고 있다.

MATLAB® 접속기

버전 6부터 MATLAB®은 MATLAB *데스크탑*이라 불리는 접속기를 지니고 있다. 그 안에는 우리가 제 2장에서 다룬 명령어 창이 내장되어 있다.

데스크탑

기본적으로 MATLAB 데스크탑(제 1장의 그림 1.1)은 그 내부에 오른쪽의 명령어 창, 왼쪽 상부의 현 디렉토리 검색기와 작업공간 검색기, 그리고 왼쪽 하부에 명령어 히스토리 창과 같은 네 개의 창들을 포함한다. 현 디렉토리와 작업공간 검색기 사이를 왕복하기 위한 탭들이 있음을 주목하자. Desktop 메뉴(MATLAB® 6에서는 View 메뉴)를 이용하여 어느 창을 현재 나타나게 할 수 있는지를 변경할 수 있으며 가장자리를 마우스로 끌어서 창들의 크기를 조정할 수 있다. 명령어 창은 MATLAB이 계산하고 그리고 우리가 이 책에서 다루는 모든 다른 놀랄만한 작업들을 수행하여 주도록 하는 명령어와 지시들을 입력하는 곳이다. 이하의 다른 절들에서 다른 창들을 논의하게 될 것이다.

MATLAB® 데스크탑은 *메뉴 바*와 *툴 바*를 포함한다; 툴 바는 메뉴 바를 통하여 사용자가 선택할 수 있는 항목들의 일부에 빠르게 접속할 수 있도록 하여주는 아이콘들을 포함한다. 많은 메뉴 항목들은 또한 사용자가 메뉴를 선택할 때 오른쪽에 나열되어 있는 키보드 단축키들을 지닌다. 이 단축키들의 일부는 사용자의 운영 시스템에 따라 좌우되며 우리는 일반적으로 이들을 언급하지는 않을 것이다. 그럼에도 불구하고 여러분은 빈번하게 사용하는 메뉴 항목들에 대한 키보드 단축키들의 사용이 유용함을 알 수 있을 것이다.

데스크탑의 각 창들은 오른쪽 상부 구석에 두 개의 작은 버튼을 갖는다. ×로 표시된 버튼은 창을 닫게 하여주며 굽은 화살표 버튼은 데스크탑으로부터 창을 "분리"시켜줄 것이다(분리된 창의 Desktop 메뉴에서 Dock을 선택하거나 메뉴 바에서 굽은 화살표를 클릭함으로써 데스크탑으로 되돌아갈 수 있다).

✔ 데스크탑은 MATLAB의 윈도우즈와 유닉스 버전에 대하여 일부 새로운 속성들과 공통적인 접속기를 제공하여 주지만 특히 오래된 컴퓨터에서 기본적인 명령어 창 접속기보다 더 느리게 수행될 수도 있다. 명령어 matlab -nodesktop을 이용하여 프로그램을 시작함으로써 오래된 접속기로 MATLAB을 수행할 수 있다.

작업공간

제 2장에서 우리는 명령어 clear와 whos를 소개하였는데 이들은 사용자의 MATLAB 작업에서 정의된 변수들을 추적하는 데에 사용될 수 있다. 정의된 변수들의 완전한 모음은 작업공간으로 지칭되는데 이는 작업공간 검색기를 이용하여 살펴볼 수 있다. 이 검색기는 workspace를 입력하거나 현 디렉토리 검색기 아래의 "Workspace" 탭을 클릭함으로써 MATLAB 데스크탑의 기본배열에서 나타나게 할 수 있다. 작업공간 검색기는 현 변수들과 그 크기(값들이 아님)의 목록을 포함한다. 변수 위를 더블클릭하면 *배열 편집기*로 불리는 창에 그 내용이 나타날 것이다. 이 편집기는 벡터나 행렬에서 개별적인 원소들을 편집하는 데에 사용할 수 있다. (명령어 openvar 역시 배열 편집기를 열어준다.) 작업공간 검색기에서 변수를 선택하고 Edit:Delete를 선택함으로써 작업공간에서 변수를 제거할 수 있다.

작업을 중단하고 이후에 모든 것들을 다시 계산하기를 원치 않을 경우에는 save로 현재의 작업공간을 저장한다. 예를 들어 save myfile을 입력하면 myfile.mat로 불리는 파일에 현재 정의되어 있는 모든 변수들의 값들을 저장한다. 변수 X와 Y의 값들만을 저장하려면

```
>> save myfile X Y
```

을 입력한다. 새 작업을 시작하고 이 변수들의 값들을 불러 오려면 load를 이용한다.

예를 들어 load myfile을 입력하면 myfile.mat 파일에 저장된 모든 변수들의 값들이 복귀된다.

✔ 기본적으로 변수들은 MATLAB에 특수한 이진 포맷으로 저장되지만 ASCII 텍스트로도 데이터를 저장하거나 불러올 수 있다. 자세한 내용은 이 명령어들(save, load)에 대한 온라인 도움말을 살펴본다. 이 속성은 다른 프로그램들과 데이터를 교환할 경우에 유용하다.

현 디렉토리와 탐색 경로

MATLAB®에서 생성한 새 파일은 *현재의 디렉토리*에 저장될 것이다. 이 디렉토리의 이름은 MATLAB 데스크탑 툴 바에 제시되며 여기에 포함되는 파일들과 부디렉토리들은 현 디렉토리 검색기에 열거되어 있다. 아울러 명령어 창에서 pwd("작업중인 디렉토리를 프린트하라")를 입력하여 현 디렉토리의 이름을 나타나게 할 수 있으며 dir 이나 ls를 입력하여 디렉토리의 내용들에 대한 목록을 얻을 수 있다.

✔ 요즘은 *디렉토리*보다 *폴더*라는 용어가 더 일반적이다; 컴퓨터 파일 시스템에서 이들은 동일한 것을 의미한다. MATLAB은 관련문서에서 "디렉토리"를 사용하고 있으므로 여기에서도 이 용어를 사용할 것이다. 그러나 현 디렉도리 섬색기에서의 "File Type" 열과 같이 그 접속기는 때로는 "폴더"를 사용한다.

현 디렉토리를 기본 위치에서 바꾸거나 다른 프로젝트에 대하여 다른 디렉토리를 유지하고자 할 수도 있다. MATLAB에서는 명령어 cd(현 디렉토리 검색기)를 이용하거나 데스크탑 툴 바의 "Current Directory" 상자를 이용하여 현 디렉토리를 바꿀 수 있다. 디렉토리 이름을 이 상자 안에 타이프하고 ENTER 키를 누르거나 상자의 오른쪽에서 화살표를 클릭함으로써 이전에 사용한 디렉토리를 선택하거나 혹은 상자의 오른쪽 "Browse for folder" 아이콘을 클릭하여 디렉토리를 검색할 수 있다.

예를 들면 윈도우즈 컴퓨터에서 기본적인 현 디렉토리는 MATLAB에서 이 설치되어 있는 디렉토리의 work라고 불리는, 예를 들면 C:\MATLAB7\work와 같은 부디렉토리이다. 또한 현 디렉토리 검색기에서 오른쪽을 클릭하고 New:Folder를 선택하거나 검색기 툴 바에서 "New folder" 아이콘을 클릭할 수 있다. 다음에 cd ProjectA라고 입력하거나 현 디렉토리 검색기에서 더블클릭함으로써 이를 사용자의 현 디렉토리로 만들 수 있다. 다음에 현 MATLAB 작업중에 이 디렉토리의 파일들을 읽고 쓸 수 있을 것이다.

어떤 디렉토리로부터 파일들을 읽어들일 필요만 있다면 이를 여러분의 현 디렉토리로 만드는 또 다른 방법은 이를 MATLAB이 파일을 찾기 위해 탐색하는 디렉토리들의 *경로*에 추가하는 것이다. 현 디렉토리와 사용자의 경로상의 디렉토리들은 사용자가 명시적으로 파일 이름의 일부로서 디렉토리 이름을 제시하지 않는다면 MATLAB이 파일들을 찾는 유일한 장소들이다. 현재의 경로를 보려면 path를 입력한다. 디렉토리 C:\MATLAB7\work\ProjectA를 사용자의 경로에 추가하려면

```
>> addpath C:\MATLAB7\work\ProjectA
```

라고 입력한다. 경로에 디렉토리를 추가할 경우 이 디렉토리에 포함된 파일들은 사용자가 다른 디렉토리를 그 경로에 추가하거나 현 디렉토리를 변경하는 것에 관계없이 작업이 끝날 때까지 남아있다. 이러한 방법의 잠재적인 결점은 파일 이름을 붙일 때 주의해야 한다는 것이다. MATLAB이 그 파일들을 찾는 경우 MATLAB은 현 디렉토리에서 시작하여 경로 목록에서 발견하는 이름을 가진 첫 번째 파일을 취한다. 여러분의 경로의 서로 다른 디렉토리에서 서로 다른 파일들에 같은 이름을 사용한다면 문제가 생길 수 있다.

아울러 Set Path 툴을 이용하여 MATLAB 탐색경로를 조절할 수 있다. 이 툴을 열려면 editpath나 pathtool을 입력하거나 **File:Set Path...**를 선택한다. "Set Path" 툴은 현 경로의 디렉토리 목록을 갖는 패널과 사용자의 경로에 디렉토리를 추가, 제거, 혹은 재정렬시킬 수 있게 하여 주는 몇 가지 버튼들로 구성된다.

✔ 설치된 툴박스가 많다면 특히 lookfor를 이용하는 경우 경로 탐색이 느릴 수 있다. 현재 사용하지 않는 툴박스를 MATLAB 경로로부터 제거하는 것은 수행 속도를 높이는 한 가지 방법이다.

☞ *현재의 디렉토리와 경로에 가한 변경은 하나의 MATLAB 작업에서 다음번 MATLAB 작업으로 넘어갈 때 저장되지 않는다. 이후의* 스크립트 M-파일 *절 말미에서는 여러분이 MATLAB을 시작할 때마다 이들과 다른 사항들을 어떻게 자동적으로 변경하는지에 대하여 다루고 있다.*

명령어 히스토리 창

명령어 히스토리 창은 사용자가 명령어 창에서 입력하는 명령어들을 포함하고 있다. 이는 두 가지 측면에서 유용하다. 첫째, 이 창은 여러분이 이전에 입력한 명령어들의

기록을 한 눈에 볼 수 있게 하여 준다. 둘째, 이 창은 사용자의 타이핑 시간을 약간 절약해 줄 수 있다. 명령어 히스토리 창에서 어떤 항목을 두 번 클릭하면 이 항목은 명령어 창에서 바로 수행될 것이다. 그러나 때로는 수행하기 전에 이전의 명령어들을 편집하고 싶을 때가 있을 것이다. 명령어 히스토리 창의 어떤 항목에서 오른쪽 마우스 버튼을 클릭하면 이 항목은 강조되며 옵션들의 메뉴가 나타난다. 여러분은 Copy를 선택한 다음 명령어 창에서 오른쪽을 클릭하고 Paste를 선택할 수 있는데 여기에서 선택된 명령어는 명령어 프롬프트에 나타날 것이며 편집할 준비가 되어있을 것이다. 앞장의 *문제의 복구* 절에서 이미 언급한 바와 같이 사용자는 또한 명령어 창에서 상향 및 하향 화살표 키들을 타이프함으로써 바로 전에 사용한 명령어들을 살펴볼 수 있다. 다음에 올바른 명령어 라인을 위치시키는 경우 왼쪽 및 오른쪽 화살표 키들을 사용하여 명령어 라인 주위를 이동하면서 필요에 따라 삭제 및 삽입조작을 행할 수 있으며 ENTER를 눌러 수정된 명령어를 수행시킬 수 있다.

예를 들어 sin(0.1)/0.1, sin(0.01)/0.01, 그리고 sin(0.001)/0.001의 값을 15자리까지 계산한다고 하자. 다음은 처음 시도해 본 것과 MATLAB이 명령어 창에 보여주는 응답이다:

```
>> x = [0.1, 0.01, 0.001];
>> y = sin(x)/x
y =
    0.9984
```

이는 의도했던 결과가 아니다; 세 개가 아닌 한 개의 숫자만이 나타나 있다. 두 벡터를 원소끼리 나누려면 /가 아닌 ./와 같이 타이프해야 함을 상기하자. (/만 타이프하면 방정식 y*x = sin(x)를 y에 대하여 "최소자승"에 따라 "푸는" 것이 된다; 더 많은 정보를 원한다면 help slash를 입력하여 본다.) 다른 문제는 15자리가 아닌 단지 5자리만이 나타난다는 것이다. 이 문제를 해결하려면 먼저 format long을 입력한다. 다음에 상향 화살표를 눌러 y를 정의하는 명령어가 나타나도록 한 다음 오른쪽 화살표를 두 번 타이프하여 커서를)와 / 사이로 이동시킨다. 마지막으로 .을 타이프하고 ENTER를 누른다:

```
>> format long
>> y = sin(x)./x
y =
   0.99833416646828   0.99998333341667   0.99999983333334
```

M-파일

M-파일은 다수의 MATLAB 명령어들을 하나의 파일 안에 저장하여 주며 하나의 명령어나 한 번의 마우스 클릭으로 이들이 수행되도록 하여준다. 위의 간단한 문제를 첫 번째의 시도에서 올바르게 해결했을지 모르지만 보다 복잡한 문제들에서는 일반적으로 일련의 명령어들을 몇 번에 걸쳐 수행, 편집, 그리고 재수행하는 약간의 시행착오가 필요하다. 명령어 히스토리 창이 이 과정의 첫 번째 단계에서 유용할 수 있지만 결국 M-파일을 이용하는 것이 더욱 능률적임을 알게 될 것이다. M-파일에서는 또한 어떤 문제에 대한 사용자의 답을 다른 MATLAB 사용자들과 공유할 수 있으며 사용자의 결과를 다른 사람들이 읽도록 포맷할 수 있다. M-파일에는 스크립트 M-파일과 함수 M-파일의 서로 다른 두 가지 종류가 있다. 위에서 다룬 문제에 대한 서로 다른 해를 제시하면서 두 가지 M-파일 형태의 사용을 예시하여 볼 것이다.

M-파일은 MATLAB 명령어들을 포함하는 통상적인 텍스트 파일이다. 여러분은 파일을 평범한 ASCII 텍스트로 저장할 수 있는 텍스트 편집기나 워드 프로세서를 이용하여 M-파일을 만들고 수정할 수 있다. (그러한 텍스트 편집기에는 윈도우즈의 *노트패드*와 *워드패드*, 그리고 유닉스의 emacs 및 vi가 포함된다.) 보다 편리하게 여러분은 내장된 *편집기/디버거*를 이용할 수 있는데 이는 edit를 타이프하거나 edit 다음에 현재의 디렉토리에 있는 기존 M-파일의 이름을 타이프하여 시작할 수 있다. 또한 File 메뉴, 혹은 툴 바의 가장 왼쪽에 있는 두 개의 아이콘들을 사용하여 편집기/디버거를 시작하여 새로운 M-파일을 만들거나 기존의 M-파일을 불러올 수 있다. 현 디렉토리 검색기에서 M-파일을 더블 클릭하면 이 파일을 편집기/디버거에서 열 수 있다.

스크립트 M-파일

스크립트 M-파일은 순서대로 수행되는 일련의 MATLAB 명령어들을 포함한다. 이제 앞에서 다룬 수학문제를 풀기 위한 스크립트 M-파일을 만드는 방법을 제시하여 보기로 한다. 다음을 포함하는 파일을 생성하여 보자:

```
format long
x = [0.1, 0.01, 0.001];
y = sin(x)./x
```

이 파일을 사용자의 현 디렉토리나 다른 어떤 디렉토리에 task1.m이라는 이름으로 저장하였다고 가정할 것이다. 파일에는 여러분이 원하는 대로 이름을 붙일 수 있지만(사용자의 운영 시스템에서의 통상적인 이름 붙이기 제약에 따라) ".m"은 뒤에 반드시 붙여야 한다.

명령어 창에서 task1을 입력함으로써 이 스크립트를 수행하도록 MATLAB에 지시할 수 있다. (여기에서 ".m" 확장자를 타이프하면 안된다; M-파일을 탐색할 때 MATLAB은 자동적으로 이를 추가시켜 준다.) 출력은 - 그러나 출력을 생성하는 명령어들은 제외하고 - 명령어 창에 나타날 것이다. 이제 일련의 명령어들은 M-파일 task1.m을 수정함으로써 쉽게 변경시킬 수 있다. 예를 들어 sin(0.0001)/0.0001도 계산하고 싶다면 다음과 같이 M-파일을 수정할 수 있다:

다음을 포함하는 파일을 생성하여 보자:

```
format long
x = [0.1, 0.01, 0.001, 0.0001];
y = sin(x)./x
```

다음에 다시 task1을 타이프하여 수정된 스크립트를 수행한다. 먼저 task1.m에 가한 변경을 저장하는 것을 잊지 말라; 저장하지 않으면 MATLAB은 이를 인식하지 못한다.

✔ 스크립트 M-파일을 수행하여 설정된 변수들은 이들을 명령어 창에서 직접 입력한 것과 똑같이 존재할 것이다. 예를 들면 위의 프로그램으로 이후의 모든 수치적 결과들은 15자리로 나타날 것이다. 5자리 포맷으로 되돌아가려면 format short를 입력해야 할 것이다.

코멘트의 추가 M-파일에 코멘트를 포함시키는 것은 가치가 있다. 이 코멘트들은 계산에서 무엇이 이루어지는가를 설명하여 주거나 계산의 결과들을 설명하여 주는 것이 될 수 있다. MATLAB에서 퍼센트 기호(%)는 코멘트의 시작을 나타낸다; 이 기호가 있는 줄의 나머지 부분은 MATLAB에 의하여 수행되지 않는다. (편집기/디버거는 코멘트를 초록색으로 입혀서 검은색으로 나타나는 명령어들과 구분되게 한다.) 다음은 약간의 코멘트가 추가된 새로운 버전의 task1.m이다:

```
format long     % 15자리로 표시
x = [0.1, 0.01, 0.001];
y = sin(x)./x
% 이 값들은 x가 0에 접근함에 따라
% sin(x)/x는 1에 접근함을 보여준다.
```

여러 줄의 코멘트에서는 각 줄이 시작될 때마다 퍼센트 기호가 필요하다.

셀 모드 MATLAB® 7의 새로운 한 가지 기능은 하나의 스크립트 M-파일을 *셀*이라고 불리는 부속 단위들로 나눌 수 있게 하여 주는 것이다. 사용자의 M-파일이 길거나 이후의 *M-파일 출판하기*에서 설명한 바와 같이 이를 *출판*할 예정이라면 이 기능은 특히 유용하다. 새로운 셀을 시작하려면 이중 퍼센트 기호(%%) 다음에 빈 칸으로 시작하는 코멘트 라인(이어지는 셀의 "타이틀"로 작용할 것이다)을 삽입하는 것이다. 편집기/디버거에서 M-파일을 열고 Cell 메뉴에서 Enable Cell Mode를 클릭하면 첫 번째 툴 바 아래에 두 번째 툴 바가 나타날 것이다. 다음에 M-파일의 어딘가에서 클릭하면 그 위치를 포함하는 셀이 옅은 노란색으로 강조될 것이다. 다음에 Cell:Evaluate Current Cell을 선택하거나 해당 아이콘을 클릭하여 그 셀을 수행할 수 있다. 만일 단지 하나의 셀에서 변화를 가하고 전체 스크립트를 모두 다시 수행하기를 원하지 않는다면 이 기능은 큰 도움이 될 수 있다. "셀을 수행하고 전진"하기 위한 메뉴 항목과 아이콘들도 있다. 일단 셀 모드를 시작하였다면 Cell:Insert Cell Divider를 선택하거나 해당되는 아이콘을 클릭하여 더 많은 셀들을 생성할 수도 있다.

스크립트 M-파일의 초기화 스크립트 M-파일의 결과가 재생될 수 있으려면 다른 MATLAB 작업에서 사용자가 정의했을 지도 모르는 변수들에 의하여 스크립트가 영향을 받지 않아야 하며 남아있는 그래픽에 의해 변형되지 않아야 한다. 예를 들어 명령어 창에서 sin이라는 이름의 변수를 정의한 다음 위의 스크립트 task1.m을 수행한다면 이제 sin은 내장 함수가 아닌 변수를 나타내기 때문에 에러 메시지가 나타날 것이다. 이를 염두에 두고 스크립트의 처음에 clear all을 타이프하여 이전의 변수들의 정의가 결과에 영향을 미치지 않도록 할 수 있다. 또한 그래픽을 생성하는 스크립트 M-파일의 처음에 close all을 타이프하여 모든 그림창들을 닫고 깨끗한 창으로 시작할 수 있다.

위에 언급한 바와 같이 스크립트 M-파일의 명령어들은 명령어 창에 자동적으로 나타나지는 않을 것이다. 결과와 함께 명령어들이 나타나기를 원한다면 스크립트의 처음에 echo on을 추가한다(이 경우 스크립트의 끝부분에 echo off를 추가시키는 것이 좋다). 이 때 M-파일 내의 코멘트들 역시 나타날 것이다. 이는 긴 스크립트 M-파일을 수행할 경우 어떤 입력에 따라 어떤 출력이 연관되는지를 추적하는 데에 유용하다.

다음은 보다 주의깊게 코멘트된 새로운 task1.m 버전으로서 출력은 물론 입력을 보여줄 것이다:

```
clear all        % 이전의 변수 정의들을 제거
echo on          % 명령어 창에 입력을 보여줌
format long      % 15자리로 표시
```

```
x = [0.1, 0.01, 0.001];   % x 값들을 정의
y = sin(x)./x   % 원하는 분수값을 계산
% 이 값들은 x가 0에 접근함에 따라
% sin(x)/x는 1에 접근함을 보여준다.
echo off
```

M－파일의 시작 MATLAB®이 시작되면 (현 디렉토리를 포함하는) 기본 경로에서 startup.m이라 불리는 스크립트 M－파일을 찾는다. 그러한 파일을 생성하는 경우 그 파일이 포함하는 명령어들은 MATLAB이 시작될 때마다 수행될 것이다. 이 파일을 이용하여 현 디렉토리나 경로로의 변경과 같이 하나의 작업으로부터 다른 작업으로 넘어갈 때 정상적으로 유지되지 않는 사항들을 저장할 수 있다. (앞에서 언급한 명령어 cd 및 addpath 이외에 rmpath를 이용하여 경로로부터 디렉토리들을 제거할 수 있다.)

함수 M-파일

함수 M－파일은 스크립트 M－파일과는 달리 MATLAB 명령어 라인이나 다른 M－파일에서 이를 수행할 경우 입력값들을 지정할 수 있게 하여 준다. 앞 장에서 언급한 바와 같이 익명함수(@) 구문 － MATLAB® 6 및 그 이전버전에서는 사용할 수 없다 － 이나 inline을 이용하여 명령어 라인에서 사용자 자신의 함수를 정의할 수 있다. 그러나 이 방법들로는 한 줄 함수의 정의만이 가능하므로 보다 복잡한 함수들을 정의하기 위해서는 M－파일이 필요하다. 스크립트 M－파일과 마찬가지로 함수 M－파일은 사용자의 현 디렉토리나 MATLAB의 다른 경로에 위치해야 하는 평범한 텍스트 파일이다.

여러 가지 b 값들에 대하여 $x = 10^{-b}$와 sin(x)/x 값들을 계산하였던 이전의 문제로 되돌아가 보자. 나아가 $\sin(10^{-b})/(10^{-b})$와 1이 15자리까지 일치하는 가장 작은 b 값을 찾으려 한다고 하자. 다음은 이 문제의 해결을 위하여 구성된 sinelimit.m으로 불리는 함수 M－파일이다:

```
function y = sinelimit(c)
% SINELIMIT는 x = 10^(-b)에 대하여 sin(x)/x를 계산한다.
% 여기에서 b = 1, ..., c 이다.
format long
b = 1:c;
x = 10.^(-b);
y = (sin(x)./x)';
```

이 파일의 첫 번째 줄은 function으로 시작하며 파일을 함수 M－파일로 인식한다.

(편집기/디버거는 이 특별한 단어를 청색으로 나타내어 준다.) M-파일의 첫 번째 줄은 함수의 이름을 지정하며 그의 입력인수(혹은 파라미터)와 출력값을 보여준다. 이 예에서 함수는 sinelimit로 불린다. (.m 확장자가 없는) 파일 이름과 함수 이름은 서로 일치해야 한다. 이러한 새로운 함수 M-파일을 타이틀이 없는 편집기 창에서 만든 다음 Save를 선택하면 편집기/디버거는 이 파일을 sinelimit.m으로 부르는 것으로 간주한다. 우리의 예에서 함수는 하나의 입력을 취하는데 이는 M-파일 내에서 c로 불린다. 이 함수는 또한 하나의 출력을 반환하는데 이는 함수의 수행이 종료되었을 때 y의 값이 된다.

함수 M-파일의 첫 번째 줄 다음에 그 M-파일이 무엇을 위한 것인가를 설명하여 주는 하나, 혹은 그 이상의 코멘트 라인들을 추가하는 것이 좋다. 이렇게 하면 help 명령어는 자동적으로 이 정보를 끌어내어 보여준다. 예를 들면

```
>> help sinelimit
  SINELIMIT는 x = 10^(-b)에 대하여 sin(x)/x를 계산한다.
  여기에서 b = 1, ..., c 이다.
```

M-파일의 나머지 줄들은 함수를 정의한다. 이 예에서 b는 1부터 c까지의 정수들로 이루어지는 행 벡터로 정의되며 x는 b로부터 계산되고 마지막으로 y는 x로부터 결정된다.

☞ sinelimit.m*의 b, x 및 y와 같이 함수 M-파일에서 이용되는 변수들은 국부적 변수들이다. 스크립트 M-파일에서 정의되는 변수들과는 달리 이 변수들은 사용자가 명령어 창에서 사용했을지도 모르는 동일한 이름의 어떤 변수들과도 완전히 관련이 없으며 MATLAB은 함수 M-파일이 수행된 후에는 그 값들을 기억하지 않는다. 추가의 정보를 얻으려면 제 4장의* 함수 M-파일의 변수들*을 참조한다.*

b, x 및 y를 정의하는 줄들의 출력은 세미콜론으로 프린트가 억제되어 있음을 유의하자. 이 변수들은 M-파일에 의하여 내부적으로만 사용되므로 명령어 창에서 이들에 대한 출력을 보려는 것은 잘못 인식될 소지가 있다. 중간단계 계산 결과를 나타내어 보이는 것은 디버깅에 유용할 수 있지만 일반적으로 함수 M-파일 내에서의 모든 출력들은 프린트를 억제시켜야 한다.

다음은 함수 sinelimit의 사용 방법을 보여주는 예이다:

```
>> sinelimit(5)
ans =
   0.99833416646828
   0.99998333341667
   0.99999983333334
   0.99999999833333
   0.99999999998333
```

1에서 5까지의 b 값 가운데 어느 것도 원하는 답인 15자리까지의 일치를 보여주지 않고 있다. 출력으로부터 판단해 보면 sinelimit(10)을 입력하는 경우 우리가 제시한 문제에 대한 답을 얻을 것으로 기대할 수 있다. 한번 시행하여 보라.

루프

*루프*는 하나의 명령어나 어떤 그룹의 명령어들이 여러 번 반복되도록 지정한다. 루프를 만드는 가장 쉬운 방법은 for 문을 사용하는 것이다. 다음은 $10! = 10 \cdot 9 \cdot 8 \cdots 2 \cdot 1$을 계산하여 보여주는 간단한 예이다.

```
f = 1;
for n = 2:10
   f = f*n;
end
f
```

이 루프는 for 문으로 시작하여 end 문으로 끝난다. 이 두 문들 사이의 명령어는 모두 9번 수행되는데 2에서 10에 이르는 각각의 n 값에 대하여 한 번씩 수행된다. 루프 내에서 중간 결과의 프린트를 억제하기 위해 세미콜론을 이용하였다. 최종 결과를 보려면 루프가 Rmxsks 뒤에 f를 타이프할 필요가 있을 것이다. 세미콜론이 없다면 MATLAB은 각각의 중간값 2!, 3! 들을 보여줄 것이다.

편집기/디버거는 명령어 for와 end들을 자동적으로 청색으로 나타내어 준다. 이는 필요한 것은 아니지만 이들 사이에 명령어들을 (우리가 위에서 한 바와 같이) 들여 쓴다면 판독성이 향상된다; 편집기/디버거는 이를 자동적으로 수행하여 준다. 명령어 창에서 for를 입력한다면 MATLAB은 사용자가 end를 입력할 때까지 새로운 프롬프트(>>)를 제시하여주지 않는다. end가 입력되면 MATLAB은 전체 루프를 수행하고 새로운 프롬프트를 보여줄 것이다.

✔ 스크립트 M-파일에서 echo on을 활성화시킨 채 루프를 사용한다면 루프가 수행될 때마다 매번 명령어들이 나타날 것이다. end문 바로 앞에 echo off 명령어를 삽입하고 end 바로 다음에 echo on을 삽입함으로써 이를 피할 수 있다; 그러면 루프 내의 각 명령어들은 (end를 제외하고는) 한 번씩 보여질 것이다.

결과의 제시

때로는 사용자가 생성한 스크립트 M-파일의 결과를 다른 사람들에게 보여주고자 할 때도 있을 것이다. 세련된 제시를 위해 사용자의 결과를 워드 프로세서와 같은 다른 프로그램으로 보내거나 publish를 이용하여 사용자의 결과를 HTML과 같은 포맷으로 전환시키거나 혹은 (윈도우즈 컴퓨터 상에서) M-북을 사용할 수 있다. 사용자의 결과를 보다 비공식적으로 공유하려면 다른 누군가가 사용자의 M-파일을 수행할 수 있는 MATLAB을 보유하고 있다는 가정 하에 사용자의 M-파일을 그 사람에게 제공할 수 있다. 또는 사용자가 얻은 결과를 *다이어리* 파일의 형태로 제공할 수 있다. 이러한 다른 방법들을 살펴보기로 한다.

✔ 코멘트를 빈번하게 사용함으로써 사용자의 M-파일의 가독성을 상당히 향상시킬 수 있다. 코멘트는 계산되고 있는 것이 무엇인가를 설명하여 주므로 독자는 사용자의 과정과 전략들을 이해할 수 있다. 일단 계산을 수행한 다음에는 그 결과들을 해설하여 주는 코멘트들을 추가할 수도 있다.

M-파일의 출판

MATLAB® 7은 스크립트 M-파일을 읽을 수 있는 문서로 전환시켜 주는 publish라고 불리는 매우 편리한 명령어를 지니고 있다. 이 속성은 셀과 함께 사용해야 한다; 앞의 *셀 모드*를 참조하라. 우리가 가장 잘 작용하는 것으로 확인한 기본 출력 포맷은 HTML(즉 웹 페이지)이지만 (윈도우즈 컴퓨터 상에서) *워드* 문서나 *파워 포인트* 발표물로 출판할 수도 있으며 $\LaTeX$ 문서로 출판할 수도 있다. 일단 편집기/디버거에서 셀 모드를 활성화시켰다면 셀 툴 바에서 "Publish to HTML" 아이콘(이는 편집기 툴 바 아래에 나타난다)을 이용할 수도 있다.

M-파일을 출판하면 M-파일을 그의 텍스트 및 그래픽 출력들과 함께 재생시켜 준다. M-파일의 각 셀은 이중 퍼센트 기호 %% 다음에 빈 칸이 이어지는 것으로 시작하는 라인으로부터 취한 제목 아래에 별도의 절로 나타난다. 이 라인 바로 다음에 이어지는 코멘트 라인들은 이들이 % 기호와 빈 칸으로 시작하며 사이에 빈 줄이 없다면 출력

에서 포맷된 텍스트로 나타난다. (편집기/디버거의 Cell 메뉴의 Insert Text Markup 부메뉴를 이용하여 여러 가지 포맷들을 선택할 수 있다.) 다음에 모든 MATLAB 입력 라인들과 셀 내의 잔여 코멘트들은 포맷되지 않고 재생되며 다음에 텍스트 출력(회색으로 나타난다), 그리고 뒤이어 그래픽이 재생된다. (M-파일을 출판할 때에는 echo를 사용할 필요가 없다; 입력과 코멘트들은 언제나 출판된 문서에 나타난다.)

✔ 이중 퍼센트 기호로 시작하지만 이어지는 텍스트가 없는 라인은 새로운 셀을 시작하지만 출판된 출력에서 절의 제목을 생성하지 않는다. 이러한 방법으로 새로운 셀을 시작하면 새로운 절을 시작하지 않고 이전 셀로부터의 출력을 다루는 포맷된 텍스트를 삽입할 수 있다. 이에 의하여 아마 더욱 중요한 것으로서 많은 입력라인들을 갖는 절에서 입력과 출력을 서로 근접하게 유지시킬 수 있다. 그러한 절을 보다 작은 셀들로 나누지 않는다면 그의 모든 입력들은 그의 모든 출력 이전에 나타날 것이며 따라서 출력을 입력과 연계시키는 것이 어려울 것이다.

다음은 이전에 다루었던 스크립트 M-파일 task1.m의 다른 버전으로서 출판에 적합하도록 보정한 것이다.

```
%% 샘플 스크립트 M-파일
% 이 스크립트는 x=0.1, 0.01, 0.001에 대하여 sin(x)/x를 계산한다.

clear all        % 이전의 변수 정의들을 제거
format long      % 15자리로 표시

x = [0.1, 0.01, 0.001];   % x 값들을 정의
y = sin(x)./x    % 원하는 분수값을 계산

%%
% 이 값들은 x가 0에 접근함에 따라
% sin(x)/x는 1에 접근함을 보여준다.
```

만일 사용자의 M-파일이 동일한 그림창에 두 개의 그림들을 만들어 준다면 그림들이 서로 다른 셀들에 나타나지 않는 경우 마지막 그림만이 출판된 문서에 기록될 것이다. 따라서 새로운 그림을 생성할 때마다 매번 새로운 셀을 시작하거나 figure를 사용하여 주어진 셀에 의해 생성된 각 그림에 대하여 별도의 창을 열어야 한다.

☞ *출판에 대한 보다 자세한 논의는 제 7장을 참조한다. 그림창에 대한 자세한 정보는 제 5장을 참조한다.*

다이어리 파일

publish의 사용은 MATLAB® 7으로 시작할 때에만 가능하지만 모든 버전의 MATLAB들은 보다 초보적인 명령어 diary를 지니고 있다. 이 명령어는 작업중의 모든 텍스트 출력(그리고 echo on이 있을 경우 입력)을 저장한다. 다음은 스크립트 M-파일을 수행할 때마다 얻어지는 출력과 텍스트 입력을 어떤 파일에 자동적으로 저장하기 위한 diary의 사용 방법을 보인 것이다. task1.m과 같은 M-파일의 서두에 다음과 같은 명령어들을 포함시킬 수 있다:

```
delete task1.txt
diary task1.txt
echo on
```

스크립트 M-파일은 다음과 같은 명령어로 끝나야 한다:

```
echo off
diary off
```

첫 번째 diary 명령어는 명령어 창으로의 이어지는 모든 입력과 명령어 창으로부터의 모든 출력들이 특정 파일 – 이 경우 task1.txt – 에 복사되도록 하여준다. 다이어리 파일 task1.txt는 프린트에 적합하거나 다른 프로그램으로 옮기기에 적절한 평범한 텍스트 파일이다.

M-파일의 서두에 delete를 사용함으로써 그 파일이 스크립트의 최근 수행으로부터 얻어진 출력만을 포함하도록 할 수 있다. delete 명령어를 생략하면 diary는 기존 파일의 맨 뒤에 새로운 출력을 추가할 것이며 task1.txt 파일은 끝부분에 M-파일의 다수의 수행에 따른 결과들을 포함할 수 있다. (스크립트에 delete 명령어를 두면 스크립트를 최초로 수행할 때 존재하지 않는 파일에 대한 무해한 경고 메시지가 나타날 것이다.) 아울러 CTRL+C를 입력하여 diary 명령어를 포함하는 스크립트를 정지시킨다면 다이어리 파일에서 외부의 출력을 얻을 수도 있다. 그렇게 한다면 진행하기 전에 명령어 창에 diary off를 타이프하여야 한다.

대화식 M-파일

다른 누군가가 여러분의 스크립트 M-파일을 수행하고 그 결과를 보기를 원한다면 pause 명령어를 사용하여 각 그래프가 생성된 후, 중요한 코멘트 다음에, 그리고 여러분의 스크립트가 수치 결과를 생성하는 중요한 위치 다음과 같은 다양한 위치에서 수행을 멈추도록 하는 것이 도움이 된다. MATLAB이 pause 명령어에 도달할 때마다 더 진행하기 전에 사용자가 어떤 키를 누를 때까지 기다린다. 물론 여러분의 M-파일을 받는 사람이 pause에 익숙하지 않다면 그러한 위치들에서 적절한 지침을 포함시켜야 한다; 예를 들면 echo on을 활성화시킨 상태에서 다음과 같이 타이프할 수 있다:

```
pause  % 계속하려면 아무 키나 누르시오...
```

echo on을 사용하지 않는다면 명령어 disp를 이용하여 멈추기 전에 적절한 메시지를 보여줄 수 있다. 유용한 다른 명령어로서 input이 있다. 이 명령어는 메시지를 보여주고 사용자가 숫자나 다른 MATLAB 표현을 입력할 때까지 기다린다; 온라인 도움말을 참조하여라.

✔ 이들 대화식 명령어들은 예를 들어 M-파일을 출판하려고 할 경우 성가신 것이 될 수 있다. 여러분의 파일을 받는 사람이 편집기/디버거의 셀 모드에 익숙하다면 pause를 사용하는 대신 M-파일을 셀로 나누어 한 번에 하나의 셀을 수행하도록 할 수 있다.

☞ *MATLAB®은 또한 그래픽 사용자 접속기(GUI) 개발을 위한 명령어와 툴 들을 지니고 있다; 제 9장을 참조한다. 이 방법은 여러분의 파일을 받는 사람이 명령어 창이 아닌 여러분이 고안하는 별도의 창에서 여러분의 M-파일과 접속할 수 있게 하여 준다.*

긴 입력과 출력 라인들의 행 바꾸기

때로는 명령어 창이나 M-파일에서 하나의 줄에 맞추기에는 너무 긴 명령어를 타이프할 필요가 있다. 이 경우 줄의 끝 부분에 이르게 되면 ...(즉 연속적인 세 개의 마침표)을 타이프한 다음 ENTER를 치고 다음 줄에서 명령어를 계속할 수 있다. 이를 명령어 창에서 수행한다면 새 줄에서는 명령어 프롬프트를 볼 수 없을 것이다.

\# 수치 결과는 MATLAB에 의하여 사용자의 스크린에 맞도록 포맷되지만 일반적으로 기호표현은 아무리 길어도 하나의 줄에 나타난다. s가 기호표현이라면 pretty(s)를 입력하여 s를 *프린트* 포맷으로 나타낼 수 있는데 이는 사용자의 스크린 상에서 여러 줄들을 사용하여 기록된 수학식을 나타내어 준다. 그 결과는 종종 기본 포맷보다 읽기가 더 쉽다. pretty의 중요한 속성은 긴 표현을 표준 크기 창의 규격(80 글자 너비) 안에 맞도록 *줄바꾸기*를 하여 준다는 것이다. 사용자의 기호 출력이 매우 길어서 창의 오른쪽을 벗어난다면 출력을 프린트하는 경우 반올림되므로 pretty를 사용하여 전체 표현을 사용자의 프린트되는 출력에서 보일 수 있게 하여야 한다.

그래픽의 인쇄와 저장

제 1장과 2장에서 보인 바와 같이 그래픽은 별도의 창에 나타난다. 그림창에서 File:Save As...를 선택하여 현재의 그래프를 저장할 수 있다. 기본 파일 포맷(.fig)은 MATLAB에 독특한 것으로서 대부분의 다른 프로그램들에서는 수용되지 않지만 몇 가지 다른 포맷들도 사용이 가능하다. File:Print...를 선택하여 현재의 그림을 인쇄할 수도 있다. 이와 달리 print를 입력하면 현재의 그림창에 있는 그림이 사용자의 기본 프린터에서 인쇄된다. 아마도 스크립트를 수행할 때마다 매번 그래프를 인쇄하려 하지는 않을 것이므로 M-파일에 print 명령어를 포함시키면 안된다. 대신 출력을 어떤 파일로 보내는 어떤 형태의 print를 사용하여야 한다. 사용자의 그림에 정보를 포함하는 제목을 다는 것도 도움이 된다. 예를 들면:

```
close all        % 이전의 변수 정의들을 제거

% 0부터 2*pi까지에서 sin(x)의 그래프를 작성
x = 2*pi*(0:0.01:1);
plot(x, sin(x))

title('Figure A: SIne Curve');  % 그림의 제목
print -deps figureA  % 그림을 figureA.eps 파일에 저장
```

이 스크립트에서 사용된 print의 형태는 현재의 그림을 현 디렉토리의 figureA.eps로 불리는 파일에 *Encapsulated PostScript* 포맷으로 기록되게 하여 준다. 이 파일은 나중에 (포스트스크립트 프린터 상에서) 프린트할 수 있으며 포스트스크립트 포맷을 읽을 수 있는 다른 프로그램으로 옮길 수도 있다. MATLAB 그래픽을 웹 페이지에 붙이고자 한다면 print -dpng를 이용하여 그림을 png 파일로 저장하는 것이 더 좋다. (또한 그림창의 File 메뉴에서 Save As...를 선택하여 "Save as type:"에서 "Portable

Network Graphics file (*.png)"를 선택할 수도 있다.) 다른 이용 가능한 포맷들에 대해서는 print에 대한 온라인 도움말을 참조한다.

그래픽을 수반하는 마지막 예로서 sin(x), sin(2x) 및 sin(3x)의 그래프를 동일한 축 상에 나타내는 문제를 고려하여 보자. 이는 통상적인 예이다; 우리는 종종 그 방정식이 파라미터에 따라 좌우되는 몇 가지의 유사한 곡선들을 그래프로 나타내려 할 수 있다. 다음은 이 문제의 해결을 위한 스크립트 M-파일이다:

```
x = 2*pi*(0:0.01:1);    % x 값들을 정의
figure, hold on   % 새로운 그림창을 연다. 그래프는 중첩된다.

% 루프를 수행하여 세 개의 sine 곡선들을 그린다:
for c = 1:3
   plot(x, sin(c*x))
end

hold off, axis([0, 2*pi, -1, 1])   % x 축을 조정
title('Several SIne Curves');  % 그림의 제목
```

결과는 그림 3.1에 나타나 있다.

위의 풀이를 분석하여 보자. 0부터 2π까지 균등하게 구분된 101개의 격자를 정의하는 것으로 시작한다. 다음에 figure는 새로운 그림창을 열며 hold on은 동일한 축 상에 몇 개의 곡선들을 그리고자 함을 MATLAB에 알려준다. 세 개의 plot 명령어를 타이프하는 대신 위에서와 같이 for 루프를 사용하고 있다. 다음에 hold off를 이용하여 그림창을 풀어주고 MATLAB이 선택하는 범위로부터 x의 실제 범위로 수평 축을 변경시킴으로써 그래프를 좀 더 잘 보이게 하여 준 다음 그림에 제목을 붙인다.

M-북

M-파일을 먼저 생성할 필요가 없이 MATLAB 출력을 제시하여 주는 다른 정교한 방법은 마이크로소프트 *워드* 문서에서 텍스트, MATLAB 명령어, 그리고 그래픽들을 조합시키는 것이다. 이에 따라 포맷을 할 때 publish보다 더 많은 조절을 가할 수 있다. 간단한 첫 번째 방법은 설명 코멘트를 포함하는 워드 문서를 준비하고 사용자의 MATLAB 명령어(이를 다른 폰트로 할 수 있다)를 복사하여 넣거나 워드의 Insert 메뉴에서 File...을 사용하여 M-파일을 포함시키는 것이다. 마지막으로 워드에서 Insert:Picture:From File...을 선택하여 그래픽을 복사하여 붙일 수 있다. 여러분은 먼저 그래픽들을 png, tiff, 혹은 eps와 같은 통상적인 포맷으로 저장하여야 한다.

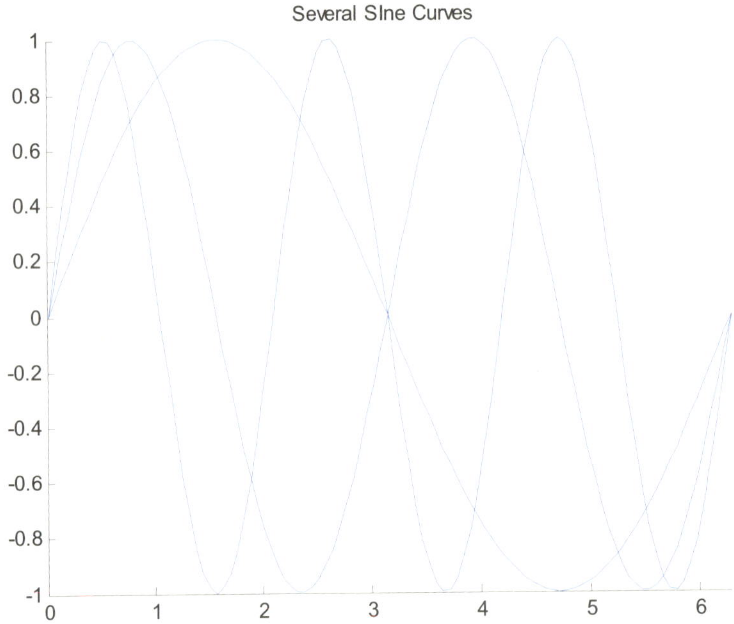

그림 3.1. Sine 곡선들.

보다 직접적인 방법은 여러분의 컴퓨터 상에서 M-북을 활성화시키는 것이다. M-북은 수행 가능한 MATLAB 코드가 조합된 워드 문서이다(이는 *비쥬얼 베이직*의 중개수단을 통하여 워드 매크로로 수행된다). 명령어 창에서 notebook을 입력하거나 워드를 수행하고 File 메뉴에서 New...를 선택한 다음 문서 템플레이트로 m-book을 선택하여 M-북을 시작할 수 있다. 여러분의 컴퓨터 상에 m-book.dot 파일이 이미 존재하지 않는다면 먼저 M-북을 활성화시킬 필요가 있다. 이는 명령어 창에서 다음과 같이 입력하고 스크린에 나타나는 지시를 따름으로써 수행될 수 있다:

```
>> notebook -setup
```

여러분은 사용중인 워드의 버전을 묻는 프롬프트를 대할 것이며 아마도 일부 관련 파일들의 위치를 묻기도 할 것이다.

✔ 윈도우즈 XP, 2000, 혹은 NT의 경우 notebook -setup을 수행한다면 에러 메시지가 나타날 것이다. 그러나 설치 과정에서는 여전히 m-book.dot을 사용자의 워드 템플레이트 디렉토리에 복사할 것이다. 그러면 비록 MATLAB에서 notebook을 수행하는 것은 여전히 실패할 것이지만 워드로부터 M-북을 열 수

있을 것이다. M-북을 충분히 활성화시키기 위해서는 관리자로 하여금 notebook -setup을 수행하도록 하여야 한다. 여러분이 접근할 수 있는 디렉토리를 지정하기 위해 기본 템플레이트 위치를 무효화시켜야 할 수도 있다.

➪ **M-북이 적절히 수행되려면 워드에서 필요한 매크로의 수행이 가능하도록 해야 한다. 이를 위한 가장 안전한 방법은 M-북을 열 때 안전 경고 대화상자가 나타나는 지를 살펴보는 것인데 만일 그렇다면 "이 소스로부터의 매크로를 언제나 신뢰한다"를 선택한다. 이는 다른 매크로에 대하여 여러분의 보안 수준을 "높게" 유지시켜 줄 것이다. 이와 달리 워드에서 Tools:Macros:Security...를 선택함으로써 나타나는 대화상사에서 모든 매크로에 대하여 보안 수준을 "중간"으로 선택할 수 있다.**

일단 M-북을 성공적으로 시작했다면 상부의 Notebook 메뉴를 제외하고는 다른 워드 문서와 유사하게 거동할 것이다. MATLAB 명령어를 타이프하고 CTRL+ENTER를 누르거나 마우스로 명령어를 강조하고 Notebook 메뉴에서 Evaluate Cell을 선택하면 MATLAB은 명령어를 수행하고 결과를 워드로 보낼 것이다. 읽기 쉽게 하기 위해서 워드는 "입력 셀"(MATLAB 입력)들을 초록색의 Courier 굵은체로, "출력 셀"(MATLAB 출력)들을 청색 Courier 형태로 설정한다. 그림창들을 따로따로 나타나게 하거나 이들을 M-북에 나타나게 하거나 혹은 두 가지 다 수행되도록 하는 옵션들이 있다(Notebook 메뉴에서 Notebook Options... 항목으로 조정할 수 있다).

한 가지 측면에서는 M-북은 M-파일과 유사하게 거동한다; M-북을 수정하고 되풀이하여 수행시킬 수 있다. 명령어를 잘못 타이프한 것을 알았거나 명령어를 변경하고자 할 때에는 적절한 입력 셀로 되돌아가서 이를 변경하고 다시 수행시킨다. 새로운 출력이 이전의 출력을 대체시킬 것이다. 그렇지만 출력은 셀들이 M-북에 나타나는 순서가 아니라 사용자가 셀들을 수행하는 순서를 반영할 것임을 염두에 두어야 한다. 최종 문서를 준비할 경우 Notebook:Evaluate M-book을 선택하여 전체 M-북을 다시 수행하고 명령어들이 순서대로 수행될 때 원하는 출력이 얻어지는지를 확인해야 한다.

M-파일의 정밀 조정

스크립트 M-파일에서는 매번 처음부터 시작하지 않고도 문제의 해결을 위한 전략을 재조정할 수 있다. 그럼에도 불구하고 긴 M-파일을 디버깅하는 것에는 시간이 상당히 소요될 수 있다. 다음은 오류를 진단하는(그리고 무엇보다도 오류들을 피하는) 약간의 일반적인 요령들이다.

☞ *제 6장의* 디버깅 *절과 제 11장의* 디버깅 기법 *절에서 고급 MATLAB 디버깅 명령어들과 편집기/디버거의 속성들을 논의할 것이다.*

- 빈번한 셀 분리기와 함께 publish를 사용하거나 M-파일의 시작부근에서 echo on을 사용하여 "효과"는 물론 "원인"을 알 수 있다.

- 편집기/디버거에서 셀 모드를 이용하거나 pause를 자유롭게 사용함으로써 한 번에 M-파일의 한 부분만의 결과를 볼 수 있다.

- 불필요한 출력, 특히 여러분이 정의하는 대규모 벡터 및 배열들의 출력을 억제하기 위해 세미콜론을 사용한다.

- hold on으로 그래프를 생성한다면 새 그림을 시작하기 전에 hold off를 타이프하여 다음 그림이 오래된 그림과 섞이지 않도록 하는 것을 잊지 말라.

- 또한 새 그림을 시작할 때에는 셀 분리기, 혹은 pause 명령어를 삽입하거나 figure를 사용하여 새 그림창을 열어서 사용자가 현재의 그림을 볼 기회를 갖기도 전에 다음의 그래픽 명령어가 현재의 그림을 무효화시키지 않도록 한다.

- M-파일에 print 명령어를 포함시키지 말라. 대신 파일로 프린트되도록 한다.

- 명령어 keyboard는 pause와 유사하지만 디버깅에 더 유용하다. M-파일에 keyboard 라인이 있다면 MATLAB이 이 라인에 다다르게 되는 경우 사용자의 스크립트 수행이 중단되고 새로운 프롬프트가 그 앞에 글자 K와 함께 나타난다. 이 위치에서 임의의 MATLAB 명령어를 타이프할 수 있다. 이는 스크립트의 수행 도중에 어떤 변수들을 조사하거나 재설정하고자 할 때 유용하다. 다시 수행하려면 return 명령어를 타이프한다.

- 마지막으로 CTRL+C를 누름으로써 M-파일의 수행을 중지시킬 수 있음을 상기하라. 이는 계산에 시간이 너무 오래 걸릴 때, MATLAB이 원치 않는 결과를 토해낼 경우, 혹은 pause 명령어에서 수행을 완전히 중단시키고 싶을 때 유용하다.

연습 A
대수와 산술연산

문제 3~8은 기호 수학 툴박스를 필요로 한다. 다른 문제들은 해당되지 않는다.

1. 다음 양들을 계산하여라.

   (1) 1111−345

   (2) e^{14}와 382801π를 15자리까지 구하여라. 어느 값이 더 큰가?

   (3) 분수 2709/1024, 10583/4000, 그리고 2024/765를 구하여라. 이들 가운데 어느 것이 $\sqrt{7}$에 대한 가장 좋은 근사인가?

2. 다음 양들을 15자리까지 계산하여라.

   (1) cosh(0.1)

   (2) ln(2) (힌트: MATLAB에서 자연로그는 ln이 아닌 log이다.)

   (3) arctan(1/2) (힌트: MATLAB에서 역 탄젠트 함수는 arctan이 아닌 atan이다.)

3. 다음 식을 기호적으로 풀어라:

$$\begin{aligned} 3x+4y+5z&=2\\ 2x-3y+7z&=-1\\ x-6y+z&=3 \end{aligned}$$

   행렬 곱셈을 이용하여 결과를 검증하여라.

4. 다음 식을 기호적으로 풀어보라:

$$\begin{aligned} 3x-9y+8z&=2\\ 2x-3y+7z&=-1\\ x-6y+z&=3 \end{aligned}$$

   무슨 일이 일어나는가? 그 이유를 알 수 있는가? 다시 행렬 곱셈을 이용하여 답을 검증하여라. 얻은 답은 "정확"한가?

5. 다항식 $x^4 - y^4$를 인수분해하여라.

6. simplify나 simple을 사용하여 다음 식들을 간단히 하여라:

   (1) $1/(1+1/(1+\frac{1}{x}))$

   (2) $\cos^2 x - \sin^2 x$

7. 3^{301}을 근사적인 부동 소수점 수와 (통상적인 10진법 표기에 따른) 정확한 정수로 계산하여라.

8. solve와 fzero를 편리한 대로 사용하여 다음 방정식들의 해를 구하여라.

   (1) 67x+32=0 (정확한 해)

   (2) 67x+32=0 (15자리까지의 수치해)

   (3) $x^3 + px + q = 0$ (x를 p와 q의 함수로 나타내어라.)

   (4) $e^x = 8x - 4$ (모든 실수해) 먼저 그림을 그려보는 것이 도움이 된다.

9. 편의에 따라 plot과 ezplot을 사용하여 다음 함수들의 그래프를 그려라.

   (1) $y = x^3 - x \quad (-4 \le x \le 4)$

   (2) $y = \sin(1/x^2) \quad (-2 \le x \le 2)$ plot과 ezplot을 모두 사용하여 보라. 두 결과들은 "정확"한가? plot을 사용할 때에는 충분한 점들을 나타내도록 유의한다.

   (3) y=tan(x/2) $(-\pi \le x \le \pi,\ -10 \le y \le 10)$ (힌트: 먼저 그래프를 그리고 다음에 axis를 사용한다.)

   (4) $y = e^{-x^2/2}$ 및 $y = x^4 - x^2 \quad (-1.5 \le x \le 1.5)$ (동일한 축 상에 그린다.)

10. 동일한 그래프에 함수 x^4와 2^x의 그래프를 그리고 이 그래프들이 몇 번이나 교차하는지를 알아보라. (힌트: 모든 교차점들을 찾아내려면 아마도 다양한 크기의 구간들을 사용하여 몇 개의 그래프들을 그려야 할 것이다.) fzero를 이용하여 교차점들의 근사값들을 구하여 보라.

제 4 장
기초를 넘어서

이 장에서는 MATLAB의 좀 더 세련된 사항들을 살펴보고 제 2장에서 다룬 일부 개념들을 더 자세히 검토하고 있다. MATLAB의 내부 구조를 충분히 탐색하여 복잡한 함수, 수식, 그리고 명령어들을 다루는 능력을 향상시키기로 한다. 이 장의 말미에서는 미적분을 수행하는 일부 MATLAB 명령어들이 소개되고 있다.

출력의 억제

어떤 MATLAB 명령어들은 불필요한 과잉의 출력을 생성하여 준다. 예를 들어 어떤 변수에 값을 부여할 경우 MATLAB은 그 값을 보여준다. 그러나 제 2장에서 간단히 언급한 바와 같이 명령어 다음에 세미콜론을 추가함으로써 명령어의 출력을 억제시킬 수 있다. 다음은 하나의 예이다.

```
>> syms x
>> y = x + 7
y =
x+7
>> z = x + 7;
>> z
z =
x+7
```

명령어 z에 대한 응답에서 볼 수 있는 것과 같이 세미콜론은 MATLAB이 내부적으로 명령어를 처리하는 방법에는 영향을 미치지 않는다.

또한 최종 명령어의 출력에만 관심이 있을 경우 세미콜론을 사용하여 일련의 명령어들을 구분시킬 수 있다(이 장의 후반부에 몇 가지 예들이 주어져 있다). 제 2장에서 언급한 바와 같이 콤마 역시 출력을 억제시키지 않고 명령어들을 구분하는 데에 이용될 수 있다. 그래픽 명령어 다음에 세미콜론을 사용하는 경우 그래픽 출력이 억제되지는 않을 것이다.

➪ **세미콜론은 긴 벡터나 큰 행렬의 프린트를 억제시키는 데에 가장 빈번하게 사용된다.**

프린트를 억제시키고자 하는 또 다른 목적은 명령어의 출력에 대한 MATLAB의 라벨이다. 명령어 disp는 이를 위해 고안된 것이다; disp(x)를 입력하면 라벨과 등호를 프린트하지 않고 변수 x의 값을 보여줄 것이다:

```
>> x = 7; disp(x)
     7
>> disp(solve('x + tan(y) = 5', 'y'))
-atan(x-5)
```

데이터 클래스

여러분이 MATLAB에서 정의하는 모든 변수는 명령어에 대한 모든 입력 및 명령어로부터의 모든 출력과 마찬가지로 특정 *클래스*에 속하는 데이터의 *배열*이다. 이 책에서 우리는 부동 소수점 수, 기호 표현, 문자열, 함수 핸들, 그리고 인라인 함수와 같은 데이터 형식들을 주로 사용하고 있다. 이 형태들 각각은 제 2장에서 소개하였다. 표 4.1에 데이터의 각 형태에 대하여 그의 클래스와 생성 방법을 열거하였다.

표 4.1. MATLAB® 데이터 클래스

데이터 형태	클래스	생성방법
부동 소수점	double	숫자를 타이프
기호	sym	sym이나 syms를 사용
문자열	char	인용부호(') 안에 문자열을 타이프
함수 핸들	function_handle	@를 사용
인라인 함수	inline	inline을 사용

배열은 데이터의 2차원 격자로 생각할 수 있다. 하나의 숫자(혹은 기호 표현)는 MATLAB에서 1×1 배열로 간주되며 때로는 *스칼라*라고 불린다. 1×n 배열은 *행 벡*

*터*로 불리며 m×1 배열은 *열 벡터*로 불린다. (문자열은 문자들의 행 벡터이다.) 숫자들의 m×n 배열은 *행렬*이라고 지칭된다. 작업공간 탐색기나 whos(제 2장의 *변수들의 운용*을 참조)을 이용하여 여러분이 정의한 모든 변수들의 클래스와 배열 크기를 볼 수 있다. whos에 의하여 나타나는 변수 정의들의 집합은 사용자의 *작업공간*이라 불린다.

MATLAB® 명령어들을 효과적으로 사용하기 위해서는 각 명령어가 입력으로 받아들이고 출력으로 반환하는 데이터의 클래스에 깊은 주의를 기울여야 한다. 명령어로의 입력은 콤마로 구분되는 하나, 혹은 그 이상의 인수들로 구성된다; 어떤 인수들은 옵션이다. whos와 같은 어떤 명령어들은 입력을 필요로 하지 않는다. 각 명령어에 대한 도움말 텍스트(제 2장의 *온라인 도움말*을 참조)는 대개 명령어가 어떤 클래스의 입력을 기대하며 어떤 클래스의 출력을 반환하는지를 알려준다.

✔ hold on과 같이 한 쌍의 단어들을 타이프하는 경우 MATLAB은 두 번째 단어를 첫 번째 단어로 주어지는 명령어에 대한 문자열 인수로 해석한다; 따라서 hold on은 hold('on')과 대등하다.

많은 명령어들은 비록 때로는 온라인 도움말에 하나의 데이터 클래스만 언급되어 있을 지라도 한 가지 클래스 이상의 입력을 허용한다. 이러한 유연성은 어떤 경우에는 편리할 수 있고 어떤 경우에서는 함정이 될 수 있다. 예를 들면 적분 명령어 int는 기호 입력은 물론 문자열도 받아들이지만 그의 도움말 텍스트는 단지 기호 입력만 언급하고 있다. 한편 이미 a=10, b=5를 정의하였다고 가정하고 이전의 정의와 변수들을 기호로 선언하는 것을 무시한 채 식 a^2-b^2의 인수분해를 시도한다고 하자:

```
>> a = 10; b = 5;
>> factor(a^2 -b^2)
ans =
     3     5     5
```

오류 메시지가 나타나지 않는 이유는 factor가 식을 인수분해 하는 것은 물론 정수들을 소인수분해하는 명령어이기 때문이다. $a^2-b^2=75=3\cdot 5^2$이므로 수치 버전의 factor가 적용된다. 의도했던 출력은 분명히 아니지만 복잡한 일련의 명령어들 속에서 그러한 의도하지 않은 결과에 의하여 오도되지 않도록 주의해야 한다.

✔ help factor를 입력하면 명령어의 수치 버전에 대한 도움말 텍스트만을 보여주지만 맨 아래쪽에 기호 버전에 대한 참조가 제공된다. 기호 버전에 대한 도움말

텍스트를 원한다면 help sym/factor를 입력한다. 한 가지 이상의 버전을 갖는 factor와 같은 함수들은 *과부하되었다*고 말한다.

때로는 하나의 데이터 클래스를 다른 것으로 전환시켜 한 명령어의 출력이 다른 명령어의 입력으로 작용하도록 할 필요가 있다. 예를 들면 우리는 double을 이용하여 기호식을 부동소수점 수로 전환시켰으며 sym을 이용하여 숫자들이나 문자열들을 기호 표현으로 전환시켰다. 명령어 num2str과 str2num은 숫자들과 문자열들 사이를 전환시켜 주며 char는 기호 표현을 문자열로 변환시켜 준다. 또한 vectorize를 이용하여 기호 표현을 벡터화된 문자열로 전환시킬 수 있다; 이 명령어는 표현중의 모든 *, /, 그리고 ^ 앞에 .를 추가한다.

문자열 처리

종종 두 개 이상의 문자열들을 연결시키는 것이 유용하다. 이를 위한 가장 간단한 방법은 문자열이 문자들의 "행 벡터"임을 염두에 두고서 MATLAB의 벡터 표기를 사용하는 것이다. 예를 들면 [string1, string2]를 입력하면 string1과 string2가 하나의 문자열로 결합된다.

다음은 문자열 연결의 유용한 적용을 보인 것이다. 타이프하려면 한 줄 이상을 차지하는 표현을 포함하는 문자열 변수를 정의할 필요가 있을 수도 있다. (대부분의 경우 ...를 타이프함으로써 다음 줄에 MATLAB 입력을 계속할 수 있지만 이는 문자열의 중간에서는 허용되지 않는다.) 이에 대한 해결방법은 그 표현을 작은 부분들로 나누고 이들을 연결시키는 것이다:

```
>> eqn = ['방정식의 좌변 = ', ...
'방정식의 우변']
eqn =
방정식의 좌변 = 방정식의 우변
```

✔ 문자열 출력은 기호 출력과 마찬가지로 들여쓰기가 안된다.

기호 및 부동소수점 수

우리는 위에서 double과 sym을 이용하여 기호 숫자들과 부동소수점 숫자들 사이를 전환시킬 수 있다고 언급하였다. 여러분이 입력하는 숫자들은 기본적으로 부동소수점 수이다. 그러나 산술 표현에서 기호와 부동소수점 수들을 혼합하면 부동소수점 수들은 자동적으로 기호 숫자들로 전환된다. 이는 왜 2를 기호 숫자로 전환시키지 않고 syms x를 입력한 다음에 x^2를 입력할 수 있는지를 설명하여 준다. 다음은 다른 보기이다:

```
>> a = 1
a =
     1
>> b = a/sym(2)
b =
1/2
```

MATLAB®은 일부 부동소수점 수들이 기호 숫자들로 전환될 경우 그들의 정확한 값으로 저장되도록 고안되었다. 정수, 분자 분모가 작은 유리수, 작은 정수의 제곱근, 수 π, 그리고 이 수들의 어떤 조합들 역시 저장된다. 예를 들면:

```
>> c = sqrt(3)
c =
    1.7321
>> sym(c)
ans =
sqrt(3)
```

MATLAB®이 언제 정확한 값들을 간직할 것인지를 예측하기는 어려우므로 sym('1 + sqrt(3)')과 같이 단일 인용부호 안에 위치시켜 문자열로 만들어 줌으로써 sym에 대한 수치 인수의 부동소수점 계산을 억제시키는 것이 최선이다. 다음에서 단일 인용부호가 계산을 억제시키는 다른 방법을 보게 될 것이다.

함수와 식

우리는 지금까지 *식*과 *함수* 사이를 주의깊게 구분하지 않고 이 용어들을 사용하여 왔다. 엄밀히 말하면 $f(x) = x^3 - 1$로 정의하는 경우 (어떤 특별한 입력이 없이 쓰여진) f는 함수이지만 f(x)와 $x^3 - 1$은 변수 x를 포함하는 식들이다. 수학 논문에서 우리는 때때로 f(x)나 $x^3 - 1$을 함수라고 호칭함으로써 구분을 흐리게 하지만 MATLAB에서는 함수와 식 사이의 차이는 중요하다.

MATLAB®에서 식은 데이터의 기호 클래스나 문자열 클래스에 속할 수 있다. 다음 예를 살펴보자:

```
>> f = 'x^3 - 1';
>> f(7)
ans =
1
```

f가 함수처럼 작용할 것으로 기대한다면 위의 결과는 혼란스러울 수 있다. f는 문자열이므로 f(7)은 f에서 일곱 번째 문자인 1을 나타낸다(빈 칸도 헤아린다). 기호 출력과 마찬가지로 문자열 출력은 왼쪽 마진으로부터 들여쓰이지 않음을 상기하자. 이는 위의 답이 부동소수점 수가 아닌 (하나의 문자로 구성된) 문자열임을 보여주는 열쇠이다. f(5)를 입력하면 -가 나타날 것이고 f(-1)을 입력하면 오류 메시지가 뜰 것이다.

여러분은 자신의 함수를 정의하는 세 가지 방법, 즉 익명함수를 만드는 @의 사용이나 inline의 사용(이들에 대해서는 제 2장을 참조), 혹은 M-파일의 사용(제 3장 참조)을 익혔다. 익명함수나 인라인 함수들은 한 줄로 나타낼 수 있는 간단한 함수들의 정의와 기호 명령어의 추력을 함수로 전환시키는 데에 가장 유용하다. 함수 M-파일들은 출력의 계산에 다수의 중간단계 명령어들이 필요한 함수의 정의에 유용하다. 대부분의 MATLAB 명령어들은 사실상 M-파일들이며 이들의 개념을 차용하여 사용자 자신의 M-파일에서 이용할 수 있다 - 예를 들어 명령어 mean에 대한 M-파일을 보려면 type mean을 입력한다. 아울러 이후의 *M-파일 더 알아보기*를 참조한다.

ode45(수치 상미분 방정식(ODE) 풀이기로서 제 10장에서 사용한다)와 같은 어떤 명령어들은 그 첫 번째 인수로서 함수를 필요로 한다 - 정확히 말하면 (ode45(f, [0 2], 1)에서와 같이) 인라인 함수이거나 *함수 핸들*, 즉 (ode45(@func, [0 2], 1)에서와 같이) 특별한 기호 @가 앞에 있는 함수 M-파일이거나 내장함수의 이름을 필요로 한다. @ 구문은 MATLAB® 6에서 처음 도입되었다; 이전의 MATLAB 버전에서는 함수의 이름을 단일 인용부호로 감싸 주어서 이를 문자열로 만들어 주었다. 그러나 인용부호가 있던 없던 간에 ode45에 대한 첫 번째 입력으로서 기호 표현을 입력하면 오류 메시지가 나타난다. 한편 대부분의 기호 명령어들은 첫 번째 인수로서 함수가 아닌 문자열이나 기호 표현을 필요로 한다.

문자열과 기호 표현들 간의 중요한 차이는 MATLAB이 사용자가 정의한 함수와 변수들을 자동적으로 문자열이 아닌 기호 표현으로 대체한다는 점이다. (이는 문자열 주위에 단일 인용부호를 위치시켜 실행을 억제시키는 다른 의미이다.) 예를 들면:

```
>> h = @(t) t^3; int('h(t)', 't')
Warning: Explicit integral could not be found.
> In sym.int at 58
  In char.int at 9
```

```
ans =
int(h(t),t)
```

위에서 문자열 h는 미지 함수로 간주되기 때문에 적분이 수행될 수 없다. 그러나

```
>> syms t, h = @(t) t^3; int(h(t), t)
ans =
1/4*t^4
```

에서는 적분이 수행되기 전에 h가 기호식 h(t)로 치환된다.

치환

제 2장에서 우리는 식으로부터 어떻게 익명함수나 인라인 함수를 생성시키는가를 다루었다. 여러분은 그 함수에 숫자를 대입하여 그래프를 그리거나 값들의 표를 만들 수 있다. 그러나 또한 subs를 이용하여 수치값들을 직접 식에 대입할 수도 있다. 제 2장의 *기호식에서의 치환*을 참조한다.

M-파일 더 알아보기

MATLAB® 문장을 포함하는 파일은 M-파일이라 불린다. M-파일에는 두 가지 종류가 있다; *함수 M-파일*은 인수를 받아들이고 출력을 생성하며 *스크립트 M-파일*은 일련의 MATLAB 명령어들을 수행한다. 제 3장에서 우리는 두 가지 형태 모두를 생성하고 사용하여 보았다. 이 절에서는 M-파일에 대한 추가적인 정보를 제시하고자 한다.

스크립트 M-파일의 변수

스크립트 M-파일을 수행하면 사용자가 정의하고 이용하는 변수들은 작업공간에 속한다; 즉 이들은 사용자의 MATLAB 환경에서 이전에 할당한 값들을 가지며 스크립트의 수행이 끝난 뒤에도 존속한다. 이름이 scriptex1.m으로 붙여진 다음과 같은 한 줄로 된 스크립트 M-파일을 고려하여 보자:

```
u = [1 2 3 4];
```

scriptex1을 입력하면 수어진 벡터를 u에 할당하지만 출력은 나타나지 않는다. 이제 scriptex2.m으로 불리는 다른 스크립트 M-파일을 고려하여 보자:

```
n = length(u)
```

이전에 u를 정의하지 않았다면 scriptex2를 입력했을 때 오류 메시지가 나타날 것이다. 그러나 scriptex1을 수행한 후 scriptex2를 입력하면 첫 번째 스크립트로부터 정의된 u는 두 번째 스크립트에서 사용될 것이며 결과로서 n = 4가 나타날 것이다.

스크립트 M-파일의 결과가 사용자의 MATLAB 작업환경의 어떠한 이전 계산결과에 따라서도 좌우되기를 원하지 않는다면 제 3장의 *스크립트 M-파일 구성하기*에서 제안한 바와 같이 M-파일의 서두에 clear all을 삽입한다.

함수 M-파일의 변수

함수 M-파일에서 사용되는 변수들은 *국부적*이며 사용자의 작업공간 내의 변수들에 의하여 영향을 받지도 않고 그 변수들에 영향을 미치지도 않는다. sq.m으로 명명된 다음과 같은 함수 M-파일을 고려하여 보자:

```
function z = sq(x)
% sq(x)는 x의 제곱을 반환한다.
z = x.^2;
```

사용자의 작업공간에서 x나 z가 이미 정의되었는지의 여부에 관계없이 sq(3)을 입력하면 9라는 답을 얻는다. M-파일을 수행하면 이들을 정의하지도 않으며 이들이 사전에 정의된 경우 그 정의를 변경하지도 않는다.

함수 M-파일의 구조

함수 M-파일의 첫 번째 줄은 *함수 정의라인*이라고 불린다; 이 줄은 함수 이름은 물론 입력과 출력 인수들의 갯수와 순서들을 지정한다. 함수 정의라인 다음에는 퍼센트 기호 %로 시작하는 코멘트 라인들이 위치할 수 있다. 이 라인들은 *도움말 텍스트*로 불리며 명령어 help를 입력하면 스크린에 나타난다. M-파일 sq.m에는 단지 한 줄의 도움말 텍스트가 있다; help sq를 입력하면 이 코멘트가 나타난다. 나머지 라인들은 *함수 몸체*를 이룬다; 이들은 함수 값들을 계산하는 MATLAB 문장들을 포함한다. 아울러 M-파일의 어떤 위치에서도 코멘트 라인(%로 시작하는 라인)들이 존재할 수 있다. 정상적으로 출력을 생성하는 함수 M-파일의 모든 문장들은 출력을 억제하기 위해 세미콜론으로 끝나야 한다.

함수 M-파일은 다수의 입력 및 출력 인수들을 가질 수 있다. 다음은 polarcoordinates.m

으로 명명된 파일의 예로서 두 개의 입력인수와 두 개의 출력인수들을 지니고 있다.

```
function [r, theta] = polarcoordinates(x, y)
% polarcoordinates(x, y)는 직교좌표 (x, y)에 해당되는
% 극좌표 값을 반환한다.
r = sqrt(x^2 + y^2);
theta = atan2(y, x);
```

polarcoordinates(3, 4)를 입력하면 첫 번째 출력인수만이 반환되어 ans에 저장된다; 이 경우 답은 5가 된다. 두 출력들을 모두 보려면 이들을 내괄호로 싸인 변수들에 할당하여야 한다:

```
>> [r, theta] = polarcoordinates(3, 4)
r =
     5
theta =
   0.9273
```

r = polarcoordinates(3, 4)를 입력하여 첫 번째 출력인수를 변수 r에 할당할 수 있지만 두 번째 출력인수만을 얻을 수는 없다; 실제로 theta = polarcoordinates(3, 4)를 입력하면 여전히 첫 번째 출력 5가 theta에 할당될 것이다.

복소수 연산

MATLAB®은 대부분의 계산을 복소수, 즉 $i=\sqrt{-1}$이고 a와 b가 실수인 $a+bi$ 형태의 수를 이용하여 수행한다. 복소수 i는 MATLAB에서 i로 표시된다. 비록 MATLAB 작업에서 복소수를 만나지 못했더라도 MATLAB은 종종 복소수를 포함하는 결과를 생성하여 준다. 예를 들면 실수 계수들을 갖는 많은 다항식들은 복소수 근을 갖는다.

```
>> solve('x^2 + 2*x + 2 = 0')
ans =
 -1+i
 -1-i
```

위의 이차방정식의 두 근들은 복소수들로서 i로 표현되어 있다. 어떤 함수들 역시 어떤 인수값들에 대하여 복소수 값을 반환한다.

```
>> log(-1)
ans =
      0 + 3.1416i
```

복소수 연산은 강력하고 가치있는 속성이다. 사용자가 복소수를 사용할 의향이 없더라도 MATLAB 식을 계산할 경우 복소값을 갖는 결과가 얻어질 가능성을 염두에 두어야 한다.

행렬 더 알아보기

행렬들을 조합하는 통상적인 대수적 방법(즉 행렬의 곱) 이외에 이들을 원소들끼리 조합할 수도 있다. 특히 A와 B의 크기가 서로 같다면 A.*B는 A와 B의 원소끼리의 곱, 즉 i, j 원소가 A와 B의 i, j 원소들의 곱인 행렬이다. 마찬가지로 A./B는 A와 B의 원소끼리의 나눗셈이며 A.^c는 A의 각 원소들에 대한 지수 c만큼의 멱급수 계산이다. 보다 일반적으로 만일 f가 MATLAB의 내장 수학함수들 가운데 하나, 혹은 사용자가 정의한 벡터값을 갖는 함수라면 f(A)는 f를 A의 각 원소들에 적용하여 얻어지는 행렬이 된다. A를 제 2장의 *행렬* 절의 서두에서 정의한 행렬이라고 할 때 sqrt(A)를 입력하는 경우 무엇이 얻어지는지 살펴보자.

x(3)은 벡터 x의 세 번째 원소임을 상기하자. 마찬가지로 A(2,3)은 A의 2, 3 원소, 즉 두 번째 행과 세 번째 열의 원소를 나타낸다. 부행렬들도 마찬가지로 지정할 수 있다. A(2, [2 4])를 입력하면 A의 두 번째 행의 두 번째와 네 번째 원소들이 제시된다. 이 행의 두 번째와 세 번째 및 네 번째 원소들을 취하려면 A(2,2:4)를 입력한다. 2 및 3 행과 2, 3 및 4 열의 원소들로 구성되는 부행렬은 A(2:3,2:4)에 의하여 생성된다. 콜론 자체는 전체 행이나 전체 열을 나타낸다. 예를 들면 A(:,2)는 A의 두 번째 열, 그리고 A(3,:)은 A의 세 번째 행을 나타낸다.

MATLAB®은 특별한 행렬들을 생성하여 주는 몇 가지 명령어들을 지닌다. 명령어 zeros(n,m)과 ones(n,m)은 각각 0과 1들의 n×m 행렬들을 생성한다. 또한 eye(n)은 n×n 항등행렬을 나타낸다.

선형 시스템의 풀이

A가 n×n 비특이 행렬이며 b는 길이 n인 열 벡터라고 하자. 그러면 x = A\b를 입력하면 A*x = b에 대한 일의적 해가 계산된다. help mldivide를 입력하면 추가의 정보를 얻는다.

만일 b가 수치값이 아니고 기호 표현이라면 x = A\b는 A*x = b에 대한 해를 기호적으로 계산하여 준다. 두 입력들이 수치값일 때 기호 해를 계산하려면 x = sym(A)\b를 입력한다.

고유치와 고유벡터의 계산

정방행렬 A의 고유치는 eig(A)로 계산된다. 명령어 [U, R] = eig(A)는 고유치와 고유벡터를 계산한다. 고유치는 대각행렬 R의 대각 원소들이며 U의 열들은 고유벡터들이다. 다음은 eig의 사용예이다.

```
>> A = [3 -2 0; 2 -2 0; 0 1 1];
>> eig(A)
ans =
     1
    -1
     2
>> [U, R] = eig(A)
U =
          0   -0.4082   -0.8165
          0   -0.8165   -0.4082
     1.0000    0.4082   -0.4082
R =
     1     0     0
     0    -1     0
     0     0     2
```

U의 첫 번째 열의 고유벡터는 R의 첫 번째 열의 고유치에 해당된다. 나머지도 마찬가지이다. 이들은 고유쌍들에 대한 수치값들이다. 기호적으로 계산된 고유쌍들을 얻으려면 [U, R] = eig(sym(A))를 입력한다.

MATLAB®을 이용한 미적분

MATLAB®은 기호 수학 툴박스에 기본적인 미적분에 대한 대부분의 계산을 위한 명령어들을 내장하고 있다.

미분

diff를 사용하여 기호식을 미분할 수 있으며 아울러 수치적으로(이를테면 하나의 M-파일로) 주어진 함수의 미분을 근사할 수 있다.

```
>> syms x, diff(x^3)
ans =
3*x^2
```

여기에서 MATLAB은 변수가 x인 것으로 파악하고 있다. (장 말미의 *기본 변수*를 참조한다.) 이와 다른 방법으로

```
>> f = @(x) x^3; diff(f(x))
ans =
3*x^2
```

2차미분 구문은 diff(f(x), 2)이며 nck 미분은 diff(f(x), n)이다. 명령어 diff는 diff(x^2*y, y)에서와 같이 다수의 변수들을 포함하는 식의 편미분을 계산할 수 있지만 혼합된 변수에 대하여 복수의 편미분을 구하려면 diff(diff(sin(x*y/z), x), y)에서와 같이 diff를 반복하여 사용해야 한다. (y와 z를 기호로 선언하는 것을 잊지 말라.)

미분이 문자 D로 표시되어야 하는 경우가 있다. 이는 어떤 명령어에 대한 입력으로서 미분방정식을 지정할 필요가 있을 때이다. 예를 들어 미분방정식 $xy' + 1 = y$에 기호 ODE 풀이기를 사용하려면 다음을 입력한다:

```
>> dsolve('x*Dy + 1 = y', 'x')
ans =
1+x*C1
```

적분

MATLAB®은 정적분과 부정적분을 계산할 수 있다. 다음은 부정적분의 예이다:

```
>> int('x^2', 'x')
ans =
1/3*x^3
```

diff에서와 마찬가지로 x를 기호로 선언하고 문자열 인용부호를 생략할 수 있다. MATLAB

은 적분상수를 포함시키지 않음을 주목하자; 출력은 피적분항의 하나의 역미분이다. 다음은 정적분의 예이다:

```
>> syms x, int(asin(x), 0, 1)
ans =
1/2*pi-1
```

여러분은 틀림없이 미적분학에서 나타나는 모든 함수가 기호적으로 적분될 수 있는 것은 아니라는 것을 인식하고 있을 것이다. 따라서 수치적분이 때로는 필요하다. MATLAB은 함수 f(x)의 수치적분에 대한 두 가지 명령어 quad와 quadl을 지니고 있다. 여기서는 quadl을 추천하고자 한다.

```
>> hardintegral = int(log(1 + x^2)*exp(-x^2), x, 0, 1)
Warning: Explicit integral could not be found.
> In sym.int at 58
hardintegral =
int(log(x^2+1)*exp(-x^2),x = 0 .. 1)

>> quadl(@(x) log(1 + x.^2).*exp(-x.^2), 0, 1)
ans =
   0.1539
```

➪ **명령어 quad와 quadl은 적분 한계로서 Inf나 −Inf를 허용하지 않는다(그러나 int는 허용한다). 무한 구간에서 부적절한 수치적분을 처리하는 최선의 방법은 결과가 안정하게 될 때까지 길이가 증가하는 구간들에 걸쳐 적분을 계산하는 것이다.**

✔ 다른 옵션도 있다. double(int(hardintegral))을 입력하면 MATLAB은 기호 수학 툴박스를 이용하여 무한 구간에서도 적분을 구한다.

MATLAB®은 또한 복수 적분들도 수행할 수 있다. 다음 명령어는 이중 적분

$$\int_0^{\pi}\int_0^{\sin x}(x^2+y^2)\,dy\,dx$$

을 계산하여 준다:

```
>> syms x y; int(int(x^2 + y^2, y, 0, sin(x)), 0, pi)
```

```
ans =
pi^2-32/9
```

사용자가 달리 지정하지 않는다면 MATLAB은 int에서 적분의 변수가 x라고 간주한다. 아울러 적분 순서는 미적분에서와 마찬가지로서 "안쪽으로부터 바깥쪽으로"임을 주목하자. 마지막으로 수치 이중적분 명령어 dblquad가 있으며 이 명령어의 속성과 사용법은 온라인 도움말로부터 알아낼 수 있다.

극한

limit를 사용하여 오른쪽 및 왼쪽 극한과 무한에서의 극한을 계산할 수 있다. 예를 들면 $\lim_{x \to 0} \frac{\sin(x)}{x}$는 다음으로부터 얻는다:

```
>> syms x; limit(sin(x)/x, x, 0)
ans =
1
```

한 쪽만의 극한을 구하려면 'right' 및 'left' 옵션을 사용한다. 예를 들면:

```
>> syms x; limit(abs(x)/x, x, 0, 'left')
ans =
-1
>> syms x; limit(abs(x)/x, x, 0, 'right')
ans =
1
```

무한에서의 극한은 Inf를 사용하여 계산할 수 있다.

```
>> syms x; limit((x^4 + x^2 - 3)/(3*x^4 - log(x)), x, Inf)
ans =
1/3
```

합과 곱

유한한 수치적 합과 곱들은 MATLAB의 벡터 기능과 명령어 sum 및 prod를 사용하여 쉽게 계산할 수 있다. 예를 들면:

```
>> X = 1:7;
>> sum(X)
ans =
   28
>> prod(X)
ans =
        5040
```

명령어 symsum을 사용하여 유한 및 무한 기호 합을 구할 수 있다. 다음과 같은 합을 구하여 보자:

$$\sum_{k=1}^{n}\left(\frac{1}{k}-\frac{1}{k+1}\right)$$

```
>> syms k n; symsum(1/k - 1/(k+1), 1, n)
ans =
-1/(n+1)+1
```

다음은 잘 알려진 무한합이다:

$$\sum_{n=1}^{\infty}\frac{1}{n^2}$$

```
>> syms n; symsum(1/n^2, 1, Inf)
ans =
1/6*pi^2
```

무한급수의 합은 또 다른 익숙한 보기이다:

```
>> syms a k; symsum(a^k, 0, Inf)
ans =
-1/(a-1)
```

그러나 위의 결과는 $-1<a<1$에서만 유효함을 유의하자.

☞ *명령어* symsum*은 기본 변수로서* k*를 사용한다. 추가의 정보를 얻으려면 뒤의* 기본 변수 *절을 참조한다.*

테일러 수열

taylor를 이용하여 지정된 위치에서 지정된 차수의 테일러 다항식 팽창을 생성할 수 있다. 예를 들어 x=0에서 함수 sin$x$에 대한 9차까지의 테일러 다항식을 얻으려면 다음을 입력한다:

```
>> syms x; taylor(sin(x), x, 10)
ans =
x-1/6*x^3+1/120*x^5-1/5040*x^7+1/362880*x^9
```

명령어 taylor(sin(x), x, 11) 역시 동일한 결과를 생성함을 유의하자. 이는 sin$x$의 테일러 팽창에서 차수가 10차인 항은 없기 때문이다. 원점이 아닌 다른 점에서 테일러 다항식을 구할 수도 있다. 예를 들면:

```
>> syms x; taylor(exp(x), 4, 2)
ans =
exp(2)+exp(2)*(x-2)+1/2*exp(2)*(x-2)^2+1/6*exp(2)*(x-2)^3
```

위에서는 x=2를 중심으로 하는 e^x의 테일러 다항식을 계산하고 있다.

명령어 taylor는 또한 무한에서 테일러 팽창을 계산할 수도 있다:

```
>> syms x; taylor(exp(1/x^2), 6, Inf)
ans =
1+1/x^2+1/2/x^4
```

기본 변수

MATLAB® 함수나 여러분이 정의한 함수에서 변수를 나타내기 위해서는 어떤 문자를 사용해도 된다. 예를 들면 다음에서 t의 사용에 대해서는 어떤 특별한 것이 아무것도 없으며 어떤 글자를 사용해도 마찬가지일 것이다:

```
>> syms t; diff(sin(t^2))
ans =
2*cos(t^2)*t
```

그러나 식에 변수가 여러 개 있으며 이들 가운데 어느 하나를 명시적으로 지칭하지 않는 MATLAB 명령어를 적용한다면 변수를 구체적으로 지칭해야 한다. 그렇지 않으면 MATLAB은 어느 변수가 "작용중인 것"인가를 결정하기 위해 내장된 계층구조를 사용할 것이다. 예를 들면 solve('x + v = 3')은 y가 아닌 x에 대해서 해를 구한다. 이 예에서 y에 대해서 풀려면 solve('x + y = 3', 'y')라고 입력해야 한다. solve에 대한 MATLAB의 기본 변수는 x이다. 풀어야 할 식에 x가 없다면 MATLAB은 x에 가장 근접한 문자(y는 w보다 우선하고 w는 z보다 우선한다)를 찾는다. 이는 diff, int 및 많은 다른 기호 명령어들에 대해서도 마찬가지이다. 따라서 syms w z; diff w*z는 z를 답으로 제시한다. 때로는 MATLAB은 다른 우선적 기본 변수를 할당한다 – 예를 들면 MATLAB의 기호 ODE 풀이기 dsolve의 기본 독립변수는 t이며 앞에서 언급한 바와 같이 symsum에 대한 기본 변수는 k이다. 이는 이 명령어들의 온라인 도움말에 명백하게 언급되어 있다. 어떤 MATLAB 명령어에 대하여 기본 변수가 무엇인지 불확실할 경우에는 온라인 도움말을 확인해 보아야 한다.

✔ 기호 수학 툴박스를 이용하는 계산은 처리를 위해 실제로는 MATLAB에 의하여 Maple로 불리는 다른 프로그램으로 보내어진다. Maple 커널은 기호 계산을 수행하며 그 결과를 MATLAB으로 되돌려 보낸다. 드문 경우 Maple 커널에 직접 접속하고자 할 경우가 있다. 이는 전문가 버전의 MATLAB에서 maple 및 mhelp 명령어를 통하여 가능하다. 마찬가지로 흔치 않은 경우에서 기호 계산의 출력은 MATLAB에 존재하지 않는 함수나 MATLAB 함수로 적절하게 전환되지 않는 함수를 포함할 수도 있다. 이는 그 출력을 다른 MATLAB 명령어에서 사용하려 할 경우에 문제를 일으킬 수 있다. 특수 상황에 대한 도움말은 도움말 탐색기의 MATLAB 도움말 및 mhelp를 통한 Maple 도움말을 참조한다.

제 5 장
MATLAB® 그래픽

이 장에서는 MATLAB의 그래픽 명령어들에 대하여 더 살펴보고 그래픽을 처리하고 사용자의 요구에 맞추는 가장 보편적인 방법들을 다루고 있다. 명령어들을 훑어보려면 (일반적인 그래픽 명령어의 경우) help graphics, (2차원 그래픽 명령어들의 경우) help graph2d, (3차원 그래픽 명령어들의 경우) help graph3d, 그리고 (특별한 그래픽 명령어들의 경우) help specgraph를 입력한다.

우리는 이미 제 2장에서 plot과 ezplot를 논의하였다. 이 장은 이들 명령어들의 사용법들과 가장 보편적으로 이용되는 다른 그래프 명령어들의 일부를 논의하는 것으로 시작된다. 다음에 그래픽을 처리하고 사용자의 요구에 맞추는 방법들이 소개된다. 마지막으로 이미지와 소리를 만들고 수정하는 몇 가지 명령어들과 기법들이 소개될 것이다.

✔ 우리가 다루는 대부분의 그래프 형태에 대해서는 수치 데이터로부터 그래프를 그려주는 plot과 같은 명령어와 문자열이나 기호 입력으로 지정된 함수의 그래프를 그려주는 ezplot과 같은 명령어가 있다. 후자는 첫 번째 것보다 사용이 더 쉽지만 기능이 더 제한되어 있으며 요구에 맞추도록 다루기가 쉽지 않다. 따라서 궁극적으로는 사용자에게 더 유용할 것으로 보이는, 데이터를 그려주는 명령어들의 사용을 권장한다.

2차원 그래프

간혹 x-y 평면에 곡선을 그리고자 하지만 y가 x의 함수로 명시적으로 주어지지 않는 경우가 있다. 그러한 곡선들의 그래프를 그리는 데에는 파라미터 그래프와 등고선, 혹은 함축적 그래프의 두 가지 주요 기법들이 있다.

파라미터 그래프

때로는 x와 y가 모두 어떤 파라미터의 함수로 주어지기도 한다. 예를 들면 반경이 1이고 중심이 (0,0)인 원은 $x = \cos(2\pi t)$, $y = \sin(2\pi t)$와 같이 *파라미터* 형태로 나타낼 수 있다. 여기에서 t는 0부터 1까지 변한다. 비록 y는 x의 함수로 주어지지는 않지만 다음과 같이 plot을 이용하여 이 곡선의 그래프를 쉽게 얻을 수 있다(그림 5.1 참조):

```
>> T = 0:0.01:1;
>> plot(cos(2*pi*T), sin(2*pi*T))
>> axis square
```

만일 T 벡터에서 증가분이 0.1이었다면 결과는 꼭지점이 보이는 다각형이었을 것이다. 없어야 할 곳에 꼭지점 같은 것이 보인다면 매끄러운 그래프가 얻어질 때까지 보다 작은 증가분을 이용하여 위의 과정을 반복해야 한다. axis square는 두 축의 척도를 동일하게 하여준다; 이렇게 하지 않으면 원이 타원처럼 보일 것이다.

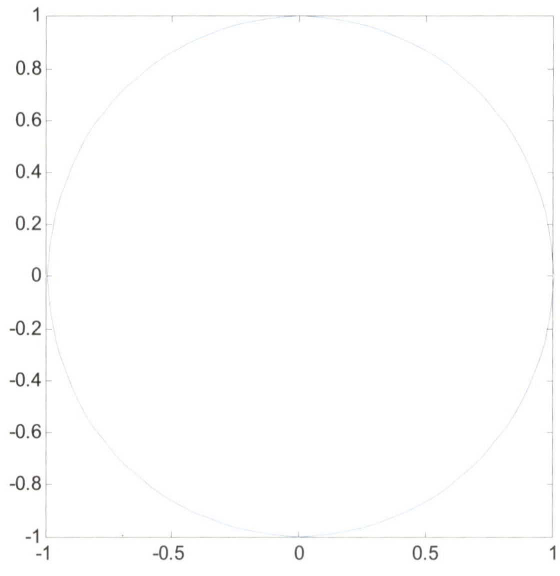

그림 5.1. 단위원 $x^2 + y^2 = 1$.

ezplot을 이용하여도 파라미터 그래프가 가능하다. 다음 명령어를 이용하여 그림 5.1과 거의 동일한 그림을 얻을 수 있다:

```
>> ezplot('cos(t)', 'sin(t)', [0 2*pi]); axis square
```

ezplot 명령어 다음에 세미콜론을 사용하고 있지만 그래프의 출력을 억제시키지는 않음을 주목하자. 일반적으로 세미콜론은 텍스트 출력만을 억제시킨다.

등고선 그래프와 함축적 그래프

두 변수 함수의 *등고선 그래프*는 함수의 *수준곡선*들, 즉 함수의 값이 일정한 x-y 평면상의 점들의 집합의 그래프이다. 예를 들면 $x^2 + y^2$의 수준곡선들은 원점이 중심인 원들이며 *수준*은 원들의 반경들의 제곱들이다. 등고선 그래프는 MATLAB에서 meshgrid 및 contour를 이용하여 생성된다. 명령어 meshgrid는 간격이 지정된 사각형 영역에서 점들의 격자를 생성한다. 이 격자는 contour에 의하여 지정된 영역에서의 등고선 그래프의 생성에 이용된다.

$x^2 + y^2$의 등고선 그래프는 다음과 같이 만들 수 있다(그림 5.2 참조):

```
>> [X Y] = meshgrid(-3:0.1:3, -3:0.1:3);
>> contour(X, Y, X.^2 + Y.^2); axis square
```

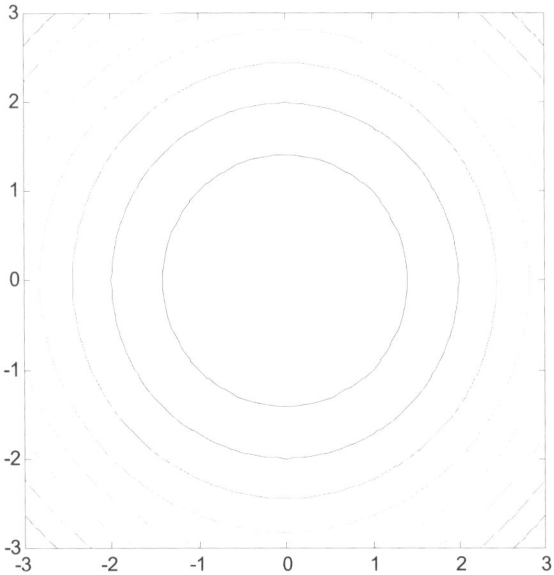

그림 5.2. $x^2 + y^2$의 등고선 그래프.

contour에 추가의 벡터 인수를 포함시킴으로써 특정한 수준 집합을 지정할 수 있다. 예를 들어 반경이 1, $\sqrt{2}$, 그리고 $\sqrt{3}$인 원들의 그래프를 그리려면 다음을 입력한다:

```
>> contour(X, Y, X.^2 + Y.^2, [1 2 3])
```

벡터 인수는 적어도 원소가 두 개 이상이어서 하나의 수준 집합을 그리려면 동일한 수준을 두 번 지정하여야 한다. 이는 x와 y의 식으로 주어진 곡선의 함축적 그래프를 그리는 데에 매우 유용하다. 예를 들어 원점을 중심으로 반경이 1인 원을 그리려면 다음을 입력한다:

```
>> contour(X, Y, X.^2 + Y.^2, [1 1])
```

혹은 렘니스케이트 $x^2 - y^2 = (x^2 + y^2)^2$의 그래프를 얻으려면 주어진 식을 다음과 같이 다시 쓴다:

$$(x^2 + y^2)^2 - x^2 + y^2 = 0$$

그리고 다음을 입력한다(그림 5.3 참조):

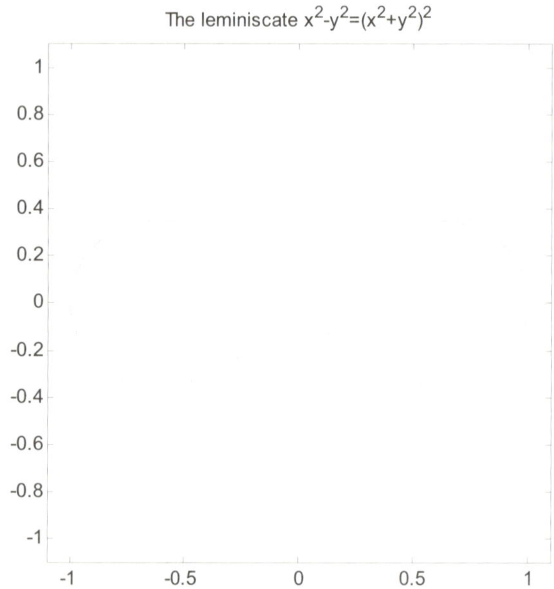

그림 5.3. 렘니스케이트.

```
>> [X Y] = meshgrid(-1.1:0.01:1.1, -1.1:0.01:1.1);
>> contour(X, Y, (X.^2 + Y.^2).^2 - X.^2 + Y.^2, [0 0])
>> axis square
>> title('The leminiscate x^2-y^2=(x^2+y^2)^2')
```

☞ *이 경우 타이틀에서 지수를 나타내기 위해 ^를 사용하였다. 아래첨자를 나타내기 위해 _를 사용할 수도 있으며 예를 들면 \theta와 같이 이름 앞에 백슬래쉬를 넣어서 그리스 문자를 나타낼 수도 있다. doc title을 입력하고 "Example" 부분에서 타이틀과 관련된 다른 사항들을 살펴본다; 이 속성들은 xlabel과 ylabel같은 라벨 명령어들에도 마찬가지로 적용된다. 추가의 정보는 이 장 후반부의* 그래프 조절하기 *절을 참조한다.*

또한 명령어 ezcontour를 이용하여 등고선 그래프를 그릴 수 있으며 ezplot을 이용하여 곡선 f(x,y)=0의 그래프를 그릴 수 있다. 특히 다음으로부터 그림 5.2와 거의 동일한 그림을 얻을 수 있다:

```
>> ezcontour('x^2 + y^2', [-3, 3], [-3, 3]); axis square
```

아울러 다음 명령어로부터 그림 5.3과 거의 동일한 그래프를 얻을 수 있다:

```
>> ezplot('(x^2 + y^2)^2 - x^2 + y^2', [-1.1, 1.1], [-1.1, 1.1]);
>> axis square
```

필드 그래프

MATLAB® 루틴 quiver는 벡터 필드나 화살표들의 배열을 나타내는 데에 사용된다. 화살표들은 (x 및 y 좌표가 명시적으로 주어져 있지 않다면) 평면 내에 간격이 동일한 점들에 위치하거나 지정된 위치에 위치할 수 있다. 때로는 화살표들의 척도를 조절하여 너무 크거나 너무 작게 보이지 않도록 할 필요가 있다. 이를 위해 quiver는 척도 인자 인수를 옵션으로 받아들인다. 예를 들면 다음 코드는 x축을 향하는 흡인력과 y축으로부터의 반발력의 조합에 해당하는 "등마루 점"이 있는 벡터 필드의 그래프를 도시하여 준다. 출력은 그림 5.4에 나타나 있다.

```
>> [x, y] = meshgrid(-1.1:0.2:1.1, -1.1:0.2:1.1);
>> quiver(x, -y); axis equal; axis off
```

그림 5.4. (x, −y)의 벡터 필드 그래프.

3차원 그래프

MATLAB®은 3차원 그래프를 생성하는 몇 가지 루틴들을 지니고 있다.

3차원 공간의 곡선

3차원 공간에서 곡선을 그리는 기본적인 명령어는 plot3이다. 이 명령어는 plot과 유사하게 작용하며 다만 두 개의 벡터가 아닌 x 좌표, y 좌표, 그리고 z 좌표를 나타내는 세 개의 벡터를 취한다. 예를 들면 다음으로부터 나선형 그래프를 얻는다:

```
>> T = -2:0.01:2;
>> plot3(cos(2*pi*T), sin(2*pi*T), T)
```

또한 ezplot의 3차원 버전인 ezplot3가 있다; 그림 5.5의 나선은 다음으로부터 얻을 수 있다:

```
>> ezplot3('cos(2*pi*t)', 'sin(2*pi*t)', 't', [-2 2])
```

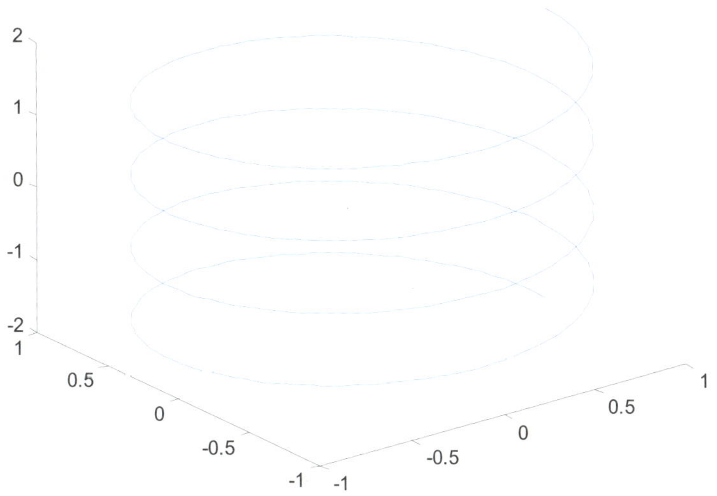

그림 5.5. 나선 $x = \cos(2\pi z),\ y = \sin(2\pi z).$

3차원 공간의 면

3차원 공간에서 면을 그리기 위한 두 가지의 기본적인 명령어로서 mesh와 surf가 있다. 전자는 투명한 "격자" 공간을 생성하며 후자는 불투명하고 음영을 갖는 곡면을 생성한다. 이 명령어들의 사용에는 두 가지의 서로 다른 방법이 있는데 하나는 z 좌표가 x와 y의 함수로 주어지는 곡면의 도시에 대한 방법이며 다른 하나는 x, y, 그리고 z가 모두 두 개의 다른 파라미터들의 함수로 주어지는 파라미터 곡면의 도시에 대한 방법이다. 전자는 mesh를, 후자는 surf를 이용하여 예시해 보기로 한다.

$z = f(x,y)$의 그래프를 그리려면 contour의 경우에서와 같이 meshgrid로 시작한다. 예를 들어 "등마루 곡면" $z = x^2 - y^2$는 다음과 같이 도시할 수 있다(그림 5.6):

```
>> [X, Y] = meshgrid(-2:0.1:2, -2:0.1:2);
>> Z = X.^2 - Y.^2; mesh(X, Y, Z)
```

이로부터 얻어지는 그래프는 컴퓨터 스크린에서 더 잘 나타나는데 이는 MATLAB이 z 좌표에 따라 곡면에 색깔을 입혀주기 때문이다. mesh를 surf로 대체하여 불투명한 곡면을 얻을 수 있다.

물론 단축 명령어 ezmesh와 ezsurf가 있다; 다음으로부터 그림 5.6과 매우 유사한 그래프를 얻을 수 있다:

```
>> ezmesh('x^2 - y^2', [-2, 2, -2, 2])
```

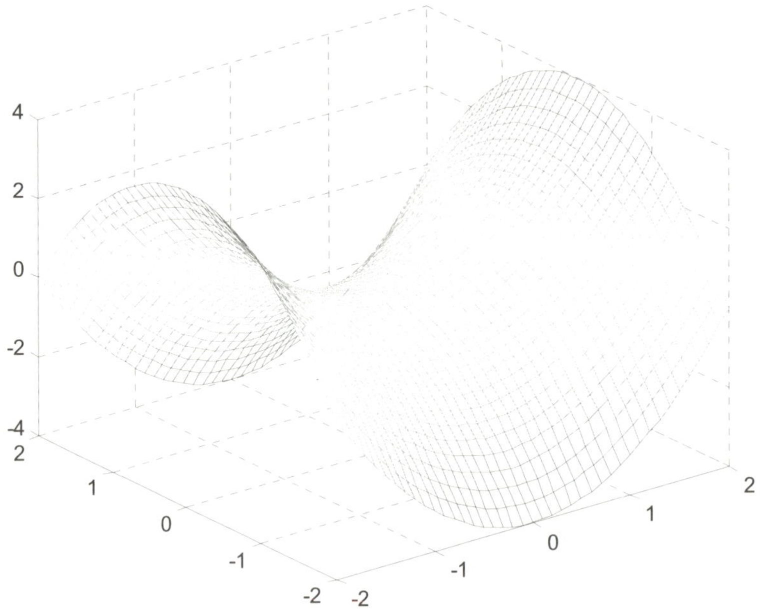

그림 5.6. 곡면 $z=x^2-y^2$

구 $x^2+y^2+z^2=1$과 같이 $z=f(x,y)$ 형태의 식으로 나타낼 수 없는 곡면을 도시하려면 실린더 좌표나 구 좌표와 같은 적절한 부좌표 시스템을 사용하여 곡면을 파라미터로 나타내는 것이 더 좋다. 예를 들면 파라미터로서 수직 좌표 z와 x−y 평면의 극좌표 θ를 취할 수 있다. z축까지의 거리를 r이라 하면 구의 방정식은 $r^2+z^2=1$, 혹은 $r=\sqrt{1-z^2}$가 되며 따라서 $x=\sqrt{1-z^2}\,cos\theta$, $y=\sqrt{1-z^2}\,sin\theta$가 된다. 그러므로 다음으로부터 구를 얻을 수 있다:

```
>> [Z, Theta] = meshgrid(-1:0.1:1, (0:0.1:2)*pi);
>> X = sqrt(1 - Z.^2).*cos(Theta);
>> Y = sqrt(1 - Z.^2).*sin(Theta);
>> surf(X, Y, Z); axis square
```

아울러 ezmesh와 ezsurf를 이용하여 파라미터적으로 곡면을 나타낼 수도 있다; 다음으로부터 그림 5.7과 매우 유사한 결과를 얻을 수 있다:

```
>> ezsurf('sqrt(1-z^2)*cos(t)','sqrt(1-z^2)*sin(t)','z', ...
[0, 2*pi, -1, 1]);
>> axis equal
```

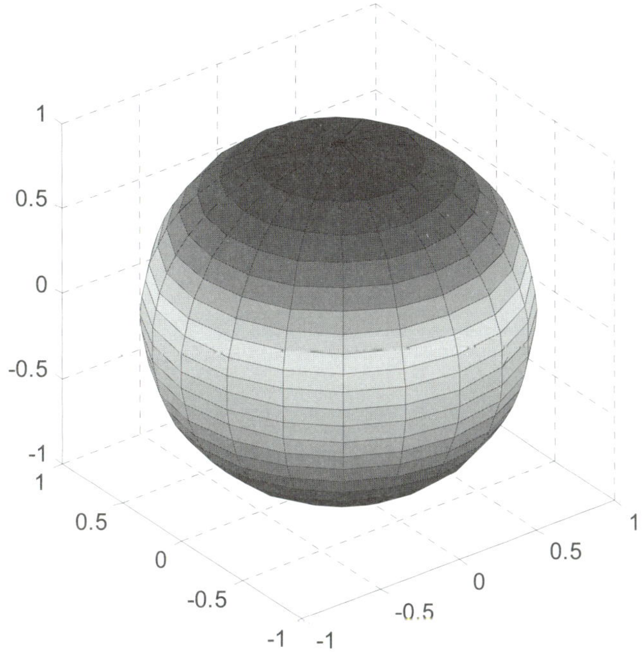

그림 5.7. 단위구 $x^2 + y^2 + z^2 = 1.$

입력한 문자열에서 비록 z가 t보다 먼저 나타나지만 t의 알파벳 순서가 z보다 먼저이므로 처음에 t를 지정해야 함을 주목하자. 그러한 규칙을 외우기보다는 MATLAB® 7에서 단일변수 이상의 함수를 @(z,t) sqrt(1-z.^2).*cos(t)와 같이 익명함수로 입력할 수 있다; 그러면 z를 첫 번째 입력변수로 사용하였으므로 그의 범위를 먼저 지정하게 될 것이다.

그림창

지금까지 우리는 하나의 그래프를 생성하거나 수정하는 그래픽 명령어들만을 다루어 왔다. 그러나 MATLAB은 다수의 그림창을 열거나 혹은 하나의 그림창에 여러 그래프들을 조합시킬 수도 있다. 여기에서는 그림창을 다루고 조절하는 몇 가지 기본적인 방법들을 논의하고 있다.

복수 그림창

MATLAB® 작업중에 첫 번째 그래프 작성 명령어를 수행하면 그래프는 "Figure 1"이라는 라벨이 붙은 새로운 창에 나타난다. 이어지는 그래픽 명령어들은 이 창의 그래프를 수정하거나 대체시킨다. hold on은 새로운 그래프 명령어가 현재의 그래프를 대체하는 것이 아니고 그래프를 덧붙여 추가하는 것임을 알았다. 기존의 그래프를 스크린에 유시시키면서 새로운 그래프를 별도의 창에 나타내고 싶다면 figure를 입력하여 "Figure 2"라는 라벨이 붙은 새로운 창을 연다. 이와 달리 사용자의 MATLAB 창이나 첫 번째 그림창의 File 메뉴에서 새 그림을 선택할 수도 있다. 이어지는 그래픽 명령어들은 다른 figures 명령어(즉 현재의 그림을 "Figure 1"으로 전환시키려면 figure(1)을 입력한다), 혹은 마우스를 이용하여 다른 그림을 전면으로 끌어 옴으로써 *현재의 그림*을 다시 변경할 때까지 이 창에만 영향을 미칠 것이다. 다수의 그림창이 열려있는 경우 "현재의 그림을 취하라"는 의미를 갖는 gcf를 입력하여 어느 것이 현재의 그림창인지를 알 수 있다. 마지막으로 마우스를 이용하는 통상적인 방법이나 close 명령어를 이용하여 그림창들을 삭제할 수 있다; 자세한 내용은 온라인 도움말을 참조한다.

그림 툴 바

각 그림창은 그의 메뉴바 아래에 그림을 열고 저장하고 프린트하는 것을 나타내는 왼쪽 아이콘들을 포함하는 몇 가지 메뉴 항목들에 대한 단축키들과 함께 툴 바를 가지고 있다. 중간 부근에는 Tools 메뉴의 항목들에 해당하는 몇 가지 아이콘들이 있다.

+와 - 기호를 갖는 두 개의 아이콘들은 확대와 축소를 조절한다. + 기호를 갖는 아이콘을 클릭한 다음 그래프상의 한 점을 클릭하면 그 점 부근이 확대된다. 몇 번이고 클릭하고 확대할 수 있다; 각각의 확대에 따라 양 축의 척도는 대략 2배로 변화된다. 그러나 너무 빠르게 클릭하지 말아야 하는데 더블클릭하면 그래프가 원래의 상태로 되돌아가기 때문이다. - 기호를 갖는 아이콘을 클릭하면 그림이 점차적으로 축소될 수 있다. MATLAB® 7에는 또한 손 모양의 아이콘이 있는데 이는 그래프를 현재의 축 내에서 수평 및 수직으로 끌어 이동할 수 있게 하여 준다. 확대 도중에 Tools 메뉴의 Options 부메뉴를 이용하거나 명령어 zoom(온라인 도움말을 참조)을 이용하여 그림창을 오른쪽 클릭함으로써 더 많은 확대 옵션들을 이용할 수 있다.

원형 화살표를 갖는 오른쪽으로의 다음번 아이콘을 클릭하면 3차원(3D) 그래픽을 회전시킬 수 있다. 추가적인 3D 효과를 위해서는 (MATLAB® 6 이상의 버전에서) View 메뉴로부터 카메라 툴 바를 선택한다. 또한 명령어 view를 이용하여 시각을 변경할 수 있다. 특히 명령어 view(2)는 그림을 (양의 z 축에서 아래쪽으로 내려다보는 방향으로) x-y 평면상에 투영시키며 명령어 view(3)은 3차원 공간에서 기본 방향으로부터 그림이 보이게 한다. 이는 점 $x=-0.5272t$, $y=-0.6871t$, $z=0.5t$, $t>0$에서 원점을 향하여 바라보는 방향이다.

✔ MATLAB®에서 임의의 2차원 그래프는 "3D로 보이게" 할 수 있으며 임의의 3차원 그래프는 평면으로 투영시킬 수 있다. 따라서 앞의 그림 5.5(나선 모양)는 뒤에 명령어 view(2)를 추가한다면 원이 생성된다.

MATLAB® 7에서 회전 아이콘의 오른쪽에 있는 아이콘을 클릭하면 데이터 커서가 활성화되는데 이는 곡선 위나 그 근처를 클릭함으로써 곡선상의 점의 좌표가 나타나게 하여 준다. 그림창에서 마우스의 오른쪽을 클릭하면 몇 가지 옵션이 제공된다; 선택 스타일을 마우스 위치로 바꾸면 데이터 포인트가 아닌 곡선상의 임의의 위치에서 클릭할 수가 있다. (MATLAB에 의해 생성된 곡선들은 제한된 수의 데이터 점들을 연결하는 구분적으로 선형인 곡선들임을 상기하자.) 확대 후에는 데이터 점들의 간격이 더 멀어지기 때문에 이 기능은 확대 후에 특히 유용하다. (MATLAB® 7은 물론 이전의 버전들에서) 한 점의 좌표를 얻는 다른 방법은 명령어 창에서 ginput(1)을 입력하는 것이다; 이에 따라 곡선상이 아닌 그림창의 임의의 위치에서 클릭이 가능하게 된다. 이로 인하여 유연성이 증가되지만 곡선상의 한 점에 대한 정확한 좌표를 원하는 경우 데이터 커서를 사용하는 것이 가장 좋다. 이는 곡선 상에서 정확하게 클릭하지 않더라도 언제나 곡선상의 점을 강조하여 주기 때문이다.

또한 MATLAB® 7에서 그림 툴 바의 가장 오른쪽에 있는 아이콘은 그림을 둘러싸는 세 개의 창들을 연다; 이들은 모두 그래프 툴로 알려져 있는데 plottools 명령어를 이용하여 이들을 열 수도 있다. View 메뉴로부터 그림 팔레트, 그래프 탐색기, 그리고 속성 편집기와 같은 세 개의 창들이 나타나는 모양도 개별적으로 조절할 수 있다. 이러한 기능들 가운데 상당수는 Insert와 Tools 메뉴, 그리고 View 메뉴의 그래프 편집 툴 바에서도 사용할 수 있다. 이후의 *그래프 조절하기* 절에서 약간의 편집 옵션들을 논의할 것이지만 가능한 기능들은 더 많으며 이러한 도구들로 연습하여 볼 것을 권장한다.

✔ MATLAB® 7은 물론 이전의 MATLAB 버전에서 그림 툴 바의 프린트 아이콘의 오른쪽에 있는 화살표 아이콘을 클릭한 다음 그림에서 마우스 오른쪽을 클릭하면 더 많은 제한된 편집기능들을 사용할 수 있다.

하나의 창에서 그래프들을 결합하기

subplot 명령어는 그림창을 보다 작은 그래프들의 배열로 나누어준다. 처음 두 인수들은 부그래프들의 배열의 차원이며 마지막 인수는 다음 그래프 명령어의 출력이 놓여지는 부그래프의 번호(첫 번째 행을 따라 왼쪽에서 오른쪽으로 헤아린 후에 다음 행에서도 왼쪽에서 오른쪽으로 헤아린다)이다. 다음 보기는 처음 네 개의 Bessel 함수 J_n, $0 \le n \le 3$ 들의 그래프들로 구성되는 2×2 배열을 생성하여 주며 출력은 그림 5.8에 제시되어 있다.

```
>> X = 0:0.05:40;
>> for n = 1:4
     subplot(2,2,n)
     plot(X, besselj(n - 1, X))
   end
```

✔ MATLAB®에서는 그림 팔레트를 이용하여 부그래프들을 생성할 수도 있는데 이는 View 메뉴, 혹은 위에서 언급한 그래프 툴의 일부로 활성화시킬 수 있다.

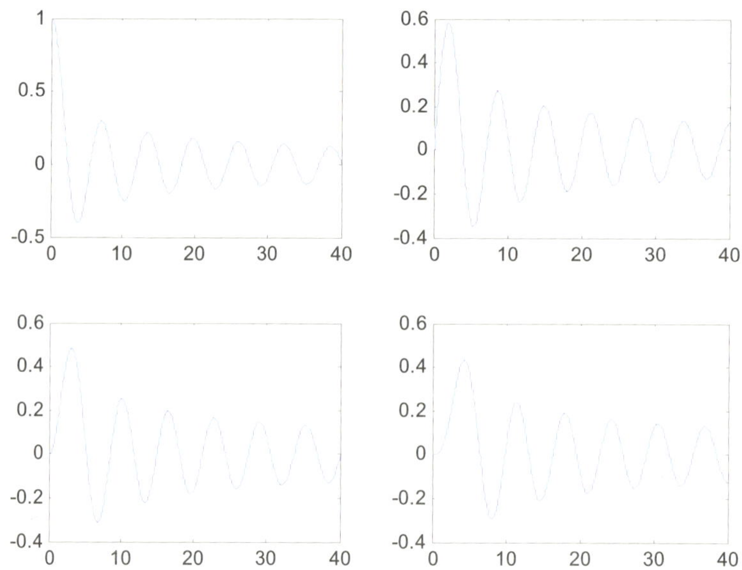

그림 5.8. Bessel 함수; $J_0(x)$(상부 왼쪽), $J_1(x)$(상부 오른쪽), $J_2(x)$(하부 왼쪽), $J_3(x)$(하부 오른쪽).

☆그래픽 조절하기

☞ *이 주제는 더욱 고급스러운 주제이다; 원한다면 첫 번째 읽을 때 이 부분을 건너뛸 수 있다.*

이 장에서는 지금까지 그래픽을 생성하고 조절하기 위해 통상적으로 사용되는 MATLAB 명령어들을 논의해 왔다. 그러나 종종 보다 정확한 결과를 얻기 위해 이 명령어들이 생성하는 그래프를 편집하거나 요구에 맞추어 조정할 필요가 있다. 이를 위해서는 MATLAB이 그래프를 저장하고 보여주는 방법과 연관되는 몇 가지 기본적인 원리들을 이해하여야 한다. 대부분의 경우 여기에서 논의되는 것만으로 충분할 것이다. 그러나 더 많은 정보를 원한다면 MATLAB 그래픽에 대한 책들을 참조할 수 있다; *MATLAB 그래픽의 사용*은 소프트웨어와 함께 (PDF 형식으로) 무료로 제공되며 도움말 탐색기의 "인쇄 가능한 문서" 부분(혹은 MATLAB® 5.3에서 helpdesk의 "전체 문서 세트"로부터)에서 집속할 수 있나; 혹은 P. Marchand와 O. Holland가 쓴 *MATLAB을 이용한 그래픽과 GUI*, 제 3판(Chapman & Hall/CRC, 런던, 2002)을 참조할 수 있다.

일단 그래프를 생성하였다면 이를 조절하는 데에는 두 가지 기본적인 방법이 있다. 현재의 그림은 명령어 창에서 우리가 이미 살펴보았던 title 및 axis square와 같은 MATLAB 명령어들을 입력하여 수정할 수 있다. 혹은 그림창 자체의 메뉴와 아이콘을 사용하여 마우스를 통해 그림을 수정할 수 있다. 거의 모든 텍스트 명령어들은 그림창에서 직접 수행될 수 잇는 짝을 가지고 있다. 이들 두 기법들을 힘들여 모두 익힐 필요가 있을까? 특히 여러 변화들을 시험해 보고 싶을 때에는 그림창에서 편집하는 것이 흔히 더욱 편리하다. 반면에 M-파일에서 MATLAB 명령어들로 그림을 편집하는 것은 조절작업을 되풀이 수행할 수 있게 하여준다. 그러므로 MATLAB 전문가는 두 가지 기법늘을 모두 사용한다. 텍스트 명령어들은 일반적으로 MATLAB 버전에 따라 동일하게 유지되지만 그림창 메뉴와 툴 들은 MATLAB® 5.3, 6 및 7에서 서로 상당히 다르다. 이 버전들은 모두 속성 편집기를 지니고 있지만 이에 대한 접속은 서로 다른 방법으로 이루어진다. MATLAB® 7에서는 앞에서 언급한 바와 같이 그래프 툴을 이용하여 이를 열 수 있다. MATLAB® 6에서는 Edit:Current Object Properties...를 선택한다. MATLAB® 5.3에서는 File:Property Editor...를 선택한다.

그림창의 객체를 마우스로 수정하려면 그 창에서 편집이 가능해야 한다. MATLAB® 6 이후 버전에서는 Tools:Edit Plot을 선택하거나 프린트 아이콘의 오른쪽에 있는 화살표 아이콘을 클릭하여 편집을 가능하게 하거나 불가능하게 할 수 있다.

편집이 가능한 경우 이 화살표 아이콘은 강조되어 있으며 Tools 메뉴의 Edit Plot 옆에 체크 표시가 있다. 아래의 몇 군데에서 여러분에게 그림창의 객체를 클릭하여 이를 편집하도록 지시할 것이다. 객체 위를 클릭하면 작은 검정색 정사각형으로 강조될 것이다. 이렇게 되지 않는다면 편집기능을 활성화시킬 필요가 있다.

주석달기

그래프에 라벨이나 텍스트를 삽입하려면 명령어 title, text, xlabel, ylabel, zlabel, 그리고 legend를 사용한다. 이름이 의미하는 바와 같이 xlabel, ylabel, 그리고 zlabel은 텍스트를 좌표축 옆에 붙여주며 legend는 "범례"를 그래프에 넣어주고 text는 특정 위치에 텍스트를 넣어준다. 이 명령어들은 다양한 선택적 인수들을 취하는데 이 인수들은 텍스트의 폰트 그룹과 폰트 크기의 변경에 사용될 수 있다. 예로서 텍스트를 추가하고 수정함으로써 렘니스케이트(그림 5.3)의 그래프를 어떻게 수정할 수 있는지 예시하여 보기로 한다:

```
>> title('The lemniscate x^2-y^2=(x^2+y^2)^2', 'FontSize', ...
20, 'FontName', 'Helvetica', 'FontWeight', 'bold')
>> text(0, 0, '\leftarrow a node, also an inflection', ...
'FontSize', 12)
>> text(0.2, -0.1, 'point for each branch', 'FontSize', 12)
>> xlabel x, ylabel y
```

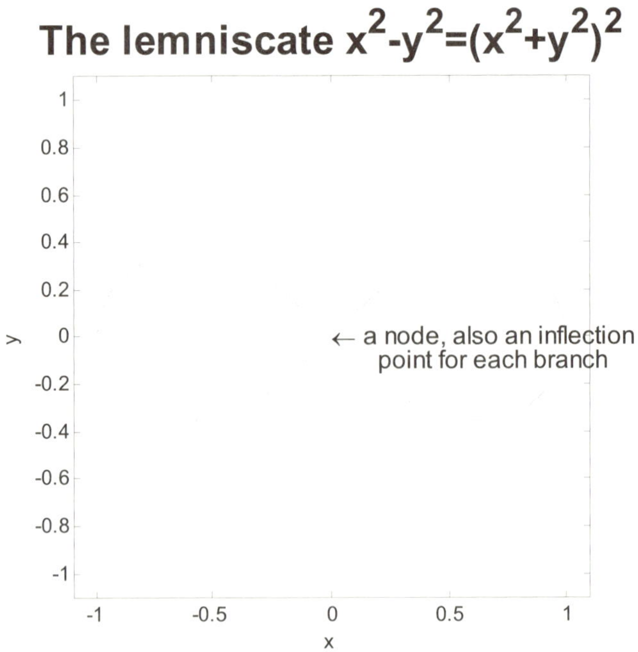

그림 5.9. 애니메이션을 추가하고 제목을 크게 한 그림 5.3의 Lamniscate.

(그림 5.9에서 왼쪽을 가리키는 화살표와 같은) 많은 기호들은 이들을 \로 시작하는 이름으로 호출함으로써 텍스트 문자열에 삽입할 수 있음을 주목하자. (과학 조판 프로그램인 TEX를 사용하여 보았다면 여기에서의 관례를 알 것이다.) 대부분의 경우 이름들은 그 자체로 알 수 있다. 예를 들면 \pi를 타이프하여 그리이스 문자 π를 얻으며 \Sigma(대문자 '시그마')나 \sum을 타이프하여 합산기호 Σ를 얻고 \leftarrow, \uparrow를 이용하여 다양한 방향을 가리키는 화살표들을 얻을 수 있다. 더 자세한 사항과 사용 가능한 기호들의 목록을 보려면 도움말 탐색기의 "텍스트 속성"에 대한 목록을 참조한다(이 목록은 도움말 탐색기의 "탐색" 탭으로부터 얻거나 doc text를 입력하고 그 페이지의 아래쪽에서 "텍스트 속성"을 클릭하여 얻을 수 있다.)

✔ MATLAB® 6 이후 버전에서는 그림창의 Insert 메뉴를 이용하여 동일한 형태의 주석을 삽입할 수 있다. MATLAB® 7에서는 그래프 편집 툴 바, 그래프 팔레트, 그리고 속성 편집기를 활성화시켜 더 많은 주석달기 기능을 수행할 수 있다. 또한 속성 편집기를 사용하여 텍스트 라벨의 폰트를 변경할 수 있다; 변경하고자 하는 텍스트 상에서 클릭한 다음 속성 편집기로 이동한다.

그래프 스타일의 변경

그래픽의 스타일을 변경하는 또 다른 중요한 방법은 그래프의 색이나 라인 스타일을 수정하거나 축 상의 눈금 표시와 라벨을 변경하는 것이다. plot 명령어 안에서 단순히 모든 x-y 쌍에 대하여 세 번째 인수 문자열을 추가함으로써 그래프의 색을 바꿀 수 있으며 점선이나 밑줄선으로 그래프를 그릴 수 있고 나타난 점들을 특수 기호들로 표시할 수 있다. 색에 대한 기호는 노랑의 경우 'y', 진분홍은 'm', 청록색은 'c', 빨강색은 'r', 초록색은 'g', 청색은 'b', 흰색은 'w', 그리고 검정색은 'k'이다. 점 표시 기호는 원의 경우 'o', 십자의 경우 'x', 플러스 기호는 '+', 그리고 별 표는 '*'이다. 선 스타일에 대한 기호는 실선의 경우 '-', 점선은 ':', 밑줄선은 '--' 등으로 주어진다. 점 스타일이 주어져 있지만 선 스타일은 없는 경우 점들은 나타나지만 이들을 연결하는 선은 나타나지 않는다. (plot 대신 plot3에서도 같은 방법이 적용된다.) 예를 들면 다음과 같이 하여 각 곡선상에서 모든 국부적 극대점들을 그래프와 같은 색의 두드러진 기호로 표시함으로써 실선의 빨간색 사인 곡선과 점선의 청색 코사인 곡선을 얻을 수 있다:

```
>> X = (-2:0.02:2)*pi; Y1 = sin(X); Y2 = cos(X);
>> plot(X, Y1, 'r-', X, Y2, 'b:'); hold on
>> X1 = [-3*pi/2 pi/2]; Y3 = [1 1]; plot(X1, Y3, 'r*')
```

```
>> X2 = [-2*pi 0 2*pi]; Y4 = [1 1 1]; plot(X2, Y4, 'b+')
>> axis([-7 7 -1.1 1.1])
```

여기에서 π의 배수가 되는 x 축 상의 위치에 눈금표시를 원할 수도 있다. 이는 명령어 set에 의하여 가능한데 이 명령어는 그래픽의 다양한 속성들을 변경하는 데에 사용된다. 이를 축들에 적용하려면 "현재의 축을 취하라"는 의미의 명령어 gca와 결합시켜야 한다. 위의 코드와 다음 코드를 조합시키면 현재의 축을 취하고 x 축 상에서 -2π부터 2π까지 π의 배수가 되는 위치에 눈금을 설정한 다음 이 눈금들에 (여기에서는 좀 번잡스럽게 보이는 십진법 표기가 아닌) 기호로 라벨을 붙여준다. 아울러 라벨의 크기를 16 포인트 폰트로 키워준다. 결과는 그림 5.10에 나타나 있다.

```
>> set(gca, 'XTick', (-2:2)*pi, 'XTickLabel', ...
'-2pi|-pi|0|pi|2pi', 'FontSize', 16)
```

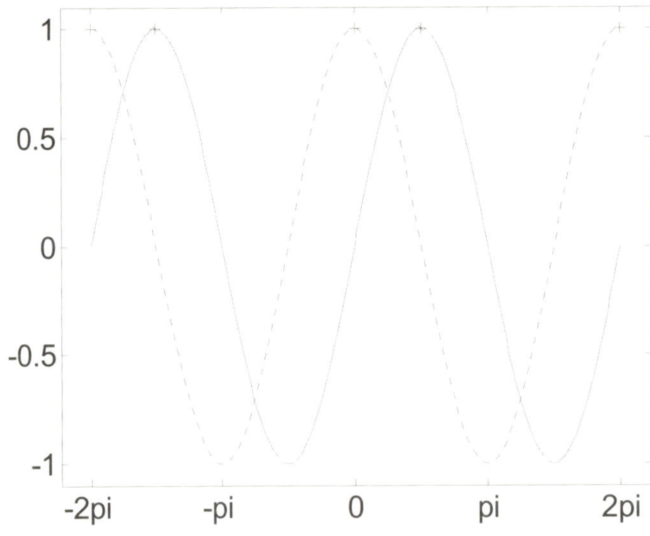

그림 5.10. 두 주기의 $\sin x$와 $\cos x$.

흔히 눈금 라벨을 −2pi, −pi, ... 대신에 어떻게 -2π, $-\pi$, ... 로 붙여줄 수 있는지 궁금해 할 수도 있다. 이는 약간 더 기교를 요하지만 Symbol 폰트에서 π는 텍스트 폰트의 p가 갖는 슬롯을 차지하므로 다음과 같이 하여 이를 수행할 수 있다:

```
>> set(gca, 'FontName', 'Symbol')
>> set(gca, 'XTickLabel', '-2p|-p|0|p|2p')
```

✔ MATLAB® 7에서는 속성 편집기를 사용하여 동일한 형태의 스타일 변경을 수행할 수 있다. 곡선을 클릭하고 속성 편집기로 가서 스타일, 색, 너비 등을 변경시킨다. 3D 그래프에서는 표면을 클릭하고 색이나 다른 속성들을 변경시키는 옵션들을 살펴본다. 눈금 표시, 라벨 등을 변경하려면 축을 클릭하거나 그 안의 빈 공간을 클릭하여 축의 속성 편집기에 초점을 맞춘다. MATLAB® 6에서는 곡선을 클릭하고 Edit:Current Object Properties...를 선택하여 그 속성들을 수정하거나 Edit:Axes Properties...를 선택하여 눈금 라벨에 대한 폰트를 변경한다.

완전히 독립적인 맞춤화

그래프의 다른 특성들에 대한 변경에 대해서는 어떠한 기능들이 있는가? 명령어 get과 set을 사용하여 그림창에서 객체들의 속성들에 대한 완전한 목록을 얻은 다음 이들을 수정할 수 있다. 이 객체와 속성들은 계층적 구조로 배열되어 있으며 각각의 객체는 *핸들*이라고 불리는 부동 소수점 수로 인식된다. get(gcf)를 입력한다면 현재 그림(이에 대한 핸들은 함수 gcf에 의하여 반환된다)의 속성들에 대한 (조금 긴) 목록을 "얻을" 것이다. 이들 가운데 어떤 것들은 다음과 같이 나타난다:

```
Color = [0.8 0.8 0.8]
CurrentAxes = [151.001]
Children = [151.001]
```

위에서 Color는 그래프의 배경색을 빨강-초록-파랑(RGB) 좌표로 제공하는데 [0 0 0]은 검정이고 [1 1 1]은 흰색이며 [0.8 0.8 0.8]은 회색이다. 위의 예에서 CurrentAxes와 Children은 모두 똑같이 흥미롭게 보이는 숫자 151.001을 포함하는 단일원소 벡터를 갖는다. 이 숫자는 현재 축들의 핸들로서 명령어 gca("현재 축을 취하라")에 의해서도 반환된다. 이 핸들이 Children에서도 나타난다는 사실은 축들이 그림의 "자식들", 즉 이들은 계층적 구조에서 한 수준 아래에 위치한다는 것을 보여준다. get(gca)를 입력하면 축 속성들의 목록이 나타나는데 여기에는 그 안에서 실제 그래프를 나타내는 XData 및 YData를 찾을 수 있는 Line 객체들과 같은 추가의 Children 핸들들이 포함된다.

➪ **위의 예에서 151.001은 축 핸들에 대한 정확한 값은 아니다. 그러므로 get(151.001)을 입력하면 오류 메시지가 나타날 것이다. 위의 예에서 Children에**

대한 정확한 값을 끌어내려면 get(gcf, 'Children')을 입력한다. 많은 경우 그림은 다수의 자식들을 가지는데 여기에서 이 명령어는 핸들들의 벡터를 반환할 것이다.

사용자가 관심이 있는 속성들을 찾아내었다면 이들은 set를 이용하여 변경시킬 수 있다. 예를 들면

```
>> set(gcf, 'Color', [1 0 0])
```

는 그림창의 둘레의 배경색을 빨강으로 바꾸어 주며

```
>> set(gca, 'Color', [1 1 0])
```

는 그래프 자체(그림창의 자식)의 배경색을 노랑(RGB 에 따르면 절반은 빨강이고 절반은 초록이다)으로 바꾸어 준다.

그림 속성들을 찾아내어 수정하는 이와 같은 "한 번에 한 가지" 씩의 방법은 현재 그림의 모든 종속자들(주 그림창, 그의 자식들, 자식들의 자식들, 기타)의 핸들을 찾아주는 명령어 findobj를 이용하여 가속화시킬 수 있다. 또한 탐색을 특정 형태의 원소들을 포함하는 핸들들로 제한시킬 수도 있다. 예를 들면 findobj('type', 'line')은 라인 원소를 포함하는 모든 객체들의 핸들을 찾는다. 일단 이들을 찾으면 set를 이용하여 LineStyle을 실선에서 밑줄선 등으로 변경시킬 수 있다. 나아가 저급 그래픽 명령어 line, rectangle, fill, surface 및 image들을 사용하여 하나의 그림창 안에서 새로운 그래픽 원소들을 생성할 수 있다.

✔ MATLAB® 7에서는 속성 편집기를 이용하여 그림, 축, 혹은 다른 객체에 대한 속성들의 완전한 목록을 살펴보고 수정할 수도 있다. 객체를 클릭한 다음 속성 편집기에서 "Inspector..." 버튼을 클릭한다. 그림 자체를 선택하려면 축 바깥의 그림 경계부분을 클릭한다.

이 기법들의 한 가지 예로서 다음 코드는 그림 5.11에 보인 바와 같이 흰색 바탕에 체스판을 생성하여 준다.

```
>> white = [1 1 1]; gray = 0.7*white;
>> a = [0 1 1 0]; b = [0 0 1 1]; c = [1 1 1 1];
>> figure; hold on
```

```
>> for k = 0:1, for j = 0:2:6
    fill(a'*c + c'*(0:2:6) + k, b'*c + j + k, gray)
end, end
>> plot(8*a', 8*b', 'k')
>> set(gca, 'XTickLabel', [ ], 'YTickLabel', [ ])
>> set(gcf, 'Color', white); axis square
```

그림 5.11. 체스판.

위에서 white와 gray는 흰색 및 회색에 대한 RGB 코딩들이다. 이중 for 루프는 fill을 이용하여 체스판에 32개의 짙은 사각형들을 그리는데 j는 하나의 수직 열에서의 짙은 사각형을 가리키며 k=0은 홀수번호 행을, 그리고 k=1은 짝수번호 행을 나타낸다. 여기에서 fill은 세 개의 인수들을 취함을 주목하자: 채워질 다각형(이 경우는 사각형)의 꼭지점들의 x 좌표가 각각의 열들로 나타나는 행렬, 해당되는 열들이 꼭지점들의 y 좌표를 나타내는 두 번째 행렬, 그리고 색깔이 그 인수들이다. 위에서는 네 개의 열들을 갖는 행렬을 구성하였는데 하나의 수평 행에서 각각의 짙은 사각형에 대해 하나의 원소가 부여된다. plot 명령어는 체스판의 주위를 에워싸는 검은 실선을 그려준다. 마지막으로 첫 번째 set 명령어는 축에 붙여진 라벨을 제거하여 주며 두 번째 set 명령어는 배경색을 흰색으로 재설정하여 준다.

☆이미지, 애니메이션, 사운드

MATLAB®은 또한 완전한 색채 이미지, 애니메이션, 그리고 사운드 파일을 생성하고 처리할 수 있다. 다음에 언급할 명령어 라인 방법 이외에도 현재 디렉토리 탐색기를 더블 클릭하거나 File:Import Data...를 선택하여 MATLAB이 지원하는 포맷으로 미디어 파일을 열 수 있다.

이미지

MATLAB®은 디지털 카메라로 생성하거나 웹에서 얻은 이미지, 혹은 MATLAB 자체에서 만든 이미지들을 읽고 쓰고 편집할 수 있다. 하나의 이미지는 단순히 "픽셀"이라고 불리는 미세한 색채 사각형들의 2차원 배열이다. 이 이미지는 png, jpeg, 그리고 gif를 포함하는 다양한 포맷으로 파일에 저장될 수 있다. MATLAB에서는 높이가 h 픽셀, 너비가 w 픽셀인 색채 이미지는 일반적으로 RGB 이미지나 지수가 붙은 이미지의 두 가지 방법 가운데 어느 한 가지로 저장된다. RGB 이미지는 h×w×3 배열로 표시되므로 각 픽셀은 빨강의 강도, 초록의 강도, 그리고 파랑의 강도의 3개의 값들로 지정된다. (유사한 형태의 이미지는 그레이스케일로서 픽셀 강도들의 h×w 배열로 표시된다.) 지수가 붙은 이미지는 h×w 배열과 "컬러맵"으로 불리는 보조적인 c×3 배열로 구성된다; 첫 번째 배열의 각 원소는 컬러맵의 행의 지수를 나타내며 이 행은 해당되는 픽셀에 대한 RGB 값들을 제공하여 준다. (MATLAB에서 RGB 포맷으로 지칭되는 것은 그래픽 프로그래밍에서 종종 "실제 색"으로 불린다; 지수가 붙은 이미지는 흔히 "의사 색"으로 불린다.)

명령어 imread는 임의의 매우 다양한 이미지 파일 포맷들로부터 하나의 이미지를 읽어 들인다. png와 같은 어떤 포맷들은 RGB나 지수가 붙은 이미지들을 저장할 수 있다. 다른 포맷들은 어느 한 가지 형태만을 저장할 수 있다; gif 이미지에는 언제나 지수가 붙지만 jpeg 이미지들에는 결코 지수가 붙지 않는다. 웹에서 얻는 대부분의 이미지들은 gif 파일로 주어지지 않는다면 RGB 포맷으로 저장될 것이다. picture.png 파일로부터 RGB 이미지를 읽고 이를 rgbpic 배열에 저장하고자 한다면 다음을 입력한다:

```
>> rgbpic = imread('picture.png');
```

imread에서 출력을 이미지 배열에 대한 변수와 컬러맵에 대한 변수의 두 변수들에 할당함으로써 지수가 붙은 이미지를 읽을 수 있다. 다음에 이 배열들을 ind2rgb를 이용

하여 하나의 RGB 배열로 전환시킬 수 있다. 예를 들면:

```
>> [indpic, map] = imread('picture.gif');
>> rgbpic = ind2rgb(indpic, map);
```

✔ 일반적으로 이미지에서 서로 다른 색깔의 수는 줄여 주어야 하므로 RGB에서 지수가 붙은 포맷으로 전환시키는 것은 보다 어렵다; 컬러맵은 종종 256, 혹은 그보다 적은 색들을 갖는다. MATLAB의 이미지 처리 툴박스는 이러한 전환을 수행하기 위한 몇 가지 알고리듬을 제공하는 명령어 rgb2ind를 지니고 있다.

명령어 image는 이미지를 그림창에 보여준다. RGB 이미지 rgbpic의 경우 단순히 다음과 같이 입력한다:

```
>> image(rgbpic)
>> axis equal tight
```

두 번째 명령어는 불필요하지만 이미지가 의도된 종횡비로 보여지는 것을 확실히 하여 준다. 지수가 붙은 이미지 indpic과 컬러맵 map의 경우 다음을 입력한다:

```
>> image(indpic)
>> colormap(map)
```

명령어 colormap은 현재 축들의 컬러맵을 변경하거나 입력인수가 없을 경우 현재 컬러맵을 제시하여 준다.

이미지 배열의 값들을 변경시킴으로써 이미지를 편집할 수 있다. 이미지를 나타낼 경우 축들은 이미지 배열의 지수들로 라벨이 붙여짐을 주목하자. 그림창의 확대 기능을 이용하여(이 장의 *그림창* 절을 참조) 이미지의 특정 기능의 지수들, 혹은 하나의 개별적 픽셀까지도 보다 정확하게 찾아낼 수 있다. 그러면 적어도 이론적으로는 배열의 숫자들을 변경함으로써 원하는 대로 이미지를 편집할 수 있다. 다음에 실제적인 방법으로 어떻게 몇 가지 보편적인 처리들을 수행할 수 있는가를 보이고자 한다.

⇨ 우리는 주로 어떻게 RGB 이미지들을 편집하는가를 다룰 것이다. 그 이유는 이 포맷이 더 많은 자유도를 제공하여 주며 지수가 붙은 포맷을 앞에서 언급한 바에 따라 언제나 RGB로 전환시킬 수 있기 때문이다. 그러나 RGB 이미지들은 3차원 배열로 저장되는데 이에 익숙해지는 데에는 좀 시간이 걸린다. 이 책의 앞

부분에서 우리는 2차원 배열들만을 다루었으며 2차원 배열들을 처리하는 어떤 MATLAB 명령어들은 3차원 배열에 대해서는 작용되지 않는다.

하나의 이미지의 위아래를 뒤바꾸거나 좌우를 바꾸려면 간단히 flipdim을 이용한다. 예를 들면

```
>> image(flipdim(rgbpic, 2))
```

는 좌우 대칭 이미지를 보여줄 것이다. 반면에 flipdim(rgbpic, 1)은 배열의 위아래를 바꾸어 준다. (지수가 붙은 이미지 및 다른 2차원 배열 이미지의 경우 보다 기억을 돕는 명령어 fliplr 및 flipud를 대신 사용할 수 있다.)

이미지를 잘라내려면 적절한 부배열을 선택한다. 예를 들어 이미지의 위와 아래로부터 50 픽셀들을 제거하고 좌우로부터 100 픽셀들을 제거하려면 다음을 입력한다:

```
>> newpic = rgbpic(51:end-50, 101:end-100, :);
```

다음에 잘려진 이미지 newpic를 앞에서 언급한 바와 같이 보여주거나 다음에 언급하는 바와 같이 저장할 수 있다.

개별적 픽셀의 색을 조사하려면 명령어 창에서 그의 RGB 값을 나타내거나 이를 그림창에 나타낼 수 있다. 예를 들어 rgbpic의 왼쪽 하부 구석의 픽셀을 조사하려면 다음을 입력한다:

```
>> rgbpic(end, 1, :)
ans(:,:,1) =
  240
ans(:,:,2) =
  114
ans(:,:,3) =
  14
```

위에서 얻은 출력은 그 픽셀에 대한 (가상적인) 빨강, 초록 및 파랑 값들이다. 이 색을 현재의 그림창에서 보려면 image(rgbpic(end, 1, :))를 입력한다. 다음에 색을 원하는 대로 조정할 수 있다; 예를 들어 rgbpic(end, 1, 2) = 180을 입력하면 초록의 강도가 증가하여 색이 더 밝고 더 노랑에 가까워진다.

물론 하나의 픽셀을 변경하는 것으로 그림의 모양이 많이 달라지지는 않을 것이지만 유사한 방법으로 전체 이미지나 한 블록의 픽셀 전체의 색들도 변경시킬 수 있다.

예를 들어 그림 안에서 하나의 사각형을 검게 하려면 해당되는 부배열의 모든 값들을 0으로 설정한다. 따라서 rgbpic(40:60, 90:110, :) = 0은 이미지의 위에서 50 픽셀, 왼쪽으로부터 100 픽셀인 위치가 중심인 21×21 사각형 내의 모든 픽셀들을 검게 변경시킬 것이다.

✔ 위에서 언급한 바와 같이 배열의 숫자들을 변경하는 것은 새로운 image 명령어를 보내기 전까지는 그림창에 나타난 이미지가 변경되지 않을 것이다.

MATLAB®으로 읽어들인 이미지들을 처리하는 것 이외에 수치 데이터를 가시화시키기 위해 사용자 스스로 이미지를 생성할 수 있다. 예를 들어 어떤 지리적 구역에 대한 온도값들을 포함하는 하나의 배열 temp를 지니고 있다고 하자. 다음과 같이 입력하여 온도들을 지수가 붙은 이미지로 나타낼 수 있다:

```
>> imagesc(temp)
```

명령어 imagesc는 image와 유사하게 작용하며 다만 값들을 2차원 배열로 재조정하여 가장 큰 숫자가 현재 컬러맵에서 가장 큰 숫자가 붙은 색에 해당되고 가장 작은 숫자는 가장 낮은 숫자가 붙은 색에 해당되도록 한다는 것만이 다르다. 기본 컬러맵이 유효하다면 더운 지역은 붉게 칠해질 것이고 추운 지역은 청색으로 칠해질 것이며 다른 색들은 중간 온도들을 나타낼 것이다.

컬러맵 텍스트를 이미지 옆에 나타내려면 colorbar를 입력한다. 이 막대의 숫자들은 사용자의 원래 배열의 숫자들에 해당되며 imagesc에 의하여 이루어지는 재조정과는 무관함을 유의하자. 다른 컬러맵을 원한다면 사용자 자신의 컬러맵을 만들거나 MATLAB에 내장된 다른 컬러맵들을 이용할 수 있다; 선택을 위해서는 doc colormap을 입력한다. 예를 들어 위에서 언급한 온도 맵을 흰 색이 더운 곳을 나타내고 검정 색이 추운 곳을 나타내며 회색그늘이 중간 온도들을 나타내는 흑백 이미지로 전환시키려면 colormap(gray)를 입력한다.

마지막으로 명령어 imwrite를 이용하여 이미지를 png와 같은 표준적인 포맷들 가운데 하나로 저장할 수 있다. 예를 들어 newpic를 newpic.png 파일로 저장하려면 다음을 입력한다:

```
>> imwrite(newpic, 'newpict.png')
```

➪ **제 3장에서 우리는 print, 혹은 그림창 메뉴로부터 File:Save As...를 이용하여**

그림을 png와 같은 포맷으로 저장하는 방법을 논의하였다. 이렇게 하면 경계선과 축 라벨들을 포함하는 그림 전체가 이미지 파일로 저장될 것이다. 축 내부의 이미지만을 저장하려 한다면 imwrite를 사용한다.

애니메이션

움직이는 그림을 만드는 가장 간단한 방법은 comet를 이용하는 것이다. 이 명령어는 (plot과 같이) 곡선의 파라미터적 그래프를 생성하여 주며 시간에 따라 곡선이 추적되는 것을 볼 수 있다. 예를 들면

```
>> T = (0:0.01:2)*pi;
>> figure, axis equal, axis([-1 1 -1 1]), hold on
>> comet(cos(T), sin(T))
```

는 균일한 원형 운동을 보여준다.

✔ 위에서는 이전의 그래프를 저장하지는 않지만 방금 설정한 축 속성들을 유지하기 위하여 hold on을 사용하였다. hold on이 없다면 MATLAB은 기본 축으로 되돌아갈 것이며 곡선은 추적되는 원형이 아닌 타원형처럼 보일 것이다.

좀 더 복잡한 애니메이션을 위해서는 getframe 및 movieview을 사용할 수 있다. 명령어 getframe은 동영상의 한 프레임에 대한 활성 그림창을 잡아내며 movieview (MATLAB® 6 이후에서 사용가능)는 그 결과를 별도의 창에서 보여준다. 예를 들어 다음 명령어들은 진동하는 줄의 동영상을 생성하여 준다:

```
>> X = 0:0.01:1;
>> for n = 0:50
     plot(X, sin(n*pi/5)*sin(pi*X)), axis([0, 1, -2, 2])
     M(n+1) = getframe;
   end
>> movieview(M)
```

위에서 axis 명령어는 중요하며 동영상의 각 프레임이 동일한 좌표축에 그려지는 것을 확실히 하여준다. (그렇지 않으면 축의 척도들이 각 프레임마다 달라지고 얻어지는 동영상은 완전히 다른 것이 될 것이다.) getframe 다음의 세미콜론 역시 동영상의 각 프레임에 따른 많은 수치 데이터가 분출되는 것을 피하기 위해 중요하다.

➪ **MATLAB®이 프레임들을 생성하는 루프를 실행하는 동안 활성 그림창을 (명령어 창과 같은) 다른 창으로 덮지 않도록 유의하라. 그렇게 하지 않는다면 다른 창의 내용이 동영상의 프레임들에 저장될 것이다.**

✔ 또한 movie(movieview와 달리 MATLAB® 5.3에서도 사용이 가능하다)를 이용하여 현재 그림창의 동영상을 실행할 수 있다. 이 명령어는 프레임 속도를 변경하는 것과 같은 추가의 옵션들을 허용한다; 자세한 내용은 온라인 도움말을 참조한다.

일단 동영상을 만들었다면 movie2avi(MATLAB® 6 이후 버전)를 이용하여 이를 AVI 파일로 저장할 수 있는데 이 포맷은 윈도우즈 미디어 플레이어 및 퀵타임과 같은 다른 동영상 보기 프로그램들에서 사용될 수 있는 표준 포맷이다. 예를 들어 위에서 생성된 동영상을 string.avi 파일로 저장하려면 movie2avi(M, 'string.avi')를 입력한다.

사운드

sound를 이용하여 (컴퓨터가 적절히 갖추어져 있다면) 컴퓨터에서 사운드를 생성할 수 있다. 이 명령어는 하나의 벡터를 취하며 이를 사운드의 파동형태로 간주하고 이를 "실행"한다. "사인모양의" 벡터는 순수한 톤에 해당되며 사인모양 신호의 진동수는 피치를 결정한다. 다음 예는 베토벤의 제 5번 교향곡의 주제를 들려준다:

```
>> x = (0:0.1:250)*pi; y = zeros(1,200); z = (0:0.1:1000)*pi;
>> sound([sin(x), y, sin(x), y, sin(x), y, sin(z*4/5), y, ...
sin(8/9*x), y, sin(8/9*x), y, sin(8/9*x), y, sin(z*3/4)]);
```

위의 예에서 0 벡터 y는 이어지는 음표 사이의 매우 짧은 정지를 생성한다.

sound의 경우 입력벡터의 값들은 −1과 1 사이여야 한다. 이 범위 내에서 벡터의 진폭은 사운드의 음량을 결정한다; 위의 사운드를 절반 음량으로 실행하려면 입력벡터에 0.5를 곱하여 준다. 진폭이 1보다 큰 벡터의 경우 실행 전에 soundsc를 이용하여 그 벡터를 −1과 1의 범위로 재조정할 수 있다.

기본적으로 사운드는 초당 8192 샘플들로 실행되므로 벡터의 길이를 8192로 나눈다면 초당 사운드의 길이가 될 것이다. sound에 대한 선택적인 두 번째 인수를 이용하여 샘플 속도를 변경할 수 있다; 이는 귀에 들려오는 사운드의 피치와 지속시간을 모두 변경시킬 것이다.

마지막으로 MATLAB에서 사운드 파일들을 읽고 쓸 수 있지만 이는 wav와 au의 두 가지 포맷으로만 가능하다. mp3와 같은 보다 흔한 포맷은 가능하지 않지만 다른 포맷들과 wav를 전환시켜 주는 소프트웨어를 이용할 수 있다. 명령어 wavread 및 wavwrite는 이 포맷을 읽고 쓸 수 있다; 자세한 사항은 온라인 도움말을 참조한다.

연습 B
미적분, 그래픽 및 선형대수

문제 2, 3, 5~7 및 10~12의 일부는 기호 수학 툴박스를 필요로 한다. 다른 문제들은 해당되지 않는다.

1. contour를 이용하여 다음을 수행하여라.

   (1) 함수 $f(x,y)=3y+y^3-x^3$의 수준곡선들을 x와 y가 (원점 근처에서 그래프가 어떻게 보이는지에 대한 감을 얻기 위하여) −1과 1 사이인 영역 및 (큰 그림을 얻기 위하여) 좀 더 큰 영역에 나타내어라.

   (2) 곡선 $3y+y^3-x^3=5$의 그래프를 그려라.

   (3) 점 (1,1)을 포함하는 함수 $f(x,y)=y\ln x+x\ln y$의 수준곡선을 그려라.

2. 다음 함수들의 미분을 구하고 가능하다면 얻은 답을 간단히 하여라:

   (1) $f(x)=6x^3-5x^2+2x-3$

   (2) $f(x)=\dfrac{2x-1}{x^2+1}$

   (3) $f(x)=\sin(3x^2+2)$

   (4) $f(x)=\arcsin(2x+3)$

   (5) $f(x)=\sqrt{1+x^4}$

   (6) $f(x)=x^r$

   (7) $f(x)=\arctan(x^2+1)$

3. MATLAB®이 다음 적분들을 기호적으로 수행할 수 있는지 알아보고 부정적분에 대해서는 미분에 의하여 결과를 검증하여 보라:

   (1) $\displaystyle\int_0^{\pi/2}\cos x\,dx$

(2) $\int x\sin(x^2)dx$

(3) $\int \sin(3x)\sqrt{1-\cos(3x)}\,dx$

(4) $\int x^2\sqrt{x+4}\,dx$

(5) $\int_{\infty}^{-\infty} e^{-x^2}dx$

4. quadl을 이용하여 다음 적분을 수치적으로 계산하여라.

(1) $\int_0^{\pi} e^{\sin x}dx$

(2) $\int_0^1 \sqrt{x^3+1}\,dx$

(3) $\int_{\infty}^{-\infty} e^{-x^2}dx$. 이 경우 3번 문제에서 얻은 정확한 해와 비교함으로써 수치해의 오차도 구하여 보라.

5. 다음 극한을 구하여라:

(1) $\lim_{x\to 0}\frac{\sin x}{x}$

(2) $\lim_{x\to -\pi}\frac{1+\cos x}{x+\pi}$

(3) $\lim_{x\to\infty} x^2e^{-x}$

(4) $\lim_{x\to 1-}\frac{1}{x-1}$

(5) $\lim_{x\to 0+} sin\left(\frac{1}{x}\right)$

6. 다음 합을 구하여라:

(1) $\sum_{k=1}^{n} k^2$

(2) $\sum_{k=0}^{n} r^k$

(3) $\sum_{k=0}^{\infty} \frac{x^k}{k!}$; MATLAB 함수 factorial은 기호 입력으로는 작용하지 않지만 sym('k!'), 혹은 MATLAB에서 gamma로 불리며 $\Gamma(k+1)=k!$를 만족하는 감마함수 $\Gamma(x)=\int_0^{\infty} e^{-t}t^{x-1}dt$ 를 사용할 수 있다.

(4) $\sum_{k=-\infty}^{\infty} \frac{1}{(z-k)^2}$

7. 다음 함수들에 대하여 지시된 점 c에서 차수 n의 Taylor 다항식을 구하여라:

(1) $f(x)=e^x,\ n=6,\ c=0$
(2) $f(x)=\sin x,\ n=4$ 및 $6,\ c=0$
(3) $f(x)=\sin x,\ n=5,\ c=2$
(4) $f(x)=\tan x,\ n=6,\ c=0$
(5) $f(x)=\ln x,\ n=4,\ c=1$
(6) $f(x)=erf(x),\ n=8, c=0$

8. 다음 곡면을 그려보라:

(1) $z=\sin x \sin y,\ -3\pi \le x \le 3\pi,\ -3\pi \le y \le 3\pi$
(2) $z=(x^2+y^2)\cos(x^2+y^2),\ -1 \le x \le 1,\ -1 \le y \le 1$

9. 각 프레임들은 중심이 $(4\cos(j\pi/8),\ 4\sin(j\pi/8)),\ j=0,1,\cdots,16$ 이고 반경이 1/2인 빨간색 원들을 보여주는 17 프레임의 동영상을 생성하여라. 모든 원들은 확실하게 동일한 축 상에 그려지고 타원이 아닌 원들로 보이도록 하라.

10. 이 문제에서는 제 4장의 선형 시스템의 풀이 절에 포함된 백슬래쉬 연산자를 사용한다.

(1) 백슬래쉬 연산자를 이용하여 연습 A의 3번 문제에 있는 선형 방정식 시스템을 풀어라.
(2) 같은 방법을 연습 A의 4번 문제에 적용하여라. MATLAB은 해를 구하지만 모든 해를 구하지는 않는다. 그 이유를 설명할 수 있는가? 설명할 수 없다면 이 문제의 (4)번 부분 및 이후의 11번 문제를 참조한다.

(3) 위의 방법을 다음 문제에 적용하여 보라:

$$\begin{aligned} w + 3x - 2y + 4z &= 1 \\ -2w + 3x + 4y - z &= 1 \\ -4w - 3x + y + 2z &= 1 \\ 2w + 3x - 4y + z &= 1 \end{aligned}$$

얻은 답을 행렬 곱에 의하여 검증하여라.

(4) 마지막으로 행렬 나누기 방법을 다음 문제에 시도하여 보라:

$$\begin{aligned} ax + by &= u \\ cx + dy &= v \end{aligned}$$

변수들을 기호로 선언하는 것을 잊지 말라. 얻은 답은 분수를 포함할 것이며 따라서 분모가 0이 아닐 때에만 유효할 것이다. 시스템의 계수 행렬에 대한 det를 구하고 이를 분모와 비교하여라.

11. 이 문제의 개념은 임의의 차원에서도 유효하지만 여기에서는 3×3 행렬을 다루기로 한다.

(1) 정방행렬 A의 행들을 고려하여 보자. 이들은 3차원 공간의 벡터들이므로 차원 3, 2, 1, 혹은 아마도 (A의 모든 원소가 0이라면) 0의 부공간을 스팬한다. 이 숫자들은 A의 계수(rank)라고 불린다. MATLAB 명령어 rank는 행렬의 계수를 계산한다. 이 명령어를 10번 문제의 각 부분의 4개 계수행렬들에 대하여 시도하여 보라. 4번째에서 얻은 결과에 대하여 코멘트하여라.

(2) n×n 행렬은 계수가 n이라면 비특이 행렬이다. (1)에서 계산한 4개 가운데 어느 것이 비특이인가?

(3) 비특이성에 대한 또 하나의 척도는 행렬값이다 – 선형대수의 기본적 결과에 따르면 행렬값이 0이 아니라면 그 행렬은 엄밀히 비특이 행렬이다. 이 경우 AB=BA=(항등행렬)을 만족하는 일의적 행렬 B가 존재한다. 이 역행렬은 A^{-1}로 나타낸다. MATLAB은 역행렬을 inv로 계산할 수 있다. 4개의 계수행렬들에 대하여 det(A)를 계산하고 비특이 행렬들에 대하여 역행렬들을 구하여라. 주의: 행렬식 $Ax = b$는 A가 비특이 행렬인 경우 일의적 해 $x = A^{-1}b = A\backslash b$를 갖는다.

12. 제 4장에서 다룬 바와 같이 [U, R] = eig(A)를 계산하는 경우 U의 각 열들은 대각 행렬 R의 해당되는 열에 나타나는 고유치와 연관된 A의 고유벡터이다. 이는 정확히 $AU = UR$임을 말하여 주는 것이다.

(1) 문제 10의 각 계수행렬들에 대하여 $AU = UR$임을 보여라.

(2) 사실상 rank(A)=rank(U)이다. 따라서 A가 비특이 행렬이면

$$U^{-1}AU = R$$

이다. 그러므로 두 개의 비특이 행렬 A와 B가 동일한 고유벡터들을 갖는다면 대각 행렬들이 대응된다는 사실은 A와 B에 대해서도 동일한 것임을 의미한다. 다음 두 행렬들에 대하여 이 사실을 입증하여라:

$$A = \begin{pmatrix} 1 & 0 & 2 \\ -1 & 0 & 4 \\ -1 & -1 & 5 \end{pmatrix},\ B = \begin{pmatrix} 5 & 2 & -8 \\ 3 & 6 & -10 \\ 3 & 3 & -7 \end{pmatrix}$$

즉 고유벡터들의 행렬들은 "동일하며" - 다시 말하면 열들은 스칼라 곱에 대하여 동일하다 - AB=BA 임을 보인다.

13. 유전과 관련이 있는 이 문제는 C. Rorres와 H. Anton의 쓴 *선형대수의 응용* (제 3판, John Wiley & Sons, New York, 1984)의 제 12장에 근거하고 있다. 대표적인 유전 모델에서 자손의 형질은 부모로부터의 유전자형에 의하여 결정되는데 여기에는 각 부모, 이를테면 A와 a로부터의 두 가지 독립적인 가능성이 있으며 각각의 확률은 대등하다. (A는 우성인자이고 a는 열성이다.) 이 경우 우리는 다음과 같이 부모의 유전자형의 모든 가능한 조합에서의 자손에 대한 가능한 유전자형의 가능성 표를 얻을 수 있다.

자손의 유전자형	부모의 유전자형					
	AA-AA	AA-Aa	AA-aa	Aa-Aa	Aa-aa	aa-aa
AA	1	1/2	0	1/4	0	0
Aa	0	1/2	1	1/2	1/2	0
aa	0	0	0	1/4	1/2	1

이제 짝짓기가 유전자형이 일치할 때에만 일어나는 개체군이 있다고 가정하자.

(조절되는 식물이나 채소 개체군을 고려한다면 이는 무리한 가정은 아니다.) 다음에 관찰이 시작되는 시점에서 x_0, y_0 및 z_0는 각각 유전자형이 AA, Aa 및 aa인 개체군의 비율을 나타낸다고 하자. 이 경우 n 번째 세대에서의 비율은 x_n, y_n 및 z_n으로 나타낸다. 우리는 매우 큰 n에 대하여 이 값들을 규명하고 아울러 이들이 초기 개체군에 따라 어떻게 좌우되는지를 알아내는 데에 관심이 있다. 분명히 다음 관계가 성립한다:

$$x_n + y_n + z_n = 1, \quad n \geq 0$$

이제 위의 표를 이용하여 n과 (n+1)번째 세대 사이의 관계를 나타낼 수 있다. 짝짓기에 관한 가정으로 인하여 첫 번째, 네 번째 및 여섯 번째 열들만이 관련이 있다. 실제로 잠시 생각해 보면 다음 관계를 얻을 수 있다:

$$\begin{aligned} x_{n+1} &= x_n + \frac{1}{4}y_n \\ y_{n+1} &= \frac{1}{2}y_n \\ z_{n+1} &= z_n + \frac{1}{4}y_n \end{aligned}$$

(1) 위의 식들을 하나의 행렬식 $X_{n+1} = MX_n$ $(n \geq 0)$으로 나타내어라. 열 행렬 X_n의 원소들이 무엇인지, 그리고 정방행렬 M의 계수들이 무엇인지 주의깊게 설명하여라.

(2) 위의 행렬 방정식을 반복적으로 적용하여 X_n을 X_0 및 M의 급수로 표현하여라.

(3) 다음에 MATLAB을 이용하여 M의 고유치와 고유벡터들을 계산하여라.

(4) 12번 문제로부터 $MU = UR$ 임을 알았다. 여기에서 R은 M의 고유치들의 대각행렬이다. 이 식을 M에 대하여 풀어라. $R_\infty = \lim_{n \to \infty} R^n$이 무엇인지 알 수 있는가? 이 관계와 R로 나타낸 위의 M 식을 이용하여 $M_\infty = \lim_{n \to \infty} M^n$을 계산하여라.

(5) $M_\infty X_0$를 계산하여 궁극적인 개체군 분포를 밝혀라.

(6) 매우 큰 특정한 M에 대하여 M^n을 직접 계산함으로써 위에서 얻은 답을 조사하여라. (힌트: MATLAB에서는 행렬 M의 멱급수를 이를테면 M^10과 같이 계산할 수 있다.)

(7) n 번째 세대의 모든 멤버들은 그 유전자형이 순수하게 우성인 부모하고만

짝지어야 한다고 달리 가정함으로써 이 문제의 기본적인 가정을 바꿀 수 있다. 이 모델의 궁극적인 개체군 분포를 계산하여라. Rorres와 Anton의 제 12~14장에는 다른 재미있는 모델들이 소개되고 있다.

14. ☆ 프랑스 국기는 너비의 길이가 높이의 1.5배이며 파랑색, 흰색, 그리고 빨강색의 세 개의 수직 띠들로 구분되어 있다. 이탈리아 국기는 이와 동일하지만 청색이 초록으로 바뀐 것만이 다르다. 프랑스 국기를 나타내는 200×300×3 배열을 생성하고 이를 그림창에 나타나게 한 다음 jpeg 파일 tricolore.jpg로 전환시켜라. 이탈리아 국기에 대해서도 같은 조작을 반복하고 이를 italia.jpg 파일로 전환시켜라. 마지막으로 프랑스 국기를 이탈리아 국기로 "변환되는" 것을 보여주는 동영상을 생성하여라.

제 6 장
MATLAB® 프로그래밍

M-파일을 생성할 때마다 여러분은 MATLAB 프로그램 언어를 이용하여 컴퓨터 프로그램을 작성하는 것이다. 이미 소개했던 가장 기본적인 프로그램 기법만 가지고도 MATLAB에서 상당히 많은 일을 할 수 있다. 특히 제 3장에서 (for를 이용하는) 간단한 루프들과 디버깅에 대한 기초적인 방법을 논의한 바 있다. 이 장에서는 MATLAB을 이용하여 좀 더 복잡한 문제를 다루는 데에 유용한 추가의 프로그램 명령어들과 기법들을 살펴볼 것이다. 여러분이 이미 다른 프로그램 언어에 익숙하다면 이 장 내용의 상당부분은 이해하기가 매우 쉬울 것이다.

✔ 많은 MATLAB 명령어들은 그 자체가 M-파일들로서 type나 edit를 이용하여 살펴볼 수 있다. 예를 들어 type isprime를 입력하면 명령어 isprime에 대한 M-파일을 볼 수 있다. 내장된 M-파일들을 살펴봄으로써 MATLAB 프로그램 기법들에 대하여 많은 것을 배울 수 있다.

분기

사용자가 정의하는 많은 함수의 경우 각 입력에 대하여 동일한 일련의 명령어들을 수행하는 함수 M-파일을 이용할 수 있다. 그러나 종종 입력에 따라 서로 다른 경우에서 서로 다른 일련의 명령어들을 수행하는 함수를 원할 수도 있다. 이는 분기 명령어로 수행할 수 있으며 많은 다른 프로그램 언어들과 마찬가지로 MATLAB에서의 분기는 보통 이제 살펴보게 될 명령어 if로 이루어진다. 이후에 다른 주요 분기 명령어인 switch를 다룰 것이다.

if를 이용한 분기

if를 이용한 분기의 간단한 예로서 실수의 절대값을 계산하는 다음과 같은 함수 M-파일 absval.m을 고려하여 보자:

```
function y = absval(x)
if x >= 0
   y = x;
else
   y = -x;
end
```

이 M-파일의 첫 번째 줄은 함수가 하나의 입력 x와 하나의 출력 y를 가짐을 말하여 준다. 입력 x가 음이 아니라면 if 문장은 MATLAB에 의하여 참인 것으로 결정된다. 그러면 if와 else 사이의 명령어가 수행되어 y를 x와 같게 두며 MATLAB은 else와 end 사이의 명령어를 건너뛴다. 이와 반대로 입력 x가 음이라면 MATLAB은 else 문으로 건너뛰어 이어지는 명령어를 수행하고 y를 −x와 같게 둔다. for 루프에서와 마찬가지로 위에서와 같은 명령어의 들여쓰기는 옵션이다; 들여쓰기를 하면 알아보기에 도움이 되며 MATLAB의 내장된 편집기/디버거에 의하여 자동으로 이루어진다.

✔ 이 장의 대부분의 보기들은 입력이 의도된 것과 다른 형태를 갖는 경우 이상한 결과를 초래할 것이다. M-파일 absval.m은 복소수나 벡터가 아닌 스칼라 실수 입력 x에 대해서만 고안되었다. 예를 들어 x가 복소수라면 x >= 0은 x의 실수부가 음이 아닌지의 여부만을 조사하며 출력 y는 두 경우 모두 복소수가 될 것이다. MATLAB은 복소수들의 벡터에 대해서 올바르게 작용하는 내장함수 abs를 지니고 있다.

일반적으로 if 뒤에는 MATLAB이 참인지 거짓인지를 테스트하고자 하는 표현이 따른다; 사용 가능한 표현들에 대한 논의와 이들이 어떻게 수행되는지에 대해서는 이후의 *논리표현* 절을 참조한다. 사이에 있는 약간의 명령어들 다음에는 (for에서와 마찬가지로) end 문이 있어야 한다. 그 사이에는 하나, 혹은 그 이상의 elseif 문 및 else 문이 있을 수 있다. 테스트의 결과가 참이라면 MATLAB은 if 문과 첫 번째 elseif, else, 혹은 end 문 사이의 모든 명령어들을 수행한 다음 end 문까지의 다른 모든 명령어들을 건너뛴다. 테스트의 결과가 거짓이라면 MATLAB은 첫 번째 elseif, else, 혹은 end 문을 수행하고 이로부터 elseif 문의 경우에 대한 새로운 테스트를 수행한다. 아래의 보기에서는 테스트 결과가 거짓인 경우 어떠한 명령어도 불필요하여 else 문을 둘 필요성이 없도록 absval.m을 재구성하고 있다.

```
function y = absval(x)
y = x;
if y < 0
   y = -y;
end
```

elseif 문은 두 가지 이상의 선택의 여시가 있을 경우, 그리고 이들이 일련의 참/거짓 테스트로 구별될 수 있는 경우에 유용하다. 이는 else 문 다음에 바로 중첩된 if 문이 따르는 경우와 사실상 대등하다. 아래의 보기에서는 다음 함수를 계산하는 M-파일 signum.m에서 elseif를 사용하고 있다.

$$sgn(x) = \begin{cases} 1 & x > 0 \\ 0 & x = 0 \\ -1 & x < 0 \end{cases}$$

(여기에서도 MATLAB은 우리가 고려하고 있는 것보다 더 일반적인 입력에 대하여 함수를 수행하는 내장함수 sign을 지닌다.)

```
function y = signum(x)
if x > 0
   y = 1;
elseif x == 0
   y = 0;
else
   y = -1;
end
```

입력 x가 양이라면 출력 y는 1로 설정되며 elseif 문에서부터 end 문까지의 모든 명령어들은 건너뛴다. (특히 elseif문 내에서의 테스트는 수행되지 않는다.) 만일 x가 양이 아니라면 MATLAB은 elseif 문으로 건너뛰고 x가 0과 같은지의 여부를 테스트한다. 만일 0과 같다면 y는 0으로 설정되고 그렇지 않다면 y는 −1로 설정된다. 대등함을 테스트하는 데에 있어서 MATLAB은 == 부호를 필요로 함을 주목하자; 하나의 = 부호는 변수에 값을 할당하는데 사용하기 위해 유보되어 있다.

✔ for 및 이후에 마주치게 될 다른 프로그램 명령어들과 마찬가지로 if 및 이와

연관되는 명령어들은 명령어 창에서 사용될 수 있다. 이들 명령어로 그렇게 수행하는 것은 유용할 수 있지만 이들은 주로 M-파일에서 사용하도록 의도된 것들이다. 분기에 대한 논의에서 우리는 주로 함수 M-파일의 경우를 고려할 것이다; 분기는 스크립트 M-파일에서는 보다 적게 사용된다.

논리 표현

위의 보기들에서 우리는 >=, >, 그리고 ==와 같은 *유리 연산자*들을 사용하여 논리 표현을 구성하였으며 MATLAB으로 하여금 그 표현이 참인지, 혹은 거짓인지에 따라 서로 다른 명령어들 사이에서 선택하도록 하였다. help relop을 입력하여 사용 가능한 모든 유리 연산자들을 살펴볼 수 있다. 이들 연산자 가운데 &(AND) 및 |(OR)와 같은 어떤 것들은 단순히 두 숫자들을 비교하는 것보다 더 복잡한 논리 표현의 구성에 사용될 수 있다. 예를 들면 (x > 0) | (y > 0) 은 x나 y가 (혹은 둘 모두가) 양이면 참이고 어느 것도 양이 아니면 거짓일 것이다. 이 보기에서 괄호는 불필요하지만 일반적으로 이와 같은 복합적 논리 표현들은 괄호를 사용하여 혼돈을 방지하여 준다면 읽기가 더 쉽고 오류의 확률도 적어진다.

분기에 대한 지금까지의 논의에서 우리는 참이나 거짓으로 판명될 수 있는 표현들만을 고려하였다. 많은 경우에서는 그러한 표현들로 충분하지만 if나 elseif 다음에 MATLAB이 수치적으로 계산할 수 있는 임의의 표현이 이어질 수 있다. 사실 MATLAB은 논리 표현과 보통의 수치적 표현 사이를 거의 구분하지 않는다. 명령어 창에서 논리 표현 자체를 입력하는 경우 어떤 일이 일어나는지 살펴보자:

```
>> 2 > 3
ans =
     0
```

논리 표현을 수행하는 경우 MATLAB은 (거짓인 경우) 0이나 (참인 경우) 1을 부여한다. 따라서 2<3이라고 입력한다면 답은 1이 된다. 유리 연산자들은 그 출력이 수치값이라면 MATLAB에서 산술 연산자처럼 취급된다.

✔ MATLAB®은 유리 연산자의 출력과 보통의 숫자들 사이를 미묘하게 구분한다. 예를 들면 위의 명령어 다음에 whos를 입력한다면 ans는 *논리 배열*임을 알게 될 것이다. 이 속성이 어떻게 이용될 수 있는지에 대한 보기를 곧 제시할 것이다. 추가의 정보를 얻으려면 help logical을 입력한다.

다음은 다른 예이다:

```
>> 2 | 3
ans =
     1
```

OR 연산자 |는 두 연산수들이 0이라면 0을, 그렇지 않으면 1을 답으로 제시할 것이다. 따라서 유리 연산자의 출력은 언제나 0 혹은 1이지만 &(AND), |(OR), 그리고 ~(NOT)과 같은 연산자들에 대한 임의의 0이 아닌 입력은 MATLAB에 의하여 참으로 간주되며 0 만이 거짓으로 간주된다.

유리 연산자에 대한 입력이 스칼라가 아닌 벡터나 행렬이라면 + 및 .*와 같은 산술 연산자에 대해서와 마찬가지로 연산은 항들끼리 이루어지며 출력은 0과 1들의 배열이다. 다음은 한 가지 보기이다:

```
>> [2 3] < [3 2]
ans =
     1     0
>> x = -2:2; x >= 0
ans =
     0     0     1     1     1
```

두 번째 경우에서 x는 스칼라 0과 항끼리 비교된다. 추가의 정보를 얻으려면 help relop를 입력한다.

유리 연산자의 출력이 논리 배열이라는 사실을 이용하여 어떤 조건에 부합되는 배열의 원소들을 선택할 수 있다. 예를 들면 x(x >= 0)은 x의 0이 아닌 원소들(혹은 보다 정확하게 실수부가 0이 아닌 원소들)만으로 구성되는 벡터를 제시하여 준다. 따라서 위에서와 같이 x = −2:2 라면

```
>> x(x >= 0)
ans =
     0     1     2
```

가 된다. 만일 논리배열을 사용하여 다른 배열로부터 원소들을 선택하는 경우 두 배열의 크기가 같아야 한다. 논리배열에서 각각의 1에 해당하는 원소들이 선택되는 반면에 각각의 0에 해당되는 원소들은 선택되지 않는다. 위의 예에서 결과는 x(3:5)를 입력했을 때와 동일하지만 이 경우 3:5는 선택할 원소들의 수치 지수값들을 지정하는 통상

적인 수치배열이다.

다음에 if 및 elseif가 어떻게 주어진 표현이 참인지, 혹은 거짓인지를 결정하는가에 대하여 논의해 보기로 한다. 스칼라 실수에 대하여 수행되는 표현의 경우 기준은 위에서와 동일하다 – 즉 0이 아닌 수는 참으로 처리되고 0은 거짓으로 처리된다. 그러나 복소수의 경우 실수부만이 고려된다 – 따라서 if나 elseif문에서 실수부가 0이 아닌 임의의 수는 참으로 처리되며 실수부가 0인 수들은 거짓으로 처리된다. 나아가 벡터나 행렬에 대하여 수행되는 표현의 경우 if나 elseif문은 여전히 하나의 참-거짓 결정을 제시해 주어야 한다. MATLAB에서 사용하는 관례에 따르면 어떤 표현이 참으로 처리되려면 모든 원소들이 참, 즉 모든 원소들이 0이 아닌 실수부를 가져야 한다. 임의의 원소가 0의 실수부를 갖는다면 그 표현은 거짓으로 처리된다.

~를 사용하여 테스트를 역전시키고 명령어 any 및 all을 사용하여 벡터 입력에 대하여 분기가 이루어지는 방법을 조절할 수 있다. 예를 들면 if x == 0; ...; 은 x의 모든 원소들이 0일 경우 (여기에서 ...로 나타내어지는) 명령어들을 수행할 것이다; x의 임의의 원소가 0일 경우에 이 명령어들을 수행하려면 if x ~= 0; else; ...; end 와 같은 형식을 이용한다. 여기에서 ~=는 "같지 않음"을 나타내는 관계 연산자이다. 따라서 x의 임의의 원소가 0이라면 테스트는 실패하게 되며 수행은 else 문 이후로 건너뛰게 된다. any를 이용하여 보다 쉬운 방법으로 동일한 효과를 거둘 수 있다. any는 어떤 배열의 임의의 원소가 0이 아닐 경우 참을 출력한다: if any(x == 0); ...; end (x의 임의의 원소가 0인 경우 x == 0의 해당되는 원소는 0이 아님을 상기하자.) 마찬가지로 all은 어떤 배열의 모든 원소들이 0이 아니면 참을 출력한다.

다음은 우리가 다룬 분기 및 논리표현의 몇 가지 특성들을 예시하여 주는 일련의 보기들이다. 다음을 계산하는 함수 M-파일을 생성하려 한다고 가정하자:

$$f(x) = \begin{cases} \dfrac{\sin(x)}{x} & x \neq 0 \\ 1 & x = 0 \end{cases}$$

다음과 같이 M-파일을 구성할 수 있다:

```
function y = f(x)
if x == 0
   y = 1;
else
   y = sin(x)/x;
end
```

입력 x가 스칼라인 경우 위의 프로그램은 잘 작용하지만 x가 벡터나 행렬인 경우에는 그렇지 못하다. 물론 두 번째 y의 계산에서 /를 ./로 바꿀 수 있으며 y를 정하는 첫 번째 정의를 x와 크기가 같도록 바꿀 수 있다. 그러나 x가 0 및 0이 아닌 원소들을 모두 갖는다면 MATLAB은 if 문을 거짓으로 선언하고 두 번째 정의를 이용할 것이다. 그러면 출력배열 y의 일부 원소들은 0/0이 부정형 형태이므로 NaN("숫자가 아님"을 의미)이 될 것이다.

위의 M-파일이 벡터와 행렬들에 대해서도 작용되도록 하는 한 가지 방법은 if 문을 루프 내에 두고 함수를 원소끼리 계산하도록 하는 루프를 이용하는 것이다.

```
function y = f(x)
y = ones(size(x));
for n = 1:prod(size(x))
   if x(n) ~= 0
      y(n) = sin(x(n))/x(n);
   end
end
```

위의 M-파일에서는 먼저 출력 y를 입력 x와 같은 크기의 1의 배열로 생성한다. 여기에서는 size(x)를 이용하여 x의 행과 열의 수를 장하고 있다; MATLAB은 스칼라나 벡터를 하나의 행 및 하나의 열을 갖는 배열로 처리함을 상기하자. 다음에 prod(size(x))는 x의 원소들의 수를 제시한다. 그러므로 for 문에서 n은 1로부터 이 수까지 변화한다. 각 원소 x(n)에 대하여 0이 아닌지의 여부를 조사하며 0이 아니라면 해당되는 원소 y(n)을 다시 정의한다. (만일 x(n)이 0과 같다면 처음에 이를 1로 정의하였으므로 y(n)을 다시 정의할 필요가 없다.)

✔ 우리는 조금 전 중요하면서도 미묘한 MATLAB의 특성을 이용하였다. 즉 행렬의 각 원소는 하나의 지수로 참조될 수 있다; 예를 들어 x가 3×2 배열이라면 그의 원소들은 x(1), x(2), ..., x(6)로 순서를 정할 수 있다. 이러한 방법으로 하나의 루프 안에서 또 하나의 루프를 사용하는 것을 피할 수 있다. 마찬가지로 prod(size(x)) 대신에 length(x(:))를 이용하여 x의 원소들의 총 수를 얻을 수 있다. 그러나 주의해야 할 것은 만일 y를 x와 같은 크기를 갖도록 사전에 정의하지 않고 루프 안에서 else 문을 사용하여 x(n)이 0일 때 y(n)이 1이 되도록 하였다면 y는 3×2 배열이 아닌 1×6 배열이 될 것이라는 점이다. 이 경우 M-파일의 말미에서 명령어 y = reshape(y, size(x))를 사용하여 y를 x와 같은 모양이 되도록 만들어 준다. 그러나 일반적으로 출력 배열의 모양이 중요하

지 않다고 하더라도 루프 안에서 원소들을 계산하기 전에 배열의 적절한 크기를 미리 정의하여 두면 그 루프가 더 빨리 수행되므로 이렇게 하는 것이 가장 좋은 방법이다.

다음에 위의 M-파일을 수정한 아래 코드를 고려하여 보자:

```
function y = f(x)
if x ~= 0
   y = sin(x)./x;
   return
end
y = ones(size(x));
for n = 1:prod(size(x))
   if x(n) ~= 0
      y(n) = sin(x(n))/x(n);
   end
end
```

위에서 추가된 4줄의 블록은 입력 x의 모든 원소들이 0이 아니면 M-파일이 더 빨리 수행되도록 하기 위한 것이다. MATLAB은 벡터를 루프보다 더 효율적으로 처리하므로 새로운 M-파일은 x의 원소 수가 (모두 0이 아니면서) 많을 경우 몇 배나 빠르게 수행될 것이다. 다음은 4줄로 이루어진 새 블록이 작용하는 방법이다. 첫 번째 if 문은 x의 모든 원소들이 0이 아닌 경우 참이 될 것이다. 이 경우 MATLAB의 벡터 연산자를 이용하여 출력 y를 정의하는데 이는 루프를 수행하는 것보다 일반적으로 훨씬 더 능률적이다. 다음에 명령어 return을 사용하여 추가의 명령어들을 실행하지 않고 M-파일의 수행을 종료시킨다. (여기에서 return의 사용은 스타일에 관련되는 문제이다; 이후의 모든 명령어들을 들여쓰기한 다음 이들을 else와 end 사이에 넣을 수도 있었다.) 만일 이와 반대로 x의 일부 원소들이 0이라면 if 문이 거짓이 되고 M-파일은 다음 end 문 이후로 건너뛴다.

종종 논리 배열들을 이용하여 루프와 분기 명령어들의 사용을 완전히 피할 수 있다. 다음은 다른 함수 M-파일로서 이전의 보기들과 동일한 작업을 수행하고 있다. 이 파일은 모든 경우들에 대하여 루프의 사용을 배제하고 있으므로 이전의 M-파일들보다 더 간명하며 더 효율적으로 수행된다는 장점을 지닌다.

```
function y = f(x)
y = ones(size(x));
n = (x ~= 0);
```

```
y(n) = sin(x(n))./x(n);
```

위에서 n은 x와 크기가 같으며 x의 원소가 0이 아닌 위치에 1을, 그렇지 않으면 0을 갖는 논리 배열이다. 따라서 y(n)을 정의하는 줄은 x의 0이 아닌 값들에 해당하는 y의 원소들만을 다시 정의하여 주며 다른 원소들은 1과 같게 내버려 둔다.

switch를 사용하는 분기

또 다른 주요 분기 명령어는 switch이다. 이 명령어는 여러 가지 경우들 사이를 두 가지 경우에서와 마찬가지로 쉽게 분기하여 준다. 이 때 각 경우들은 부등식이 아닌 등식 형태로 나타내어야 한다. 다음은 간단한 예로서 입력에 대하여 세 가지 경우들을 구별하고 있다:

```
function y = count(x)
switch x
   case 1
      y = 'one'
   case 2
      y = 'two'
   otherwise
      y = 'many'
end
```

위에서 switch는 입력 x를 평가하며 동일한 값을 지니는 case 문으로 건너뛴다. 따라서 입력 x가 1과 같다면 출력 y는 문자열 'one'이 되며 x가 2이면 y는 'two'로 설정된다. 각 경우에서 일단 MATLAB이 다른 case 문을 대하거나 otherwise 문에 이르게 되면 end문으로 건너뛰므로 적어도 하나의 경우는 수행된다. 만일 case 문들 가운데 일치하는 것이 없다면 MATLAB은 (선택적인) otherwise 문으로 가거나 end문으로 건너뛴다. 위의 예에서는 otherwise 문이 존재하므로 입력이 1이나 2가 아니라면 출력은 'many'가 된다.

if와 달리 명령어 switch는 벡터 표현을 받아들이지 않지만 문자열은 허용한다. help switch를 입력하여 문자열을 사용하는 보기를 살펴보자. 문자열 입력인수를 받아들여서 사용자가 작성하는 프로그램의 서로 다른 몇 가지 변형들 가운데에서 하나를 선택하도록 M-파일을 고안하고 싶다면 이 속성이 유용할 수 있다.

✔ 비록 문자열들은 (우연히 같은 길이를 갖지 않는 한) ==와 같은 관계 연산자

들을 사용하여 비교될 수 없지만 strcmp나 isequal을 이용하여 if나 elseif 문에서 문자열들을 비교할 수 있다. 서로 크기가 다르거나 데이터 형태가 서로 다른 배열들을 비교하는 경우 후자가 더 일반적으로 이용된다.

루프 더 알아보기

제 3장에서 여러 번 수행되는 일련의 명령어들인 루프를 시작하는 명령어 for를 소개하였다. for를 사용하는 경우 사전에 루프를 수행하는 횟수(이 수는 예를 들면 함수 M-파일에의 입력에 따라 좌우될 수도 있다)를 효과적으로 지정할 수 있다. 경우에 따라서는 반복수행 횟수를 미리 지정하지 않고 어떤 조건이 만족될 때까지 루프의 명령어들을 수행하려 할 때도 있다. MATLAB에서 이를 가능하게 하여 주는 명령어는 while이다.

➪ **while을 이용하면 우연히 사용자가 설정한 조건이 결코 충족될 수 없어서 무한히 수행을 계속하는 "무한 루프"가 쉽게 얻어질 수 있다. 그러한 루프는 CTRL+C를 타이프하여 중단시킬 수 있음을 상기하자; 그렇지 않으면 MATLAB을 중지시켜야 할 수도 있다.**

끝이 열린 루프

다음은 while을 사용하여 무한수열 $\frac{1}{1^4}+\frac{1}{2^4}+\frac{1}{3^4}+\cdots$의 수치적 합을 계산하는 스크립트 M-파일의 간단한 예이다. 이 파일에서는 항이 (컴퓨터 정밀도와 비교하여) 매우 작아서 수치적 합이 더 이상 변하지 않을 경우에만 정지한다.

```
n = 1;
oldsum = -1;
newsum = 0;
while newsum > oldsum
    oldsum = newsum;
    newsum = newsum + n^(-4);
    n = n + 1;
end
newsum
```

여기에서는 newsum을 0으로, n을 1로 초기화하였으며 루프에서는 연속적으로 newsum에 n^(−4)를 더하고 n에 1을 추가하는 것을 반복하고 있다. 변수 oldsum의 목적은 한 번의 계산에서 다음번 계산에 이를 때 newsum이 얼마나 변하는가를 추적하려는 것이다. MATLAB이 루프의 끝에 이를 때마다 while 문에서 다시 시작한다. newsum이 oldsum을 초과하면 while 문의 표현이 참이 되고 루프가 다시 수행된다. 그러나 newsum이 oldsum과 같게 되어 그 표현이 처음으로 거짓이 되면 MATLAB은 end 문으로 건너뛰고 그 다음 줄을 수행하여 newsum의 마지막 값(결과는 유효숫자 5자리로 1.0823이다)을 보여준다. oldsum에 부여한 초기값 −1은 다소 임의적이지만 while 문이 처음으로 수행되는 시점에서 표현이 참이 되려면 음이어야 한다; 만일 oldsum을 처음에 0으로 두면 MATLAB은 루프 안의 명령어들을 한 번도 수행하지 않고 end 문으로 건너뛸 것이다.

✔ 비록 루프를 정확히 몇 번 수행할 것인지를 결정하지 않고 위에서와 같이 M-파일을 구성할 수 있지만 대략적으로 몇 번 수행할 것인가를 고려하는 것이 유용할 것이다. 대부분의 컴퓨터에서 부동 소수점 계산은 약 16자리까지 정확하기 때문에 위의 루프는 n^(−4)가 약 10^(−16)이 될 때까지 수행될 것이다; 즉 n이 약 10^4일 때까지이다. 따라서 계산시간은 대부분의 컴퓨터에서 매우 작다. 그러나 지수가 4가 아닌 2라면 계산에 약 10^8 번의 연산이 소요될 것인데 이에는 대부분의 컴퓨터에서 긴 시간이 소요된다. 이는 예를 들어 기호 수학 툴박스가 있는 경우 symsum을 사용하는 예와 같이 수열의 합을 구하는 보다 효율적인 방법을 찾는 것이 더 현명할 정도로 긴 시간이다!

☞ *여기에서는 비록 while을 루프 명령어로 분류했지만 while은 또한 분기 명령어의 속성도 지닌다. 실제로 while 문에서 허용되는 표현의 형태와 수행 방법은 if 문에서와 전적으로 동일하다. while 문에 넣을 수 있는 가능한 표현들의 논의에 대해서는 앞의* 논리 표현 *절을 참조한다.*

루프로부터의 이탈

때로는 예를 들어 어떤 조건이 충족될 경우에서와 같이 MATLAB에서 for 루프를 조기에 이탈하고자 할 때도 있다. 혹은 while 루프에서 while 문의 주 조건 이외에 추가로 조사하고자 하는 보조적인 조건이 있을 수 있다. 두 형태의 루프 안에서 명령어 break를 사용하여 MATLAB이 루프의 수행을 중단하고 루프의 end 다음 줄로 건너뛰도록 할 수 있다. 명령어 break는 일반적으로 if 문과 함께 사용된다. 다음의 스크립트 M-파일은 이전의 보기에서와 같은 합을 계산하는데 반복계산의 횟수에 상한을 두는 것만이 다르다.

```
newsum = 0;
for n = 1:100000
    oldsum = newsum;
    newsum = newsum + n^(-4);
    if newsum == oldsum
        break
    end
end
newsum
```

이 예에서 n이 10000에 도달하거나 변수 newsum이 변하지 않으면 어느 경우가 먼저이든 루프가 중지된다. break는 if와 연관되는 end 문을 무시하고 이 경우에는 for인 루프 명령어와 관련되는 가장 가까운 end문 뒤로 건너뜀을 주목하자.

다른 프로그램 명령어

여기에서는 보다 고급의 프로그램 명령어들과 기법들 몇 가지를 더 살펴보기로 한다.

부함수

함수 M-파일의 첫 번째 줄에 나타나는 것 외에 명령어 function은 추가로 M-파일의 뒷부분에서 보조함수, 혹은 부함수의 정의에 사용될 수 있다. 부함수는 M-파일 내의 어느 곳에서도 사용될 수 있지만 명령어 라인에서 직접 접근할 수는 없다. 예를 들면 다음의 M-파일은 실수벡터 x의 세제곱근을 합하고 있다.

```
function y = sumcuberoots(x)
y = sum(cuberoot(x));

% --- 여기에서 부함수의 정의가 시작
function z = cuberoot(x)
z = sign(x).*abs(x).^(1/3);
```

여기에서 부함수 cuberoot는 x의 세제곱근을 원소마다 취한다. 부함수는 스크립트 M-파일이 아닌 함수 M-파일에서만 이용할 수 있다. 부함수의 사용을 나타내는 예를 보려면 MATLAB에 내장된 많은 함수 M-파일들을 참조한다. 예를 들어 type ezplot을 입력하면 세 가지 서로 다른 부함수들이 나타날 것이다.

셀과 구조 배열

제 4장에서 우리는 몇 가지 형태의 데이터 형식을 논의하였으며 이 장의 앞부분에서는 논리 배열이라고 불리는 다른 형태를 소개하였다. MATLAB 프로그램에서 유용한 두 가지의 다른 데이터 형식은 *셀 배열*과 *구조 배열*이다. 셀 배열은 실은 "배열의 배열"이다; 셀 배열의 원소들은 다른 데이터 형식과 다른 크기를 가질 수 있다. 명령어 cell은 빈 셀 배열을 생성하지만 셀 배열을 생성하는 보다 흔한 방법은 중괄호를 이용하는 방법이다:

```
>> ca = {1, [2 3], 'four'}
ca =
    [1]    [1x2 double]    'four'
```

셀 배열의 특정 원소를 취하는 데에도 중괄호를 사용한다; 예를 들어 ca{2}를 입력하면 ca의 두 번째 원소가 나타난다.

구조 배열은 C와 같은 프로그램 언어들에서의 구조체와 유사하나; 구조 배열에서는 배열의 원소들을 헤아리는 것보다는 이들에 이름을 붙일 수 있다. 셀 배열과 마찬가지로 원소들은 각기 다른 형태와 크기를 가질 수 있다. 구조 배열을 만드는 한 가지 방법은 명령어 struct를 사용하는 것이다:

```
>> sa = struct('data', [1 4 9 16 25], 'description', ...
'perfect squares')
sa =
           data: [1 4 9 16 25]
    description: 'perfect squares'
```

어느 특정 원소, 혹은 "필드"에 접속하려면 예를 들어 sa.data와 같이 배열의 이름과 필드의 이름을 타이프하고 이들 사이를 마침표로 구분하여 준다. 동일한 구문을 이용하여 구조 배열에 필드를 생성하고 추가할 수 있다. sa를 정의하는 다른 방법은 다음과 같은 명령어를 사용하는 것이다:

```
>> sa = struct;
>> sa.data = [1 4 9 16 25];
>> sa.description = 'perfect squares'
sa =
           data: [1 4 9 16 25]
    description: 'perfect squares'
```

첫 번째 명령어는 빈 구조체를 정의하며 이어지는 명령어들은 여기에 필드들을 추가한다.

✔ MATLAB®은 또한 부호가 있거나 없는 정수 데이터 형태를 지닌다; 예를 들어 int32나 uint32에 대한 온라인 도움말을 참조한다.

입력 및 출력 분석 명령어

많은 MATLAB 함수들은 사용자가 함수에 입력으로 제공하는 인수들의 수 및 형태를 변경할 수 있게 하여줌을 보았을 것이다. 사용자 자신의 M-파일들에서 명령어 nargin, nargout, varargin, varargout들을 사용하여 다양한 수의 입력 및 출력인수들을 처리할 수 있으며 다른 형태의 입력인수들을 처리하는 데에는 isnumeric, ischar 등과 같은 명령어들을 사용할 수 있다.

함수 M-파일이 수행되면 함수 nargin과 nargout은 각각 명령어 라인에서 지정된 입력 및 출력 인수들의 수를 제시한다. nargin의 사용을 예시하기 위해 두 개나 세 개의 입력을 더하여 주는 다음의 M-파일 add.m을 고려하여 보자.

```
function s = add(x, y, z)
if nargin < 2
   error('적어도 두 개의 입력인수들이 필요함.')
end
if nargin == 2
   s = x + y;
else
   s = x + y + z;
end
```

먼저 M-파일은 입력인수들이 두 개보다 적게 주어졌는지를 조사한 다음 실제로 그렇다면 오류 메시지를 보내고 실행을 중단한다. (error 및 관련내용을 보려면 다음 절을 참조한다.) MATLAB은 M-파일의 첫 번째 줄에 지정된 것보다 더 많은 인수들이 있는지를 자동적으로 검사하므로 이를 M-파일에서 다시 검사할 필요는 없다. 위의 M-파일에서 두 번째 if 문에 다다르면 두 개나 세 개의 입력인수들이 있음을 알고 있다; if 문은 어느 경우든 적절한 과정을 선택한다. 예를 들어 명령어 라인에서 add(4,5)를 입력한다면 M-파일 내에서 x는 4로, y는 5로 설정되며 z는 정의되지 않은 채로 남아있다; 따라서 z가 정의되지 않은 경우에 z를 인용하는 것을 피하기 위해 nargin을 사용하는 것이 중요하다.

add.m에 더 많은 수의 가능한 입력을 허용하기 위해서 M-파일의 첫 번째 줄에 추가의 인수들을 덧붙일 수 있으며 nargin에 대한 더 많은 경우들을 추가할 수 있다. 이를 더 잘 행할 수 있는 방법은 특별하게 이름 붙여진 입력인수 varargin을 이용하는 것이다.

```
function s = add(varargin)
s = sum([varargin{:}]);
```

이 예에서 모든 입력인수들은 *셀 배열* varargin에 할당된다. varargin{:}은 콤마로 구분되는 입력인수들의 목록을 구성한다. 위의 보기에서는 이 목록을 대괄호로 둘러싸서 하나의 벡터로 전환시킴으로써 sum에 적절한 입력형태를 구성하고 있다.

위의 M-파일에서는 입력인수들이 수치값을 가질 것으로 가정하고 있으며 그렇지 않을 경우에도 이들을 더하려고 할 것이다. 어떤 경우들에서는 이는 바람직; 예를 들면 위의 두 M-파일들은 수치입력과 기호입력의 혼합된 형태를 올바르게 더할 것이다. 그러나 입력인수들 가운데 일부가 문자열이라면 결과는 사실상 의미가 없는 수치값이거나 이해하기가 어려운 오류 메시지가 나타날 것이다. MATLAB은 M-파일이 서로 다른 형태의 입력인수들을 서로 다르게 처리하도록 - 다른 계산을 수행하거나 입력이 기대하는 것과 다른 형태라면 도움이 될 만한 오류 메시지를 생성 - 하기 위해 사용할 수 있는 다수의 테스트 함수들을 지니고 있다. 이러한 테스트 함수들 가운데 일부이 목록을 보려면 *용어해설*의 *프로그램 명령어* 절에 있는 is로 시작하는 명령어들을 살펴본다.

예로서 M-파일 add.m에서 isnumeric을 사용하여 입력가운데 어떤 것이 수치값을 갖지 않으면 오류 메시지가 나타나도록 하여보자.

```
function s = add(varargin)
if ~isnumeric([varargin{:}])
   error('입력들은 부동 소수점 수이어야 한다.')
end
s = sum([varargin{:}]);
```

함수 M-파일이 다수의 출력인수들을 허용하는 경우 함수가 호출될 때 보다 적은 출력인수들이 지정되면 나머지 출력들은 단순히 할당되지 않는다. 명령어 라인에서 출력인수들이 명시적으로 지정되지 않으면 하나의 출력이 반환되어 변수 ans에 할당됨을 상기하자. 예를 들어 극좌표에서 직교좌표로 바꾸어주는 다음과 같은 M-파일 rectangular.m을 고려하여 보기로 한다.

```
function [x, y] = rectangular(r, theta)
x = r.*cos(theta);
y = r.*sin(theta);
```

명령어 라인에서 [x, y] = rectangular(2, 1)을 입력하면 극좌표가 (2, 1)인 점의 직교좌표를 변수 x와 y에 저장한다. 그러나 rectangular(2, 1)만 입력하면 x 좌표만 답으로 나타날 것이다. rectangular.m에 대한 다음과 같은 수정은 이 경우의 출력을 두 좌표를 포함하는 복소수 x+iy로 조정하여 준다.

```
function [x, y] = rectangular(r, theta)
x = r.*cos(theta);
y = r.*sin(theta);
if nargout < 2
   x = x + i*y;
end
```

추가의 정보와 보기들을 보려면 varargout에 대한 온라인 도움말과 위에서 언급한 함수들을 살펴본다.

수행과 함수 핸들

명령어 eval은 문자열로 저장된 명령어를 마치 명령어 라인에서 그 문자열을 입력한 것처럼 수행할 수 있게 하여 준다. 예를 들어 eval('cos(1)')을 입력하면 cos(1)을 입력한 경우와 동일한 결과가 나타날 것이다. 수행하고자 하는 전체 명령어가 문자열 str에 포함되어 있다면 eval(str)에 의하여 이를 수행할 수 있다. 일반적으로 eval은 M-파일에서 그 이름이 입력이나 루프 변수에 따라 좌우되는 명령어를 수행하거나 그러한 변수의 정의에 사용된다: help eval을 입력하여 보기들을 살펴보라.

eval의 다른 유용한 속성은 두 입력 문자열이 있는 경우 첫 번째 명령어를 시도할 것이며 이로부터 오류가 발생한다면 두 번째 명령어를 대신 시도할 것이라는 속성이다. 이러한 형태의 eval은 익명함수에 대한 입력들의 수에 약간의 유연성을 허용하여 준다. 다음과 같은 명령어는 위에서의 add.m과 같이 두 개나 세 개의 입력인수들을 더하여 주는 익명함수를 생성한다:

```
>> add = @(x, y, z) eval('x + y + z', 'x + y')
```

✔ 명령어 deal을 이용하여 다수의 출력을 갖는 익명함수를 만들 수도 있다. 예를

들어

```
>> rectangular = @(r,theta) deal(r.*cos(theta), r.*sin(theta))
```

을 입력하면 위의 rectangular.m에서와 같이 한 쌍의 극좌표를 한 쌍의 직교좌표로 전환시켜 주는 함수가 생성된다. 유일한 차이점은 사용자가 하나의 출력인수만을 지정하는 경우 이 함수는 오류 메시지를 나타낼 것이라는 점이다. 한 개나 두 개의 출력인수를 허용하려면 위의 보기에서와 같이 두 입력 형태의 eval을 사용할 수 있다; 자세한 사항은 여러분에게 실습문제로 남겨두고자 한다.

제 4장에서는 MATLAB® 6에서 도입된 함수 핸들을 언급한 바 있다. 비록 후향 호환성을 위하여 많은 함수들이 함수 이름을 문자열로 입력하는 것도 허용하고 있지만 함수 핸들은 어떤 함수를 다른 함수로의 입력인수(fzero나 quadl에서와 같이)로 지정하는 데 있어서 이제 선호되는 방법이다. MATLAB® 7에서부터 함수 핸들은 또한 다른 함수를 입력하는 함수 M-파일의 작성을 간단하게 하여준다. 예를 들면 다음의 M-파일 iterate.m은 함수 핸들(혹은 인라인 함수)과 초기값을 입력하여 지정된 횟수만큼 그 함수를 반복 계산한다.

```
function final = iterate(func, init, num)
final = init;
for k = 1:num
    final = func(final);
end
```

내장함수나 함수 M-파일의 이름 앞에 @ 기호를 두는 것은 그 함수에 대한 핸들을 만드는 것임을 상기하자. 따라서 iterate(@cos, 1, 2)는 cos(cos(1))의 수치값을 계산하며 iterate(@cos, 1, 100)은 cos(x) = x인 실수 x에 대한 근사를 제시하여 준다. (이에 대해서 한번 생각해 보라!)

```
>> iterate(@cos, 1, 2)
ans =
    0.8576
>> iterate(@cos, 1, 100)
ans =
    0.7391
```

아울러 익명함수 역시 함수 핸들임을 상기하자. 따라서 iterate(@(x) 3.9*x*(1-x), 0.5, 100)은 x=0.5에서 시작하여 "로지스틱 맵" $f(x)=3.9x(1-x)$를 100번 반복 계산한다.

```
>> iterate(@(x) 3.9*x*(1-x), 0.5, 100)
ans =
   0.9546
```

☞ *로지스틱 맵에 대한 더 자세한 내용은 응용 장의* 개체 동특성*을 참조한다.*

✔ MATLAB® 6 이전 버전들에서는 iterate.m과 같은 함수 M-파일에서 명령어 feval을 사용해야 한다. 특히 M-파일에서 명령어 final = func(final)을 final = feval(func, final)로 대체시켜야 한다. feval을 사용하는 중에 입력함수는 함수 핸들이나 인라인 함수와 마찬가지로 문자열로 지정된다. 예를 들면 feval('atan2', 1, 0)이나 feval(@atan2, 1, 0)을 입력하는 것은 atan2(1, 0)을 입력하는 것과 대등하다.

프로그램에 유용한 익명함수들의 다른 속성은 그 정의에 변수로 저장된 파라미터를 포함할 수 있다는 점이다. (인라인 함수는 여기에 해당되지 않는다.) 다음 명령어를 고려하여 보자:

```
>> c = 3; f = @(x) c*x; f(2)
ans =
     6
```

f가 정의될 때 c의 값은 f에 조합되며 이후에 c를 변경시켜도 f는 영향을 받지 않는다:

```
>> c = 5; f(2)
ans =
     6
```

이 속성은 M-파일에서 입력 파라미터에 따라 좌우되는 익명함수의 정의에 사용될 수 있다. 다른 사용의 예는 루프에서 파라미터를 변화시키는 것이다. 예를 들면 다음 루프는 그림 3.1의 곡선들을 재생시켜줄 것이다:

```
>> for c = 1:3
```

```
ezplot(@(x) sin(c*x), [0 2*pi])
hold on
end
```

사용자 입력과 스크린 출력

앞 절에서 우리는 error를 이용하여 메시지를 스크린에 출력하고 M-파일의 수행을 중단하였다. disp나 warning을 이용하여 M-파일의 수행을 중단하지 않고도 스크린에 메시지를 보여줄 수 있다. M-파일이 그 결과의 신뢰도에는 영향을 미칠 수 있지만 반드시 심각한 것은 아닌 문제를 검지할 때 warning이 경고 메시지를 보내는 데에 사용되도록 의도된 것이라는 사실은 놀랄만한 것은 아니다. 명령어 warning off를 사용하여 명령어 프롬프트나 M-파일 내에서 경고 메시지를 억제시킬 수 있다. 경고 메시지를 다루기 위한 몇 가지 다른 옵션들이 있다: 자세한 내용은 help warning으로부터 살펴본다.

제 4장에서 우리는 disp를 사용하여 "ans =" 라인을 프린트하지 않고 명령어의 출력을 나타내었다. M-파일이 수행중일 때 정보를 담은 메시지를 스크린 상에 나타내거나 동일한 라인상에 수치 출력과 메시지를 조합하여 보여줄 때에도 disp를 이용할 수 있다. 예를 들면 다음 명령어는 x를 4와 같게 설정한 다음 "답은 4이다"를 프린트하여 준다:

```
>> x = 2+2; disp(['답은 ', num2str(x), '이다.'])
답은 4이다.
```

MATLAB®은 또한 M-파일을 수행하는 사용자로부터 입력을 요청하는 몇 가지 명령어들을 지니고 있다. 제 3장의 끝부분에서 우리는 이들 가운데 pause, keyboard, 그리고 input의 세 가지를 논의하였다. 간단히 말하면 pause는 사용자가 하나의 키를 칠 때까지 M-파일의 수행을 멈추어 주며 keyboard는 수행을 멈춤과 아울러 통상적인 명령어 입력과 유사하게 사용될 수 있는 프롬프트를 제시하는데 return을 입력하면 M-파일의 수행이 계속된다. input은 메시지를 보여주고 한 줄에서 사용자가 프로그램에 대한 입력을 넣을 수 있게 하여 준다. 예를 들면 어느 정도의 정확성이 충족될 때까지 답에 대한 연속적인 근사가 이루어지는 프로그램에서 다수의 단계들이 취해진 후에 수행되는 다음과 같은 라인들을 추가할 수 있다.

```
answer = input(['알고리듬은 천천히 수렴하고 있습니다; ', ...
    '계속하시겠습니까 (yes/no)? '], 's');
if ~isequal(answer, 'yes')
```

```
    return
end
```

여기에서 input에 대한 두 번째 인수 's'는 사용자가 입력한 답을 실행하는 것이 아니고 이를 변수 answer에 문자열로 할당할 것을 MATLAB에 지시하고 있다. ==은 길이가 같은 배열(이 경우는 문자열)들의 비교에만 사용될 수 있으므로 isequal을 이용하여 답을 문자열 'yes'와 비교하고 있다. 이 경우는 사용자가 yes 이외의 다른 것을 입력하면 M-파일이 중지되는 것으로 하였다. 다른 방법으로서 첫 번째 글자인 answer(1)을 'y'와 비교하여 그 답이 'no'인 경우에만 중지하도록 하는 방법 등이 있다.

그림창이 열려있는 경우 ginput을 이용하여 사용자가 마우스로 선택한 점의 좌표를 얻을 수 있다. 예를 들면 다음 M-파일은 사용자가 클릭하는 "X"를 프린트하여 준다.

```
function xmarksthespot
if isempty(get(0, 'CurrentFigure'))
    error('No current figure.')
end
flag = ~ishold;
if flag
    hold on
end
disp('X를 나타내고 싶은 위치를 클릭하시오.')
[x, y] = ginput(1);
plot(x, y, 'xk')
if flag
    hold off
end
```

M-파일은 먼저 현재 그림창이 있는지의 여부를 조사한다. 만일 있다면 hold off가 유효한 경우 변수 flag를 1로 설정하고 hold on이 유효하다면 0으로 설정한다. 그 이유는 그림을 지우지 않고 "X"를 나타내기 위해서는 hold on이 유효할 필요가 있기 때문이다. 그러나 이후에 우리는 그림창을 M-파일이 수행되기 이전의 상태 그대로 되돌려놓기를 원한다. 그러면 M-파일은 사용자가 무엇을 할 것인지를 알려주는 메시지를 보여주고 ginput(1)으로 선택된 점의 좌표를 취하여 그 좌표에서 검은 "X"를 도시한다. ginput에 대한 인수 1은 점 하나의 좌표를 취할 것을 의미한다; 입력인수가 없이 ginput을 사용하면 몇 개 점들의 좌표를 모을 것이며 사용자가 ENTER 키를 칠 때만 멈춘다.

☞ *제 9장에서 우리는 보다 정교한 사용자 접속을 허용하기 위해 MATLAB 안에서 그래픽 사용자 접속기(GUI)를 생성하는 방법을 다룰 것이다.*

디버깅

제 3장에서 우리는 약간의 초보적인 디버깅 과정들을 논의하였다. 한 가지 제안은 M-파일에서 이를 테면 오류가 발생하는 줄 바로 앞에 명령어 keyboard를 삽입하여 그 위치까지의 수행에 대한 M-파일의 작업공간을 조사할 수 있도록 하는 것이다. 이러한 유형의 디버깅을 수행하기 위한 보다 효율적이고 유연한 방법은 dbstop 및 관련 명령어들을 사용하는 것이다. dbstop을 이용하여 M-파일에 예를 들어 어느 특정 번호의 라인이나 오류가 발생하는 곳이면 어디에서나 여러 방법으로 *정지점*을 설정할 수 있다. 가능한 옵션들을 보려면 help dbstop을 입력한다.

정지점에 다다르면 마치 M-파일에서 정지점에 keyboard가 삽입된 것과 마찬가지로 글자 K로 시작하는 프롬프트가 명령어 창에 나타날 것이다. 나아가 정지점의 위치는 편집기/디버거(이는 이미 M-파일을 편집하고 있지 않다면 자동적으로 열린다)에서 화살표로 강조된다. 이 점에서 명령어 창을 조사함으로써 M-파일에서 사용되는 변수들을 살펴보고 dbstop으로 다른 정지점을 설정하며 dbclear로 정지점을 해제할 수 있다. M-파일의 수행을 계속할 준비가 되어 있다면 dbcont를 입력하여 계속하거나 dbstep을 입력하여 파일을 한 줄씩 수행해 나갈 수 있다. 또한 dbquit을 입력하여 M-파일의 수행을 중지하고 통상적인 명령어 프롬프트로 즉시 되돌아올 수 있다.

☞ *아울러 이 절에서 언급된 모든 명령어 라인 함수들을 편집기/디버거 창에서 마우스 및 키보드 단축키로 수행할 수도 있다. 추가의 디버깅 명령어들과 편집기/디버거 속성들을 알아보려면 제 11장의* 디버깅 기법 *절을 살펴본다.*

☆운영 시스템과의 접속

☞ *이 절은 다소 고급이다. 첫 번째 읽을 때에는 다음 장으로 건너뛸 수 있다.*

외부 프로그램의 호출

MATLAB®에서는 명령어 라인으로부터 사용자 컴퓨터에 있는 다른 프로그램을 수행하는 것이 가능하다. 예를 들면 별도의 창을 열지 않고 명령어 창에서 직접 유닉스나 도스 파일처리 명령어들을 편리하게 입력할 수 있다. 혹은 Fortran이나 C와 같은 언어로 작성된 프로그램의 출력을 MATLAB을 이용하여 그래프로 나타낼 수 있다. 마지막으로 대규모 계산의 경우 다른 프로그램 언어로 작성된 루틴들을 MATLAB으로 만든 루틴들과 결합시킬 수 있다.

외부 프로그램을 수행하는 가장 간단한 방법은 라인의 시작에서 감탄부호(!)를 타이프하고 이어서 수행하고자 하는 운영 시스템 명령어를 입력하는 것이다. 예를 들어 윈도우즈 시스템에서 !dir을 타이프하거나 유닉스 시스템에서 !ls -1을 타이프하면 현재의 작업 디렉토리에 있는 파일들의 목록을 MATLAB 명령어 dir보다 더 자세하게 생성하여 줄 것이다. 제 3장에서는 유닉스나 도스 프롬프트에서의 유사한 명령어들을 흉내내는 dir 및 cd, delete, pwd, 그리고 type들과 같은 MATLAB 명령어들을 살펴보았다. 그러나 (파일의 이름을 다시 붙이는 것과 같은) 어떤 조작의 경우 운영 시스템의 적절한 명령어를 수행할 필요가 있을 수도 있다.

✔ M-파일에서 윈도우즈나 유닉스 시스템 상에서 수행하고자 하는 운영 시스템 접속기를 사용하고 싶다면 테스트 함수 ispc 및 isunix를 이용하여 이를테면 if isunix; ...; else; ...; end와 같이 각 형태의 시스템에 대한 적절한 명령어들을 정해야 한다. 서로 다른 버전의 유닉스(리눅스, 솔라리스 등)들을 구분할 필요가 있다면 isunix 대신 computer를 사용할 수 있다.

!로 시작하는 운영 시스템 명령어로부터의 출력은 스크린 상에만 나타날 수 있다. 운영 시스템 명령어의 출력을 변수에 할당하고 싶다면 dos나 unix를 사용해야 한다. 각각은 해당되는 운영 시스템에 대해서만 작용하도록 되어 있지만 현재 버전의 MATLAB에서는 교환적으로 작용이 가능하다. 예를 들어 [stat, data] = dos('myprog 0.5 1000')을 입력하면 프로그램 myprog는 명령어 라인 인수 0.5와 1000으로 수행될 것이며 그 "표준 출력"은 (보통 스크린 상에 나타날 것이지만) 변수 data에 문자열로 저장될 것이다. (변수 stat는 수행하는 프로그램의 최종 상태를 포함할 것이며 프로그램이 오류 없이 수행된다면 대개 0이 된다.) 만일 프로그램의 출력이 숫자들로만 구성된다면 str2num(data)은 이 수들을 포함하는 행 벡터를 제시할 것이다. 또한 sscanf를 이용하여 문자열 data로부터 숫자들을 끌어낼 수 있다; 자세한 사항은 help sscanf를 참조한다.

⇨ **!, dos, 혹은 unix로 수행하는 프로그램은 현재의 디렉토리, 혹은 수행 가능한 파일들에 대한 사용자의 시스템 탐색경로 어딘가에 있어야 한다; MATLAB 경로는 탐색되지 않을 것이다.**

✔ MATLAB®은 또한 C, Fortran, 그리고 Java 프로그램과의 보다 정교한 접속을 허용하고 있지만 그 내용들은 이 책의 범위를 벗어난다. 자세한 사항은 도움말 탐색기의 외부 접속기 부분을 살펴본다.

파일 입력과 출력

제 3장에서는 작업공간과 디스크 파일 사이에서 변수들을 전달하기 위해 save와 load를 사용하는 방법을 다루었다. 기본적으로 변수들은 MATLAB 자체의 2진 포맷으로 쓰여지고 읽혀지는데 이는 파일 확장자 .mat로 표시되어 있다.

➪ **MATLAB® 7은 이전 버전의 MATLAB에서는 읽을 수 없는 새로운 2진 포맷을 사용하고 있다. 이전 것들과 호환 가능한 포맷으로 저장하려면 save 명령어에서 파일 이름 뒤에 -v6를 붙여준다.**

텍스트 파일을 읽거나 쓸 수도 있는데 이는 다른 프로그램들과 데이터를 공유하는 데에 유용할 수 있다. save와 함께 파일 이름 뒤에 -ascii를 붙여주면 숫자들을 8자리까지 반올림된 텍스트로 저장하거나 -ascii -double을 붙여주어서 16자리까지의 정확도로 저장할 수 있다. load를 이용하는 경우 파일이름 끝에 .mat가 없다면 data는 텍스트 포맷으로 간주된다. 이는 이전에 외부 프로그램을 수행하고 그 결과를 어떤 파일에 저장하였을 경우 dos나 unix를 통하여 데이터를 취하는 다른 방법을 제공하여 준다.

✔ 버전 6으로 시작하여 MATLAB® 6은 또한 다른 포맷의 파일로부터 데이터를 읽어들이기 위하여 *불러오기 마법사*로 불리는 대화식 도구를 제공한다; 이를 시작하려면 uiimport(선택적으로 파일 이름이 뒤따른다)를 입력하고 File:Import Data...를 선택하거나 현 디렉토리 검색기에서 파일 이름을 마우스 오른쪽 버튼으로 클릭하여 Import Data...을 선택한다. uiimport를 이용하면 시스템 클립보드에 절단하여 복사해 둔 데이터를 불러올 수도 있다.

파일 입력 및 출력에 대한 더 많은 제어를 위해서는 fopen, fprintf, 그리고 이와 관련되는 명령어들을 사용할 수 있다. help iofun을 입력하여 입력과 출력 함수들에 대한 개요를 살펴보자.

제 7 장
출판과 M-북

MATLAB®은 선형대수, 수치적 방법, 그리고 데이터의 그래프 해석에 있어서 특히 강점을 지니고 있다. MATLAB은 쉽게 프로그램할 수 있으며 사용법을 익히기가 비교적 쉽다. 따라서 MATLAB이 탁월한 성능을 발휘하는 과학적 기법 및 방법들에 의존하는 엔지니어와 과학자들에게 MATLAB은 매우 중요한 것임이 입증되었다. 아주 흔히 MATLAB을 위와 같이 이용하는 개인이나 그룹들은 주로 MATLAB 명령어나 과정 및 프로그램으로부터 얻어지는 숫자나 그래프들에 관심을 지니고 있다. 따라서 그들의 경우 MATLAB 명령어 창에서 작업하는 것으로 충분하며 이로부터 원하는 결과를 손쉽게 프린트하거나 보낼 수 있다.

그러나 수학용 소프트웨이를 운용하는 다른 실무사들은 두 가지의 추가적인 요구사항들을 지니고 있다. 첫째 그들은 결과를 변경하고 재생시키기가 수월한 대화식 환경과 조합된 수학적 소프트웨어 패키지를 필요로 한다. 두 번째로 그들은 계산과 그래픽을 텍스트와 조합하며 입력과 출력에 대하여 서로 다른 포맷을 이용하고 다른 응용 소프트웨어들과 쉽게 소통할 수 있는 고급 발표 모드를 필요로 한다. 이러한 추가적인 요구사항들은 셀 및 publish 명령어나 혹은 *M-북* 접속기를 통하여 가능하며 이들 두 경우는 모두 제 3장에서 간략하게 소개되었다. 여기에서는 이 방법들의 세부적인 사항에 대하여 좀 더 자세히 논의하여 보고자 한다.

출판의 세부 사항

제 3장에서 언급한 바와 같이 MATLAB을 이용하여 완성된 발표물을 생성하는 가장 간단한 방법은 스크립트 M-북으로 발표물을 준비한 다음 그 결과를 publish를 이용하여 출판하는 것이다. 이를 효율적으로 수행하기 위해 먼저 편집기/디버거에서 "셀 모드를 활성화"시켰는지 확인하여 사용자의 M-파일의 셀 구조가 즉시 보일 수 있도록 해야 한

다. 작업 결과를 웹 페이지에 보일 예정이거나 단순히 프린트하려 한다면 HTML(웹 페이지의 포맷 언어로서 "하이퍼텍스트 작성 언어"를 의미한다)로 출판하는 것이 최선이다. MATLAB에는 내장된 웹 검색기(이는 명령어 web으로 쉽게 접속할 수 있다)가 있어서 MATLAB이 M-파일의 컴파일링을 마치자마자 출판된 M-파일을 보여준다. 다음에 검색기 창에서 직접 결과를 프린트하거나 출판된 M-파일을 사용자의 웹 서버에 복사할 수 있다. MATLAB은 출판된 M-파일의 html 코드를 M-파일에 의하여 생성된 모든 그래픽(보통 png 포맷)들과 함께 html로 명명된 폴더에 저장하므로 출판된 파일을 복사한다면 이에 수반되는 모든 그래픽 파일들을 복사하는 것을 잊지 않아야 한다. MATLAB을 사용하여 발표를 위한 슬라이드를 만들고 있다면 publish를 통하여 파워포인트 파일(확장자가 .ppt이다)로 출판하는 것이 더 좋다.

멋지게 포맷된 출판된 M-파일을 생성하려면 제 3장의 *M-파일 출판하기* 절에서 하나의 셀로부터의 모든 출력은 함께 나타나며 이어서 그 셀로부터 MATLAB 명령어들이 뒤따른다는 사실을 상기하자. 따라서 코멘트와 계산들을 산재해 두고 싶다면 여러분의 작업을 다수의 셀로 나누는 것이 필요하다. 코멘트들은 셀의 처음에 나타날 때에만 포맷될 것이므로 작업 결과를 새로운 셀(즉 %%로 줄이 시작되며 그 뒤에 빈 칸 및 셀 타이틀이 이어질 수도 있다), 다음에 코멘트, 그 다음에는 MATLAB 코드의 순서로 배열할 필요가 있다. 간단한 예로서 연습문제 B의 문제 5(5)에 대하여 출판된 풀이를 생성한 코드는 다음과 같다:

```
%% (5)
limit(sin(1/x), x, 0, 'right')

%%
% 이는 -1과 +1 사이의 구간에 존재하는 모든 실수는 x가 0으로 감에 따라
% sin(1/x)의 "극한점"임을 의미한다. 구간 [0, 1] 상에 sin(1/x)의
% 그래프를 그려보면 그 이유를 알 수 있다
ezplot(sin(1/x), [0 1])
```

때로는 위의 보기에 나타나는 것 이상의 특수한 포맷을 필요로 할 수도 있다. 예를 들면 사용자가 출판한 M-파일에 보통의 텍스트로는 나타내기가 쉽지 않은 수학적 기호들을 포함하는 식을 포함하고자 할 수도 있다. 이 경우 식을 TEX로 타이프설정하고 편집기/디버거의 위쪽 메뉴항목으로부터 Cell:Insert Text Markup:TeX Equation을 이용하여 이를 삽입한다. 여러분이 TEX에 익숙하지 않은 경우 염두에 두어야 할 몇 가지는 백슬래쉬(\)로 시작하는 글자 이름을 타이프함으로써 그리스 문자를 생성할 수 있으며 아래 첨자와 위 첨자들은 각각 밑줄(_)과 삽입기호(^)로 만들 수 있다는 점이

다. 그룹 만들기는 중괄호({ })를 이용한다. 수학적 기호는 백슬래쉬(\)로 시작하는 이름(대개 그 자체로 알 수 있다)을 갖는데 예를 들면 곱셈 기호는 \times로, 그리고 더하기 기호는 \sum으로 나타낸다. 다음은 포맷된 텍스트를 포함하여 출판하기에 적절한 M-파일 aboutbessel.m의 간단한 예이다:

```
%% Bessel 함수에 대한 간단한 M-파일
% *Bessel 함수* J_n(x)는 여러 가지 방법으로 정의될 수 있다.
%
% * 예를 들면 정수 |n|에 대하여 J_n(x)는 수열 팽창으로 정의될 수 있다.
%
% $$ e^{z(t-1/t)/2} = \sum_{n=-\infty}^\infty t^n J_n(z). $$
%
% * 두 번째로 J_n(x)는 다음의 해로 정의될 수 있다.
%
% 이는 x=0에서 비특이이며 정규화 조건을 만족한다.
%%
% 다음은 일부 Bessel 함수들의 그래프이다:
x = 0:0.05:10;
for n = 0:5
   plot(x, besselj(n, x)), hold on
end, hold off
```

위의 보기에서 % * 로 시작하는 줄은 단락으로 된 목록을 생성하며 글자 n 앞뒤의 수직 막대는 이 단어를 Roman이 아닌 단일간격 형식으로 설정해야 함을 MATLAB에게 지시하여 주고 "Bessel 함수" 앞뒤의 * 기호는 이 단어들을 굵은 체로 설정하라는 지시이다. 위의 보기를 LATEX로 출판한다면 식에 대한 TEX 코드는 조합된 축어가 될 것이다. 이를 html로 출판한다면 MATLAB은 각각의 식을 TEX로 설정하고 결과를 그래프 파일로 저장하며 그래픽 파일을 웹 페이지로 잘라 붙인다.

이전에 암시했던 바와 같이 명령어 publish는 스크립트 M-파일에 대해서만 작용하며 함수 M-파일에는 작용하지 않는다. 함수 M-파일을 필요로 하는 계산을 수행하고 이를 출판하고자 한다면 출판가능한 스크립트 M-파일로부터 함수 M-파일을 호출하고 후에 다음을 포함시킬 수 있다:

```
type <function M-file>
```

위에서 <function M-file>은 M-파일 이름으로 대체시켜야 한다. 이렇게 하면 함수 M-파일의 텍스트가 출판되는 출력에 확실히 나타날 것이다. 출판되는 M-파일에서 위와 같은 기법의 예를 제 10장의 *열 방정식의 수치해*에서 볼 수 있다.

오류가 있는 M-파일을 출판하는 경우, 혹은 MATLAB오류 메시지를 생성하는 코드를 포함하는 M-파일을 출판하는 경우에 마주칠 수 있는 한 가지 문제가 발생한다. (예를 들면 연습 B의 문제 6(3)에 대한 풀이를 참조한다.) 보통 publish 명령어는 오류를 대하는 순간 종료되며 M-파일의 나머지를 수행하지 않음을 알게 될 것이다. 이를 피하는 한 가지 방법은 사용자가 필요로 하는 옵션들을 갖는 구조체를 생성함으로써 이러한 옵션으로 출판하도록 하는 것이다. (제 6장의 *셀과 구조배열*을 참조하라.) 예를 들면 연습 B에 대한 M-파일의 출판된 해는 다음의 MATLAB 코드로 생성된 것이다:

```
>> options = struct;
>> options.format = 'latex';
>> options.stopOnError = logical(false);
>> publish('ExBsols', options)
```

다른 미묘한 점은 출판되는 M-파일에서 그래픽이나 텍스트의 기본 크기는 사용자가 의도하는 바에 비하여 너무 적거나 너무 크다는 사실이다. 기본적인 그림 크기는 (데스크탑 툴바에서) File:Preferences... Editor/Debugger: Publishing Images로 가서 File: Preferences... Editor/Debugger: Publishing에서 기본 스타일을 변경시켜 바꿀 수 있다.

사용자가 LATEX로 출판할 경우 일어나는 일에 대한 한 가지 더 미묘한 문제를 언급하는 것으로 이 절을 마치고자 한다. 출력 LATEX 코드와 그래픽 파일들(이번에는 eps 포맷이다)은 html 폴더에 저장된다. tex 파일에 대하여 바로 latex를 수행할 수 있거나 이를 다른 LATEX 파일로 잘라 붙일 수 있다. 후자의 경우 처음 시작부분에서

```
\documentclass{article}
\egin{document}
```

들을 제거하고 끝 부분에서

```
\end{document}
```

를 제거한 다음

```
\usepackage{graphicx}
\usepackage{color}
```

들을 코드를 잘라 붙이는 문서의 머리말로 이동시켜야 한다(위의 문장들이 이미 그곳에 존재하지 않는 경우에 이를 수행하는데 이 경우 추가의 복사분을 없애야 한다).

M-북에 대하여 더 알아보기

M-북 접속기를 이용하면 윈도우즈 사용자는 MATLAB 명령어 창 대신에 특정 마이크로소프트 워드 문서로부터 MATLAB을 운용할 수 있다. 이 모드에서 사용자는 워드가 전면에서 수행되고 MATLAB이 *자동 서버*로서 뒤에서 수행되는 것으로 생각하여야 한다. 사용자가 워드 문서로 입력하는 라인들은 뒤의 MATLAB 서버로 전달되며 그곳에서 수행되고 출력은 워드로 반환되며 입력과 출력 모두는 자동적으로 포맷된다. 문서를 사용자가 통상적으로 워드처리 문서를 편집하는 것처럼 편집할 수 있다는 측면에서 살아있는 문서를 얻는 셈이다. 그러므로 조정이 필요한 입력들을 다시 찾아서 이들을 변경하고 다시 수행할 수 있다 – 그 뒤에는 이전의 출력은 자동적으로 새로운 출력으로 덧씌여진다. MATLAB 그래픽 명령어들로부터 얻은 그래픽 출력은 워드 문서에서 이를 생성한 명령어 바로 뒤에 나타난다. 잘못된 입력과 출력은 쉽게 삭제되어 사용자가 워드 프로세서에서 행하는 것보다 더 복잡하지 않은 방법으로 향상된 포맷이 이루어질 수 있으며 결과적으로 사용자의 MATLAB 작업결과는 쉽게 읽을 수 있고 보기 좋아지게 되며 고두의 정보를 제공하는 문서가 될 수 있다. 물론 출력을 편집함으로써 "속일" 수도 있다 – 다음에서 M-북의 강점과 함정들을 논의할 것이다.

☞ *우리는 여기에서 M-북이 사용자의 컴퓨터에서 활성화되어있는 것으로 가정하고 있다. 그렇지 않다면, 혹은 사라진 파일* m-book.dot*에 대한 오류 메시지를 대한다면 제 3장의* M-북*에 대한 절로 되돌아가서 이 문제를 어떻게 수정할 것인지에 대한 지침을 얻는다.*

M-북 접속기를 시작하는 가장 보편적인 방법은 명령어 창 프롬프트에서 notebook를 입력하는 것이다. 혹은 기존의 M-북을 열고자 하는 경우

```
>> notebook <M-book>
```

에서 <M-book>을 보통 .doc로 끝나는 M-북 이름으로 대체하여 입력한다.

✔ 다른, 그리고 어떤 시스템(특히 네트워킹된 시스템)에서 선호되는 시작방법은

먼저 이전에 저장된 M-북을 여는 것이다 – 이는 워드에서 File:Open...을 이용하여 직접 수행하거나 윈도우즈 탐색기에서 파일 이름을 더블 클릭함으로써 가능하다. 워드는 문서가 M-북임을 인식하고 (이미 수행되고 있지 않다면) 자동적으로 MATLAB을 시작한다. 주의할 점은 한 가지 버전 이상의 MATLAB이 설치되어 있다면 워드는 가장 나중에 설치한 버전을 시작할 것이라는 점이다. 이를 수정하려면 M-북을 열기 *전에* 원하는 버전의 MATLAB을 먼저 연다.

이제 통상적인 방법으로 M-북에 입력할 수 있다. MATLAB 자동화 서버는 Notebook 메뉴의 항목들에 접속하거나 CTRL+ENTER를 누름으로써 활성화될 수 있다. 여기에서 명령어들은 정상적인 MATLAB 명령어 창 안에서보다 약간 더 느리게 수행됨을 알게 되었을 것이다. 이는 MATLAB과 워드 사이에서 전후로 오가는 정보의 양을 고려한다면 놀랄만한 일은 아니다.

✔ 새로운 M-북을 시작하려면 메뉴 바에서 File:New M-book을 클릭하거나 File:New...를 선택한 다음 m-book.dot을 클릭한다.

✔ 메뉴 바의 Help 항목은 워드 도움말이며 MATLAB 도움말이 아님을 유의하자. MATLAB 도움말에 접속하려면 help나 doc(물론 CTRL+ENTER도 적용된다)를 입력하거나 MATLAB 명령어 창을 전면으로 오게 한 다음 (아래를 참조) 통상적인 방법으로 MATLAB 도움말을 이용한다.

Notebook 메뉴 항목

다음에 Notebook 메뉴의 항목들을 조사하여 보자. 먼저 Define Input Cell이 있다. 커서를 임의의 라인에 위치시키고 Define Input Cell을 선택하면 그 라인이 입력라인이 된다. 이를 수행하려면 CTRL+ENTER를 누르거나 Notebook 메뉴에서 Evaluate Cell을 선택해야 한다. 이 방법의 장점은 한 줄 이상을 포함하는 입력 셀을 생성할 수 있다는 점이다. 예를 들어

```
syms x y
factor(x^2 - y^2)
```

를 입력하고 (이 줄들 위에서 클릭하고 마우스를 끌어내려) 이들 두 줄을 선택한 다음 Define Input Cell을 선택한다. CTRL+ENTER를 누르면 두 줄들이 수행될 것이다.

대괄호, 혹은 셀 표시기를 보면 두 줄들은 하나의 입력 셀로 결합되었음을 알 수 있다. 메뉴의 Hide Cell Markers 항목은 셀 표시기를 감추어 줄 것이다; 사실 이 메뉴 항목은 표시기를 켜거나 끄는 스위치이다. 몇 개의 입력 셀들을 지니고 있다면 이들을 선택한 다음 Group Cells를 이용하여 하나의 입력 셀로 전환시킬 수 있다. 또한 Ungroup Cells를 이용하여 이들을 따로 떼어놓을 수 있다. 하나의 입력 셀을 클릭하고 Undefine Cells를 선택한다면 그 셀은 더 이상 입력 셀이 아니다; 이 셀의 포맷은 해당되는 출력 셀과 마찬가지로 기본적인 워드 포맷으로 되돌아간다. 출력 셀의 "정의를 포기"하면 그 포맷을 상실하지만 해당되는 입력 셀에는 변화가 없다.

사용자의 M-북의 일부를 선택(전체 m-북은 Edit:Select All을 이용한다)한 다음 Purge Selected Output Cells를 선택하면 선택된 모든 출력 셀들이 삭제될 것이다. 선택된 출력이 의존하는 일부 데이터를 변경하고 Evaluate Cell에 의하여 선택된 부분 전체를 다시 수행하고 싶을 경우 이 방법은 특히 유용하다. 어느 때건 Evaluate M-book을 선택하여 전체 M-북을 다시 수행할 수 있다. 여러분의 M-북에 루프가 포함되어 있다면 이를 선택하고 Evaluate loop를 이용하여 이를 수행할 수 있다. 이 경우 전체 루프가 하나의 입력 셀 내에 존재한다면 Evaluate Cell을 이용한다.

특히 복잡한 그래프들이 문서에 포함되는 경우 저장 공간을 절약하거나 문서를 다시 열 때 걸리는 시간을 절감하기 위해서 저장하기 전에 M-북으로부터 모든 출력을 제거하는 것이 때로는 편리하다. M-북을 열 때 자동적으로 수행되기를 원하는 입력 셀들이 있다면 이들을 선택한 다음 Define AutoInit Cell을 클릭한다. 그러면 그 셀들 안의 텍스트의 색깔은 초록에서 짙은 청색으로 바뀔 것이다. 이를테면 반복된 수행에 대한 것들과 같은 일련의 명령어들을 분리해 두고 싶다면 그 셀들을 선택하고 Notebook 메뉴로부터 Define Calc Zone을 선택하면 그 영역 안의 명령어들만이 (다시) 수행될 것이다.

마지막의 두 버튼들 또한 유용한 것들이다. Bring MATLAB to Front 버튼은 M-북 뒤에 감추어져 있던 MATLAB 명령어 창을 드러내어 준다. 예를 들어 help와 같은 어떤 명령어들은 M-북에 넣어두지 않고 명령어 창으로 직접 입력하기를 원할 수도 있다. 마지막으로 마지막 버튼 Notebook Options...는 수치 포맷을 설정하거나 그래픽 그림들의 크기를 정하는 것 등과 같이 여러분의 M-북을 요구에 따라 조정할 수 있도록 하는 패널을 불러준다.

M-북 그래픽

그래픽을 생성하여 주는 모든 MATLAB 명령어들은 M-북에서도 기능을 수행한다. 그래픽 명령어로 얻어진 그림은 그 명령어 바로 다음에 나타난다. 그러나 M-북에서 그래픽을 재조정하는 경우 새로운 옵션으로 명령어를 반복함으로써 그림들을 더 만드는 것보다는 그림들을 생성하는 입력 셀들을 수정하는 것이 더 바람직하다는 것을 알게 될 것이다. 그러므로 xlabel, ylabel, legend, title 등을 추가할 경우 대개는 이들을 그래픽 입력 셀에 추가시키고 다시 수행하는 것이 최선이다.

대부분의 경우 기본 옵션인 Notebook:Notebook Options...Embed Figures in M-Book을 이용하여 그림들이 M-북에 직접 나타나도록 함으로써 이들이 별도의 그림 창에 나타나는지의 여부에는 신경쓰지 않는 것이 바람직하다. 그러나 때로는 그래프를 마우스로 회전시키는 것과 같이 M-북과 함께 그림 창을 사용하고자 할 때가 있다. 명령어 창에서 figure를 입력하여 그림 창을 연다면 M-북으로부터의 그래픽들이 그림 창과 M-북 자체에 동시적으로 나타날 것이다.

마지막으로 앞에서 다루지 않은 Notebook 메뉴상의 유일한 버튼인 Toggle Graph Output for Cell 버튼에 대하여 언급하고자 한다. 그래픽 명령어를 포함하는 셀을 선택하고 이 버튼을 클릭한다면 이 명령어의 수행으로부터 아무런 그래픽 출력도 얻지 못할 것이다. 이는 다수의 명령어 라인들을 이용하여 하나의 그래픽을 얻고자 하는 경우 hold on과 결합하여 사용할 때 유용할 수 있다.

M-북의 효과적 사용을 위한 추가의 힌트

M-북에서 스크립트나 함수 M-파일을 수행하고 싶을 때가 있다. 이 M-파일들은 명령어 창에서와 마찬가지로 확실히 사용자의 MATLAB 경로에 위치하도록 해야 한다. 그러나 이 경우 M-북에서 M-파일들은 명령어 창에서와 똑같이 수행된다. 이 파일들의 이름을 타이프하고 CTRL+ENTER를 누름으로써 이들을 간단히 불러올 수 있다. 이 파일들이 생성하는 출력들은 중간 출력이건 최종 출력이건 간에 앞에서와 같이 결정된다. 특히 라인 끝부분의 세미콜론은 중요하다. 잘 작용하지 않는 한 가지는 명령어 more이다.

```
more on; help print
```

와 같은 간단한 명령어는 워드를 혼란시켜 방황하게 할 수 있다. 그러므로 MATLAB을 전면으로 불러와서 명령어 창에서 help 요구사항들을 입력한다.

M-북에서 잘 작동되지 않는 다른 표준적인 MATLAB 속성은 긴 명령어의 입력을 두 번째 줄까지 이어서 계속할 경우의 ...이다. 워드는 자동적으로 이들 세 개의 마침표들을 하나의 특수한 *생략부호*로 전환시키므로 MATLAB을 혼란시킨다. 이 어려움을 극복하는 데에는 두 가지 방법이 있다. 하나는 그저 계속 타이프하여 두고 워드가 통

상의 경우처럼 다음 행으로 넘어가도록 하는 것이다 - 명령어는 MATLAB으로 보내어질 경우 적절하게 해석될 것이다. 다른 방법은 세 점들을 생략부호로 전환시켜 주는 워드의 "자동 수정" 속성을 무력화시키는 것이다. 이를 가장 쉽게 하기 위해서는 세 점 뒤에서 CTRL+Z를 타이프하면 된다. 이와 달리 Tools:Auto Correct...를 열어 나타나는 설정을 바꾸어 주는 방법도 있다.

마지막 절에서 언급한 생략부호에 대한 어려움은 그러한 여러 가지 형태 가운데 하나에 불과하다. 워드가 수행하는 다양한 자동 포맷 기능들은 MATLAB을 정말 혼동시킬 수 있다. 특히 우리를 당황스럽게 만드는 것들 가운데 몇 가지를 들어보면 다음과 같다: 분수(1/2는 절반을 나타내는 하나의 문자인 ½로 전환된다); 행렬의 행들을 지정하는 데에 흔히 사용되는 구조는 워드가 "웃는 얼굴"표시로 전환시킨다; 그리고 대쉬(-)들을 MATLAB은 음수를 나타내는 기호로 해석하려 함으로써 큰 혼란이 야기된다. 이들을 Tools:Auto Correct...에서 살펴보고 정규적으로 M-북을 이용한다면 위의 작용들을 무능화시킨다.

좀 더 알아내기 힘든 문제는 다음과 같은 것이다. 문자열을 잘라내어 입력 셀로 복사한다면 원래 폰트의 문자들은 Courier 입력 셀에서는 기대할 수 없는 무엇인가로 전환될 수 있다. 수행 중에 나타나는 알 수 없고 짐작할 수도 없는 오류 메시지는 이러한 문제에 대한 암시이다. 일반적으로 이미 성공적으로 수행된 셀에서 비롯된 것이 아니라면 셀을 복사해서는 안된다 - 새 줄에 다시 타이프하는 것이 더욱 안전하다.

마지막으로 우리는 어떤 셀이 납득할 수 있는 아무런 이유도 없이 수행에 실패하는 경우들을 보아왔다. 이 경우에는 다시 CTRL+ENTER를 누르는 것을 시도하여 본다. 모든 방법들을 시도하여도 실패한다면 그 셀을 삭제하고 다시 타이프하는 것만이 유일한 선택일 수 있다.

제 8 장
Simulink

이 장에서는 동적인 공정들과 엔지니어링 시스템들을 모사하기 위한 MATLAB의 부속 시스템인 Simulink를 다루고 있다. 여기에서의 간단한 소개는 온라인 도움말들과 함께 여러분이 Simulink를 시작하기에는 충분할 것이다.

간단한 미분 방정식

Simulink에 대하여 깊이 알고 싶다면

www.mathworks.com/access/helpdesk/help/pdf_doc/simulink/sl_using.pdf

에서 얻을 수 있는 광범위한 PDF 문서를 읽어볼 수 있다. 여기에서는 Simulink를 신속하게 살펴보기를 원하는 사용자를 위한 간단한 입문을 제공하고자 한다. Simulink를 시작하려면 MATLAB 데스크탑 툴 바의 Simulink 버튼 을 클릭하거나 간단히 명령어 창에서 simulink를 입력한다. 이렇게 하면 윈도우즈 시스템에서는 그림 8.1에 보인 Simulink 라이브러리 검색기가 열릴 것이다. 유닉스 시스템에서는 Simulink 라이브러리 창이 나타난다.

Simulink의 사용을 시작하려면 **File** 메뉴에서 **New:Model**을 선택한다. 이렇게 하면 빈 모델창이 열린다. 다양한 Simulink 라이브러리로부터 *블록*이라고 불리는 단위들을 모델창으로 복사하여 Simulink 모델을 생성한다. 이 과정을 이용하여 감쇄 조화 진동자를 나타내는 선형 동차 상미분 방정식(ODE) $u'' + 2u' + 5u = 0$에 대한 모델을 구성하는 방법을 소개하기로 한다.

먼저 방정식을 어떻게 Simulink가 인식할 수 있는 방식으로 나타낼 수 있는가를 찾아내어야 한다. 이를 위한 한 가지 방법은 다음과 같다. 시간변수는 *연속*이므로 "Continuous"

라이브러리를 여는 것으로 시작한다. 이를 위하여 유닉스에서는 라이브러리 창을 나타내는 작은 기호를 더블 클릭하며 윈도우즈에서는 그림 8.1의 오른쪽 상부에 있는 "Continuous" 아이콘 왼쪽의 작은 ⊞ 기호를 클릭하거나 Simulink 라이브러리 탐색기의 왼쪽 패널에 있는 "Continuous"라는 단어 왼쪽의 작은 아이콘을 클릭한다. (윈도우즈 시스템의 경우) "Continuous" 라이브러리는 그림 8.2에 보인 것과 같다.

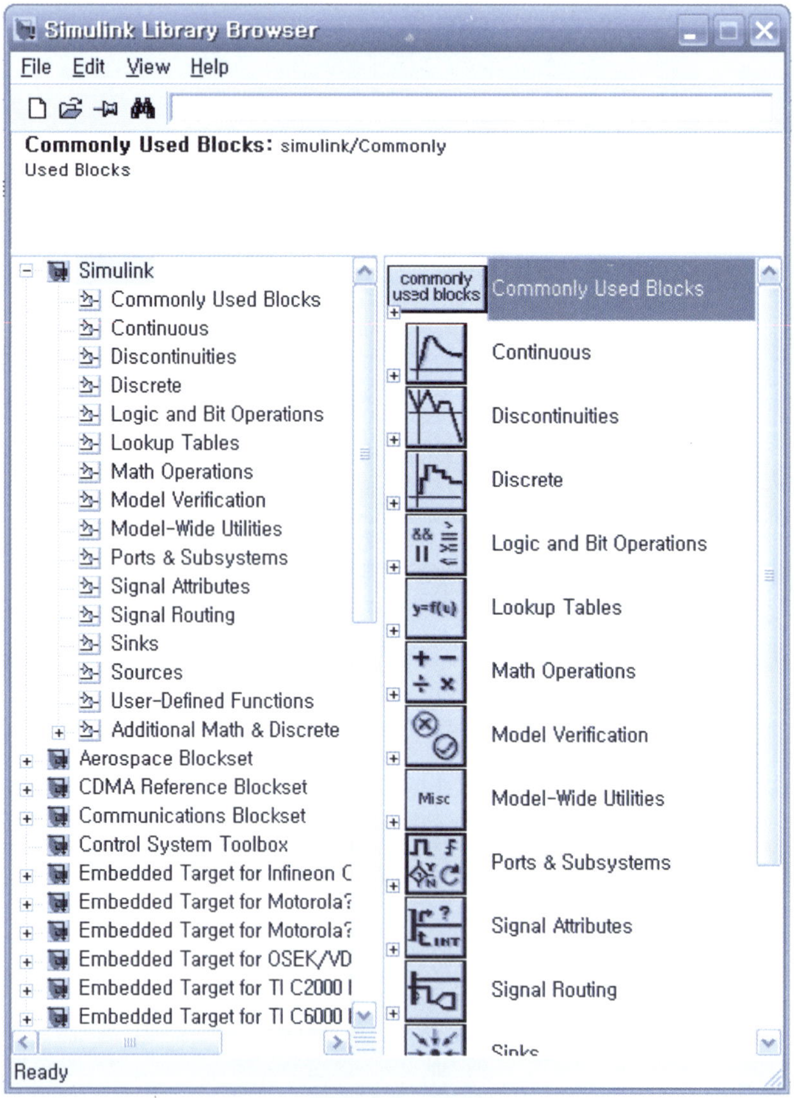

그림 8.1. PC 상에서의 Simulink 라이브러리 탐색기.

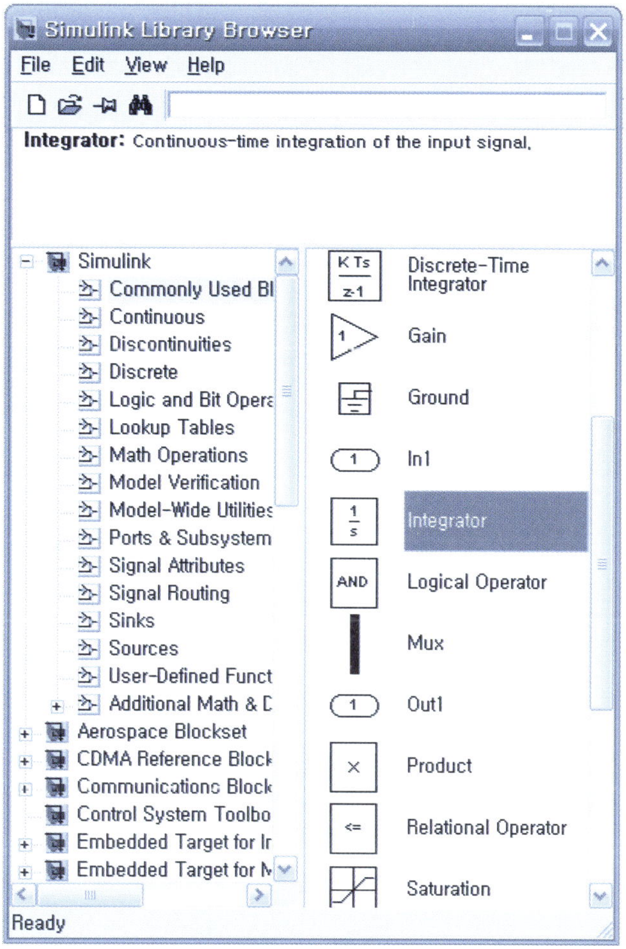

그림 8.2. Continuous 라이브러리.

u와 u'들은 적분에 의하여 각각 u'와 u''로부터 얻어짐을 주목하자. 그러므로 적분기 블록을 모델창으로 두 번 끌어와서 마우스로 정렬시킨다. Simulink는 자동적으로 두 번째 블록에 "Integrator1"으로 라벨을 붙여서 "Integrator"로 명명된 첫 번째 블록과 구별시킨다. 각 적분기 블록은 입력 포트와 출력 포트를 지니고 있음을 주목하자. Integrator의 출력 포트를 Integrator1의 입력포트와 정렬시키고 이들을 마우스의 왼쪽 버튼을 이용하여 화살표로 연결한다. 두 블록들을 연결하는 화살표는 *신호*라고 불린다. 이 화살표를 더블 클릭하면 작은 상자가 나타나는데 여기에 u'라는 라벨을 타이프한다. (이와 다른 방법으로 화살표 위를 오른쪽 마우스로 클릭하고 Select Properties...를 선택한 다음 Signal Name 상자에서 라벨을 타이프한다.) 앞에서와 마찬가지로 (u''를 나타내는) Integrator로 이어지는 화살표와 (u를 나타내는) Integrator1로부터 나가는

화살표를 붙인다; 이들은 다른 블록과는 아직 연결되지 않을 것이므로 Simulink는 이들을 점선으로 표시하여 이들이 완전하게 작용하는 것은 아니라는 것을 사용자에게 일깨워준다. 지금까지의 개념은 u는 u'의 적분으로부터 얻어지고 u'는 u''의 적분으로부터 얻어진다는 것이었다. 여러분이 구성한 모델창은 그림 8.3과 같이 보일 것이다.

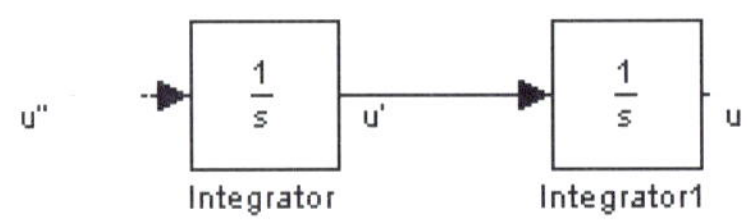

그림 8.3. Simulink 모델의 첫 번째 단계.

이제 미분방정식을 적용하여 본다. 주어진 미분방정식은 $u''=-5u-2u'$ 으로 쓸 수 있다. 그러므로 이 식에 따라 첫 번째 Integrator 블록에 대한 입력 u''를 u와 u'로 연관시켜 주는 다른 블록들을 추가하고자 한다. 이를 위해 상수에 의한 곱을 수행하는 두 개의 Gain 블록들과 합에 이용되는 하나의 Sum 블록을 추가한다. 이들은 그림 8.1의 위에서 7번째 행에 있는 "Math Operations" 라이브러리로부터 선택할 수 있다. 이 블록들을 Integrator 블록들에 대해서 했던 것과 동일한 방법으로 연결하여 그림 8.4에 보인 것과 유사한 모델창을 얻는다.

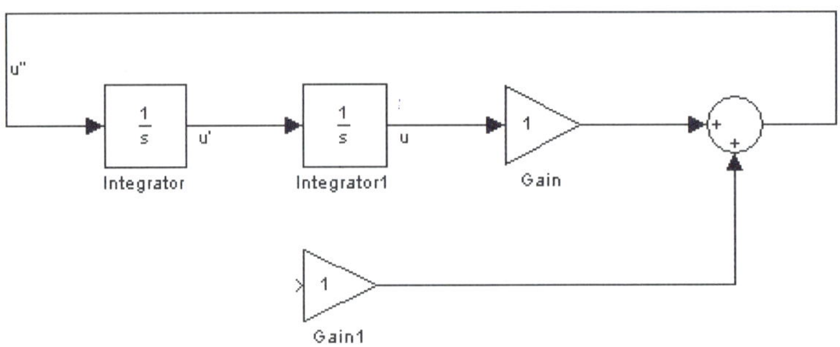

그림 8.4. Simulink 모델의 두 번째 단계.

뒤로 돌아가 Gain 블록들의 속성을 편집하여 곱하는 상수를 기본값인 1로부터 ("Gain"에서는) −5 및 ("Gain 1"에서는) −2로 변경할 필요가 있다. 이를 위해서는 각 Gain 블록을 더블 클릭한다. 그러면 블록 파라미터 상자가 열리는데 여기에서 Gain 파라미터 값을 원하는 대로 변경할 수 있다. 다음에 첫 번째 Integrator 블록의 출력인 u'을 "Gain1" 블록의 입력포트로 보낼 필요가 있다. 그런데 Integrator 블록은 단지 하나의 출력포트만을 지니고 있으며 이는 이미 다음의 Integrator 블록과 연결되어 있으므로 문제가 있다. 그러므로 우리는 *분기선*을 도입할 필요가 있다. 마우스를 두 Integrator들을 연결하는 화살표 선의 중간에 위치시키고 CTRL 키를 누른 상태에서 동시에 마우스의 왼쪽 버튼을 누르고 "Gain1"로 이름이 붙여진 블록의 입력포트 근처까지 마우스를 끌어내린다. 이 시점에서 작업은 거의 마무리된 상태이다; 단지 출력을 보기 위한 블록이 필요할 따름이다. "Sinks" 라이브러리를 열고 Scope 블록을 모델창으로 복사한다. 이 블록을 분기선(여기에서도 CTRL 키를 이용한다)을 통하여 두 번째 Integrator와 Gain 블록을 연결하는 선에 접속시킨다. 이제 블록들 가운데 일부의 이름을 (각 블록 아래의 텍스트 상자를 편집하여) 바꾸고 화살표들 가운데 일부도 이전과 같이 하여 라벨을 붙일 수 있다. 최종적으로 얻어지는 모델은 그림 8.5에 보인 바와 같다.

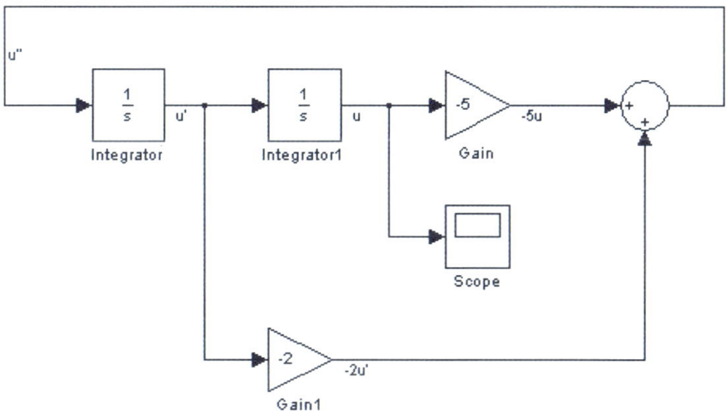

그림 8.5. $u'' = -5u - 2u'$에 대한 Simulink 모델.

이제 모사를 수행할 준비가 된 셈이다. 먼저 File 메뉴의 Save as...를 이용하여 모델을 저장해 두는 것이 좋은 생각이다. 여기에 dampedosc라는 이름을 붙여보자. (MATLAB은 자동적으로 "model"을 의미하는 .mdl이라는 확장자를 붙여준다.) 모사 도중에 어떤 일이 일어나는지를 보려면 Scope 블록을 더블클릭하여 u를 t의 함수로 나타내어 주는 "오실로스코프"를 연다. 물론 초기값들을 설정할 필요가 있다; 이를 위해서 Integrator 블록들을 더블클릭하고 "Initial condition"이라고 이름이 붙여진 블록 파라미터 상자의 내용을 변경한다. 예를 들어 (첫 번째 Integrator 블록에서) u'에 대한 초기조건을 5로, (두 번째 Integrator 블록에서) u에 대한 초기조건을 1로 설정한다고 가정하자. 달리 말하면 우리는 다음과 같은 시스템을 푸는 것이다:

$$u'' + 2u' + 5u = 0, \quad u(0) = 1, \quad u'(0) = 5$$

이에 대한 정확한 해는

$$u(t) = 3e^{-t}\sin(2t) + e^{-t}\cos(2t)$$

와 같다. Simulation 메뉴로 가서 Start를 친다. Scope 창에서 그림 8.6에 나타낸 것과 같은 것을 보게 될 것이다. 이는 물론 함수 $3e^{-t}\sin(2t)+e^{-t}\cos(2t)$의 간단한 그래프이다. (그런데 Scope 창의 수직축의 척도를 바꿀 필요가 있을 수 있다. "쌍안경" 아이콘을 클릭하면 "자동적인" 재조정을 수행하며 수직축에서 마우스 오른쪽을 클릭하면 Axes Properties... 메뉴가 열리는데 여기에서 종속변수의 최대 및 최소값들을 수동으로 선택할 수 있다.) 뒤로 되돌아가서 파라미터들 가운데 일부를 변경시키고 모사를 다시 수행하는 것은 매우 쉽다.

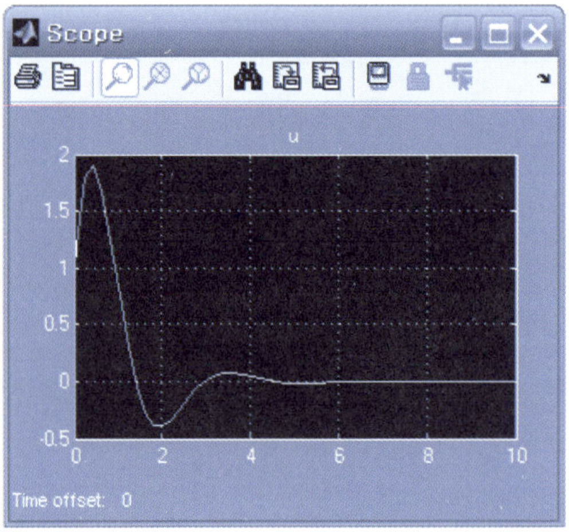

그림 8.6. $u''+2u'+5u=0$, $u(0)=1$, $u'(0)=5$의 Scope 해.

✔ 미분 방정식들의 모사에 있어서 여러분의 처음 생각은 Integrator 블록이 아닌 Derivative 블록에 의존하는 것이었을 수 있다. 그러나 여기에는 두 가지 결점이 존재한다: 초기조건을 제공하는 것이 어려우며 아울러 수치미분은 수치적분보다 안정성이 떨어진다.

마지막으로 "강요된 진동" $u''+2u'+5u=g(t)$에 대한 비동차 방정식을 살펴본다고 가정하자. 여기에서 g는 지정되는 "강요" 항이다. 이를 위해서 우리가 해야 할 일은 Source 라이브러리로부터 다른 블록을 모델에 추가시키는 것뿐이다. 모델의 위쪽에서 첫 번째 Integrator로 가는 화살표의 축을 클릭하고 Edit 메뉴로부터 Cut을 선택하여 이를 제거한다. 다음에 첫 번째 Integrator 앞에 (Math Operations 라이브러리로부터) 다른 "Sum" 블록을 끌어오고 이 "Sum" 블록의 입력포트 하나에 적절한 입력소스를 붙인다. 예를 들어 g(t)가 "잡음"을 나타낸다면 "Source" 라이브러리로부터 Band-Limited White Noise 블록을 모델로 끌어와서 그림 8.7에 보인 것과 같이 연결시킨다.

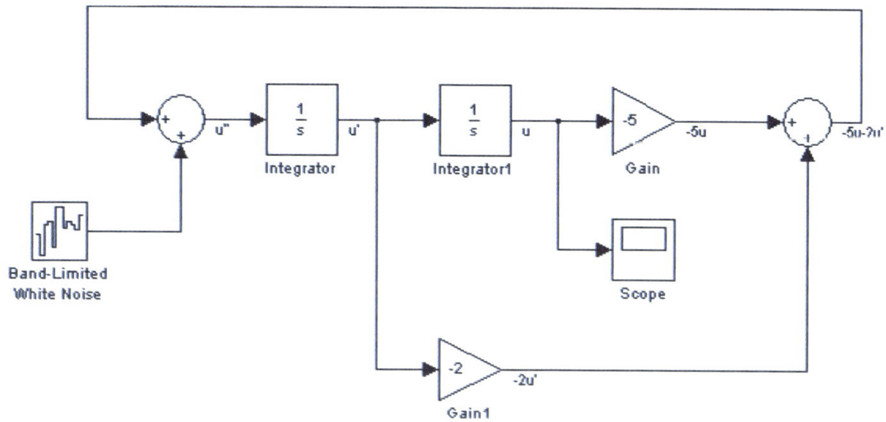

그림 8.7. $u'' = -2u' - 5u + g(t)$의 Simulink 모델.

이와 같이 수정된 모델로부터의 출력은 (noise power를 기본값인 0.1로 하고 noise sample time을 0.1로 하는 경우) 그림 8.8에 보인 바와 같다. 모사로부터 시스템에 대한 잡음의 영향을 뚜렷하게 볼 수 있다.

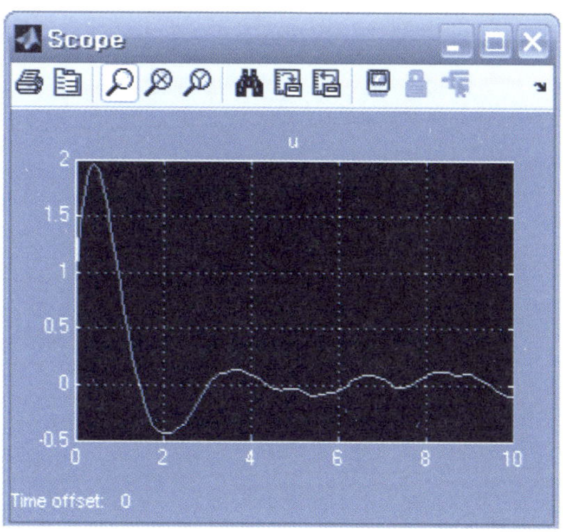

그림 8.8. 잡음이 있는 ODE의 Scope 해.

☆ 공학문제의 보기

이제 Simulink의 대표적인 공학적 응용으로서 좀 더 복잡한 보기를 살펴보기로 한다. 항구에서 선박용 컨테이너의 선적에 사용되는 크레인을 고려하여 보자. 이 크레인은 그림 8.9에서와 같이 개략적으로 나타낼 수 있다.

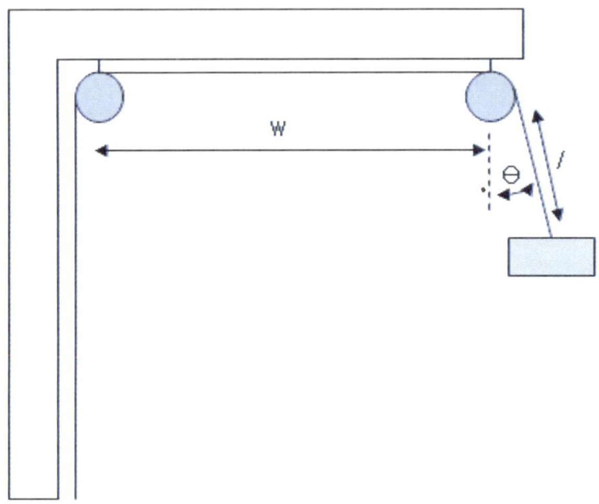

그림 8.9. 컨테이너 선적용 크레인.

여기에서 문제를 간단히 하기 위해 도르래의 반경과 컨테이너의 크기는 무시할 수 있으며 상부 오른쪽의 도르래는 수평으로 움직일 수 있어서 크레인 운전자는 (두 도르래 사이의 간격인) 파라미터 w와 (컨테이너를 지지하는 케이블의 길이인) l을 마음대로 조정할 수 있다고 가정한다. 원점을 고정되어 있는 도르래로 설정함으로써 파라미터 w, l 및 θ(케이블과 수직선 사이의 각)를 이용하면 컨테이너는 좌표가 다음과 같이 주어지는 점에 위치한다:

$$(x,y)=(w,0)+(l\sin\theta,\ -l\cos\theta)=(w+l\sin\theta,\ -l\cos\theta) \tag{8.1}$$

이제 점 $(w_0,\ -l_0)$의 바닥에서 컨테이너를 들어올려 잡아끈 다음 이를 다시 점 $(w_1,\ -l_0)$에 위치시킨 결과를 모사해 보고자 한다. 특히 옆에서 옆으로의 진동을 조절함으로써 흔들리는 컨테이너가 어떤 물건이나 사람을 치지 않도록 하고자 한다. 간단히 하기 위하여 컨테이너에 가해지는 힘은 케이블의 장력(시간에 따라 변할 수 있다)과 중력뿐인 것으로 가정한다. (그러므로 예를 들어 공기의 저항 같은 것은 무시하기로 한다.)

문제를 더 단순화시켜보자: 크레인 운전자는 컨테이너를 세 단계에 따라 움직이는

데 첫 번째 단계에서 컨테이너는 위로 곧장 들려지며 두 번째 단계에서는 (컨테이너와 움직임이 가능한 도르래를 연결시켜 주는 케이블의 길이) l이 고정되고 세 번째 단계에서는 컨테이너가 수직 아래로 내려진다. 첫 번째와 세 번째 단계에는 특별한 관심이 없으므로 두 번째 단계에 집중하기로 하는데 이는 l이 고정된 채로 있으며 w는 크레인 운전자에 의하여 선택되는 시간의 함수로서 초기값이 w_0이고 최종값이 w_1임을 의미한다. 컨테이너의 질량을 m이라 하자. 운동 방정식을 얻기 위해 컨테이너의 운동에너지 K와 중력 위치에너지 V는 다음과 같이 주어짐을 주목하자:

$$
\begin{aligned}
K &= \frac{m}{2}(x')^2 + (y')^2) = \frac{m}{2}((w' + l(\cos\theta)\theta')^2 + l(\sin\theta)\theta')^2 \\
&= \frac{m}{2}((w')^2 + l^2(\theta')^2 + 2lw'(\cos\theta)\theta') \\
V &= mgy = -mgl\cos\theta
\end{aligned}
\tag{8.2}
$$

Lagrangian 역학에서 운동 방정식은

$$
\frac{\partial L}{\partial \theta} = \frac{d}{dt}\frac{\partial L}{\partial \theta'}
$$

로 주어진다. 위에서 Lagrangian은 $L = K - V$이므로 (일정한 인자 m으로 나눈 후에) 다음 관계를 얻는다:

$$
\begin{aligned}
-gl\sin\theta - lw'(t)(\sin\theta)\theta' &= \frac{d}{dt}(l^2\theta' + lw'(t)\cos\theta) \\
&= l^2\theta'' + lw''(t)\cos\theta - lw'(t)(\sin\theta)\theta'
\end{aligned}
$$

혹은 양 변을 l^2로 나누어 정리하여 다음을 얻는다:

$$
\theta'' + \frac{1}{l}w''(t)\cos\theta + \frac{g}{l}sin\theta = 0 \tag{8.3}
$$

이는 통상적인 "단진자 방정식"(제 10장의 비선형 단진자를 참조한다)으로서 크레인의 수평 가속도를 나타내는 $w''(t)$를 포함하는 항이 추가로 존재한다. 이제 크레인에 대한 Simulink 모델을 구축할 수 있다. 다양한 $w(t)$를 시도하여 이것이 "흔들임"의 척도 $\theta(t)$에 어떤 영향을 미치는지 알아보고자 한다. 단위로는 미터와 초를 사용하고 $g = 9.81\ m/\sec^2$, $l = 5\ m$, 그리고 $w_0 = 0$ 및 $w_1 = 10\ m$를 취하기로 한다. 컨테이너를 이동시키는 데에 소요되는 시간은 이를테면 200초와 같이 몇 분 정도여야 한다. w는 연속함수, 우선적으로는 연속의 2차미분을 갖는 함수(도르래를 구동하는 모터에 가해지는 힘은 w''에 비례하며 시간에 대하여 연속함수여야 하기 때문이다)로서 $w(0)=0$ 및 $w(200)=10$이다. 그러한 함수를 얻는 방법은 다음 형태를 취하는 것이다:

$$w(t)=5+a(t-100)+b(t-100)^3+c(t-100)^5$$

이로부터 $w(100)=5$이며 w의 그래프는 점 $(100, 5)$ 주위에서 역대칭이다. 사실 t−100의 홀수 멱급수만 $w(t)-5$에 대한 식에 나타나므로 $w(100+t)-5=-(w(100-t)-5)$이며 t=0이면 $2w(100)=10$, 혹은 $w(100)=5$ 임을 알 수 있다. 이 식에 t=100을 대입하면 $w(200)-5=-w(0)+5$이므로 $w(0)=0$이면 $w(200)=10$이 된다. 따라서 $w(0)=w'(0)=w''(0)=0$이 되도록 계수 a, b 및 c를 구한다. 다음은 MATLAB을 통하여 얻어지는 해이다.

```
>> syms t a b c
>> w = 5 + a*(t-100) + b*(t-100)^3 + c*(t-100)^5;
>> w0 = subs(w, t, 0);
>> w1 = subs(diff(w,t), t, 0);
>> w2 = subs(diff(w,t,2), t, 0);
>> [aa, bb, cc] = solve(w0, w1, w2);
>> w = subs(w, [a,b,c], [aa,bb,cc])
w =
-35/8+3/32*t-1/160000*(t-100)^3+3/16000000000*(t-100)^5
```

이 함수의 그래프는 그림 8.10에 보인 바와 같다[1]. 이 함수에서 $w''(t)$는 다음과 같이 얻어진다:

```
>> diff(w,t,2)
ans =
-3/80000*t+3/800+3/800000000*(t-100)^3
```

1) 역자 주: 그림 8.10의 그래프는 다음 코드로부터 얻어질 수 있다:

```
>> tinv = 0:0.01:200;
>> wval = subs(w, tinv);
>> plot(tinv, wval)
>> title('w(t)')
>> xlabel('t')
```

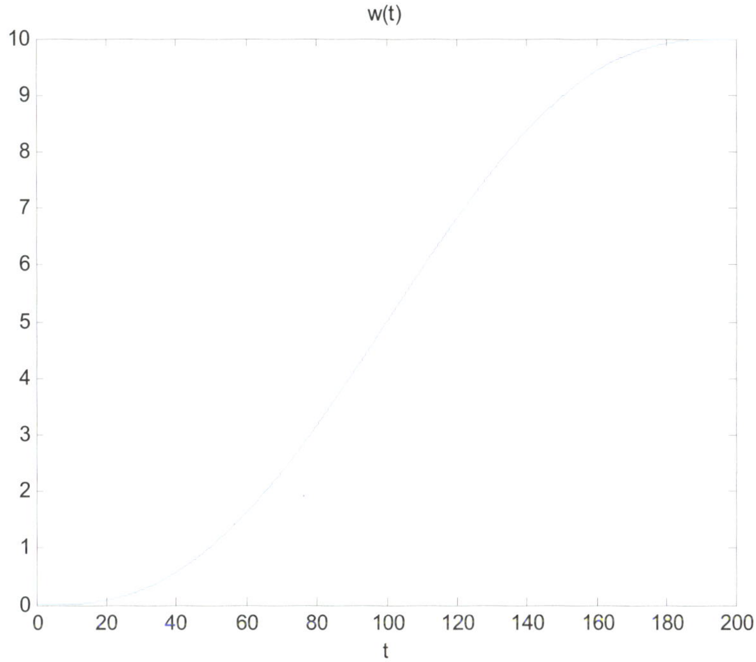

그림 8.10. $w(t)$의 그래프.

이 시스템을 조사하기 위한 가능한 Simulink 모델은 그림 8.11에 보인 바와 같다. 이 모델이 어떻게 작용하며 이를 어떻게 구성하는가에 대하여 논의해 보기로 한다. 먼저 식 (8.3)을 다음과 같은 형태로 쓰는 것으로부터 시작한다:

$$\theta'' = -\frac{g}{l} sin\theta - \frac{1}{l} w''(t) \cos\theta$$

위에서 θ''는 각각 앞에 음의 부호가 붙어있는 두 항들의 합으로 주어지는데 이 항들은 Add 블록에서 합하여진다. (그런데 나타내는 아이콘의 모양을 제외하고는 Add 블록과 Sum 블록 사이에 아무런 차이는 없다.) θ''를 나타내는 신호는 상부 왼쪽의 Integrator1 블록으로 도입되며 두 번째 Integrator로부터 나오는 신호는 θ 자체를 나타낸다. Clock 블록은 t의 값을 출력하는데 이는 $w''(t)$를 계산하는 데에 사용되는 (사용자 정의 함수 라이브러리로부터의) Function 블록으로 도입된다. Math Operations 라이브러리로부터 취한 Product 및 Trigonometric Function 블록들은 그 자체로 무엇인지 알 수 있다. 다시 Math Operations 라이브러리로부터 취한 두 개의 Gain 블록들이 있는데 이들은 각각 sinθ와 cosθ를 g/l 및 $1/l$과 곱하는 데에 이용된다. 편의상 이들 두 블록들을 어느 것이 어느 것인지 나타내도록 이름을 다시 붙여주었다. 블록의 이름을 바꾸려면 블록 아래의 라벨을 클릭한다. 그러면 라벨이 회색 상자로 둘러싸이게 되는데 여기에서 이전의 이름을 지우고 새 이름을 삽입한다. 앞 절에서의 보기와 마찬가지로 Gain 블록은 Block Parameters 대화상자를 이용하여 적절한 상수들로 설정해 주어야 한다. 마찬가지로 "Trigonometric Function1" 블록에 대한 Block Parameters 대화상자를 사용하여 (기본적인) sine 함수로부터 우리가 필요로 하는 cosine 함수로 전환할 수 있다. 크레인은 정지점에서 출발하는데 초기조건이 $\theta(0)=\theta'(0)=0$ 이면 각 Integrator 블록들의 기본 초기조건인 0을 바꿀 필요가 없다. 그러나 $w''(t)$에 대한 식을 넣어서 Function 블록을 재설정할 필요가 있다. (여기에서 Simulink는 독립변수를 t가 아닌 u로 할 것을 강요하므로 이에 따른다.) 마지막으로 **Simulation** 메뉴를 클릭하여 t의 최대값을 기본값인 5로부터 이 문제에서 필요로 하는 200으로 바꿀 필요가 있다.

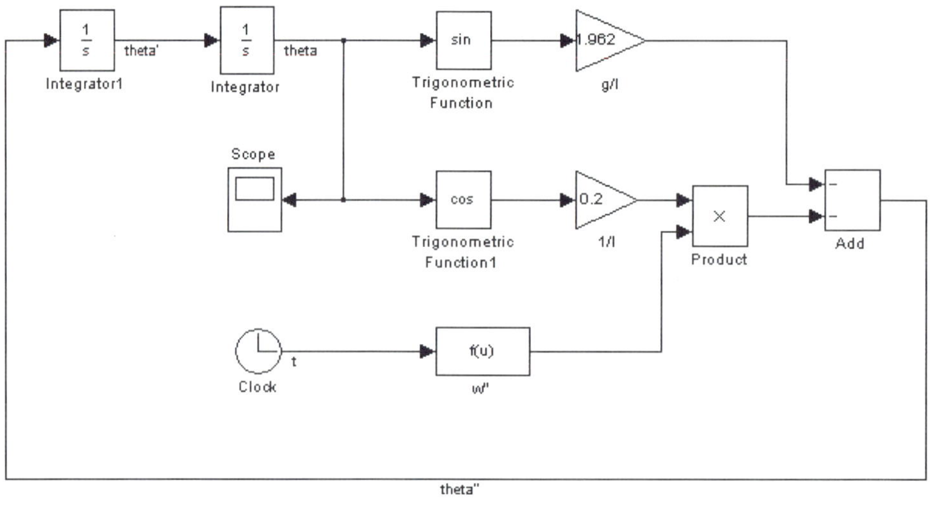

그림 8.11. 크레인의 운동을 조사하기 위한 Simulink 모델.

모사를 수행하면 (그래프의 척도를 재조정하기 위해 "쌍안경" 아이콘을 클릭하여) 그림 8.12에 보인 Scope 그림의 결과를 얻는다. 그림의 범례를 보면 θ의 최대값은 2×10^{-4}라디안 정도로서 크레인의 길이 $l=5\ m$를 곱한다고 하더라도 매우 작은 값이다. 그러므로 컨테이너의 흔들림은 이 경우 심각한 문제가 되지 못한다는 것을 알 수 있다.

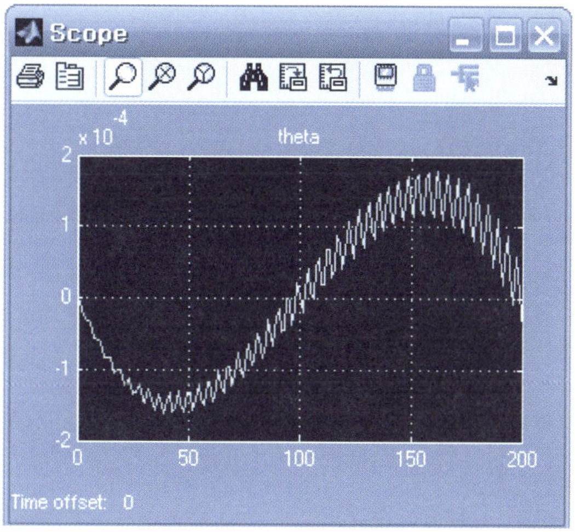

그림 8.12. 크레인의 진동을 나타내는 Scope 출력.

☆ 작업공간과의 소통

우리가 앞에서 논의한 보기들은 여러분에게 Simulink를 어떻게 독자적인 모사 도구로서 사용할 것인가에 대한 개념을 제공하기에 충분할 것이다. 그러니 Simulink의 능력의 일부는 MATLAB과 결합될 수 있는 방법으로부터 기인한다. 예를 들면 M-파일 내에서 Simulink 모델을 수행하거나 MATLAB 안에서 Simulink 모사의 출력에 대한 처리를 추가적으로 행할 수 있다. 이 절에서는 Simulink와 MATLAB의 조합을 위한 몇 가지 핵심적인 명령어들을 논의하고 있다.

실제적인 보기로부터 시작하기로 한다. 위의 크레인 보기에서 $w(t)$에 대한 식을 다시 계산하여 w는 t=200이 아닌 t=20에서 10의 값에 도달하도록 한다고 가정하자. 달리 말하면 그림 8.10에 보인 $w(t)$의 모양은 그대로 유지하지만 수평축의 척도를 10의 인자로 압축하기로 한다. 이제 크레인이 컨테이너를 더 빨리 움직이면 진동이 어떻게 될 것인가? 이 경우 운전과정은 위험하게 되는가? 이 문제에 대한 답을 얻기 위해 이전의 $w(t)$를

```
>> w = simplify(subs(w, t, 10*t))
w =
1/80*t^3+3/160000*t^5-3/3200*t^4
```

로 대체하고 아울러 이전의 $w''(t)$를

```
>> diff(w, t, 2)
ans =
3/40*t+3/8000*t^3-9/800*t^2
```

로 대체시킨다. 첫 번째로 우리가 해야 할 일은 그림 8.11에서 f(u)라고 라벨이 붙은 블록의 파라미터들을 바꾸는 것이다. 이는 Block Parameters 상자를 호출하지 않고 명령어 라인이나 M-파일에서 명령어 get_param과 set_param에 의하여 가능하다. 이는 다양한 파라미터 값들로 여러 번의 모사를 수행할 필요가 있을 경우에 특히 편리하다. 때로는 관련되는 블록들을 찾는 데에 명령어 gcs("현재의 시스템을 취하라") 및 find_system을 사용하는 것이 도움이 된다. 다음은 우리가 이미 그림 8.11의 모델을 열었다는 가정을 바탕으로 한 보기이다.

```
>> gcs
ans =
crane

>> find_system(gcs, 'Type', 'block')
ans =
    'crane/1//l'
    'crane/Add'
    'crane/Clock'
    'crane/Integrator'
    'crane/Integrator1'
    'crane/Product'
    'crane/Scope'
    'crane/Trigonometric
Function'
    'crane/Trigonometric
Function1'
    'crane/g//l'
    'crane/w'''
```

이로부터 모든 블록들의 이름을 얻는다; 이 경우 'crane/w'''로 이름이 붙여진 블록의 파라미터들을 바꿀 필요가 있다. (만일 케이블 길이를 바꾸고자 한다면 블록 'crane/1//l'과 블록 'crane/g//l'를 아울러 변경시켜야 할 것이다.) 함수 $w''(t)$를 나타내는 이 블록의 'Expr' 파라미터의 현재 설정을 보려면 다음을 입력한다:

```
>> get_param('crane/w''', 'Expr')
ans =
-3/80000*u+3/800+3/800000000*(u-100)^3
```

따라서 이를 다음과 같이 재설정할 수 있다:

```
>> set_param('crane/w"', 'Expr',...)
'3/40*u+3/8000*u^3-9/800*u^2')
```

모델을 다시 수행하려면 Simulation:Start를 이용하는 대신 명령어 라인이나 M-파일에서 sim 명령어를 사용할 수 있다. 이 명령어의 가장 간단한 형태는 모델을 기존의 파라미터들로 수행하는 것이다. 그러나 이 명령어를 이용하여 시간 구간을 설정하고 출력을 작업공간으로 보낼 수도 있다. 예를 들면 지금의 상황에서 다음과 같이 입력한다:

```
>> [t, theta] = sim('crane', [0, 20]);
```

다음에

```
>> plot(t, theta)
```

로부터 그림 8.13에 보인 그래프로 나타나는 결과를 얻을 수 있다. 여기에서 위쪽에서 끝나는 곡선은 $\theta(t)$를 나타내며 다른 곡선은 $\theta'(t)$를 나타낸다.

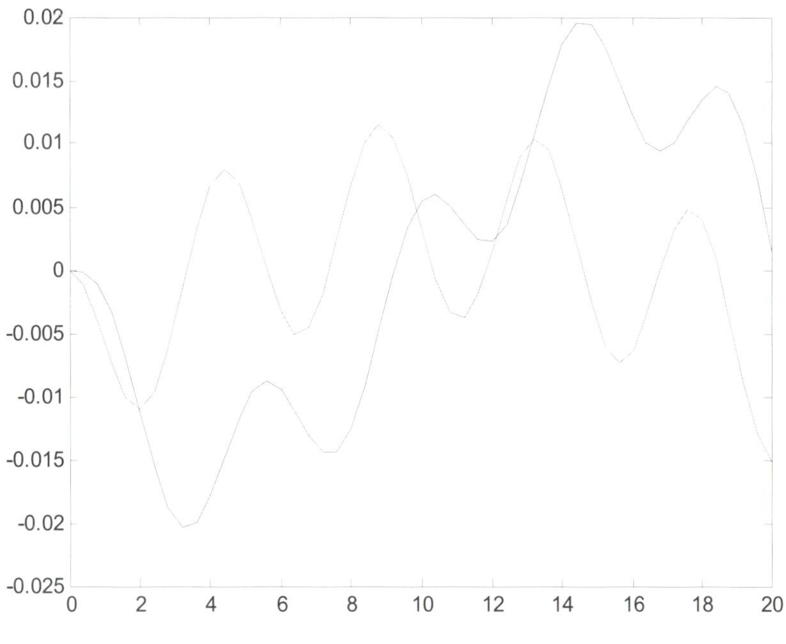

그림 8.13. 수정된 크레인 모델에 대한 $\theta(t)$와 $\theta'(t)$의 그래프.

혹은 Scope 창에 나타나는 결과를 복사하려면 다음과 같이 plot을 simplot으로 대체시켜 입력하여 그림 8.14에 보인 결과를 얻을 수 있다.

```
>> simplot(t, theta(:,1))
```

✔ simplot으로 그래프를 그리면 우연하게도 언제나 그림 8.14에서와 같이 검은 바탕에 밝은 색의 그래프로 그림창에 결과가 나타난다. 그러나 (프린터나 파일에) 그래프를 프린트한다면 간혹 (사용자의 print 기본설정에 따라) 이를테면 흰 바탕에 짙은 색의 그래프처럼 색깔이 역전되어 나타난다. 이러한 색의 역전을 되돌리려면 print 명령어를 수행하기 전에

```
>> set(gcf, 'InvertHardcopy', 'off')
```

를 삽입할 필요가 있다.

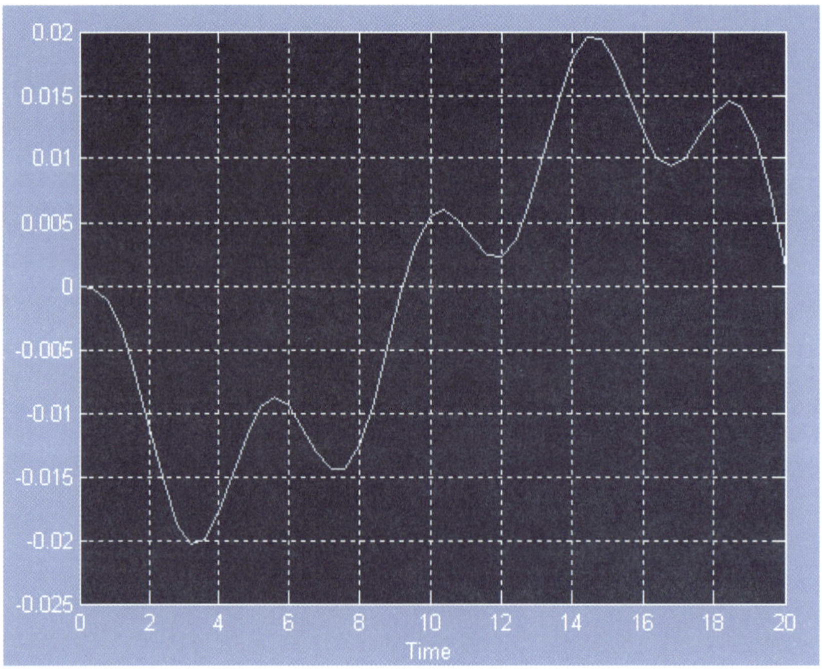

그림 8.14. 수정된 크레인 모델에 대한 $\theta(t)$의 "Scope" 그래프.

우리의 분석 결과는 만일 선박용 컨테이너가 200초가 아닌 20초 동안에 이동한다면 진동은 0.02라디안 정도가 됨을 보여주고 있다. 따라서 컨테이너는 앞뒤로 대략

0.10m, 혹은 10cm정도 흔들릴 것인데 이는 적정수준의 양이다. 컨테이너가 만일 겨우 2초 동안에 이동하는 경우 무슨 일이 일어날 것인지를 알아보는 것은 여러분에게 미루고자 한다.

제 9 장
☆ GUI

MATLAB®을 이용하여 사용자는 스스로의 *그래픽 사용자 접속기*, 혹은 GUI를 만들 수 있는데 이는 메뉴, 버튼, 텍스트, 그래픽 등을 포함하는 그림창으로 구성되어 사용자가 마우스와 키보드를 이용하여 대화식으로 조절할 수 있다. GUI를 만드는 데에는 두 가지 주요 단계들이 있다: 하나는 레이아웃을 설계하는 것이며 다른 하나는 사용자가 다른 속성들을 선택하는 경우 원하는 조작을 수행하여 주는 *callback 함수*를 작성하는 것이다.

GUI 레이아웃과 GUIDE

GUI에서 다양한 객체들의 위치와 속성들을 지정하는 것은 M-파일에서 uicontrol, uimenu, 그리고 uicontextmenu와 같은 메뉴들을 이용하여 수행할 수 있다. MATLAB은 또한 GUI의 구축작업을 매우 간단하게 하여주는 GUIDE(이는 "그래픽 사용자 접속기 개발 환경"을 의미한다)라고 불리는 대화식 툴(GUI 자체이다!)을 제공하고 있다. 여기에서는 일부가 이전 버전보다 상당히 개선된 GUIDE의 MATLAB® 7 버전을 이용하여 어떻게 GUI의 작성을 시작하는지를 다루어 보기로 한다. MATLAB® 6의 GUIDE 버전은 대체적으로 유사하지만 메뉴 항목들의 일부와 옵션들이 다르거나 누락되어 있다.

✔ GUIDE의 한 가지 결점이 될 수 있는 것은 여러분의 GUI를 MATLAB® 7에서 추가된 새로운 명령어들로 채워주고 GUI의 레이아웃을 이진 .fig 파일로 저장하여 준다는 점이다. 많은 사용자들이 서로 다른 버전의 MATLAB으로 사용할 수 있는 강건한 GUI를 만드는 것이 여러분의 목적이라면 GUI를 M-파일로부터 작성하는 것이 더 나을 것이다.

GUIDE를 열려면 데스크탑 메뉴로부터 File:New:GUI를 선택하거나 명령어 창에서 guide를 입력한다. 그러면 그림 9.1에 보인 GUIDE Quick Start 대화상자를 볼 수 있을 것이다.

맨 위에 두 개의 탭이 있는 것을 주목하자. 왼쪽의 탭 "Create New GUI"가 기본적으로 열린다. 왼쪽에 있는 다양한 종류의 GUI 가운데 하나를 선택하는 것으로 시작할 수 있다. 이로부터 레이아웃 편집기가 열리는데 여기에서 여러분의 GUI 모양을 디자인할 수 있다. 보기로서 세 번째 항목인 "GUI with Axes and Menu"를 선택[2] 한다고 가정하자. 열리는 레이아웃 편집기는 그림 9.2에 보인 바와 같다. (유닉스나 리눅스에서 나타나는 버전을 소개하였는데 윈도우즈에서는 왼쪽에 "ActiveX" 제어를 위한 버튼이 추가로 하나 더 있다.) 입력으로서 MATLAB 그래프 명령어를 받아들이고 해당되는 출력을 보여주며 출력의 모양에 다양한 변화를 만들어줄 수 있는 버튼들을 가지는 GUI를 디자인한다고 가정하자.

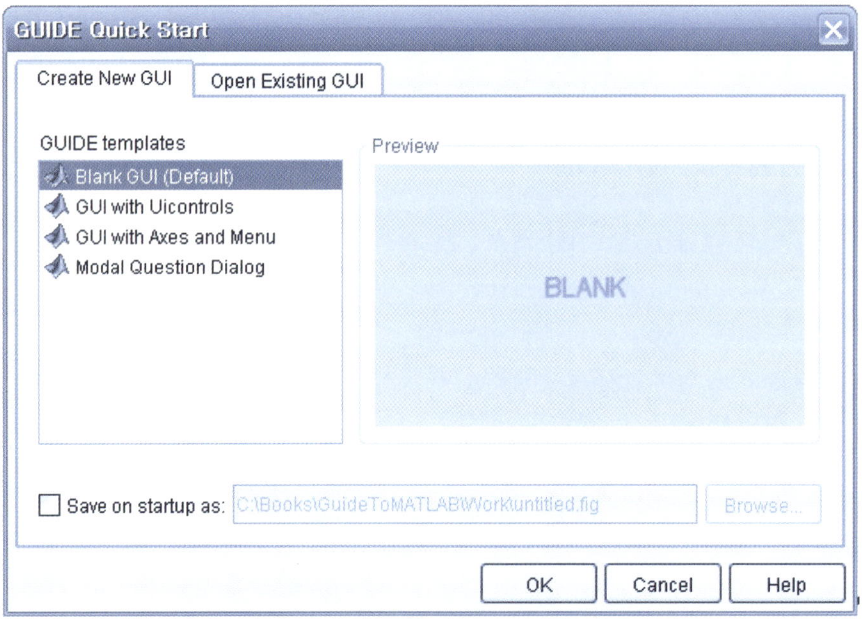

그림 9.1. GUIDE Quick Start 대화상자.

2) 역자 주: 해당 항목을 더블 클릭하여 선택한다.

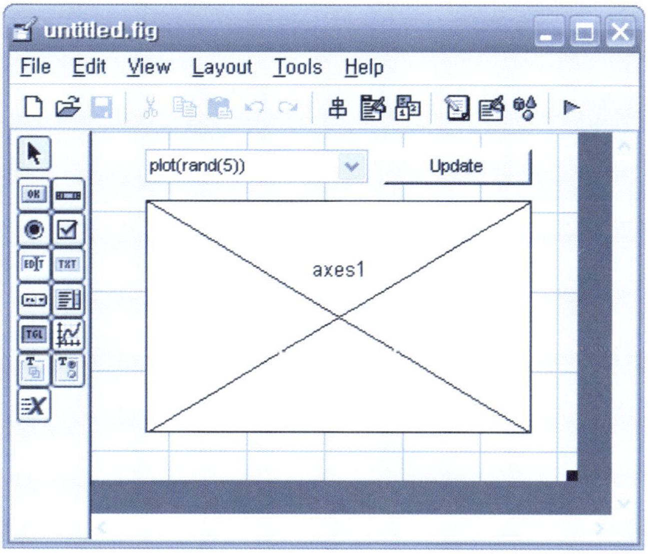

그림 9.2. 레이아웃 편집기.

레이아웃 편집기의 왼쪽에 있는 버튼들은 다양한 종류의 객체들을 삽입하는 데에 사용된다. 이 버튼들 가운데 하나를 클릭한 다음 격자 내의 원하는 위치로 가서 객체를 넣을 위치에서 다시 클릭하여 GUI를 만든다. 각 버튼이 어떤 형태의 객체에 해당되는가를 알아보려면 마우스를 클릭하지 않고 그 버튼 위로 움직인다; 곧 버튼의 이름과 함께 노란 상자가 나타날 것이다. 하나의 객체를 격자상에 위치시켰다면 객체의 중간을 클릭하고 (왼쪽 마우스 버튼을 누른 상태에서 마우스를 움직여) 잡아끌어서 이를 이동시키거나 구석부분을 클릭하고 끌어서 객체의 크기를 조절할 수 있다. 몇 개의 개체들을 위치시킨 다음 배경 격자를 클릭하고 끌어서 다수의 객체들을 사각형으로 감싸줌으로써 이들을 선택할 수 있다. 다음에 마우스를 이용하여 객체들을 하나의 블록처럼 이동시키거나 Tools 메뉴에서 Align Objects...를 선택하여 이들을 정렬시킬 수 있다.

색깔이나 그 안의 텍스트 등과 같은 객체의 속성들을 변경하려면 Property Inspector 창을 열어야 한다. 이를 위해서는 객체를 더블 클릭하거나 View 메뉴에서 Property Inspector를 선택한 다음 변경하려는 객체를 왼쪽 마우스 버튼으로 선택한다. GUIDE 작업중에 Property Inspector를 열린 채로 놓아둘 수 있다.

그림 9.3은 몇 가지 객체들이 놓여지고 이들의 속성들이 조정된 후의 레이아웃 편집기 모양을 보인 것이다. 그림에 보인 GUI를 구성하는 객체들을 어떻게 생성하였는지 살펴보기로 한다.

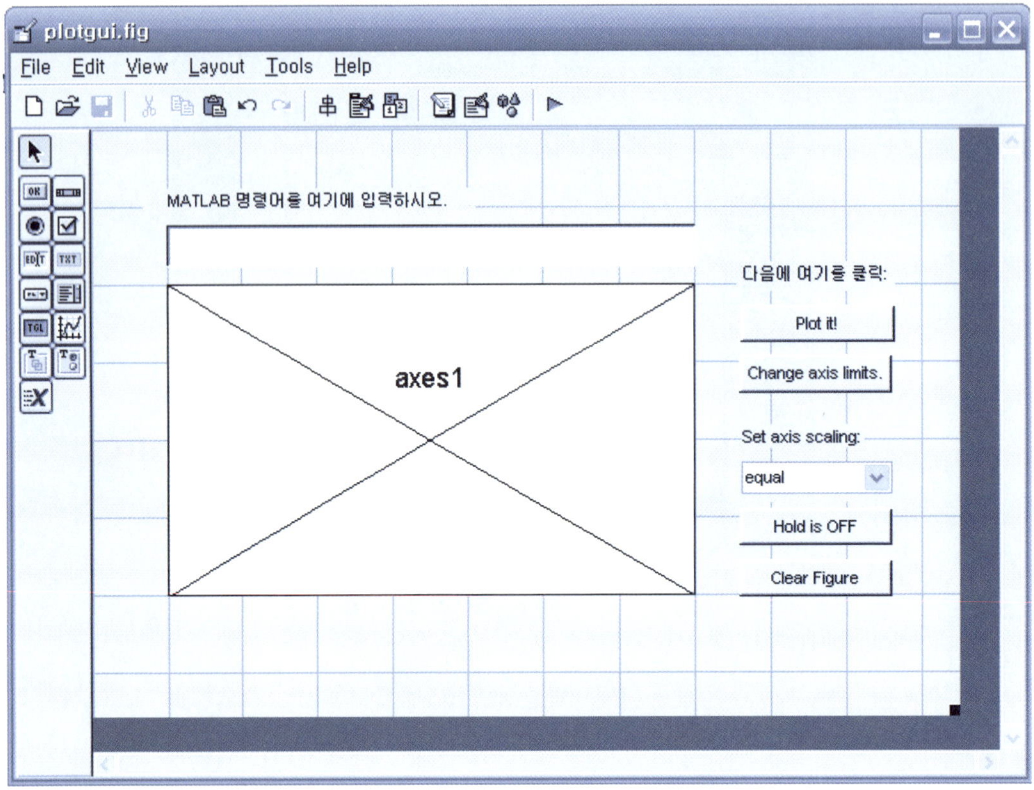

그림 9.3. "plotgui"에 대한 레이아웃 편집기.

맨 위의 두 상자들 및 "Set axis scaling:"이라고 라벨이 붙은 상자들은 *Static Text* 상자들로서 GUI 사용자가 조절할 수 없는 것들이다. 이들 각각을 생성하려면 먼저 "Static Text" 버튼 – 격자의 왼쪽에 "TXT"라는 라벨이 붙어있는 버튼이다 – 을 클릭한 다음 텍스트를 넣고자 하는 격자상의 위치에서 클릭한다. 다음에 상자 안에 텍스트를 넣으려면 Property Inspector를 열고 "String" 옆의 사각형모양 버튼을 클릭하여 편집할 수 있는 기본 텍스트가 들어있는 새로운 창이 나타나도록 한다. 마지막으로 텍스트의 길이에 따라 (상자의 구석부분을 클릭하고 끌어서) 각 상자의 크기를 조정한다.

"Plot it!", "Change axis limits.", 그리고 "Clear Figure"라고 라벨이 붙은 버튼들은 모두 *Push Button* 객체들로서 "OK"라는 라벨이 붙은 버튼을 이용하여 생성된 것들이다. 이 버튼들의 크기를 모두 같게 하려면 먼저 이들 가운데 하나를 만든 다음 크기를 조정한 후 기존 객체에서 오른쪽 마우스 버튼을 클릭하고 Duplicate를 선택함으로써 이를 (두 번) 복사한다. 다음에 각각의 새로운 Push Button을 다른 위치로 옮기고 Static Text 상자에서 했던 것과 같은 방법으로 텍스트를 바꾼다.

격자 바로 위의 빈 상자는 *Edit Text* 상자로서 사용자가 텍스트를 입력할 수 있는 곳이다. 이것은 "EDIT"라는 라벨이 붙은 버튼으로 생성된 것으로서 앞에서 텍스트를 변경했던 것과 동일한 방법으로 그 기본 텍스트를 삭제하였다. Edit Text 상자 아래에는 커다란 axes 상자가 있는데 이는 그림 9.2에 보였던 것의 크기를 재조정한 것이다. 오른쪽 하부에 있는 "Hold is OFF"라는 라벨이 붙은 버튼은 *Toggle Button*으로서 "TGL"이라는 라벨이 붙어있는 버튼으로 만든 것이다. 토글(on-off) 명령어의 경우 *Radio Button*이나 *Checkbox*를 사용할 수도 있는데 이들은 각각 동그란 점과 체크 표시가 있는 버튼들로 나타나 있다. 마지막으로 "equal"이라고 표시된 오른쪽의 상자는 *Popup Menu*로서 레이아웃 편집기에 있는 이 버튼은 *Edit Text* 버튼 바로 아래에 있다. Popup Menu와 *Listbox* 객체들을 이용하여 사용자는 여러 가지 옵션들 가운데에서 선택할 수 있다.

우리는 객체들을 이동시키고 크기를 재조정하였으며 대부분의 경우 위에 보인 바와 같은 방식으로 각각의 속성들을 변경하였다. Popup Menu의 경우 Property Inspector에서 "String" 버튼을 선택한 후 나타나는 창에 세 개의 단어 equal, normal, 그리고 square들을 줄을 바꾸어 입력하였다. 사용자가 Popup Menu나 Listbox 객체에서 여러 가지 선택을 할 수 있게 하려면 다수의 줄들을 사용하는 것이 필요하다.

✔ 위에서 언급한 바와 같이 GUI를 객체들로 채워지게 하는 것 이외에 **Tools** 메뉴에서 **Menu Editor...**를 선택하면 나타나는 Menu Editor를 이용하여 GUI를 위한 메뉴 바를 만들 수 있다. 또한 Menu Editor를 사용하여 객체를 위한 *contest menu*를 만들 수도 있다; 이것은 객체 상에서 오른쪽 마우스 버튼을 클릭할 때 나타나는 메뉴이다. Menu Editor의 사용방법을 알아보려면 GUIDE에 대한 온라인 도움말을 참조한다.

창의 타이틀 바에 나타나는 GUI 타이틀은 다음과 같이 설정한다. 레이아웃 편집기의 배경을 클릭하여 (그 안에 있는 하나의 객체 대신에) 전체 GUI를 선택한 다음 Property Inspector로 간다. 거기에서 "Name"의 오른쪽에 있는 텍스트를 "Untitled"로부터 "간단한 Plot GUI"로 변경한다.

GUI의 저장과 실행

GUI를 저장하려면 **File** 메뉴에서 **Save As...**를 선택한다. 확장자 없이 GUI 이름을 입력한다; 위의 GUI에는 plotgui라는 이름을 붙였다. 이를 저장하면 M-파일과 확장자가 .fig인 이진파일이 생성되므로 여기에서 얻어지는 파일은 plotgui.m과 plotgui.fig 두 개이다. GUI를 처음으로 저장하면 GUI에 대한 M-파일이 별도의 편집기/디버거 창에 나타날 것이다. 다음 절에서 이 M-파일을 왜, 그리고 어떻게 수정하는지를 언급할 것이다.

⇨ **이 절과 다음 절의 지침들은 GUI 옵션들이 기본값들로 설정되어 있는 것으로 가정하고 있다. 이 옵션들은 앞에서 언급한 바와 같이 GUIDE를 시작할 때 살펴볼 수 있거나 그렇지 않으면 Tools 메뉴에서 이들에 접속할 수 있다. 우리는 특히 "Generate FIG-file and M-file", "Generate callback function prototypes" 및 "GUI allows only one instance to run"들로 설정되어 있는 것으로 가정한다.**

일단 저장이 되면 GUIDE가 실행되고 있는지의 여부에 관계없이 명령어 창에서 위의 경우에서는 plotgui와 같은 GUI의 이름을 입력함으로써 GUI를 수행할 수 있다. .fig 파일과 .m 파일 모두는 사용자의 현 디렉토리나 MATLAB 경로상에 존재하여야 한다. 또한 Tools 메뉴에서 Run을 선택하거나 CTRL+T를 타이프함으로써 레이아웃 편집기로부터 GUI를 수행할 수도 있다. 레이아웃 편집기의 주변 메뉴들과 버튼들이 없이 별도의 창에 GUI의 복사본이 나타날 것이다. (GUI를 마지막으로 저장한 뒤나 최종적으로 활성화시킨 뒤에 새로운 객체들을 추가하였다면 GUI와 관련되는 M-파일이 전면에 불려올 것이다.) 그림 9.4는 위에서 우리가 생성한 GUI가 활성화되면 어떻게 보이는가를 나타내어 주고 있다. 축 창에 보이는 그래프는 *GUI Callback 함수* 절에서 설명될 것이다.

GUI의 모양은 GUIDE 창에서와는 약간 다름을 주목하자; 특히 폰트 크기가 다를 것이다. 이 때문에 GUI를 활성화시킨 다음에 GUIDE 창으로 되돌아가서 몇몇 객체들의 크기를 조절해야 할 수도 있다. 여러분이 수행한 변경내용은 활성화된 GUI에는 즉시 나타나지 않을 것이다; 변경 효과를 보려면 GUI를 다시 활성화시켜야 한다.

레이아웃 편집기에서 만든 객체들은 창 내에서는 비활성 상태이다 - 이를테면 Edit Text 상자에 텍스트를 타이프할 수 없으며 Popup Menu를 클릭하여 추가의 옵션들을 볼 수 없다. 그러나 활성화된 GUI 창에서 Toggle Button 및 Popup Menu와 같은 객체들은 마우스 클릭에 응답할 것이다. 그렇지만 이들 각각에 대하여 사용자가 callback 함수를 작성하기 전에는 이들은 어떠한 작용도 실제로 수행하지 않을 것이다.

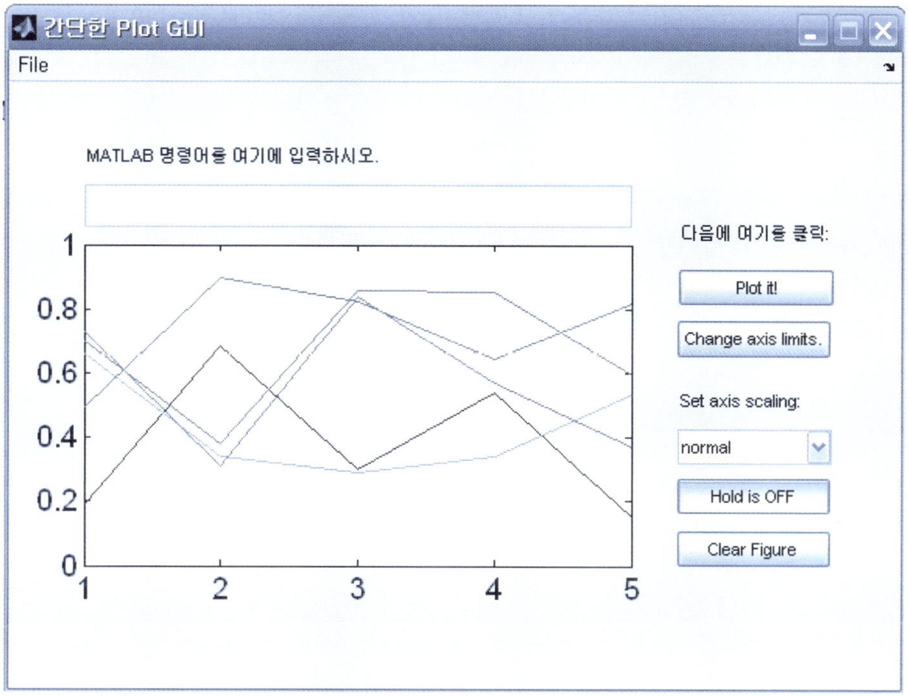

그림 9.4. "활성화된 "plotgui".

GUI Callback 함수

주어진 객체에 대하여 callback 함수를 생성할 준비가 되면 GUI를 꼭 저장해야 한다. 다음에 레이아웃 편집기에서 객체에 대한 Property Inspector를 보면 Tag 아래에 GUI와 연관되는 M-파일이 인식되는 이름을 보게 될 것이다. 편집기/디버거 창에서 (이미 열려있지 않다면) M-파일을 열고 M-파일의 해당되는 부분으로 간다. 여러분은 다음과 같은 텍스트 블록을 보게 될 것이다:

```
% --- Executes on button press in pushbutton1.
function pushbutton1_Callback(hObject, eventdata, handles)
% hObject    handle to pushbutton1 (see GCBO)
% eventdata  reserved-to be defined in a future version of MATLAB
% handles    structure with handles and user data (see GUIDATA)
```

이 Push Button을 활성화시키기 위해 여러분이 해야 할 일은 사용자가 이 버튼을 클릭하였을 때 수행되기를 원하는 명령어들을 추가하는 것이다. 물론 M-파일을 저장할 필요가 있는데 이는 편집기/디버거에서 통상적인 방법을 따르거나 레이아웃 편집기에서 GUI를 활성화시켜 수행할 수 있다. 매번 GUI를 저장하거나 활성화시킬 때마다 여러분이 GUI에 추가시킨 임의의 새로운 객체들이나 메뉴 항목들에 대하여 이들이 callback 함수를 가져야 하는 경우 위에 보인 바와 같은 5줄의 블록이 자동적으로 GUI의 M-파일에 추가된다. 많은 경우 객체에 대하여 속성들을 충분히 설정한 뒤에 GUIDE는 자동적으로 M-파일에 어떤 적절한 명령어들을 삽입해 줄 만큼 영리하지만 이들을 수정할 필요가 있을 수 있다. 예를 들면 GUIDE는 M-파일에 다음과 같이 시작하는 부분을 넣어준다:

```
% --- Executes just before plotgui is made visible.
function plotgui_OpeningFcn(hObject,eventdata,handles,varargin)
% This function has no output args, see OutputFcn.
```

아울러 다음을 포함한다:

```
% This sets up the initial plot - only do when we are invisible
% so window can get raised using plotgui.
if strcmp(get(hObject,'Visible'),'off')
   plot(rand(5));
end
```

그림 9.4의 축 창에 보이는 "불규칙 선들"은 위에 보인 M-파일 부분에 의한 결과이다. 이 선들을 없애거나 수정하였다면 GUI는 매우 다른 그림으로 나타나거나 아예 그림이 없이 나타났을 것이다.

GUI의 오른쪽에 있는 Popup Menu에 대하여 다음 코드들을 (그림 9.2에 보인 최초의 GUI로부터 수정된) callback 함수에 넣어주기로 한다:

```
popup_sel_index = get(hObject, 'Value');
switch popup_sel_index
    case 1
        axis equal
    case 2
        axis normal
    case 3
        axis square
end
```

GUI 사용자가 Popup Menu에서 항목을 선택할 때마다 MATLAB은 객체의 "Value"

속성을 선택된 줄에 따라 설정하고 관련되는 callback 함수를 수행한다. 제 5장에서 언급한 바와 같이 get을 사용하여 그래픽 객체 속성의 현재 설정을 끌어낼 수 있다. 앞에서 언급한 바와 같이 GUIDE에서 제공되는 callback 템플레이트들을 이용하는 경우 변수 hObject는 관련되는 객체에 대한 (get과 set에서 필요로 하는 첫 번째 인수인) 핸들을 포함할 것이다. (만일 다른 방범을 사용하여 callback 함수를 작성한다면 hObject 대신 MATLAB 명령어 gcbo를 사용할 수 있다.) 위의 GUI 보기에서 Popup Menu의 첫 번째 줄은 "equal"이며 사용자가 첫 번째 줄을 선택한다면 위의 callback 함수는 axis equal을 수행한다; 두 번째 줄은 'normal"로서 이하 유사하게 작용한다.

✔ 그림 9.4의 Popup Menu는 그림 9.3에서와 같이 "equal"이 아닌 "normal"로 나타남을 인지하였을 것이다; 이는 우리가 GUI를 생성하였을 때 Property Inspector를 이용하여 이의 "Value" 속성을 2로 설정했기 때문이다. 이러한 방법으로 Popup Menu나 Listbox에서 첫 번째 항목이 아닌 다른 것으로 기본 설정을 해 둘 수가 있다.

"Plot it!"이라는 라벨이 붙은 Push Button의 경우 다음과 같은 callback 함수를 작성하였다:

```
set(handles.figure1, 'HandleVisibility', 'callback');
eval(get(handles.edit1, 'String'))
```

위에서 `handles.figure1`과 `handles.edit1`은 각각 전체 `GUI` 창과 `Edit Text` 상자에 대한 핸들이다. 이 변수들은 `GUIDE`에서 `callback` 함수로 제공되며 이 속성을 사용하지 않는다면 각각 `gcbf`와 `findobj(gcbf, 'Tag', 'edit1')`를 이용하여 적절한 핸들을 생성할 수 있다. 위의 `callback` 함수에서 두 번째 줄은 `get`을 사용하여 `Edit Text` 상자의 텍스트를 찾은 다음 해당되는 명령어를 `eval`을 이용하여 수행하고 있다. 첫 번째 줄은 `set`를 사용하여 `callback` 함수 내에서 이용되는 그래픽 명령어로부터 `GUI` 창을 접속 가능하게 하고 있다; 이렇게 하지 않는다면 두 번째 줄에 의한 그래프 명령어의 수행으로부터 별개의 그림창이 열릴 것이다.

✔ callback 함수를 Edit Text 상자와 연관시킬 수도 있다; 이 함수는 상자 안에 텍스트를 넣은 뒤에 사용자가 ENTER 키를 누를 때마다 수행될 것이다. callback 함수 eval(get(hObject, 'String'))은 방금 입력된 명령어를 수행함으로써 "Plot it!" 버튼에 대한 대안을 제공한다(혹은 이를 불필요하게 한다).

✔ GUI 창에서 그래프를 가능하게 하는 또 다른 방법은 레이아웃 편집기의 Tools 메뉴로부터 GUI Options...를 선택하고 이로부터 나타나는 창에서 "Command-line accessibility"를 "Callback"으로부터 "On"으로 바꾸는 것이다. 이 방법에는 사용자가 명령어 창에서 입력하는 그래프 명령어들이 GUI 창에 영향을 미치게 할 수 있다는 결점이 있을 수 있다. 더 안전한 방법은 "Command-line accessibility"를 "Callback"으로 유지시키는 것이다. 이렇게 하면 callback 함수의

```
set(handles.figure1, 'HandleVisibility', 'callback');
```

는 불필요하게 된다. 그러나 후에 "Command-line accessibility"를 변경하기로 하는 경우에 대비하여 이 줄을 유지시키도록 권고한다.

앞 절의 `plotgui` 보기에는 callback 함수로서 기존의 MATLAB 명령어를 사용한 경우가 한번 있다. "Change axis limits..."라는 라벨이 붙은 Push Button의 경우 우리는 단순히 plotgui.m의 해당 callback 함수에 axlimdlg를 입력하였다. 이 명령어는 사용자가 x 축과 y 축의 범위에 대하여 새로운 값들을 입력할 수 있게 하여 주는 *대화상자*를 열어준다. MATLAB은 여러분이 callback 함수나 통상의 M-파일에서 사용할 수 있는 다수의 대화상자들을 지니고 있다. 예를 들면 input 대신에 inputdlg를 사용할 수 있다. 이용 가능한 대화상자들에 대한 정보를 얻으려면 help uitools를 입력한다.

다음은 "Clear figure"라는 라벨이 붙은 Push Button에 대한 callback 함수이다:

```
set(handles.edit1, 'String', '');
set(handles.figure1, 'HandleVisibility', 'callback');
cla reset
```

첫 번째 줄은 Edit Text 상자의 텍스트를 삭제하며 마지막 줄은 GUI 창의 Axes 상자를 비워준다. (만일 여러분의 GUI가 하나 이상의 Axes 상자를 포함하고 있다면 axes를 사용하여 각각의 callback 함수에서 조절하고자 하는 함수를 선택할 수 있다.)

"Hold is OFF"라는 라벨이 붙은 Toggle Button에 대하여 다음과 같은 callback 함수를 사용하였다:

```
set(handles.figure1, 'HandleVisibility', 'callback');
if get(hObject, 'Value')
   hold on
```

```
        set(hObject, 'String', 'Hold is ON');
    else
        hold off
        set(hObject, 'String', 'Hold is OFF');
    end
```

Toggle Button의 "Value" 속성을 위의 Popup Menu callback 함수에서와 같은 방법으로 취하지만 Toggle Button의 경우 이 값은 버튼이 "out"(기본값)이면 0이고 버튼이 "in"으로 눌려지면 1이 된다. (Radio Button과 Checkbox들 역시 0이나 1의 "Value" 속성을 갖는나.) 사용자가 먼저 Toggle Button을 누르면 값은 1로 설정되므로 위의 callback 함수는 hold on을 수행하고 Toggle Button상에 나타나는 문자열을 변경을 반영하는 것으로 재설정한다. 다음번에 사용자가 버튼을 누르면 이 조작들은 반대로 된다.

마지막으로 GUI의 객체를 이용하여 "ButtonDownFcn"이라고 불리는 callback 함수의 변형을 대신 연관시킬 수 있다. 그러한 함수는 다음과 같이 시작한다:

```
% --- Executes on mouse press over axes background.
function axes1_ButtonDownFcn(hObject, eventdata, handles)
```

이 함수는 사용자가 축 창에서 클릭하거나 Push Button과 같은 다른 객체들의 경우 (callback 함수에 대해서와 같은 왼쪽 마우스 버튼과는 반대로) 오른쪽 마우스 버튼을 클릭함으로써 수행될 것이다. 그러한 함수를 생성하려면 레이아웃 편집기에서 오른쪽 마우스 버튼으로 객체를 클릭하고 View Callbacks:ButtonDownFcn을 선택한다. 여러분은 함수들을 몇 가지 다른 형태의 사용자 이벤트들과 연관시킬 수 있다; 더 알아보기를 원하면 온라인 도움말을 참조하거나 혹은 레이아웃 편집기 상의 다양한 객체들 및 이들 뒤의 격자에서 오른쪽 마우스 버튼을 클릭하여 시험하여 본다.

제 10 장
응용

이 장에서는 몇 가지 분야의 문제들에 대하여 MATLAB을 어떻게 적용하는가를 보여주는 보기들을 제시하고 있다. 각 보기는 MATLAB M-파일 형태로 제시되며 LaTeX로 프린트된다. LaTeX로의 프린트를 위해 기본적인 스타일들을 변경하여 입력, 출력, 그리고 텍스트 사이의 간격을 조정하였으며 제시된 방정식 그대로 뿐만 아니고 단락 내에서도 수학 공식을 포맷할 수 있도록 하였다. 아울러 출판된 LaTeX 코드에 약간의 조정을 가하여 줄 마침이 향상되도록 하였다. 마지막으로 publish는 이탤릭체 텍스트를 생성하지 못하므로 대신 굵은 체 텍스트를 사용하였다. 이 보기들은 여러분이 MATLAB으로 생성할 수 있는 세련되고 통합된 것들의 예시로서 다음 것들이 있다:

- 실내 밝히기
- 주택 할부금 지불
- Monte Carlo 모사
- 개체 동특성
- 선형 경제모델
- 선형계획법
- 360° 단진자
- ☆ 열 방정식의 수치해
- ☆ 교통흐름 모델

우리가 이용하는 모든 MATLAB 명령어들을 다룬 것은 아니다; 온라인 도움말로부터 새로운 명령어들에 대하여 알아볼 수 있다. Simulink는 *교통흐름 모델*에서 이용되며 아울러 *개체 동특성*과 *열 방정식의 수치해*에서 선택적 보조도구로 이용된다. *선형 계획법*에 대한 보기에서도 Simulink와 최적화 툴박스에서 찾아볼 수 있는 M-파일을 (약간 다른 형태로) 필요로 한다. 보기들에서는 서로 다른 수준의 수학적 배경과 다른 주제들에서의 경험이 요구된다. *실내 밝히기*, *주택 할부금 지불*, 그리고 *개체 동특성*에서는 단지 고등학교 수준의 수학을 사용하고 있다. *Monte Carlo 모사*는 약간의 확률과 통계이론을 사용하고 *선형 경제모델*과 *선형계획법*은 약간의 선형대수, *360° 단진자*는 약간의 상미분 방정식, *열 방정식의 수치해*는 약간의 편미분 방정식을 사용하며 아울러 *교통흐름 모델*은 미분방정식과 선형대수를 이용하고 z가 복소수인 함수 e^z에 대한 지식을 필요로 한다. 어느 특정 보기에 대한 배경지식이 없더라도 제시된 내용으로부터 MATLAB에 대하여 무언가를 배울 수 있을 것이다.

실내 밝히기

규격이 10m×4m×3m인 방의 천장 어느 곳에 전등을 설치하면 실내를 가장 잘 밝힐 수 있을 것인가를 결정할 필요가 있다고 가정하자. 미적 이유로 소수의 백열 전구를 사용하도록 요구받고 있다. 전구들은 모두 합하여 최대 300와트가 되도록 하고자 한다. 주어진 수의 전구에 대하여 방의 가장 어두운 부분에서 빛의 세기를 최대로 하려면 이 전구들을 어떻게 배치하여야 하겠는가? 아울러 하나의 300와트 전구로부터 두 개의 150와트 전구들로, 다시 3개의 100와트 전구들 등으로 바꾸어 감에 따라 얼마나 향상이 되는지 규명하려고 한다. 문제를 간단히 하기 위해 실내에는 가구가 하나도 없으며 벽에서 반사되는 빛은 전구로부터 직접 발산되는 빛에 비하면 무시할 수 있다고 가정한다.

하나의 300와트 전구

전구가 하나만 있다면 천정의 한가운데에 전구를 설치하기를 원한다. 바닥이 얼마나 잘 비추어지는지를 그려보자. 방의 긴 방향으로 0에서 10까지 변하는 것으로 x 축을 정하고 짧은 방향으로 0에서 4까지 변하는 것으로 y 축을 정하기로 한다. 주어진 위치에서 빛의 세기는 평방미터당 와트로 나타낸다면 300을 전구로부터의 거리의 제곱에 4π를 곱한 값으로 나눈 양이다. 전구는 바닥의 점 (5,2)에서 3m 위에 위치하므로 바닥의 점 (x, y)에서 빛의 세기는 다음과 같이 나타낼 수 있다.

```
syms x y; illum = 300/(4*pi*((x - 5)^2 + (y - 2)^2 + 3^2))
illum =
75/pi/((x-5)^2+(y-2)^2+9)
```

ezcontourf를 사용하여 전체 바닥에 걸쳐 위의 식을 도시할 수 있다. 옵션 colormap

을 이용하여 밝기를 알아보는 데에 도움이 되도록 색깔의 변화등급을 조정한다. (추가적인 colormap 옵션들에 대해서는 온라인 도움말을 참조한다.)

```
ezcontourf(illum, [0 10 0 4])
colormap('gray');
axis equal tight
```

바닥의 가장 어두운 부분들은 구석들이다. 방의 가운데와 구석들에서의 빛의 세기를 구하여 보자.

```
subs(illum, {x, y}, {0, 0})
ans =
   0.6282

subs(illum, {x, y}, {5, 2})
ans =
   2.6526
```

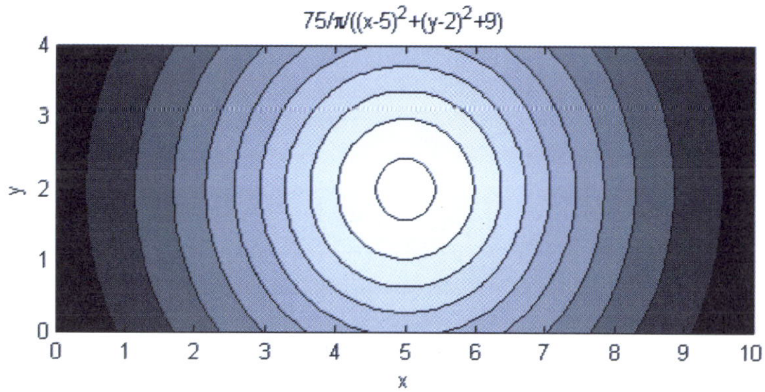

천정에 전구가 단지 한 개만 매달려 있을 경우 방바닥에서 가운데 지점은 구석보다 4 배 정도 더 밝다. 우리의 목적은 총 전력 양은 동일하게 유지하면서 전구들을 더 많이 사용하여 방을 더 균일하게 밝히는 것이다. 다수의 전구들을 다루기 전에 ezcontourf의 사용은 그림에서 수준들의 수를 조절할 수 없다는 측면에서 다소 제한적이라는 사실을 감안하자. 이는 빛의 세기를 보는 데에 도움에 될 것이다; 따라서 기호적이 아닌 수치적으로, 즉 ezcontourf 대신 contourf를 이용하여 그래프를 그릴 것이다.

두 개의 150와트 전구

이 경우 두 개의 전구들을 어디에 위치시킬 것인가를 결정할 필요가 있다. 상식적으로는 길다란 방향을 따라 방의 중심을 지나는 선, 즉 y=2인 선을 따라 대칭적으로 전구들을 배열하는 것이 타당한 것으로 보인다. 먼저 천장의 점 (d, 2)에 있는 하나의 150와트 전구에 의한 바닥의 점 (x, y)에서의 빛의 세기를 나타내는 함수를 정의한다.

```
light2 = @(x,y,d) 150./(4*pi*((x - d).^2 + (y - 2).^2 + 3^2));
```

하나의 전등을 d=3에 위치시키고 다른 하나를 d=7에 위치시키는 경우의 조명 패턴을 알아보기로 하자. 이 경우 및 이하의 그림들에서 20 개의 수준선을 지정하기로 한다.

```
[X,Y] = meshgrid(0:0.1:10, 0:0.1:4);
contourf(light2(X, Y, 3) + light2(X, Y, 7), 20);
colormap('gray');
axis equal tight
```

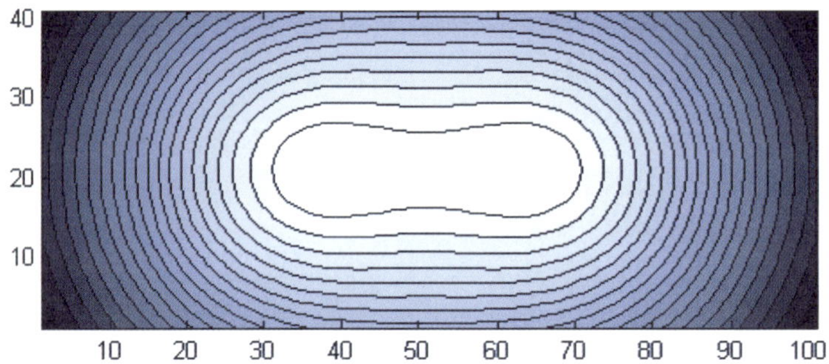

바닥은 하나의 전구만 있을 경우보다 더 균일하게 밝아졌지만 두 전구들이 필요 이상으로 근접해 있는 것으로 보인다. 전구들을 더 떼어놓는다면 방의 중심은 흐려지겠지만 구석은 더 밝아질 것이다. 빛의 위치를 d=2와 d=8로 변경시켜 보자.

```
contourf(light2(X, Y, 2) + light2(X, Y, 8), 20);
colormap('gray');
axis equal tight
```

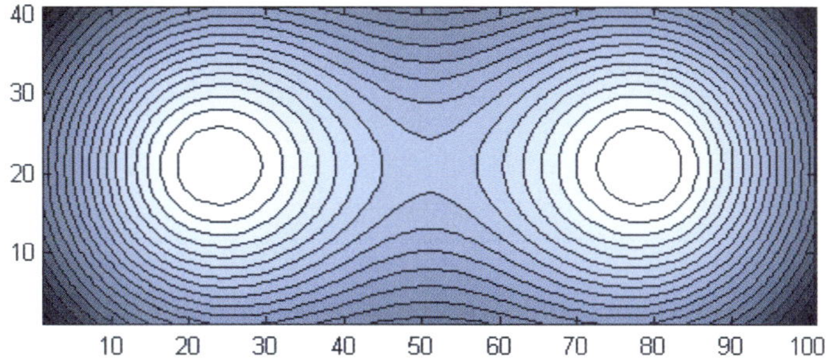

이는 약간 향상된 결과이다. 구석들은 여전히 가장 어두운 부분들이며 전구들을 더 떼어 놓음에 따라 방의 중심을 향하는 벽을 통한(x=5 근처) 빛의 세기는 약해진다. 가장 어두운 부분들을 더 밝게 비추려면 두 전구들을 여전히 점점 더 떼어 두어야 한다. d=1과 d=9를 시도하여 보자.

```
contourf(light2(X, Y, 1) + light2(X, Y, 9), 20);
colormap('gray');
axis equal tight
```

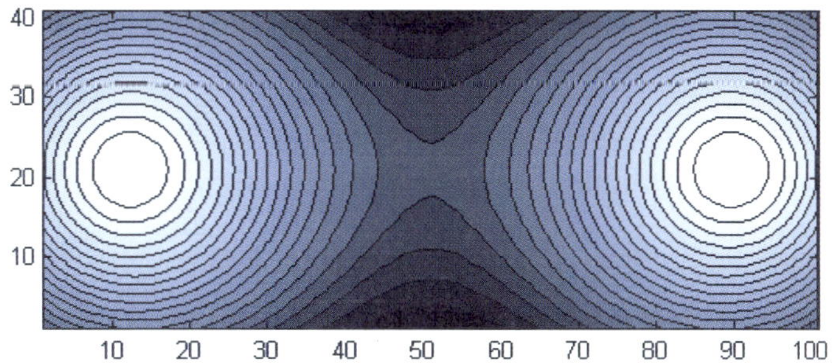

긴 벽을 따라 바라보면 방은 구석에서보다 중앙을 향해 더 어두워져 있다. 이는 전구들을 너무 멀리 떼어 놓았음을 암시한다. 수준곡선 그래프들로 작업을 더 진행해 볼 수 있지만 그 대신 전등에 대한 가장 좋은 위치를 조직적으로 찾아보자. 일반적으로 하나의 전등을 x=d에 위치시키고 다른 것을 x=10-d에 대칭적으로 위치시킬 수 있다(d는 0과 5 사이이다). 위의 보기들로부터 판단한다면 가장 어두운 지점들은 두 긴 벽들의 중간이나 구석에 위치할 것이다. 네 개의 모든 구석들에서 빛의 세기는 대칭적으로 동일할 것이므로 하나의 구석 (0,0)에서의 빛의 세기를 d의 함수로 그려보자.

```
d = 0:0.1:5;
plot(d, light2(0, 0, d) + light2(0, 0, 10-d))
```

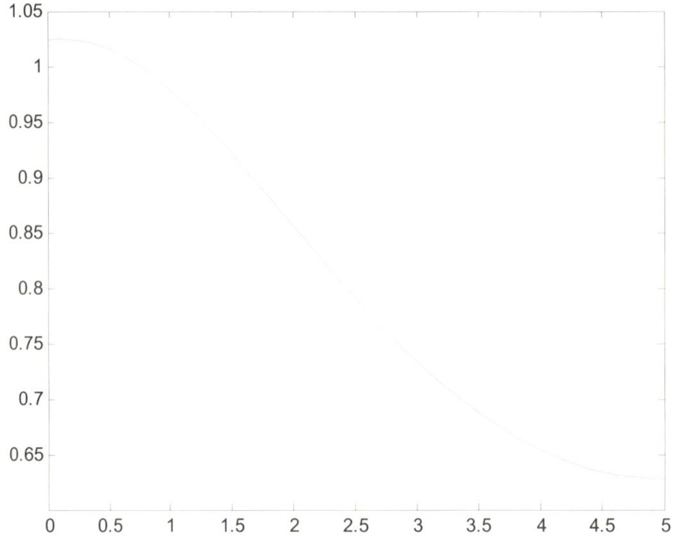

기대했던 바와 같이 d가 작을수록 구석들은 더 밝아진다. 이와 반대로 긴 벽(여기에서도 대칭에 의하여 두 긴 벽들 가운데 어느 것을 선택할 것인지는 문제가 되지 않는다)의 중간지점 (5, 0)에서의 빛의 강도에 대한 그래프는 d가 5로 증가함에 따라 커질 것이다.

```
d = 0:0.1:5;
plot(d, light2(5, 0, d) + light2(5, 0, 10-d))
```

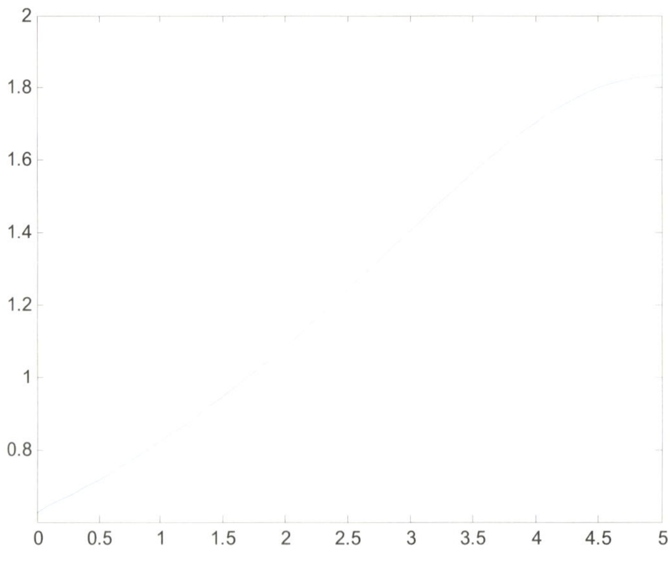

우리는 위의 그래프에서 두 수들(방의 가장 어두운 지점에 해당) 가운데 작은 것을 가능한 한 크게 하여주는 d의 값을 찾고 있다. 하나의 그래프에 두 곡선들을 보임으로써 이 값을 찾을 수 있다.

```
hold on
plot(d, light2(0, 0, d) + light2(0, 0, 10-d))
hold off
```

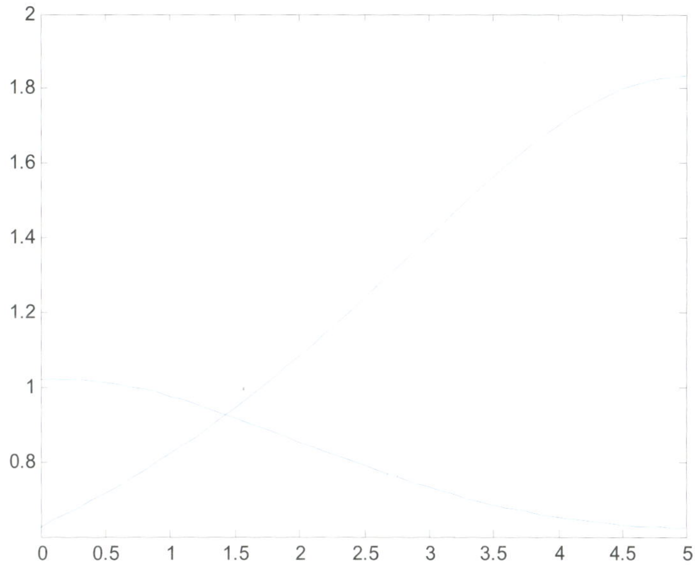

d의 최적값은 두 곡선이 교차하는 점인 1.4 정도로서 최소 세기는 1보다 약간 적다. d의 최적값을 얻으려면 두 곡선들이 교차하는 곳을 정확하게 계산하면 된다.

```
syms d
eqn = @(d) light2(0, 0, d) + light2(0, 0, 10-d) - ...
        light2(5, 0, d) - light2(5, 0, 10-d);
dint = fzero(eqn, [0 5])

dint =
   1.4410
```

그러므로 전등은 짧은 벽 쪽으로부터 약 1.44m 떨어져 위치해야 한다. 이렇게 하면 바닥의 가장 어두운 곳들에서의 대략적인 빛의 세기는 다음과 같다.

```
light2(0, 0, dint) + light2(0, 0, 10 - dint)

ans =
    0.9301
```

방에서 가장 어두운 지점에서는 빛의 세기가 약 0.93 정도로서 전구가 한 개 있을 때의 0.63과 대조된다. 이는 대략 50%가 향상된 것이다.

3개의 100와트 전구

100와트 전구들에 대한 세기 함수를 다시 정의한다.

```
light3 = @(x,y,d) 100./(4*pi*((x - d).^2 + (y - 2).^2 + 3^2))

light3 =
    @(x,y,d) 100./(4*pi*((x - d).^2 + (y - 2).^2 + 3^2))
```

하나의 전구를 방의 가운데에 두고 다른 두 개는 이전과 마찬가지로 대칭으로 설치한다고 가정하자. 다음은 가운데에 있지 않은 전구들이 짧은 벽들로부터 1m 떨어져 있을 때의 바닥의 밝기이다.

```
[X,Y] = meshgrid(0:0.1:10, 0:0.1:4);
contourf(light3(X, Y, 1) + light3(X, Y, 5) + light3(X, Y, 9), 20);
colormap('gray');
axis equal tight
```

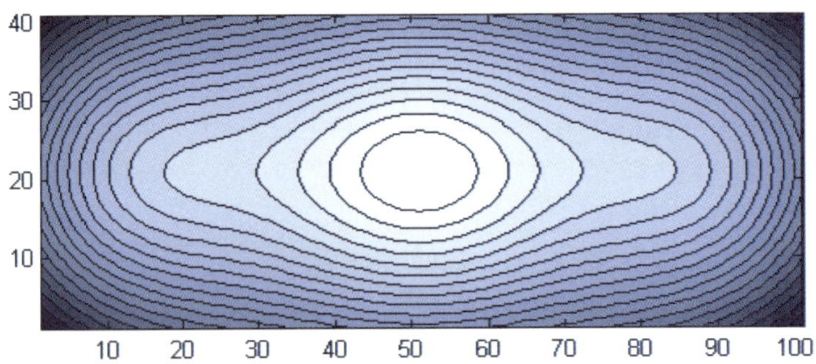

전구들을 벽 쪽으로 더 가까이 해야 하는 것이 분명하다. (이는 누구에게나 미적으로 우아하지 않을 것이다!) d를 짧은 벽으로부터의 전구의 거리라고 하자. 긴 벽을 따라

x 위치에서의 빛의 세기를 나타내는 함수를 정의하고 몇 가지의 x 값에 대하여 빛의 세기를 d의 함수로 나타내어 보기로 한다.

```
d = 0:0.1:5;
for x = 0:0.5:5
   plot(d, light3(x,0,d) + light3(x,0,5) + light3(x,0,10-d))
   hold on
end;
hold off
```

d가 5에 근접하면 x가 0에서 5로 커짐에 따라 빛의 세기는 증가할 것이므로 맨 아래 곡선은 x=0에 해당하고 맨 위의 곡선은 x=5에 해당할 것임을 알 수 있다. x=0 곡선은 모든 d에 대하여 가장 작은 것이며 d가 감소함에 따라 상승하게 됨을 주목하자. 따라서 d=0은 (x=0에 해당되는) 구석진 곳들인 방의 가장 어두운 지점의 세기를 최대가 되게 하여 준다.

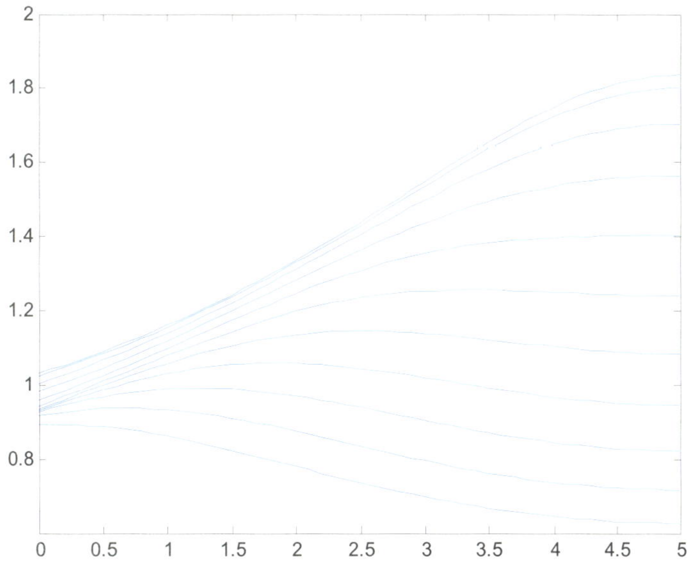

이 위치에서 빛의 세기는 다음과 같다.

```
light3(0, 0, 0) + light3(0, 0, 5) + light3(0, 0, 10)

ans =
   0.8920
```

이 결과는 놀랄 만하다; 두 개의 전구를 사용할 때보다 더 나빠졌다. 각 전구의 와트 수는 작아지면서 전구가 두 개에서 3개로 되면 전력을 방의 끝부분들로부터 중심부로 이동하도록 강요받는 셈이다. 방의 양 끝에서 더 밝은 전구들을 사용하고 방의 가운데에 더 흐린 전구를 사용하거나 4개의 75와트 전구들을 사용한다면 아마도 두 전구의 경우에 비해 향상된 결과를 얻을 수 있을 것이다. 그러나 지금까지의 결과는 세 전구 이상의 경우들로부터 얻게 되는 양은 전구 하나에서 두 개의 전구로 이동하면서 얻게 되는 양에 비해 작을 것임을 알려주고 있다.

주택 할부금 지불

고정 할부금 이율에 따른 주택 할부금 지불, 원금(빌린 금액), 그리고 대부기간들 사이의 관계들을 알아보기로 한다. 이율은 연이율로 주어지지만 (보통의 경우에서처럼) 상환은 매달 이루어지는 것으로 가정한다. peryear와 percent를 다음과 같이 정의하기로 한다:

```
peryear = 1/12; percent = 1/100;
```

30년 동안의 상환 횟수는

```
>> 30*12
ans =
   360
```

이며 이를테면 8%와 같은 연이율은 월이율로는 다음과 같다:

```
8*percent*peryear
ans =
     0.0067
```

이제 매 번의 월별 상환에 따라 어떤 일이 일어나는지 살펴보자. 상환액의 일부는 결제되지 않은 원금 P에 대한 이자로 적용되며 또 일부는 빚지고 있는 원금을 줄이는 데에 적용된다. 총 월별 상환액 R은 대부기간동안 일정하다. 그러므로 J가 월별 이율을 나타낸다면 원금을 줄이는 데에 사용된 액수는 R−JP가 되며 지불 후의 새로운 원금은

$$P - R + JP = P(1+J) - R = Pm - R$$

이다. 위에서 $m = 1 + J$이다. 따라서 n번 지불 후에 남아있는 원금은 초기 대부금액 A에 대하여 n이 0에서 6까지 변할 경우 다음과 같이 표로 만들 수 있다:

```
syms m J P R A n
disp('지불횟수  남아있는 원금');
P = A;
for n = 0:6
   disp(['   ', num2str(n), '      ', char(P)])
   P = simplify(-R+P*m);
end
```

이를 수행하면 다음을 얻는다:

```
지불횟수  남아있는 원금
   0      A
   1      -R+A*m
   2      -R-m*R+A*m^2
   3      -R-m*R-m^2*R+A*m^3
   4      -R-m*R-m^2*R-m^3*R+A*m^4
   5      -R-m*R-m^2*R-m^3*R-m^4*R+A*m^5
   6      -R-m*R-m^2*R-m^3*R-m^4*R-m^5*R+A*m^6
```

이는

$$P = Am^n + (\text{R로 나눌 수 있는 항})$$

임을 감안하면 좀 더 간단하게 나타낼 수 있다. 예를 들어 n=7이라면

```
factor(P - A*m^7)
ans =
-R*(1+m+m^2+m^3+m^4+m^5+m^6)
```

그러나 한편으로는 괄호 안의 양은 다음과 같은 기하급수의 합이다:

$$\sum_{k=1}^{n-1} m^k = \frac{m^n - 1}{m - 1}$$

그러므로 n번의 상환 후에 원금은 다음과 같음을 알 수 있다:

$$P = Am^n - \frac{R(m^n - 1)}{m - 1}$$

이제 대부금은 N번에 걸쳐 지불됨으로써 N회의 상환 후에는 P가 0으로 된다는 가정 아래 월별 상환액 R에 대하여 풀 수 있다:

```
syms N
solve(A*m^N - R*(m^N - 1)/(m - 1), R)
R = subs(ans, m, J + 1)

ans =
A*m^N*(m-1)/(m^N-1)
R =
A*(J+1)^N*J/((J+1)^N-1)
```

예를 들어 초기 대부금 A=$150,000에 대하여 대부기간이 30년(상환횟수는 360회)이라면 다음과 같이 지불액을 연간 이율의 함수에 따른 표로 나타낼 수 있다:

```
format bank
disp('       이율(%)     월별 지불액($)');
for rate = 1:10
   disp([rate, double(subs(R, {A, N, J}, ...
      {150000, 360, rate*percent*peryear}))])
end
```

이의 수행결과는 다음과 같다:

```
이율(%)    월별 지불액($)
  1.00        482.46
  2.00        554.43
  3.00        632.41
  4.00        716.12
  5.00        805.23
  6.00        899.33
  7.00        997.95
  8.00       1100.65
  9.00       1206.93
 10.00       1316.36
```

위에서 format bank를 사용하여 부동 소수점 수를 소수점 이하 두 자리까지 나타내도록 한 점을 주목하자.

이 계산들을 이해하는 다른 방법으로서 좀 더 매끄러우며 MATLAB의 선형대수적 능력을 활용하는 방법이 있다. 즉 기본 방정식

$$P_{new} = P_{old}m - R$$

을 다음과 같은 행렬 형태로 바꾼다:

$$v_{new} = Bv_{old}$$

위에서

$$v = \begin{pmatrix} P \\ 1 \end{pmatrix}, \qquad B = \begin{pmatrix} m & -R \\ 0 & 1 \end{pmatrix}$$

이다. 행렬 처리를 통하여 이를 검증할 수 있다:

```
syms R P
B = [m -R; 0 1]; v = [P; 1];
B*v

ans =
 m*P-R
     1
```

이는 앞에서 우리가 얻은 결과와 일치한다. 따라서 n 번의 지불 후의 결과를 나타내는 열 벡터 [P; 1]은 출발 벡터인 [A; 1]에 행렬 B^n을 왼쪽에서 곱하여 계산할 수 있다. $m > 1$, 즉 이율이 양수라고 가정하면 다음 계산은 행렬 B의 고유치가 m과 1이며 해당되는 고유벡터는

$$\begin{pmatrix} 1 \\ 0 \end{pmatrix} \text{ 및 } \begin{pmatrix} 1 \\ (m-1)/R \end{pmatrix} = \begin{pmatrix} 1 \\ J/R \end{pmatrix}$$

임을 보여준다:

```
[eigenvectors, diagonalform] = eig(B)

eigenvectors =
[        1,        1]
[ (m-1)/R,        0]
```

```
diagonalform =
[ 1, 0]
[ 0, m]
```

이제 벡터 [A; 1]을 고유벡터들의 선형 조합으로 나타낼 수 있다:

```
[x, y] = solve('A = x*1 + y*1', '1 = x*0 + y*J/R')

x =
(A*J-R)/J
y =
1/J*R
```

따라서

$$\begin{pmatrix} A \\ 1 \end{pmatrix} = \left(A - \frac{R}{J}\right)\begin{pmatrix} 1 \\ 0 \end{pmatrix} + \left(\frac{R}{J}\right)\begin{pmatrix} 1 \\ J/R \end{pmatrix}$$

이며

$$B^n\begin{pmatrix} A \\ 1 \end{pmatrix} = \left(A - \frac{R}{J}\right)m^n\begin{pmatrix} 1 \\ 0 \end{pmatrix} + \frac{R}{J}\begin{pmatrix} 1 \\ J/R \end{pmatrix}$$

이다. 그러므로 n 번의 상환 뒤에 남아있는 원금은

$$P = \frac{(AJ - R)m^n + R}{J} = Am^n - \frac{R(m^n - 1)}{J}$$

가 된다. 이는 우리가 이전에 얻었던 결과와 일치한다. 결론적으로 빌릴 수 있는 금액 A를 매달 상환할 수 있는 금액 R의 함수로 나타내어 보기로 한다. N회의 상환 후에 P=0이 되도록 방정식을 A에 대하여 푼다.

```
solve(A*m^N - R*(m^N - 1)/(m - 1), A)

ans =
R*(m^N-1)/(m^N)/(m-1)
```

예를 들어 어떤 사람이 집을 구매하려 하며 30년 동안 고정 상환이율로 매달 $1500 씩 상환해 갈 수 있다고 가정하면 이율에 따른 최대 대부액은 다음과 같이 주어진다:

```
disp('        이율(%)  최대 대부액($)');
for rate = 1:10
   disp([rate, double(subs(ans, {R, N, m}, ...
      {150000, 360, 1 + rate*percent*peryear}))])
end
```

이로부터 다음 결과를 얻는다:

```
이율(%)  최대 지불액($)
  1.00   46636060.08
  2.00   40582277.47
  3.00   35578407.23
  4.00   31419186.07
  5.00   27942242.56
  6.00   25018742.16
  7.00   22546135.19
  8.00   20442524.12
  9.00   18642279.85
 10.00   17092623.00
```

Monte Carlo 모사

불규칙 공정에서 장기간에 걸친 결과에 대한 통계적 예측을 수행하려면 종종 기본적인 확률의 이해에 바탕을 둔 모사를 수행하는 것이 도움이 된다. 이러한 과정은 Monte Carlo 방법이라고 일컬어진다.

보기로서 게임하는 사람이 카지노를 상대로 배팅을 하며 카지노는 게임시간의 51%를 이기는 카지노 게임을 고려하여 보자. 문제는 다음과 같다: 카지노가 앞서고 있다는 것을 합리적으로 확인할 수 있게 되기까지 얼마나 많은 게임을 해야 하는가? 이 시나리오는 너무나 보편적인 것이어서 수학자들은 오래 전에 통계적 결과가 어떤지를 매우 정확하게 규명하여 놓았지만 여기에서는 수학에 많이 의존하지 않고 실제로 어떤 일이 일어날 수 있는지에 대한 개념을 얻을 수 있는 방법을 예시하여 보기로 한다.

먼저 MATLAB 함수 rand에 의해 0과 1 사이에서 선택된 불규칙 수를 바탕으로 하여 한 번의 게임에서 카지노에 대한 수입이 얼마인지를 계산하여 주는 식을 구성한다. 이 불규칙 수가 0.51 이하이면 카지노는 한 번의 배팅 금액을 취하며 0.51을 초과하면 카지노는 그 금액을 잃는다. (판돈이 큰 게임에서는 각각의 배팅금액은 $1000 이상이 되기도 한다. 그러므로 카지노는 먼저 파산하지 않도록 이익을 내기 위해 견디어 내야 하는 잃는 추세가 어느 정도로 불리할 것인지를 아는 것이 중요하다.) 다음은 rand로부터의 출력이 0.51보다 적으면 1, 그렇지 않으면 −1(rand로부터의 출력이 정확하게 0.51이면 0을 반환할 것이지만 이는 거의 가능하지 않다.)

```
revenue = sign(0.51 - rand)
revenue =
      -1.00
```

다수의 게임들을 한 번에 모사하려면 명령어 rand(1,10)을 이용하여 10개의 불규칙 수들의 벡터를 생성하여 동일한 조작을 수행할 수 있다.

```
revenues = sign(0.51 - rand(1, 10))
revenues =
  Columns 1 through 7
      -1.00    1.00   -1.00   -1.00    1.00    1.00   -1.00
  Columns 8 through 10
       1.00   -1.00   -1.00
```

각각의 1은 카지노가 이기는 게임을 나타내며 각각의 −1은 카지노가 잃는 게임을 나타낸다. 게임 수가 많아져서 100이 되었다면 MATLAB을 통하여 개별적인 배팅액으로부터의 수입의 합을 얻을 수 있다:

```
profit = sum(sign(0.51 - rand(1, 100)))
profit =
      -2.00
```

출력은 100회의 게임 후에 카지노가 얻은 순이익(음수라면 손해액)을 나타낸다. 평균적으로 매 100회의 게임마다 카지노는 51번을 이겨야 하고 게임하는 사람(들)은 49번을 이겨야 하므로 카지노는 (평균) 2 단위의 이익을 내야 한다. 몇 번의 시도로 무슨 일이 일어나는지 살펴보자:

```
profit = sum(sign(0.51 - rand(100, 10)))
profit =
  Columns 1 through 7
     -16.00   10.00   -4.00    4.00   -4.00  -10.00   20.00
  Columns 8 through 10
      -2.00   14.00   -2.00
```

순이익은 한 세트의 100회 게임으로부터 다음번 세트로 갈 때마다 상당히 변함을 알 수 있으며 100회의 게임 후에 카지노가 돈을 잃는 확률이 상당함을 보게 된다. 일반적으로 순이익이 어떻게 분포될 것인가에 대한 개념을 얻기 위해 같은 실험을 수없이 실행하고 그 결과들을 히스토그램으로 나타내어 볼 수 있다. 다음 함수는 n번 게임 각각을 k회 시도할 때의 순이익을 계산하여 준다.

```
profits = @(n,k) sum(sign(0.51 - rand(n, k)))
profits =
   @(n,k) sum(sign(0.51 - rand(n, k)))
```

이 함수가 수행하는 것은 불규칙 수들의 n×k 행렬을 만든 다음 행렬의 각 원소들에 대하여 위에서와 같은 연산을 수행하여 카지노가 이기는 배팅에는 1, 잃는 배팅에는 −1이 할당된 행렬을 구성하는 것이다. 마지막으로 행렬의 열들의 합을 구하여 k 개의 원소들을 갖는 행 벡터를 제공하는데 이 벡터의 각 원소는 n번 배팅에 따른 열에서의 총 이익을 나타낸다.

이제 n=100, k=100을 이용하여 profits의 출력에 대한 히스토그램을 만들어 보기로 한다. 이론적으로 카지노는 100 단위까지 따거나 잃을 수 있지만 실제로 얻어지는 것은 거의 언제나 30 이내이거나 그 정도의 0이다. 따라서 히스토그램의 범위는 −40에서 40까지이며 2씩 증가(순이익은 100회의 배팅 후에는 언제나 짝수이기 때문이다)하는 것으로 정한다.

```
hist(profits(100, 100), -40:2:40);
axis tight
```

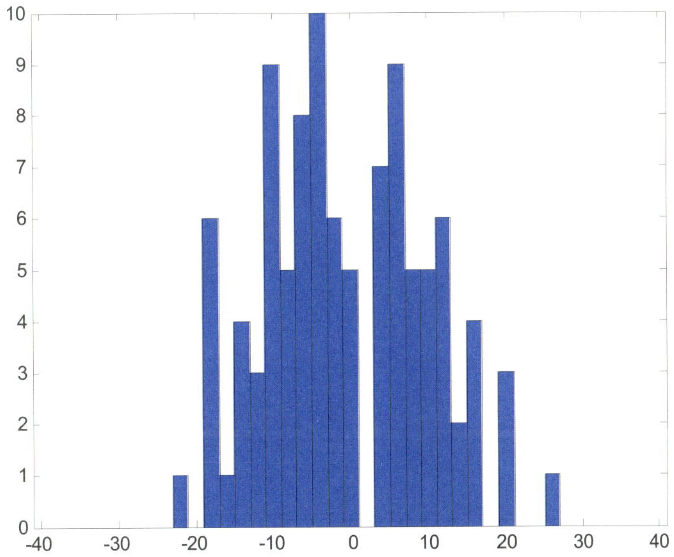

위의 히스토그램은 100 게임 후에는 수입에 넓은 변동이 있을 것이라는 우리의 생각을 확인시켜 주고 있다. 카지노는 이익을 본 것만큼 돈을 잃는 것처럼 보인다. 그러나 위에 보인 분포는 아주 불규칙하여 실제 분포에 대한 보다 나은 근사를 보려면 사실상 더 많은 시도를 해야 할 것임을 암시하여 주고 있다. 1000번을 시도하여 보자.

```
hist(profits(100, 1000), -40:2:40);
axis tight
```

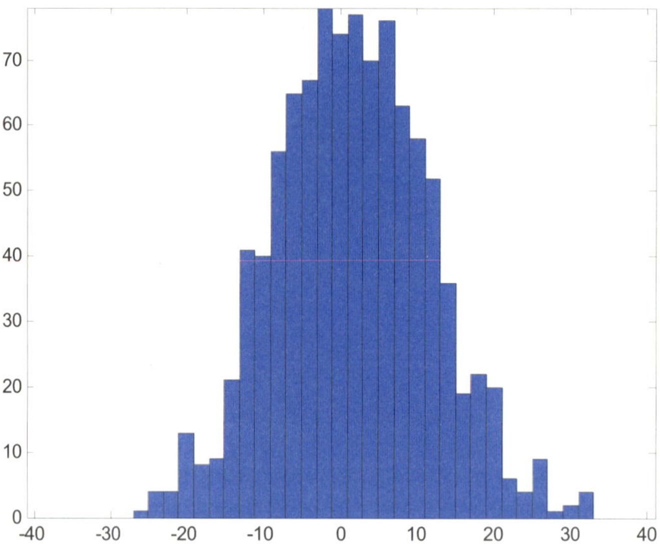

"중심극한이론"에 따르면 n과 k가 클 경우 히스토그램은 "종 곡선"과 같은 모양이어야 하는데 위에서 이러한 모양이 나타나기 시작하는 것을 볼 수 있다. 다시 10,000번을 시도하여 보자.

```
hist(profits(100, 10000), -40:2:40);
axis tight
```

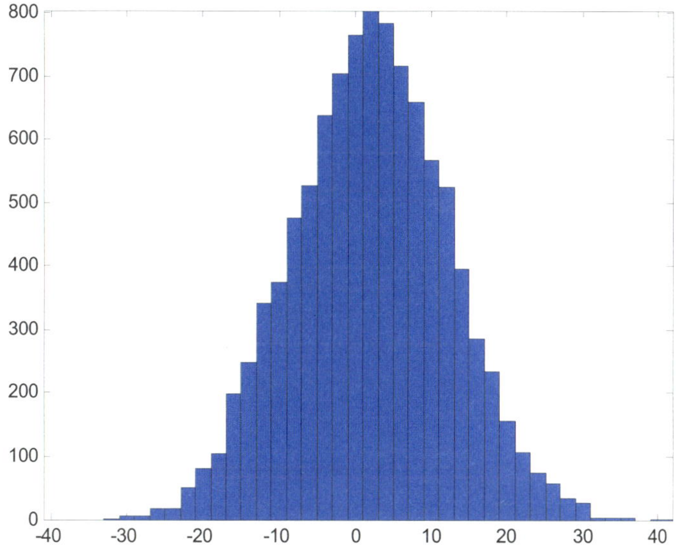

여기에서는 종 곡선 모양을 아주 뚜렷하게 볼 수 있다. 100회의 게임 뒤에 카지노가 얼마나 뒤져 있을 것 같으며 이 경우 순손실액은 얼마나 될 것인가에 대해서 많은 것을 얻지 못하였지만 1000번의 시도 후에 얻은 결과는 가능한 수입의 분포에 대한 우수한 예측이라는 점에 대한 확신을 얻게 되었다.

이제 1000번의 게임 후의 순이익을 고려하여 보기로 한다. 평균적으로 카지노는 510게임을 이기며 게임하는 사람은 490번을 이기므로 순이익은 20 단위가 될 것임을 기대할 수 있다. 1000번의 시도로부터 시작하자.

```
hist(profits(1000, 1000), -100:10:150);
axis tight
```

1000번의 게임 후의 이익에 대하여 우리가 관찰하는 값들의 범위는 100회의 게임에 대한 범위보다 크지만 가능한 값들의 범위는 10배만큼 크므로 상대적으로 말한다면 수입들끼리는 이전보다 더 근접해지고 있다. 이는 많은 수의 시도 후에 얻어지는 수입의 평균 "분산"은 각 시도에서 이루어진 게임 수 n의 제곱근에 비례한다는 이론적 원리(이는 또한 중심극한이론의 결과이다)를 반영하고 있다. 만일 분산이 n에 비례한다면 카지노는 이익을 낸다는 것을 결코 확신할 수 없기 때문에 이 사실은 카지노에게는 중요하다. n을 10 단위로 증가시키면 분산은 단지 $\sqrt{10}$ 단위로, 혹은 3보다 약간 큰 정도로 증가할 것이다.

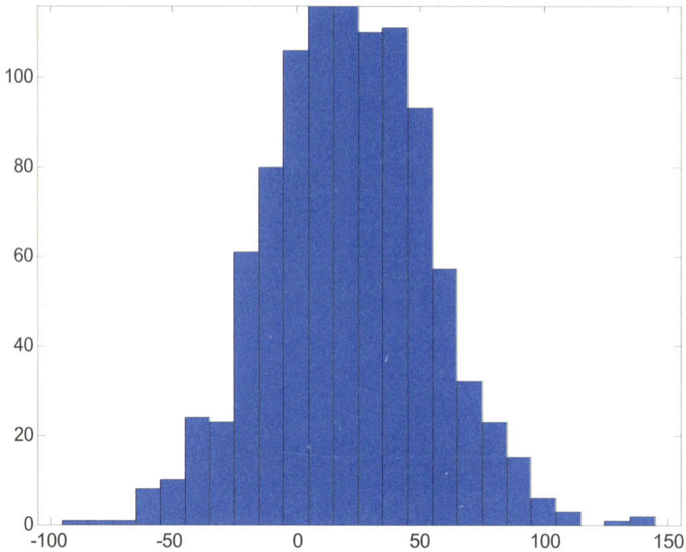

1000 번의 게임 후에 카지노는 확실히 뒤져있는 것이 아니고 앞서있을 것 같음을 주목하자. 그러나 뒤져있을 기회도 여전히 상당하다. 우리의 결과를 더 확신하기 위해 10,000 번의 시도로 모사를 되풀이하여 보자. hist(profits(1000, 10000), -100:10:150)을 입력하면 될 것 같지만 이는 1천만 개 숫자들의 배열을 포함하게 됨을 유의하자. 대부분의 컴퓨터들은 이 정도의 숫자들을 메모리에 저장할 수 있지만 이러한 많은 메모리를 사용하면 MATLAB이 느려질 수 있다. 일반적으로 가능하다면 배열에서 100만 개의 숫자 이상으로 너무 나아가지 않도록 하며 이 경우 우리의 컴퓨터에서는 결과를 하나의 벡터로 조합하는 루프를 이용하여 10,000번의 시도를 한 번에 1000번씩 10회로 나누어 수행하는 것이 최선이다.

```
profitvec = [];
for j = 1:10
   profitvec = [profitvec profits(1000, 1000)];
end
hist(profitvec, -100:10:150);
axis tight
```

종 곡선 모양이 다시 나타남을 볼 수 있다. 그럴 것 같지는 않지만 1000 번의 게임 후에 카지노가 50 단위 이상 뒤져있을 기회가 있다는 것을 무시할 수 없는 것은 아니다. 각 단위가 $1000 정도라면 이러한 가능성에 대비하기 위하여 카지노에게 적어도 현금 $100,000을 준비해 두도록 충고할 수 있을 것이다. 이것조차도 충분하지 못할 수도 있다 – 이를 살펴보기 위해 더 실험을 하여보기로 한다.

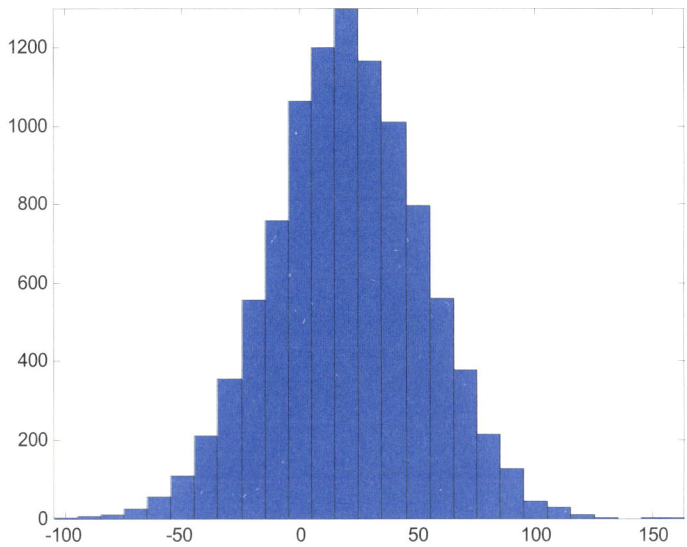

이제 10,000번의 게임 후에 무슨 일이 일어나는지 살펴보기로 한다. 이 시점에서 우리는 카지노가 평균적으로 200 단위정도 앞서있으며 이전의 논의를 바탕으로 할 때 히스토그램을 만드는 데에 이용하는 값들의 범위는 이전의 경우보다 3배 정도만 키울 필요가 있을 것으로 기대한다. 바로 10,000 번의 시도를 수행하여 보기로 하는데 이 번에는 한 번에 100회의 시도를 100번 행하기로 한다.

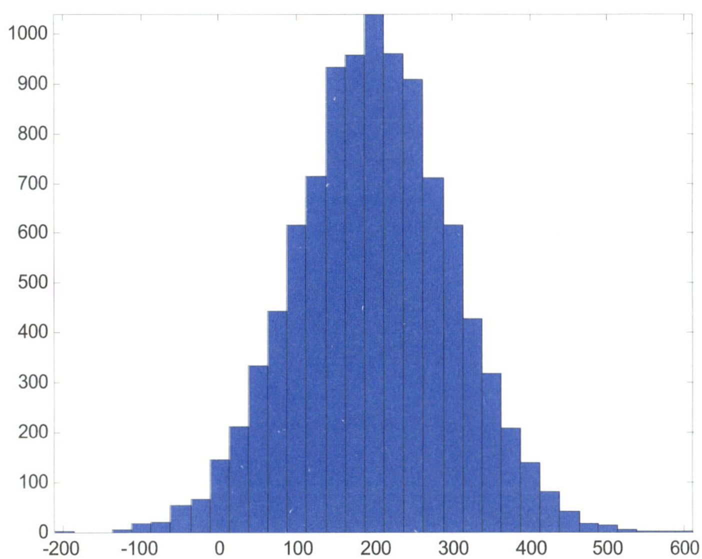

```
profitvec = [];
for j = 1:100
   profitvec = [profitvec profits(10000, 100)];
end
hist(profitvec, -200:25:600); axis tight
```

10,000 번의 게임 후에 이익으로 돌아설 가능성은 매우 높은 것으로 보인다. 그러나 이 시점에서 잃을 기회는 비록 매우 작을지라도 무시할 수는 없다; 시도한 것들 가운데 1% 이상은 잃은 것으로 나타났으며 때로는 손실은 100 단위 이상이었다. 그러나 이익을 향하는 전체적인 경향은 뚜렷한 것으로 보이며 10,000번의 게임 후에는 카지노가 이익을 내는 경우가 압도적으로 많을 것임을 기대할 수 있다. 수입의 분산의 성장에 대한 이전의 관찰을 토대로 대부분의 경우 순이익은 기댓값인 2000의 1000 이내일 것임을 기대할 수 있다. 매 회 10,000번의 게임을 10,000회 시도하는 것은 수행에 시간이 걸리므로 이번에는 1000회만 수행하여 보기로 한다.

```
profitvec = [];
for j = 1:100
   profitvec = [profitvec profits(100000, 10)];
end
hist(profitvec, 500:100:3500);
axis tight
```

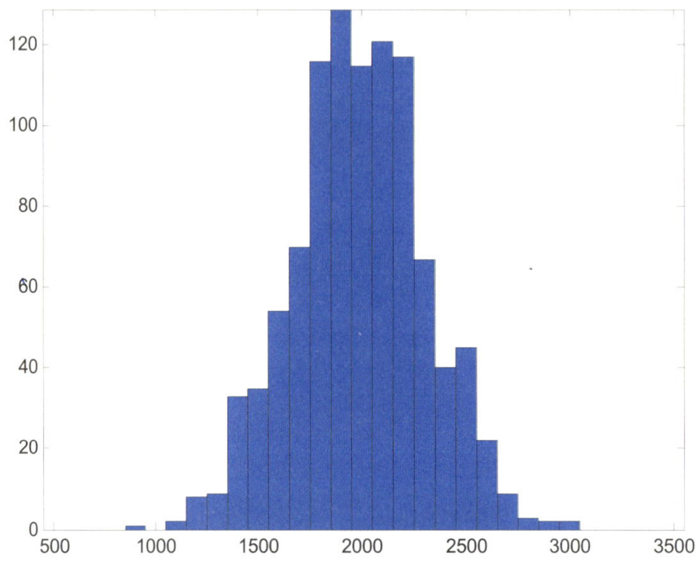

위의 결과는 우리의 추측과 일치한다. 100,000 번의 게임 뒤에 카지노는 이익을 낼 것이 거의 확실하지만 가능한 손실에 대처하기 위하여 수 백 배팅단위에 해당하는 금액을 마련해 두어야 한다.

개체 동특성

어떤 종족의 개체 성장에 대한 두 가지 모델을 살펴볼 것이다. 첫 번째 모델은 사라져 가는 종족의 개체수를 매우 잘 나타내어 주거나 점지되지 않는 형태로 사라는 개체수의 단기간 거동을 잘 나타내어 주는 표준적인 지수형태의 성장/감쇠 모델이다. 두 번째 모델은 보다 현실적인 모델로서 공간, 식품 공급, 그리고 경쟁자/포획자의 제약들을 갖는 종족의 성장을 나타내어 준다.

지수형 성장/감쇠

종족의 초기 개체 수는 P_0라고 가정한다. n 시간단위 후의 개체 수는 P_n으로 표시된다. 각 시간구간에서 개체 수는 그 구간의 시작시점에서의 값에 대하여 일정한 비율로 증가, 혹은 감소한다고 가정한다. 그러면

$$P_{n+1} = P_n + rP_n, \quad n \geq 0$$

상수 r은 탄생율과 사망률 사이의 차이를 나타낸다. r이 양수이면 개체 수는 증가하고 r이 음수이면 개체 수는 감소하며 r=0이면 개체 수는 고정된다.

다음은 이전 단계의 개체 수와 비율 r이 주어졌을 경우 단계 n에서의 개체 수를 계산하는 데에 사용될 간단한 M-파일이다.

```
>> type itseq

function X = itseq(f, Xinit, n, r)
% Computes an iterative sequence of values.
X = zeros(n+1, 1);
X(1) = Xinit;
for k = 1:n
    X(k+1) = f(X(k), r);
end
```

사실 이 파일은 임의의 함수 f, 그 함수의 파라미터 r의 값, 그리고 수열의 초기값 x_0

가 주어질 경우 수열 $x_{k+1} = f(x_k, r)$, $n \geq 0$의 값을 반복적으로 계산하는 간단한 프로그램이다.

이제 위의 프로그램을 사용하여 r=0.1일 때, 다음에는 r=−0.1일 때 5년 구간에 걸친 두 개체 수들을 계산하여 보기로 한다.

```
Xinit = 100;
f = @(x, r) x*(1 + r);
X = itseq(f, Xinit, 100, 0.1);
format long
X(1:5:101)

ans =
  1.0e+006 *
   0.00010000000000
   0.00016105100000
   0.00025937424601
   0.00041772481694
   0.00067274999493
   0.00108347059434
   0.00174494022689
   0.00281024368481
   0.00452592555682
   0.00728904836851
   0.01173908528797
   0.01890591424713
   0.03044816395414
   0.04903707252979
   0.07897469567994
   0.12718953713951
   0.20484002145855
   0.32989690295921
   0.53130226118483
   0.85566760466078
   1.37806123398224

X = itseq(f, Xinit, 100, -0.1);

ans =
  1.0e+002 *
   1.00000000000000
   0.59049000000000
```

```
0.34867844010000
0.20589113209465
0.12157665459057
0.07178979876919
0.04239115827522
0.02503155504993
0.01478088294143
0.00872796356809
0.00515377520732
0.00304325272217
0.00179701029991
0.00106111661200
0.00062657874822
0.00036998848504
0.00021847450053
0.00012900700782
0.00007617734805
0.00004498196225
0.00002656139889
```

첫 번째 경우에서 개체 수는 급격하게 증가한다; 두 번째에서는 급격하게 감쇠한다. 사실 모델로부터 임의의 n에 대하여 $P_n/P_{n+1} = (1+r)$이며 따라서 $P_n = P_0(1+r)^n$, $n \geq 0$ 임은 자명하다. 이는 "지수적 증가/감쇠"라는 표현을 잘 설명하여 준다. 위의 모델은 (성장하는 개체들에 대하여) 한계가 없는 개체 성장을 예측하여 주며 따라서 현실적이지 못하다. 다음에 보게 될 모델은 제한된 공간, 제한된 식품 공급, 경쟁자, 그리고 포획자들의 존재에 의하여 야기되는 개체 수에 대한 검사를 가능하게 하여 준다.

로지스틱 성장

이전의 모델은 개체의 상대적인 변화가 일정하다고 가정하고 있다. 즉

$$\frac{P_{n+1} - P_n}{P_n} = r$$

이제 성장을 둔화시키는 항을 만들어 보자:

$$\frac{P_{n+1} - P_n}{P_n} = r - uP_n$$

u=1+r이라고 가정함으로써 문제를 간단히 할 수 있다. 이에 따르면 위의 재귀적 관계는 다음과 같다:

$$P_{n+1} = uP_n(1 - P_n)$$

위에서 u는 양의 상수이다. 이 모델에서 개체 P는 0과 1 사이에 위치되도록 제한되며 문제의 환경에서 가능한 최대 개체 수의 퍼센트로 해석되어야 한다. 그러므로 반복 과정에서 사용하게 될 함수를 정의하여 보자:

```
f = @(x, u) u*x*(1 - x);
```

이제 몇 개의 보기들을 계산하고 plot을 이용하여 결과들을 도시하여 보기로 한다.

```
Xinit = 0.5;
X = itseq(f, Xinit, 20, 0.5);
plot(X)
```

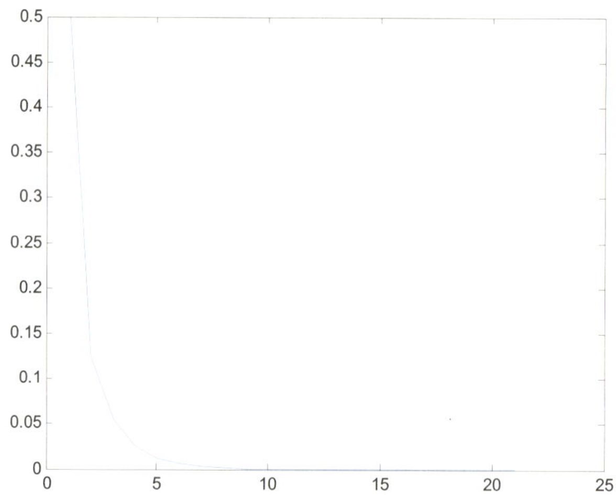

```
X = itseq(f, Xinit, 20, 1); plot(X)
```

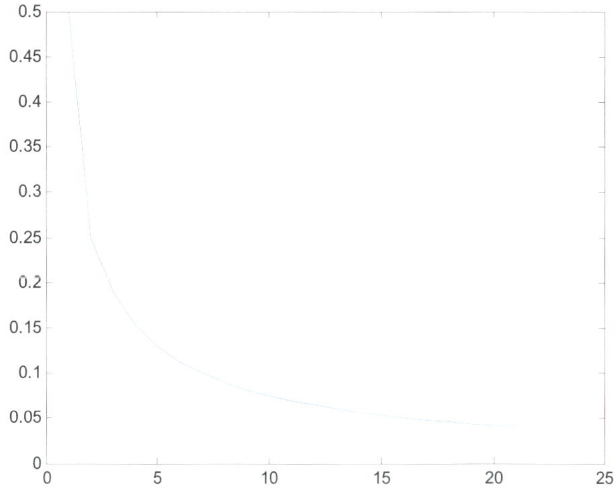


```
X = itseq(f, Xinit, 20, 1.5); plot(X)
```

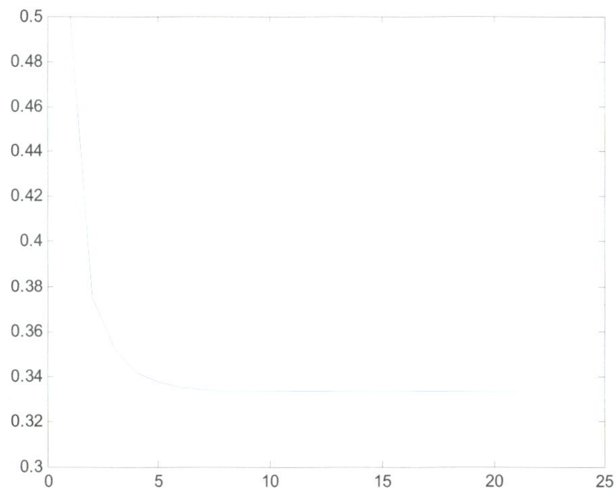

```
X = itseq(f, Xinit, 20, 3.4); plot(X)
```

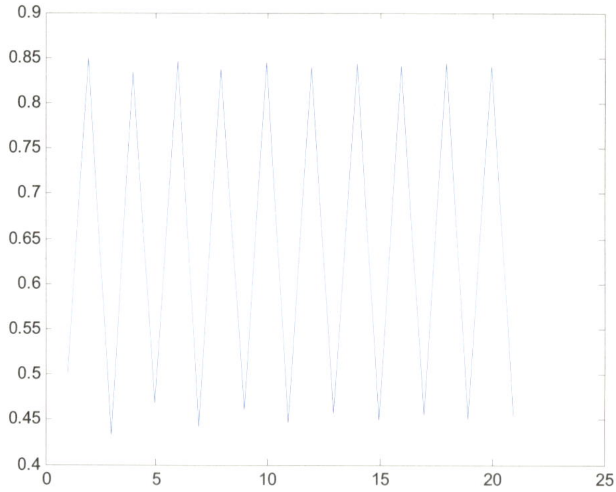

첫 번째 계산에서는 반복 프로그램을 이용하여 로지스틱 성장상수 u=0.5라고 가정하고 초기 개체 밀도가 50%일 때 20 시간구간에 대하여 개체 밀도를 구하였다. 개체는 소멸되어 가는 것으로 보인다. 나머지 보기들에서는 초기 개체밀도를 50%로 유지하였다; 유일하게 변화시킨 것은 로지스틱 성장상수이다. 두 번째 보기에서는 성장상수 u=1을 이용하였는데 비록 더 느려지기는 하였지만 여전히 개체는 소멸되어 가고 있다. 성장상수를 1.로 설정한 세 번째 보기에서는 개체는 33.3...%에서 안정화되는 것으로 보인다. 마지막으로 마지막 보기에서는 상수를 3.4로 하는 경우 개체는 대략 45%와 84% 사이에서 진동하는 것으로 보인다.

위의 보기들은 로지스틱 개체 동특성 모델의 놀랄만한 특징을 보여주고 있다. 이 모델은 150년 이상 연구되어 왔으며 그 근원이 되는 것은 벨기에 수학자 Verhulst에 의한 분석이다. 다음은 이 모델과 연관되는 몇 가지 사실들이다. 우리는 이들 가운데 일부를 MATLAB을 이용하여 확인할 것이다. 특히 plot은 물론 bar를 사용하여 데이터의 일부를 보여줄 것이다.

- **로지스틱 상수는 4보다 클 수 없다.**

모델이 작용하기 위해서는 임의의 시점에서의 출력은 0과 1 사이에 있어야 한다. 그러나 $0 \le x \le 1$에서 포물선 $ux(1-x)$는 x=1/2일 때 최대 높이를 가지며 그 값은 u/4이다. 이 수를 0과 1 사이로 유지시키려면 $u \le 4$로 제한시켜야 한다. u가 4보다 클

경우에는 다음과 같은 일이 일어난다:

```
X = itseq(f, 0.5, 10, 4.5)
X =
  1.0e+173 *
   0.00000000000000
   0.00000000000000
  -0.00000000000000
  -0.00000000000000
  -0.00000000000000
  -0.00000000000000
  -0.00000000000000
  -0.00000000000000
  -0.00000000000000
  -0.00000000000000
  -8.31506542713596
```

- 만일 $0 \le u \le 1$이면 개체 밀도는 어떠한 초기값에 대해서도 0으로 향한다.

```
X = itseq(f, 0.5, 100, 0.8);
X(101)
ans =
    2.420473970178059e-011

X = itseq(f, 0.5, 20, 1);
bar(X)
```

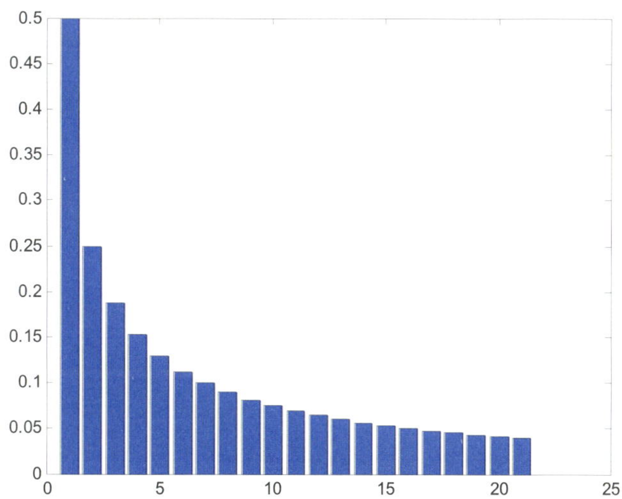

- **만일 $1 < u \le 3$이면 0이 아닌 임의의 초기 밀도에 대하여 개체는 밀도 1−1/u에서 안정화된다.**

원래의 4개 보기들 가운데 세 번째 보기는 (u=1.5 및 1−1/u=1/3에 대하여) 이 주장을 확인시켜 주고 있다. 다음 보기들에서 우리는 u를 각각 2, 2.5 및 3으로 설정하여 1−1/u는 각각 0.5, 0.6 및 0.666.....이 되도록 하였다. 마지막 계산에서 (경계의 경우, 혹은 "분기점"에서 기대한 바와 같이) 수렴은 다소 느리다.

```
X = itseq(f, 0.25, 100, 2); X(101)
ans =
  0.50000000000000

X = itseq(f, 0.75, 100, 2); X(101)
ans =
  0.50000000000000

X = itseq(f, 0.5, 20, 2.5); plot(X)
```

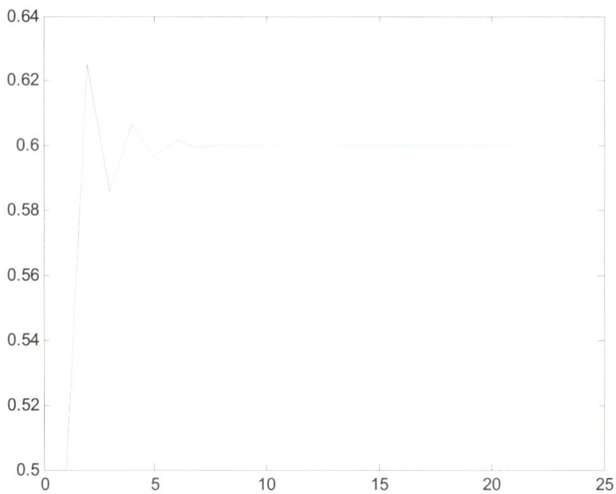


```
X = itseq(f, 0.5, 100, 3);
bar(X); axis([0 100 0 0.8])
```

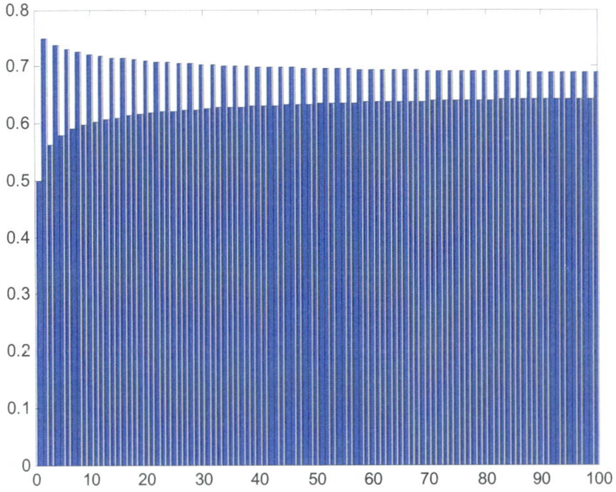

- **만일 $3 < u < 3.56994\cdots$이면 주기적인 사이클이 존재한다.**

이 이론은 매우 미묘하다. 충분한 설명을 얻으려면 Denny Gulick이 쓴 **카오스와의 만남**(McGraw-Hill, New York, 1992, 1.5 절)을 참조할 수 있다. 사실 다음과 같은 수열이 존재한다:

$$u_0 = 3 < u_1 = 1 + \sqrt{6} < u_2 < u_3 < \cdots < 4$$

이 수열에서 u_0와 u_1 사이에는 주기 2인 사이클이 존재하고 u_1과 u_2 사이에는 주기 4인 사이클이 존재하며 일반적으로 u_k와 u_{k+1} 사이에는 주기 2^{k+1}인 사이클이 존재한다. 적어도 k가 작을 때에는 근사적으로 $u_{k+1} \approx 1 + \sqrt{3 + u_k}$가 된다. 따라서

```
>> u1 = 1 + sqrt(6)
u1 =
   3.44948974278318

>> u2approx = 1 + sqrt(3 + u1)
u2approx =
   3.53958456106175
```

이는 원래의 4개 보기들 가운데 마지막 보기에서 보았던 진동 움직임을 설명하여 준다($u_0 < u = 3.4 < u_1$). 다음은 $u_1 < u = 3.5 < u_2$에 대한 거동이다. 명령어 bar는 차수가 4인 사이클의 표시에 특히 효과적이다.

```
X = itseq(f, 0.75, 100, 3.5);
```

```
bar(X); axis([0 100 0 0.9])
```

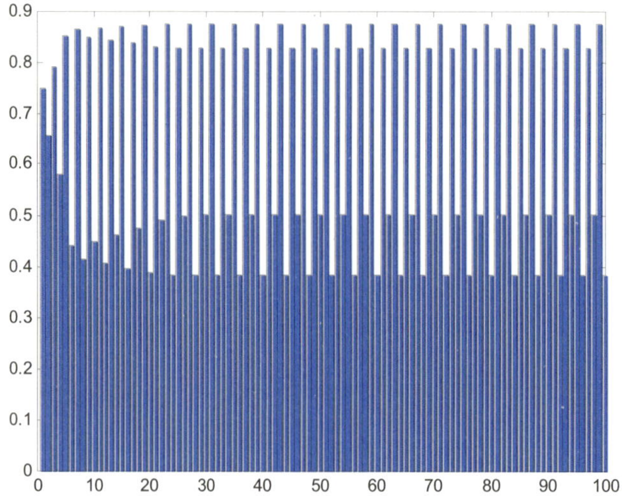

- 벗어나면 카오스가 되어버리는 값 u<4가 존재한다.

수열 u_k는 극한 u_∞로 다가감을 증명할 수 있다. 때로는 "Feigenbaum 파라미터"라고 불리는 u_∞ 값은 대략 3.56994...이다. u의 값으로서 Feigenbaum 파라미터와 4 사이의 값을 사용할 때 어떤 일이 일어나는지 알아보자.

```
X = itseq(f, 0.75, 100, 3.7);
plot(X); axis([0 100 0 1])
```

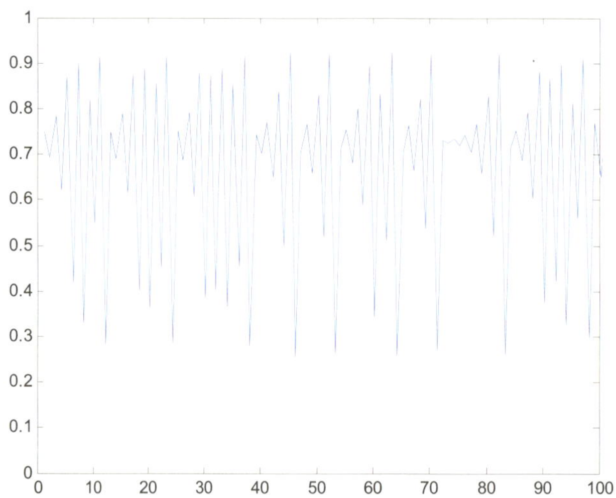

이는 수학자들이 "혼돈적" 현상이라고 부르는 것의 보기이다! 이는 불규칙한 것은 아니다 – 수열은 정확하고 고정된 수학적 과정에 의하여 생성되었지만 그 결과는 식별할 수 있는 아무런 패턴도 나타내지 않는다. 혼돈적 현상은 예측할 수 없지만 (컴퓨터 해석을 포함하는) 현대적 기법을 이용하여 수학자들은 혼돈적 현상에서의 어떤 거동의 패턴을 인식할 수 있었다. 예를 들면 마지막 그림은 불안정한 주기적 사이클 및 다른 반복되는 현상의 가능성을 암시하여 주고 있다. 실제로 상당한 정보가 알려져 있다. Gulick이 쓴 앞에서 언급한 책은 우수한 자료이며 이 주제에 대한 탁월한 참고문헌의 보고이다.

Simulink를 이용한 모델의 재수행

우리가 살펴보고 있는 로지스틱 성장모델은 그 자체로 Simulink를 이용한 모사에 적합하다. 다음은 앞에서의 계산들에 해당하는 간단한 Simulink 모델이다:

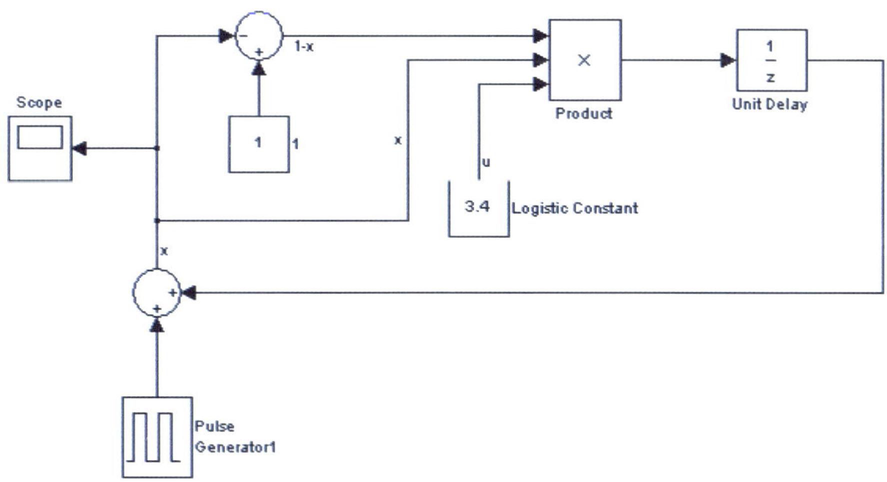

이 모델이 어떻게 작용하는가를 간단히 설명하기로 한다. 왼쪽 아래의 Pulse Generator 블록과 Sum 블록을 잠시 무시하면 이 모델은 다음 식을 나타낸 것이다:

$$\text{다음번에서의 x} = \text{현 시점에서의 } ux(1-x)$$

이는 로지스틱 모델에 대한 식이다. Scope 블록은 x를 (이산)시간의 함수로 보여준다. 그러나 어떻게든 x에 대한 초기조건을 설정할 필요가 있다. 이를 위한 가장 간단한 방법은 다음과 같다(그림 참조): 오른쪽에 t=0에서 x의 초기값(여기에서는 0.5를 사용)이 되고 그 이후에는 0이 되는 이산 펄스를 추가한다. 모델은 이산모델이므로 Pulse Generator 블록의 Source Block Parameters 상자(Pulse Generator 블록을 더블 클릭한다)에서 Pulse type을 "Sampled based" 모드로 설정하고 Period를 모사의 길이보다 약간 긴 어떤 값(이를테면 모사시간이 10일 경우 100으로)으로 정하며 Pulse width는 1로 하고 펄스의 Amplitude는 x의 초기값으로 설정함으로써 이를 수행할 수 있다.

두 가지 흥미로운 경우인 u=3.4와 u=3.7일 때 모델로부터 얻어지는 출력은 다음에 보인 바와 같다:

```
[t, x] = sim('popdyn', [0 120]);
simplot(t, x); title('u = 3.4');
axis([0 100 0 1])
```

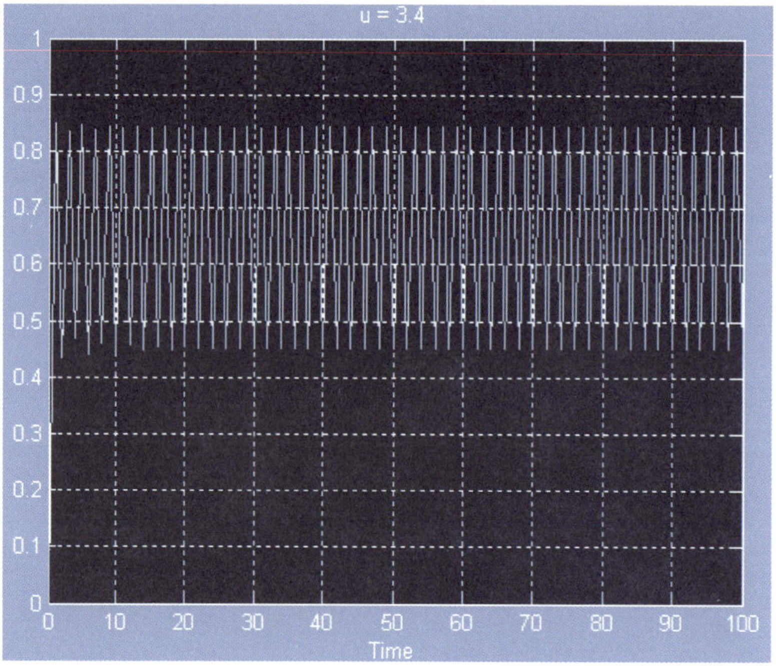

u=3.4인 첫 번째 경우에서 주기적 거동을 뚜렷이 볼 수 있다.

```
set_param('popdyn/Logistic Constant', 'Value', '3.7')
[t, x] = sim('popdyn', [0 120]);
simplot(t, x); title('u = 3.7');
axis([0 100 0 1])
```

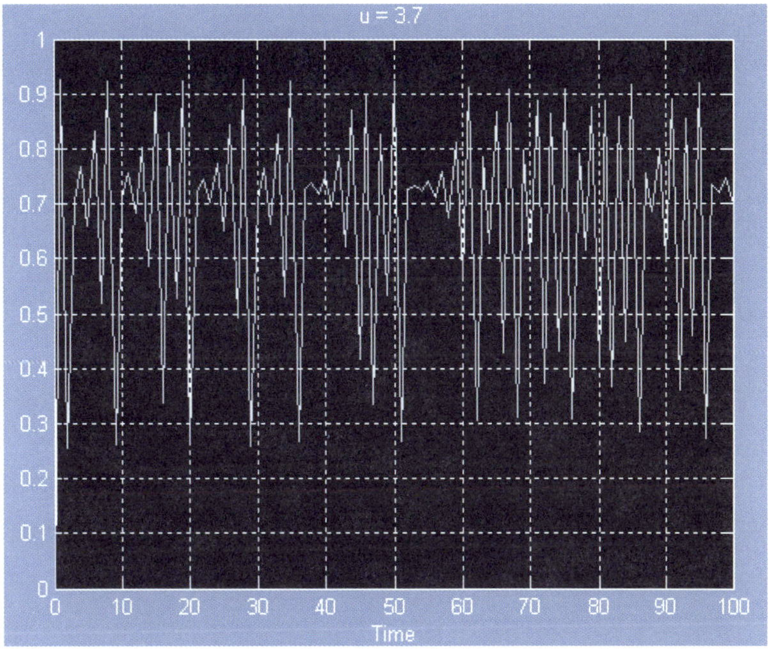

그러나 u=3.7이면 혼돈적 거동을 얻는다.

선형 경제모델

MATLAB®이 갖는 선형대수적 기능들은 간혹 (노벨상 수상자로서 최초 개발자인 경제학자 Wassily Leontief의 이름을 따서) "Leontief 모델", 혹은 "투입자원-생산 모델"이라고 불리는 선형 경제모델의 연구에 훌륭한 도구가 된다. 여기에서는 몇 가지 보기들이 제시될 것이다. 가장 간단한 모델은 경제의 "선형 교환 모델", 혹은 "닫힌 Leontief 모델"이다. 이 모델에서는 경제가 이를테면 농업, 제조업, 서비스업, 소비산업 등과 같이 n 개의 분야들로 구분되어 있다고 가정한다. 각 분야는 (그 자신을 포함하는) 다양한 분야들로부터 투입자원을 받아 다양한 분야들 사이로 나누어지는 생산을 생성한다. (예를 들자면 농업은 가정 소비용 및 수출용 식품을 생산하지만 아울러 농업 분야에서 재투자되는 새로운 가축과 종자를 제공하며 제조업 분야에서 이용될 수 있는 화학물질도 제공한다는 것 등이다.) 닫힌 모델의 의미는 총 생산이 총 소비와 같다는 것이다. 이렇게 되기 위해서는 다양한 산출물들의 가격이 시장의 힘에 의하여 조정되어야 한다. a_{ij}를 i번째 분야에서 소비되는 j번째 분야의 생산의 비율을 나타낸다고 하자. 그러면 a_{ij}는 "교환행렬" A라고 불리는 정방행렬의 원소들로서 A의 각 열들의 합은 1이다. 경제의 i번째 분야로부터의 산출물의 가격을 p_i라고 하자. 각 분야는 대등하게 맞추어지므로 p_i는 i번째 분야에서 소비되는 투입자원의 가치보다 작을 수 없다. 달리 나타내면

$$p_i \geq \sum_j a_{ij} p_j$$

와 같이 쓸 수 있다. 그러나 i에 대해서 합하고

$$\sum_i a_{ij} = 1$$

의 관계를 이용하면 양쪽은 같아야 함을 알 수 있다. 행렬로 말한다면 이는 $(I-A)p=0$을 의미한다. 여기에서 p는 가격들의 열벡터이다. 따라서 p는 고유치 1에 대한 A의 고유벡터이며 확률행렬 이론에 따르면 (A가 "기약(旣約)", 즉 E로부터의 생산이 모두 E 내에 머무는 경제 분야들의 부분집합 E는 존재하지 않는다고 가정할 때) p는 스칼라 지수에 따라 일의적으로 결정된다. 달리 말하면 닫힌 기약 선형 경제는 사실상 유일한 평형상태를 갖는다. 예를 들어 A가

```
A = [0.3, 0.1, 0.05, 0.2; 0.1, 0.2, 0.3, 0.3; ...
     0.3, 0.5, 0.2, 0.3; 0.3, 0.2, 0.45, 0.2]
A =
    0.3000    0.1000    0.0500    0.2000
    0.1000    0.2000    0.3000    0.3000
    0.3000    0.5000    0.2000    0.3000
    0.3000    0.2000    0.4500    0.2000
```

라면

```
sum(A)
ans =
     1     1     1     1
```

즉 모든 열들의 합은 1이며

```
[V, D] = eig(A); D(1, 1)
p = V(:, 1)
ans =
    1.0000
p =
```

```
0.2739
0.4768
0.6133
0.5669
```

은 1이 A의 고유치임을 보여주며 아울러 가격 고유벡터 p를 보여주고 있다.

약간 더 실제적인 모델은 경제의 (정적, 선형) 열린 Leontief 모델로서 노동이나 소비 등을 감안하여 주는 모델이다. 보기를 들어 살펴보기로 한다. 아래에 보인 명령어는 1963년의 영국 경제에 대한 실제 투입자원-생산 거래표를 입력하고 있다. (이 표는 R. O'Conner와 E. W. Henry가 쓴 **투입자원-생산 분석과 이의 응용**(Hafner Press, New York, 1975)으로부터 취한 것이다.) 이와 같은 표는 공식적인 정부 통계자료들로부터 얻을 수 있다. 표 T는 10×9 행렬이며 단위는 100만 영국파운드이다. 행들은 각각 농업, 산업, 서비스, 총 내부산업, 수입, 최종 구매자에 의한 판매, 간접세, 임금 및 이익, 총 일차적 투입자원, 그리고 총 투입자원을 나타낸다. 열들은 각각 농업, 산업, 서비스, 총 내부산업, 소비, 자본 형성, 수출, 총 최종수요, 그리고 생산을 나타낸다. 따라서 각 분야로부터의 생산들은 행을 따라 읽을 수 있으며 하나의 분야로의 투입자원들은 열을 따라 읽으면 된다.

```
T = [ 277   444    14   735  1123    35    51  1209  1944;...
      587 11148  1884 13619  8174  4497  3934 16605 30224;...
      236  2915  1572  4723 11657   430  1452 13539 18262;...
     1100 14507  3470 19077 20954  4962  5437 31353 50430;...
      133  2844   676  3653  1770   250   273  2293  5946;...
        3   134    42   179   -90  -177    88  -179     0;...
     -246   499   442   695  2675   100    17  2792  3487;...
      954 12240 13632 26826     0     0     0     0 26826;...
      844 15717 14792 31353  4355   173   378  4906 36259;...
     1944 30224 18262 50430 25309  5135  5815 36259 86689];
```

다음으로부터 이 행렬의 몇 가지 특징을 잘 알 수 있다:

```
T(4, :) - T(1, :) - T(2, :) - T(3, :)
T(9, :) - T(5, :) - T(6, :) - T(7, :) - T(8, :)
T(10, :) - T(4, :) - T(9, :)
T(10, 1:4) - T(1:4, 9)'

ans =
     0     0     0     0     0     0     0     0     0
```

```
ans =
     0     0     0     0     0     0     0     0     0
ans =
     0     0     0     0     0     0     0     0     0
ans =
     0     0     0     0
```

따라서 내부 산업 투입자원들을 요약하는 4번째 행은 처음 세 행들의 합이다; "일차적 투입자원"을 요약하는 9번째 열은 5행에서 8행까지의 합이다; 총 투입자원들을 나타내는 10번째 행은 4행과 9행의 합이며 마지막 행의 처음 4번째 원소들은 마지막 열의 처음 4번째 원소들과 일치한다(이는 산업 분야들로부터의 모든 생산들이 감안됨을 의미한다). 아울러

```
(T(:, 4) - T(:, 1) - T(:, 2) - T(:, 3))'
(T(:, 8) - T(:, 5) - T(:, 6) - T(:, 7))'
(T(:, 9) - T(:, 4) - T(:, 8))'

ans =
     0     0     0     0     0     0     0     0     0     0
ans =
     0     0     0     0     0     0     0     0     0     0
ans =
     0     0     0     0     0     0     0     0     0     0
```

따라서 총 내부산업 생산을 나타내는 4번째 열은 1열에서 3열까지의 합이다; 총 "최종수요"를 나타내는 8번째 열은 5열에서 7열까지의 합이다; 그리고 총 생산을 나타내는 9번째 열은 4열에서 8열까지의 합이다. "내부산업의 기술적 계수"를 나타내는 행렬 A는 산업 분야들(여기에서는 세 분야가 있다)에 해당하는 T의 열들을 해당되는 총 투입자원들로 나누어 얻어진다. 따라서 다음 결과를 얻는다:

```
A = [T(:, 1)/T(10, 1), T(:, 2)/T(10, 2), T(:, 3)/T(10, 3)]

A =
    0.1425    0.0147    0.0008
    0.3020    0.3688    0.1032
    0.1214    0.0964    0.0861
    0.5658    0.4800    0.1900
    0.0684    0.0941    0.0370
    0.0015    0.0044    0.0023
```

```
 -0.1265    0.0165    0.0242
  0.4907    0.4050    0.7465
  0.4342    0.5200    0.8100
  1.0000    1.0000    1.0000
```

여기에서 맨 위의 정방형 블록(처음 3번째 행으로 이루어지는 블록)이 가장 중요하므로 이 부분만을 취하기로 한다:

```
A = A(1:3, :)

A =
    0.1425    0.0147    0.0008
    0.3020    0.3688    0.1032
    0.1214    0.0964    0.0861
```

만일 벡터 Y가 다양한 산업분야에 대한 총 최종수요를 나타내고 벡터 X는 이들 분야에 대한 총 생산을 나타낸다면 T의 마지막 열이 4번째 열(총 내부산업 생산)과 8번째 열(총 최종수요)의 합이라는 사실은 다음과 같이 행렬을 이용한 식으로 나타낼 수 있다:

$$X = AX + Y \text{ 혹은 } Y = (1 - A)X$$

이를 확인하여 보자:

```
Y = T(1:3, 8); X = T(1:3, 9);
Y - (eye(3) - A)*X

ans =
     0
     0
     0
```

이제 다양한 수치실험을 해볼 수 있다. 예를 들면 서비스나 농업분야 생산물에 대한 수요의 증가가 없이 산업 생산에 대한 최종 수요가 100억 파운드 증가할 때 생산에 어떤 영향을 미치겠는가? 경제는 선형인 것으로 가정하였으므로 X의 변화 ΔX는 다음과 같은 선형 방정식을 풀어 얻어진다:

$$\Delta Y = (1 - A)\Delta X$$

```
deltaX = (eye(3) - A)\[0; 10000; 0]
```

```
deltaX =
  1.0e+004 *
    0.0280
    1.6265
    0.1754
```

따라서 농업생산은 2억 8천만 파운드 증가하고 산업생산은 162억 6천5백만 파운드가 증가하며 서비스 생산은 17억 5천4백만 파운드가 증가할 것이다. 다른 분야들에서의 유사한 증가에 대한 위 과정의 수행에 따른 결과는 다음과 같은 원그래프로 나타낼 수 있다:

```
deltaX1 = (eye(3) - A)\[10000; 0; 0];
deltaX2 = (eye(3) - A)\[0; 0; 10000];
subplot(1, 3, 1), pie(deltaX1, {'농업', '산업', '서비스'})
subplot(1, 3, 2), pie(deltaX, {'농업', '산업', '서비스'})
title(['3개 분야 각각에 대하여 수요의 증가가 미치는 영향'], ...
      'FontSize', 12)
subplot(1, 3, 3), pie(deltaX2, {'농업', '산업', '서비스'})
colormap(gray)
```

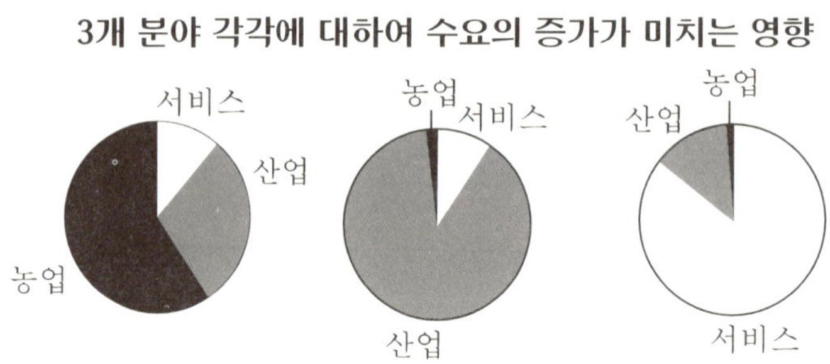

선형 계획법

MATLAB®은 소위 선형 계획법 문제들의 처리에 이상적으로 적합하다. 이 문제들에서는 몇 개의 변수에 선형적으로 의존하는 양을 같은 변수들의 선형 부등식으로 표현되는 몇 가지 제약조건들에 따라 최대화시키거나 최소화시키게 된다. 변수들의 수와 제약조건들의 수가 적을 경우의 선형 계획법 문제를 풀기 위한 수학적 기법들은 수없이 많다 – 이 기법들은 때로는 고등학교, 혹은 유한 수학의 대학교 수준 과정에서 가르치고 있다. 그러나 때로는 변수 및 제약조건들의 수가 매우 크거나 혹은 이 수들이 작을지라도 선형 부등식들의 상수들이나 최적화되는 양을 표현하는 목적함수 식이 수치적으로 복잡할 경우가 있다 – 이 경우에는 MATLAB과 같은 소프트웨어 패키지가 소요된다. 간단한 예를 통하여 수치와 그래프로 결합된 해를 제시하고 약간 더 복잡한 문제를 푸는 것으로 선형 계획법 방법을 보여주고자 한다.

어떤 농부가 75 에이커의 토지를 가지고 있으며 이 토지에 밀과 보리를 경작하려 한다고 가정하자. 이 곡물들을 생산하려면 (종자, 비료 등의 비용으로) 밀의 경우 에이커당 $120이 소요되고 보리의 경우 에이커당 $210이 소요된다. 농부가 비용으로 사용할 수 있는 금액은 $15,000이다. 그러나 추수 후에는 시장 상황이 좋아질 때까지 기다리는 동안 곡물을 저장해 두어야 한다. 농부가 가지고 있는 저장공간은 4000부셀이다. 1 에이커로부터 평균 110 부셀의 밀과 30 부셀의 보리를 얻을 수 있다. (모든 비용을 제한 후에) 밀 1 부셀당 순이익이 $1.30이며 보리의 경우는 $2.00이라고 하면 이익을 최대로 하기 위해서 농부는 75 에이커를 어떻게 경작하여야 하는가?

문제를 수학적으로 구성하는 것으로 시작한다. 먼저 목적함수, 즉 이익과 제약조건들을 수학적으로 나타낸 다음 이들의 그래프를 작성하고 마지막으로 그래프와 약간의 산술적 계산을 통하여 해에 도달한다.

x를 밀에 할당된 에이커 수라고 하고 y를 보리에 할당된 에이커 수라고 하자. 그러면 최대화시켜야 할 식, 즉 이익을 나타내는 식은 다음과 같다:

$$P = (110)(1.30)x + (30)(2.00)y = 143x + 60y$$

세 개의 부등식 제약조건들이 있는데 이들은 비용, 저장공간, 그리고 토지면적의 한계로 지정되며 각각 다음과 같이 주어진다:

$$\begin{aligned} &120x + 210y \le 15000 \\ &110x + 30y \le 4000 \\ &x + y \le 75 \end{aligned}$$

엄밀히 말하면 농부는 음의 토지를 가질 수 없다는 사실로부터 다음과 같은 두 개의 부등식 제약조건들이 더 존재한다:

$$x \ge 0, \quad y \ge 0$$

다음에 제약조건들로 정해지는 영역을 그래프로 나타낸다. 마지막 두 개의 조건들은 x-y 평면에서 제 1 사분면만을 고려해야 함을 말해준다. 다음은 첫 번째 부등식 제약조건으로 정해지는 제 1 사분면상의 삼각영역의 윤곽을 보여주는 그래프이다.

```
X = 0:125;
Y1 = (15000 - 120.*X)./210;
area(X, Y1)
```

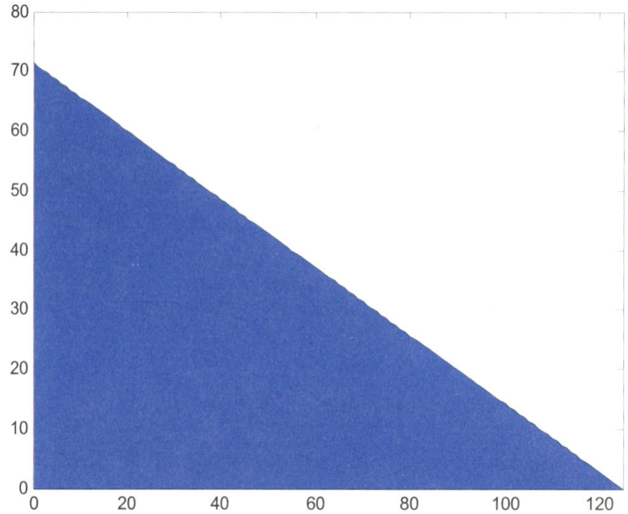

이제 다른 두 부등식 제약조건들을 적용하여 보자.

```
Y2 = max((4000 - 110.*X)./30, 0);
Y3 = max(75 - X, 0);
Ytop = min([Y1; Y2; Y3]);
area(X, Ytop)
```

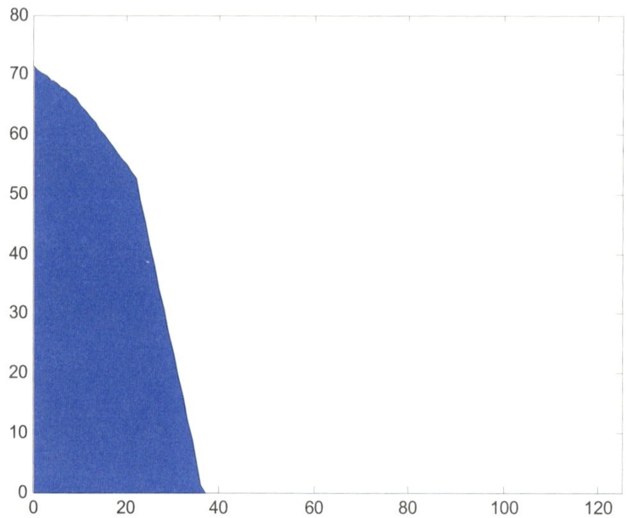

영역의 다각형 경계를 뚜렷하게 알아보는 것은 조금 어렵다. 조금 더 전진하여 보자.

```
area(X, Ytop); axis([0 40 40 75])
```

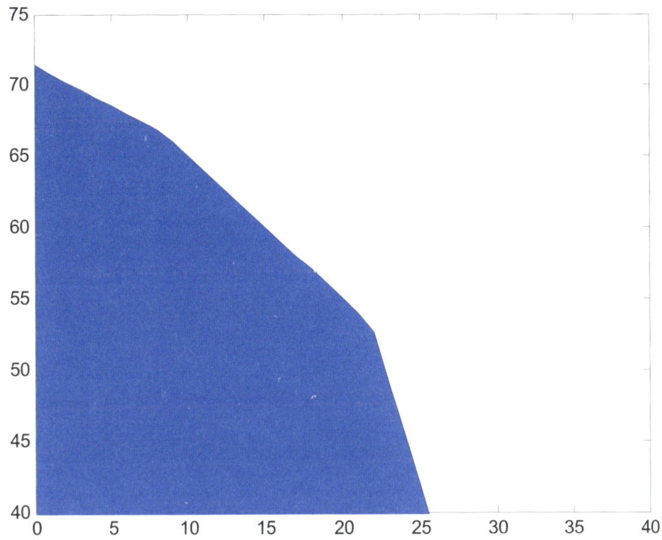

이제 이 그림 위에 목적함수 P의 수준곡선을 그려보자.

```
hold on
[U V] = meshgrid(0:40, 40:75);
contour(U, V, 143.*U + 60.*V); hold off
```

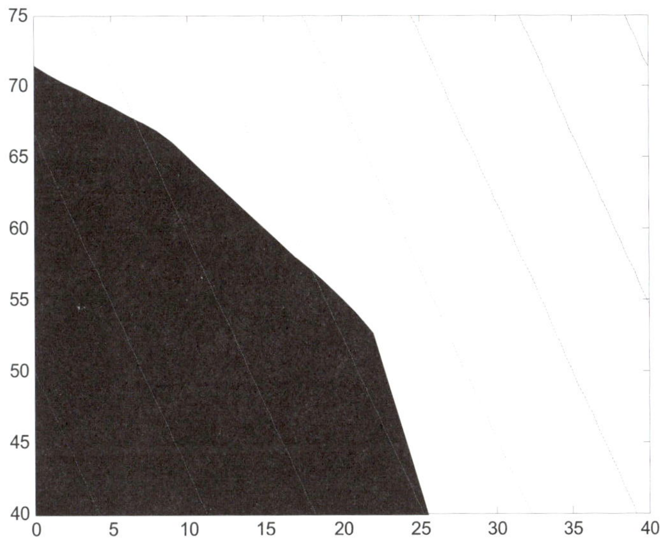

P의 최대값은 (22, 53) 근처에 있는 다각형의 꼭지점을 지나는 수준곡선 상에 위치할 것으로 보여진다. 실제로 이를 계산할 수 있다:

```
[x, y] = solve('x + y = 75', '110*x + 30*y = 4000')
x =
175/8
y =
425/8

double([x, y])
ans =
   21.8750   53.1250
```

즉 최대 이익이 되는 면적은 밀이 21.875이고 보리가 53.125일 때이다. 이 경우 이익은

```
P = 143*x + 60*y
P =
50525/8

format bank double(P)
ans =
       6315.63
```

즉 $6,315.63이다.

이 문제는 "선형 계획법의 기본 정리"를 예시하고 있으며 이 정리에 의하여 지배되고 있다. 이 정리는 여기에서는 두 변수에 대하여 적용되고 있다: 각 변들이 선분들로 구성되는 닫혀있고 경계 지어진 볼록집합 S에서 정의되는 선형식 $ax + by$는 S의 꼭짓점들에서 최대 및 최소값을 취한다. S가 경계 지어지지 않았다면 반드시는 아니지만 최적값이 존재할 수 있으며 존재한다면 꼭짓점에서 존재한다. (볼록집합은 집합의 두 점을 연결하는 선분이 그 집합 내에 존재하는 집합이다.)

사실 Simulink 툴박스는 선형 계획법 문제의 풀이를 수행하는 내장함수 simlp를 지니고 있다. 최적화 툴박스는 linprog라고 불리는 거의 동일한 함수를 지닌다. 온라인 도움말로부터 이들에 대하여 알아볼 수 있다. 위의 문제에 대하여 simlp를 이용할 것이다. 그 이후에는 이를 이용하여 보다 많은 변수들과 제약조건들을 포함하는 두 개의 좀 더 복잡한 문제들을 해결할 것이다.

다음은 도움말 텍스트의 시작부분이다:

```
>> helptext = help('simlp'); helptext(1:190)
ans =
 SIMLP Helper function for GETXO; solves linear programming problem.
   X=SIMLP(f,A,b) solves the linear programming problem:

            min f'x    subject to:   Ax <= b
             x
```

그러므로

```
f = [-143 -60];
A = [120 210; 110 30; 1 1; -1 0; 0 -1];
b = [15000; 4000; 75; 0; 0];
format short simlp(f, A, b)

ans =
   21.8750
   53.1250
```

이 결과는 앞에서 우리가 얻은 결과와 동일하다. simlp는 최대가 아닌 최소값을 탐색하므로 목적함수 P에 대한 계수들의 음수값을 벡터 f에 도입하였음을 주목하자. 아울러 A와 b의 마지막 두 행에 음이 아니어야 한다는 제약조건들이 감안되고 있음을 유의하자.

위의 문제는 직접 풀 수도 있었다. 그러나 농부가 제 3의 작물로서 이를테면 옥수수를 고려하고 있다고 가정하고 해당되는 데이터는 다음과 같다고 하자:

- 1에이커당 비용: \$150.75
- 1에이커당 산출량: 125 부셀
- 1부셀당 이익: \$1.56

옥수수에 할당된 토지면적을 z(에이커)라고 하면 목적함수는 다음과 같다:

$$P = (110)(1.30)x + (30)(2.00)y + (125)(1.56)z = 143x + 60y + 195z$$

부등식 제약조건들은 다음과 같다:

$$
\begin{aligned}
&120x+210y+150.75z \le 15000\\
&110x+30y+125z \le 4000\\
&x+y+z \le 75\\
&x \ge 0,\ y \ge 0,\ z \ge 0
\end{aligned}
$$

이 문제는 다음과 같이 simlp를 이용하여 풀 수 있다:

```
f = [-143 -60 -195];
A = [120 210 150.75; 110 30 125; 1 1 1; -1 0 0; 0 -1 0; 0 0 -1];
b = [15000; 4000; 75; 0; 0; 0];
simlp(f, A, b)

ans =
         0
   56.5789
   18.4211
```

그러므로 농부는 밀을 포기하고 보리를 56.5789 에이커, 그리고 옥수수를 18.4211 에이커만큼 경작하여야 한다.

MATLAB®이 처리할 수 있는 변수들의 수와 제약조건들의 수에는 실제적인 제한이 없다 – 상대적으로 전문적이지 못한 사용자가 닥치게 될 제한은 확실히 없다. 사실 선형 계획법 풀이기법들의 많은 실제 응용에 있어서는 많은 변수들과 제약조건들을 처리할 필요가 있다. 그러한 문제의 직접적인 풀이는 가능하지 않으며 MATLAB과 같은 소프트웨어의 사용이 필수적이다. 예를 들면 우리가 다루어 온 위의 농부 문제에서 두 가지나 세 가지 이상의 작물들을 더 감안할 수 있다 – 농부 대신 농업경제를 생각하여 보자. 아울러 비용, 저장, 그리고 토지면적의 제한 이외에 다음과 같은 다른 요인들로부터 제약조건들이 발생할 수도 있다:

- 종자 확보량. 이는 $x_j \le k$와 같은 형태의 부등식 제약조건에 이르게 할 수 있다.
- 개인적인 선호. 농부의 아내가 한 가지 작물에 대하여 다른 작물을 선호하여 이의 경작을 종용하거나 곡물들의 수집과 유사한 어떤 것을 요구할 수도 있다; 이에 따라 $x_i \le x_j$, 혹은 $x_1 + x_2 \ge x_3$와 같은 제약조건이 생길 수 있다.
- 정부 보조금. 독자 입장에서는 약간 생각을 필요로 할 수 있지만 이는 $x_j \ge k$ 와 같은 제약조건에 이를 수 있다.

다음은 그러한 문제를 해결하는 일련의 명령어들이다. 입력되는 데이터로부터 목적함수 식과 제약조건들을 구별할 수 있어야 한다. 그러나 도움이 되기 위해 다음 질문들

에 답하여 볼 수 있다:

- 몇 가지의 작물을 고려하고 있는가?
- 해당되는 비용은 어떻게 되는가? 비용으로 쓸 수 있는 금액은 얼마인가?
- 각 경우에 있어서 생산량은 얼마인가? 저장 용량은 어떠한가?
- 얼마나 많은 면적이 사용 가능한가?
- 종자에 제약을 받는 작물은 어느 것들인가? 어느 정도로 제약을 받는가?
- 선호도는 어떠한가?
- 각 작물에 대한 최소 경작면적은 얼마인가?

```
f = [-110*1.3 -30*2.0 -125*1.56 -75*1.8 -95*0.95 ...
      -100*2.25 -50*1.35];
A = [120 210 150.75 115 186 140 85; ...
    110 30 125 75 95 100 50; 1 1 1 1 1 1 1; 1 0 0 0 0 0 0; ...
     0 0 1 0 0 0 0; 0 0 0 0 0 1 0; 1 -1 0 0 0 0 0; ...
     0 0 1 0 -2 0 0; 0 0 0 -1 0 -1 1; -1 0 0 0 0 0 0; ...
     0 -1 0 0 0 0 0; 0 0 -1 0 0 0 0; 0 0 0 -1 0 0 0; ...
     0 0 0 0 -1 0 0; 0 0 0 0 0 -1 0; 0 0 0 0 0 0 -1];
b = [55000; 40000; 400; 100; 50; 250; 0; 0; 0; -10; -10; ...
    -10; -10; -20; -20; -20];
simlp(f, A, b)

ans =
   10.0000
   10.0000
   40.0000
   45.6522
   20.0000
  250.0000
   20.0000
```

문제가 복잡함에도 불구하고 MATLAB은 거의 순간적으로 문제를 해결하고 있다. 농부는 6번째 작물에 농장의 운을 걸어야 하는 것으로 보인다. 여러분이 문제에서 직접 비용 및 저장 한계를 바꾸어 보고 그러한 변화가 답에 어떤 영향을 미치는지 알아보기를 권하고 싶다.

360 ° 단진자

우리는 보통 단진자를 유연한 줄이나 케이블에 전후로 운동할 수 있는 물체가 달린 것으로 생각한다. 여기에서 고려하고자 하는 다른 형태의 단진자는 축에 부착된 가벼운 (그러나 단단한) 막대에 더 큰 각도로, 만일 충분한 속도가 주어진다면 심지어 360° 까지도 움직일 수 있는 물체가 달려있는 것이다.

운동 방정식

실제로 엄밀하게 정확한 것은 아니지만 우리는 흔히 단진자를 멈추게 하는 마찰력의 크기는 단진자의 속도에 비례한다고 가정한다. 아울러 단진자의 길이는 1미터, 단진자 끝부분의 질량은 1 kg, 그리고 마찰계수는 0.5라고 가정하자. 이 경우 단진자에 대한 운동 방정식은 다음과 같이 주어진다:

$$x'(t) = y(t), \quad y'(t) = -0.5y(t) - 9.81\sin(x(t))$$

위에서 t는 시간(초), x는 수직으로부터의 단진자의 각도(라디안, 정지점에서 x=0이다), y는 단진자의 각속도(라디안/sec), 그리고 9.81은 근사적인 중력 가속도(m/sec^2)이다. 이제 초기 위치가 x(0)=0이고 초기속도가 y(0)=5인 경우에 해의 상의 모양을 나타내어 보자. 이는 시간구간 0<t<20에서 시간 t의 함수로 나타낸 x와 y의 그래프이다. (MATLAB의 수치 미분방정식 풀이기 ode45를 이용하려면 x와 y를 하나의 벡터 x로 결합시킨다; ode45에 대한 온라인 도움말을 참조하자.)

```
g = @(t, x) [x(2); -0.5*x(2) - 9.81*sin(x(1))];
[t, xa] = ode45(g, [0:0.01:20], [0 5]);
plot(xa(:, 1), xa(:, 2))
```

x 좌표는 단진자의 각도에 해당되고 y 좌표는 단진자의 속도에 해당됨을 상기하자. (0,5)에서 시작하여 t가 증가함에 따라 곡선은 (0,0)을 향해 시계방향으로 나선형을 그린다. 각도는 전후로 진동하지만 매번 진동할 때마다 작아져서 t=20에서는 단진자는 사실상 멈추게 된다. 그 동안에도 속도는 마찬가지로 진동하는데 각 진동에서 단진자가 중앙에 위치할 때(각도는 거의 0)와 단진자가 진동의 끝부분에 위치하여 0을 넘어설 때 최대값을 갖는다.

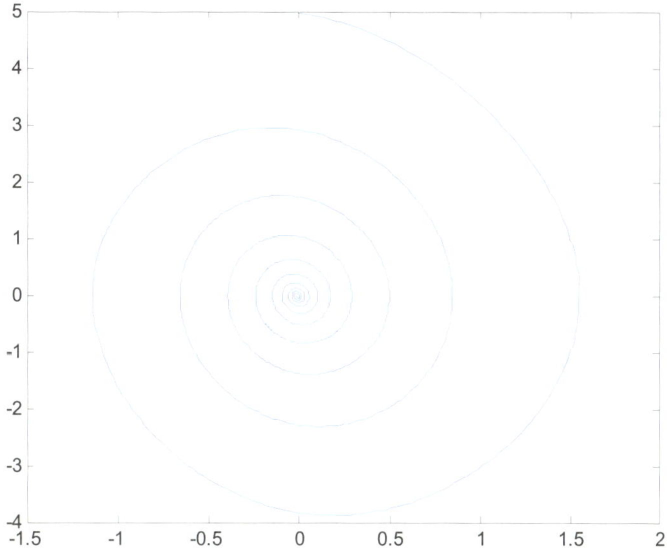

초기속도가 높을 때

초기속도를 10으로 높여보자:

```
[t, xa] = ode45(g, [0:0.01:20], [0 10]);
plot(xa(:, 1), xa(:, 2))
```

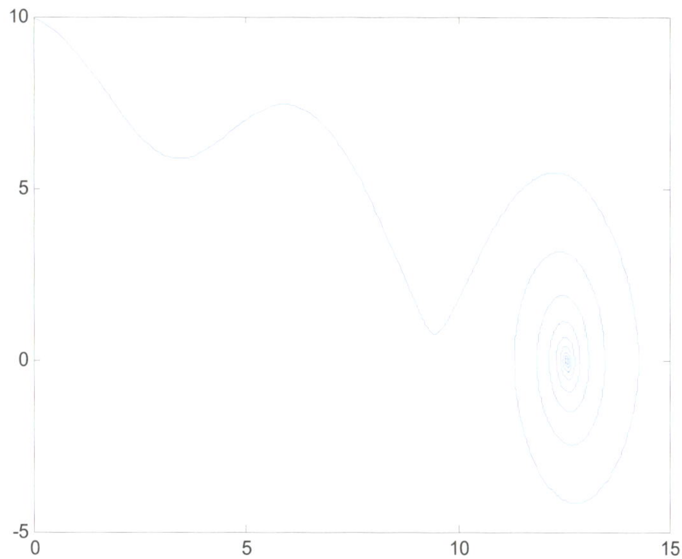

이번에는 곡선이 (12.5,0) 근처의 점으로 나선형으로 접근하기 전에 각도는 14라디안 이상으로 증가한다. 좀 더 정확하게 말하면 $(4\pi,\ 0)$을 향하여 나선형으로 접근해 가는데 여기에서 4π 라디안은 0 라디안에서와 동일한 단진자 위치를 나타낸다. 단진자는 위로 움직이고 두 번 반전을 이룬 다음에 정지점을 향하는 감쇠진동을 시작한다. 처음에 속도는 감소하지만 각도가 π보다 커지면 단진자가 높은 위치를 자나면서 모멘텀을 획득함에 따라 다시 상승한다. 단진자는 3π의 각도에서 다시한번 상승위치를 통과하는 움직임을 보이기에 충분할 만큼의 모멘텀을 지닌다.

단진자가 과도운동을 보이는 초기속도의 규명

단진자가 정지위치에서 출발하여 과도한 움직임을 한 번 나타내는 데에 필요한 최소 초기속도를 구한다고 가정하자. 하나의 그래프에 몇 가지 다른 초기속도들에 해당하는 해들을 보이는 것이 유용할 것이다.

```
hold on
for a = 5:10
   [t, xa] = ode45(g, [0:0.01:20], [0 a]);
   plot(xa(:, 1), xa(:, 2))
end
hold off
```

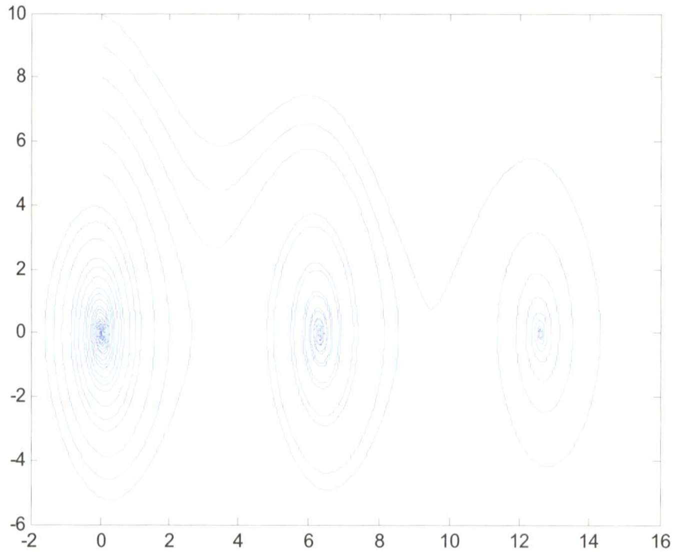

5, 6, 그리고 7의 초기속도들은 각도가 π보다 커지기에는 충분히 크지 않지만 8, 9, 그리고 10의 초기속도들은 단진자 움직임이 과도하게 되기에 충분하다. 초기속도가 7과 8 사이일 때에는 어떤 일이 일어나는지 살펴보자.

두 번째 반복

```
hold on
for a = 7.0:0.2:8.0
   [t, xa] = ode45(g, [0:0.01:20], [0 a]);
   plot(xa(:, 1), xa(:, 2))
end
hold off
```

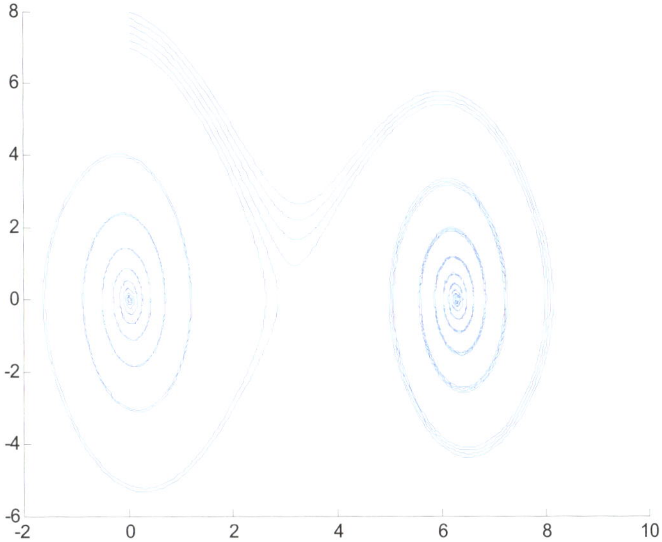

분기점은 7.2와 7.4 어딘가에 존재함을 알 수 있다. 조금 더 진행하여 보자.

세 번째 반복

```
hold on
for a = 7.2:0.05:7.4
   [t, xa] = ode45(g, [0:0.01:20], [0 a]);
   plot(xa(:, 1), xa(:, 2))
end
hold off
```

소요되는 최소 속도는 7.25와 7.3 사이의 어딘가에 위치한다고 결론을 내릴 수 있다.

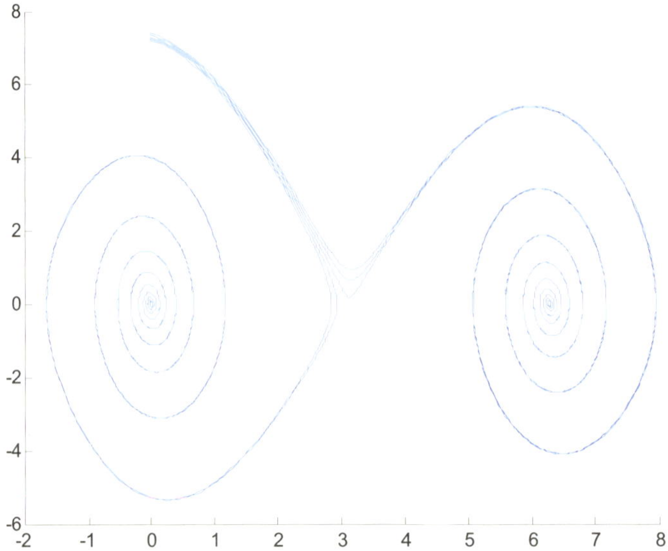

☆ 열 방정식의 수치해

이 절에서는 MATLAB®을 이용하여 열 방정식(확산 방정식으로도 알려져 있다)을 수치적으로 해결할 것이다. 열 방정식은 편미분 방정식으로서 열전도 흐름이나 정지유체에서의 불순물의 확산과 같은 많은 물리적 과정들을 나타내어 준다. 확산과정은 한 컵의 물속에서 한 방울의 물감이 퍼져 나가는 것으로 형상화시켜볼 수 있다. (어느 정도까지는 한 잔의 커피 속에서 크림이 퍼지는 것을 그려볼 수도 있지만 이 경우에는 크림을 커피 속에 부음으로써 생기는 유체 운동에 의하여 일반적으로 혼합과정이 복잡하게 되며 이런 현상은 커피를 저으면 더 가속화된다.) 물감은 수많은 개별적인 입자들로 이루어지는데 이들 입자 각각은 주변의 물 분자들과 반복적으로 충돌하여 사실상 불규칙한 경로를 따른다. 물감 입자들은 매우 많으므로 이들 각각의 개별적인 불규칙 운동들은 물감이 모든 방향으로 고르게 분산되는 것과 같은 전체적인 정형적 패턴을 이룬다(여기에서 중력이 미치는 가능한 영향은 무시하기로 한다). 유사한 방법으로 열에너지가 인접한 입자들과의 불규칙적인 상호 작용을 통하여 분산된다고 상상할 수 있다.

3차원 매체에서 열방정식은 다음과 같다:

$$\frac{\partial u}{\partial t} = k\left(\frac{\partial^2 u}{\partial x^2} + \frac{\partial^2 u}{\partial y^2} + \frac{\partial^2 u}{\partial z^2}\right)$$

여기에서 u는 t, x, y 및 z의 함수로서 매체 내의 위치 (x,y,z)에서 시간 t에서의 온도, 혹은 확산의 경우 불순물의 농도를 나타낸다. 상수 k는 관련되는 물질에 따라 좌우되며 열 흐름의 경우 열전도도, 확산의 경우 확산계수라고 불린다. 문제를 간단히 하기 위해 매체가 1차원이라고 가정하자. 이는 물로 채워진 얇은 튜브 내에서의 확산이나 단열된 얇은 선에서의 열 흐름을 나타낼 수 있다. 이 경우 편미분 방정식은 다음과 같다:

$$\frac{\partial u}{\partial t} = k\frac{\partial^2 u}{\partial x^2}$$

위에서 u(x,t)는 시간 t에서 선을 따르는 거리 x에서의 온도를 나타낸다.

유한차분 풀이

이러한 편미분 방정식을 풀려면 $u(x,0) = f(x)$ 형태의 초기조건과 선의 양 끝점들(이들을 x=a 및 x=b라고 하자)에서의 경계조건들 모두가 필요하다. 여기에서 f(x)는 시간 0에서 선의 온도분포를 나타낸다. 소위 말하는 Dirichlet 경계조건 $u(a,t) = T_a$ 및 $u(b,t) = T_b$를 선택하기로 하는데 이는 두 말단부에서 온도는 T_a와 T_b의 일정한 값으로 유지되는 것에 해당된다. 이러한 상황에서는 정확한 해를 얻는 것이 가능하지만 그 대신에 유한차분 수치방법을 예시하기로 한다.

컴퓨터상에서는 어떤 이산 시간집합과 이산 위치집합에서만 온도 u의 추적이 가능하다. 시간을 0, Δt, $2\Delta t$, $\cdots$, $N\Delta t$, 그리고 위치를 a, $a+\Delta x$, $\cdots$, $a+J\Delta x = b$ 라 하고 $u_j^n = u(a+j\Delta t,\ n\Delta t)$ 라고 하자. 편미분 방정식을 미분에 대한 유한차분 근사로 다시 나타내면 다음과 같다:

$$\frac{u_j^{n+1} - u_j^n}{\Delta t} = k\frac{u_{j+1}^n - 2u_j^n + u_{j-1}^n}{\Delta x^2}$$

(이는 미분에 대하여 우리가 이용할 수 있는 가장 간단한 근사이며 이 방법은 특히 t 미분에 대하여 좀 더 정확한 근사로 개선될 수 있다.) 따라서 만일 특정 n에 대하여 모든 j에서 u_j^n을 알고 있다면 위의 식을 풀어서 각 j에 대하여 다음을 얻는다:

$$u_j^{n+1} = u_j^n + \frac{k\Delta t}{\Delta x^2}(u_{j+1}^n - 2u_j^n + u_{j-1}^n) = s(u_{j+1}^n + u_{j-1}^n) + (1-2s)u_j^n$$

위에서 $s = \frac{k\Delta t}{(\Delta x)^2}$이다. 달리 말하면 이 식은 시간단계 n에서 온도분포가 주어졌을 때 시간단계 n+1에서의 온도분포를 구하는 방법을 보여주고 있다. (끝점 j=0과 j=J에서 이 식은 지정된 x 범위 바깥의 온도를 필요로 하지만 이 점들에서는 위의 식을 무시하고 대신 경계조건들을 적용한다.) 이 식은 다음 시간단계에서 주어진 위치에서의 온도는 현재 시간단계에서의 이 위치의 온도와 주변 온도들의 가중평균임을 말하여 주는 것으로 해석할 수 있다.달리 말하면 시간 Δt에서 길이 Δx인 선 부분은 그 이웃들에게 현재 지니고 있는 열에너지의 s 부분만큼 전달하고 나머지 1−2s 부분은 그냥 유지하고 있는 셈이다. 따라서 열방정식에 대한 위의 수치적 형태는 처음에 보았던 확산의 미세한 표현에 대한 이산화 버전으로서 열에너지는 인접한 입자들 사이의 불규칙한 상호작용으로 인하여 확산된다.

heat.m으로 이름을 붙인 다음의 M−파일은 위의 과정을 반복 수행하여 준다.

```
>> type heat

function u = heat(k, t, x, init, bdry)
% 벡터 x와 t로 주어지는 사각형에서의 1차원 열방정식의 풀이.
% 초기조건: u(t(1), x) = init
% Dirichlet 경계조건: u(t, x(1)) = bdry(1), u(t, x(end)) = bdry(2)

J = length(x);
N = length(t);
dx = mean(diff(x));
dt = mean(diff(t));
s = k*dt/dx^2;
u(1,:) = init;

for n = 1:N-1
    u(n+1,2:J-1) = s*(u(n,3:J) + u(n,1:J-2)) + (1-2*s)*u(n,2:J-1);
    u(n+1,1) = bdry(1);
    u(n+1,J) = bdry(2);
end
```

함수 heat는 입력인수들로서 k 값, t와 x 값들의 벡터, 초기값벡터 init(이는 x와 같은 길이를 갖는 것으로 가정한다), 그리고 한 쌍의 경계값들을 포함하는 벡터 bdry들을 취한다. 이의 출력은 u 값들의 행렬이다. MATLAB에서 배열들의 지수는 0이 아닌 1부터 시작해야 하므로 이전의 표기와는 약간 달리 n=1이 초기시간을 나타내고 j=1이 왼쪽 끝점을 나타내도록 한다. for 다음의 첫 번째 문장에서는 첫 번째와 마지막 값을 제외하고는 한 줄에서 u의 전체 행을 계산함을 주목하자; 각 항은 길이 J−2인 벡터로서 지수 j는 u(n,3:J)에서 1씩 증가하며 u(n,1:J−2)에서는 1씩 감소한다.

위의 M-파일을 이용하여 경계온도를 15와 25로 하고 x<0일 때 15, x>0일 때 25의 초기온도 분포를 이용하여 시간이 0에서 4까지 흐르는 동안 구간 $-5 \le x \le 5$ 에서의 1차원 열방정식(k=2로 한다)을 풀어보기로 한다. 온도가 서로 다른 길이 5인 두 개의 선들이 시간 0에서 x=0의 위치에서 만나며 그 양 끝은 원래 온도로 유지되는 환경에 있는 것으로 상상할 수 있다. 먼저 Δt와 Δx의 값들을 선택해야 한다; Δt =0.1 및 Δx=0.5로 설정하면 0에서 4에 이르는 t는 41개의 값을 가지며 −5에서 5에 이르는 x는 21개의 값을 가진다.

```
tvals = linspace(0, 4, 41);
xvals = linspace(-5, 5, 21);
init = 20 + 5*sign(xvals);
uvals = heat(2, tvals, xvals, init, [15 25]);
surf(xvals, tvals, uvals)
xlabel x ylabel t zlabel u
```

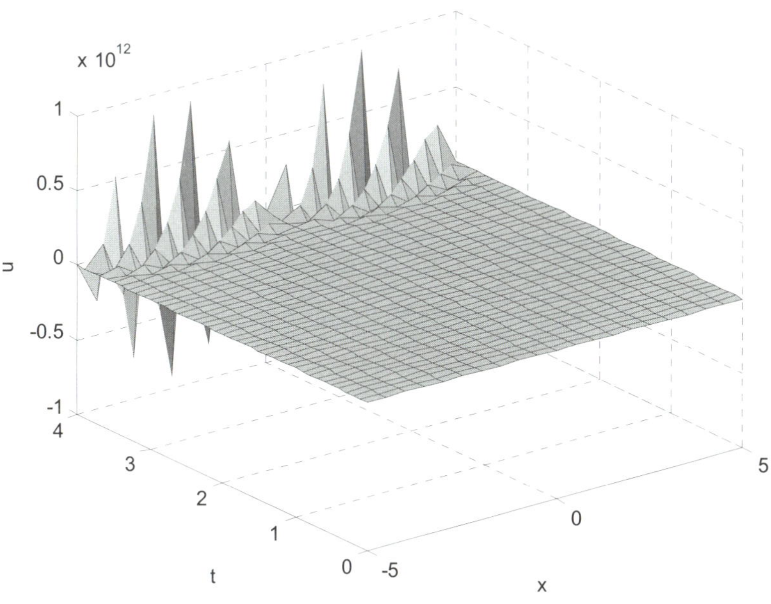

여기에서 우리는 surf를 사용하여 전체 해 u(x,t)를 나타내었다. 출력은 분명히 현실적이지 못하다; u 축의 척도를 보라! 편미분 방정식의 수치해는 위험에 노출되기 쉬우며 그림에 보인 바와 같은 불안정성은 유한차분 기법들에서는 흔히 일어나는 문제이다.

많은 편미분 방정식에서 유한차분 기법은 전혀 작용하지 않기도 하지만 열방정식 및 유사 방정식들에 대해서는 Δt와 Δx 값들을 적절히 선택하면 잘 작용할 것이다. 위의 경우 Δx 값을 너무 크게 선택하였으므로 이를 줄여야 한다고 생각할 수 있지만 이는 사실 상황을 더 악화시킬 따름이다. 불행히도 반복과정에서 우리가 사용하는 유일한 파라미터는 상수 s이며 위에서와 같이 모든 계산들을 M-파일에서 수행하는 경우의 한 가지 결점은 계산되는 중간단계의 양들을 자동적으로 보지 못한다는 점이다. 위의 경우 우리는 쉽게 $s = 2(0.1)/(0.5)^2 = 0.8$ 을 얻을 수 있다. 이는 위의 반복과정에서 u_j^n의 계수 1-2s가 음수가 됨을 의미하는 것임을 주목하자. 따라서 이전의 반복과정에 대한 설명에서 언급한 "가중평균"은 사실은 평균이 아닌 것이다; 선의 각 부분은 매 시간단계에서 그것이 지니고 있는 에너지보다 더 많은 양을 전달하고 있는 것이다!

위의 문제에 대한 해법은 따라서 시간단계 Δt를 줄이는 것이다; 예를 들면 이를 반으로 줄일 경우 s=0.4가 되고 반복과정에서의 모든 계수들은 양수가 된다.

```
tvals = linspace(0, 4, 81);
xvals = linspace(-5, 5, 21);
init = 20 + 5*sign(xvals);
uvals = heat(2, tvals, xvals, init, [15 25]);
surf(xvals, tvals, uvals)
xlabel x ylabel t zlabel u
```

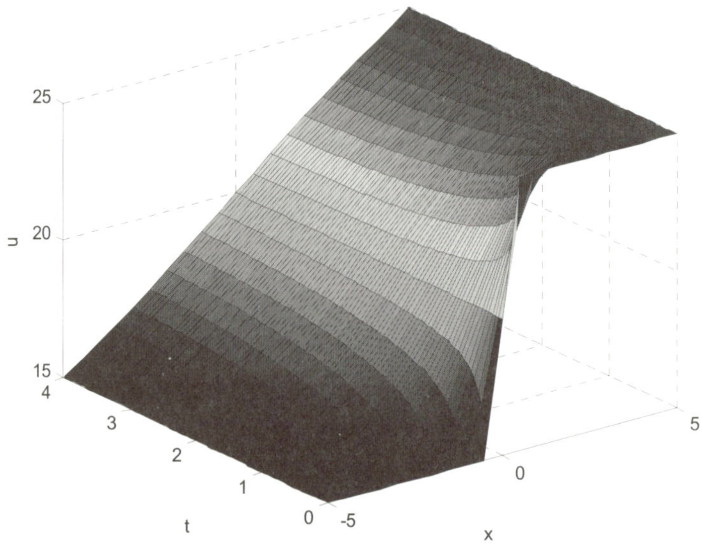

이 그림은 훨씬 더 나아보인다! 시간이 증가함에 따라 온도분포는 x의 선형 함수에 근접하는 것처럼 보인다. 실제로 $u(x,t)=20+x$는 이 문제에 대한 제한적 "정상상태"이다; 이 식은 경계조건을 만족하며 편미분 방정식 양 쪽에서의 값은 0이다.

일반적으로 말한다면 우리가 앞에서 수행한 바와 같은 수치해를 시도하기 전에 편미분 방정식 이론의 일부를 이해하는 것이 가장 좋다. 그러나 적어도 위와 같은 특별한 경우에서는 반복과정 계수들을 양수로 유지시킨다는 간단한 경험적 규칙으로 현실적인 결과를 얻었다. 1차원 열방정식에 대한 유한차분 기법의 안정성에 대한 이론적인 고찰에 따르면 0과 0.5 사이에서는 어떠한 값의 s도 작용하며 주어진 Δx에 대한 최선의 Δt 값은 s=0.25가 되게 하는 값이다. 이 경우 Δx를 감소시킴으로써 보다 정확한 결과를 얻을 수 있지만 이를 10배 정도로 줄인다면 Δt를 100배 정도로 줄여야 하는데 이에 따르는 계산은 시간이 1000배만큼 더 걸리며 메모리 역시 1000배만큼 더 필요로 한다!

전도도가 변하는 경우

앞에서 우리는 수치적으로 해결한 문제가 해석적으로도 풀릴 수 있음을 언급하였다. 수치적 방법의 가치는 정확한 해석적 해가 가능하지 않거나 적어도 알려지지 않은 유사 편미분 방정식에도 적용될 수 있다는 데에 있다. 예를 들어 계수가 변하는 1차원 열방정식으로서 열전도도 k(x)가 변하는 비균질 물질의 경우를 나타내는 식을 고려하여 보자.

$$\frac{\partial u}{\partial t}=\frac{\partial}{\partial x}\left(k(x)\frac{\partial u}{\partial x}\right)=k(x)\frac{\partial^2 u}{\partial x^2}+k'(x)\frac{\partial u}{\partial x}$$

우변의 첫 번째 미분에서는 대칭적 유한차분 근사를 이용하고 있으므로 편미분 방정식에 대한 이산 근사는 다음과 같다:

$$\frac{u_j^{n+1}-u_j^n}{\Delta t}=k_j\frac{u_{j+1}^n-2u_j^n+u_{j-1}^n}{\Delta x^2}+\frac{k_{j+1}-k_{j-1}}{2\Delta x}\cdot\frac{u_{j+1}-u_{j-1}}{2\Delta x}$$

위에서 $k_j=k(a+j\Delta x)$이다. 그러면 이 방법에 대한 시간에 따른 반복은 다음과 같다:

$$u_j^{n+1}=s_j(u_{j+1}^n+u_{j-1}^n)+(1-2s_j)u_j^n+0.25(s_{j+1}-s_{j-1})(u_{j+1}^n-u_{j-1}^n)$$

위에서 $s_j=\dfrac{k_j\Delta t}{(\Delta x)^2}$이다. heatvc.m이라고 이름붙인 다음의 M-파일은 위의 반복과정

을 감안하기 위하여 이전의 M-파일을 수정한 것이다.

```
>> type heatvc

function u = heatvc(k, t, x, init, bdry)
% 벡터 x와 t로 주어지는 사각형에서 계수 k가 변할때의 1차원 열방정식의 풀이.
% 초기조건: u(t(1), x) = init
% Dirichlet 경계조건: u(t, x(1)) = bdry(1), u(t, x(end)) = bdry(2)

J = length(x);
N = length(t);
dx = mean(diff(x));
dt = mean(diff(t));
s = k*dt/dx^2;

u = zeros(N,J);
u(1,:) = init;

for n = 1:N-1
    u(n+1,2:J-1) = s(2:J-1).*(u(n,3:J) + u(n,1:J-2)) + ...
        (1-2*s(2:J-1)).*u(n,2:J-1) + ...
        0.25*(s(3:J) - s(1:J-2)).*(u(n,3:J) - u(n,1:J-2));
    u(n+1,1) = bdry(1);
    u(n+1,J) = bdry(2);
end
```

k는 이제 x와 같은 길이를 갖는 벡터로 간주되며 이에 따라 s 역시 마찬가지임을 주목하자. 이로 인하여 이번에는 세 줄로 나누어진 주 반복과정에서 벡터화된 곱셈의 이용이 필요하다.

이 M-파일을 이용하여 이전과 동일한 경계조건 및 초기조건을 가지며 $k(x) = 1 + \left(\frac{x}{5}\right)^2$ 로 주어지는 1차원 가변 계수 열방정식을 풀어보기로 한다. k의 최대값은 2이므로 이전과 동일한 Δt 및 Δx를 이용할 수 있다.

```
tvals = linspace(0, 4, 81);
xvals = linspace(-5, 5, 21);
kvals = 1 + (xvals/5).^2;
init = 20 + 5*sign(xvals);
uvals = heatvc(kvals, tvals, xvals, init, [15 25]);
surf(xvals, tvals, uvals)
xlabel x ylabel t zlabel u
```

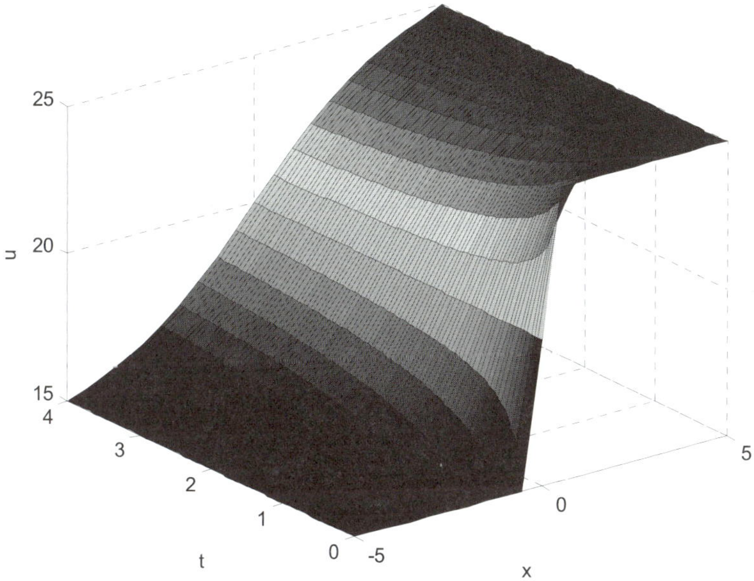

이 경우 극한 온도분포는 선형이 아니다; 가운데에서 날카로운 온도 기울기가 나타나는데 여기에서 열전도도는 더 작다. 여기에서도 원래 식에서 t에 대한 미분을 0으로 두어 얻어지는 상미분 방정식을 풀어서 극한 온도분포에 대한 정확한 형태 $u(x,t)=20\left[1+\left(\frac{1}{\pi}\right)\arctan\left(\frac{x}{5}\right)\right]$를 얻을 수 있다.

2차원이나 3차원에서도 마찬가지로 유한차분 방법을 이용하여 열방정식을 풀 수 있다. 이 경우 및 시간과 두 공간차원에 대한 유사 편미분 방정식들에 대하여 보다 정교한 "유한요소법"을 수행하는 PDE 툴박스를 사용할 수도 있다.

Simulink를 이용한 풀이

우리는 또한 Simulink를 이용하여 열방정식을 풀 수 있다. 이를 위해서 여전히 x 미분을 유한차분으로 근사하지만 방정식을 t가 독립변수인 상미분 방정식의 벡터값들로 간주한다. Simulink는 MATLAB의 ODE 풀이기인 ode45를 이용하여 모델을 푼다. 이에 따른 방법을 보이기 위하여 우리가 시작한 보기를 취하기로 한다. 이 경우 시간은 0에서 4까지 흐르며 구간 $-5 \leq x \leq 5$에서 k=2이고 경계온도는 15와 25이며 초기 온도분포는 x<0일 때 15이고 x>0일 때 25이다. 고정된 t에 대한 u(x,t)를 이를테면 x = −5:5에 따른 u(x,t) 값들의 벡터 u로 대체한다. 여기에서는 11개의 x 값에서 u의 샘플을 취하지만 u(x,t)는 양 끝점들에서는 미리 지정되어 있으므로 u를 9차원 벡터로 취할 수 있으며 마칠 때에는 단순히 양 끝점의 값들을 가져온다. $\frac{\partial^2}{\partial x^2}$를 이에 대한 유한차분 근사로 대체하고 문제를 간단히 하기 위하여 $\Delta x = 1$로 정하면 식은 다음과 같이 벡터값을 갖는 ODE가 된다:

$$\frac{\partial u}{\partial t} = k(Au + c)$$

위에서 우변은 $k\left(\frac{\partial^2 u}{\partial x^2}\right)$에 대한 근사를 나타낸다. (n,t)에서 $\frac{\partial^2 u}{\partial x^2}$를 u(n−1,t) − 2u(n,t) + u(n+1,t)로 대체하게 되므로 행렬 A는 다음과 같이 주어진다:

$$A = \begin{pmatrix} -2 & 1 & \cdots & 0 \\ 1 & -2 & \ddots & \vdots \\ \vdots & \ddots & \ddots & 1 \\ 0 & \cdots & 1 & -2 \end{pmatrix}$$

이 행렬을 MATLAB 기호로 나타내면 -2*eye(9) + diag(ones(8,1), 1) + diag(ones(8,1), −1)과 같다. 벡터 c는 경계조건으로부터 기인되며 첫 번째 원소는 15이고 마지막 원소는 25이며 나머지 원소들은 0이다. 이를 MATLAB 기호로 나타내면 [15; zeros(7,1); 25]와 같다. c에 대한 공식은 u(1)이 u(−4,t)를 나타낸다는 사실로부터 유래되며 이 점에서 $\frac{\partial^2 u}{\partial x^2}$는

$$u(-5,t) - 2u(-4,t) + u(-3,t) = 15 - 2u(1) + u(2)$$

로 근사된다. 이는 다른 끝점에서도 유사하다. 다음은 이 식을 나타내는 Simulink 모델이다:

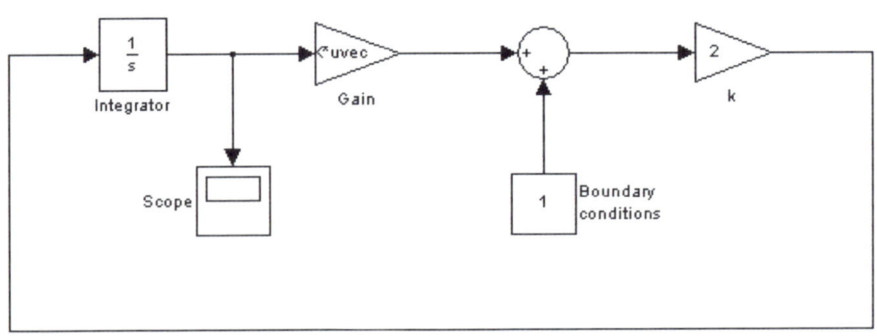

Integrator 블록의 Block Parameter에서 u에 대한 초기조건들을 지정해야 하며 Gain 블록의 Block Parameter 대화상자에서 multiplication 형태를 "Matrix"로 설정할 필요가 있다. u(1)에서 u(4) 까지는 x=−4에서 −1에 걸친 해 u(x,t)를 나타내므로 u의 초기값을 [15*ones(4,1); 20; 25*ones(4,1)]로 취한다.(x=0에서는 20으로 두는데 이는 u가 15와 25인 영역들의 꼭 중간이기 때문이다.) 모델로부터의 출력은 시간 t에 따른 다양한 u의 그래프로서 Scope 블록에 나타나는데 출력을 MATLAB 작업공간에 저장하여 이를 surf로 보여주는 것이 더 유용하다. Scope 블록의 y 축 한계를 15에서 25까지로 재설정하는 것이 도움이 된다. 이러한 조정을 수행하고 t=0에서 t=4까지 모델을 수행하기 위해 다음 명령어들을 실행한다[3]:

```
set_param('heateq/Scope', 'YMin', '15');
set_param('heateq/Scope', 'YMax', '25');
[tout, uout] = sim('heateq.mdl', [0,4]);
simplot(tout, uout)
```

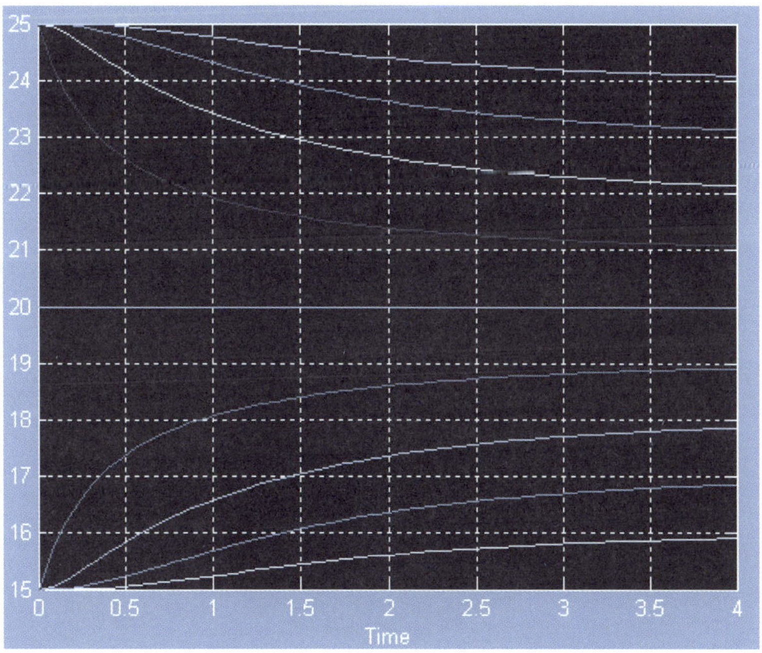

3) 역자 주: 요약한다면 Boundary condition을 더블 클릭하여 나타나는 Source Block Parameters 대화상자에서 Constant value를 [15; zeros(7,1); 25]로, Gain을 더블 클릭하여 나타나는 Function Block Parameters 대화상자에서 Gain을 −2*eye(9) + diag(ones(8,1), 1) + diag(ones(8,1), −1)로 하고 Multiplication을 Matrix(K*u)(u vector)로 설정하며 Integrator를 더블 클릭하여 나타나는 Function Block Parameters 대화상자에서 Initial condition을 [15*ones(4,1); 20; 25*ones(4,1)]로 설정한다.

이는 (0에서 4까지의) 모사시간을 벡터 tout에 저장하며 계산된 u 값들을 열이 9개인 행렬 uout에 저장한다. 이 배열들의 각 행은 하나의 시간단계에 해당하며 uout의 각 열은 하나의 x 값에 해당한다. 그러나 u의 추가적인 열로서 끝부분에서의 u 값들을 추가하여야 함을 명심해야 한다. 데이터의 그래프는 다음으로부터 얻을 수 있다:

```
u = [15*ones(length(tout),1), uout, 25*ones(length(tout),1)];
x = -5:5;
clf reset
set(gcf, 'Color', 'White')
surf(x, tout, u)
xlabel('x'), ylabel('y'), zlabel('u')
title('Solution to heat equation in a rod')
```

이로부터 얻게 되는 아래 그림이 일정한 열전도도 k=2일 때의 그림과 얼마나 유사한지 주목할 필요가 있다. 위의 모델을 열전도도가 변하는 경우에 대하여 수정하는 것은 여러분에게 맡기고자 한다.

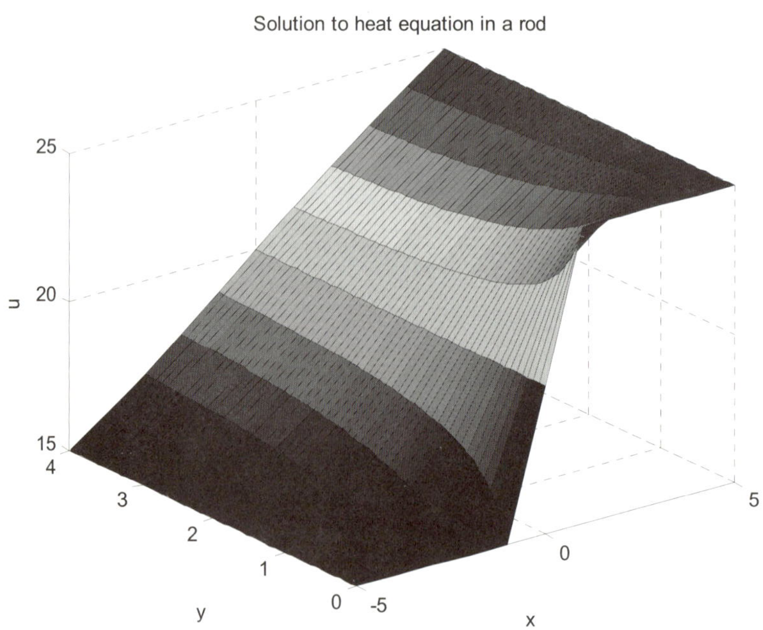

pdepe를 이용한 풀이

MATLAB®에는 (시간 t는 물론) 1차원 공간에서 편미분 방정식의 풀이를 위한 pdepe라는 내장된 풀이기가 있다. 이에 대하여 더 알아보려면 pdepe에 대한 온라인 도움말을 참조한다. pdepe에 대한 사용자 지침은 매우 명시적이지만 다소 복잡하다. 이 풀이기가 사용하는 방법은 앞의 Simulink 풀이에서 사용하는 것과 다소 흡사하다; 즉 이 풀이기는 시간 t에서 ODE 풀이기를 이용하며 x에 대하여 유한차분을 적용한다. 다음의 M-파일은 열전도도가 변하는 앞의 두 번째 문제를 풀고 있다. 함수 핸들과 부함수의 사용을 주목하자.

```
>> type heateqex2

function heateqex2
% 막대에서 열방정식에 대한 Dirichlet 문제의 풀이.
% 이 문제에서 열전도도는 변화하며 21 격자점들이 이용된다.
m = 0;    % 이는 단순히 기하구조가 선형임을 의미한다.
x = linspace(-5, 5, 21);
t = linspace(0, 4, 81);
sol = pdepe(m, @pdex, @pdexic, @pdexbc, x, t);
% 첫 번째 해의 원소를 u로 한다.
u = sol(:,:,1);
% 표면 그래프의 작성은 종종 해를 조사하는 데에 좋은 방법이 된다.
surf(x, t, u)
title('x에서 21개의 격자점으로 계산된 수치해')
xlabel('x'), ylabel('t'), zlabel('u')
%-----------------------------------------------------
function [c, f, s] = pdex(x, t, u, DuDx)
c = 1;
f = (1 + (x/5).^2)*DuDx;  % flux = (열전도도)*u_x
s = 0;
%-----------------------------------------------------
function u0 = pdexic(x)
u0 = 20 + 5*sign(x);  % t = 0 에서의 초기조건
%-----------------------------------------------------
function[pl, ql, pr, qr] = pdexbc(xl, ul, xr, ur, t)
% Dirichlet 조건이 적용되므로 q들은 0 이다.
% 왼쪽에서 pl = 0, 오른쪽에서 pr = 0
pl = ul - 15;
ql = 0;
pr = ur - 25;
qr = 0;
```

x에서 21개의 격자점으로 계산된 수치해

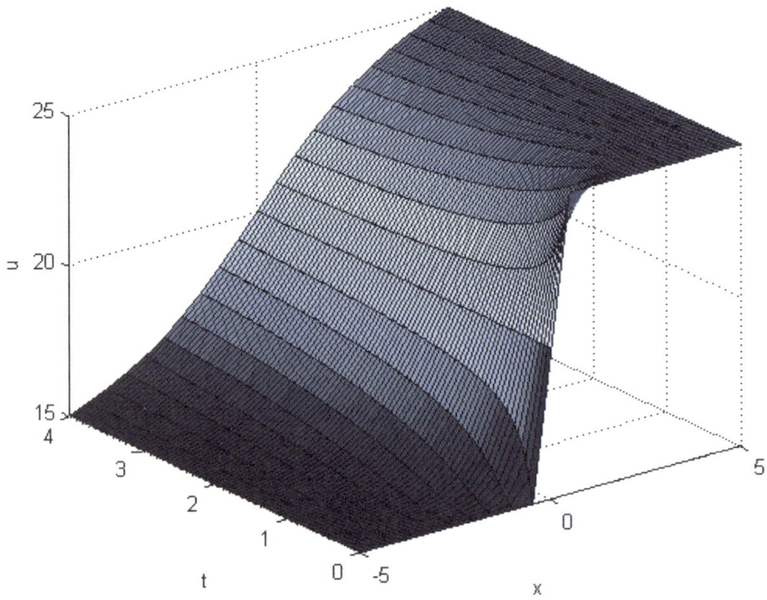

여기에서도 얻어진 결과는 이전의 결과들과 매우 유사하다.

☆ 교통흐름 모델

누구나 혼잡한 교통에 갇혀 버리거나 뚜렷한 이유 없이 길에 마냥 서 있는 차들을 본 경험이 있을 것이다. MATLAB과 Simulink는 그러한 거동의 모델을 탐구하는 데에 좋은 도구들이다. 여기에서의 분석은 교통흐름에 대한 소위 "선도자 추종"이론에 근거할 것이다. 이 이론에 대해서는 Ilya Prigogine과 Robert Herman이 저술한 **자동차 교통의 동적 이론**(Elsevier, New York, 1971)이나 Winifred Ashton이 저술한 **도로 교통 흐름이론**(Methuen, London, 1966)으로부터 자세히 알아볼 수 있다. 우리는 여기에서 다수의 자동차들이 운행중인 일방통행의 일차선 환형도로를 고려하기로 한다(이는 이를테면 워싱턴 DC 주위의 외부 수도권 외곽도로에 대한 매우 초보적인 인데 그 이유는 교통량이 매우 많을 때에는 차선을 변경하기가 어려우며 각 차선은 일차선 도로와 유사한 움직임을 보이기 때문이다). 각 운전자들은 스스로의 속력, 전방에 있는 자동차의 속력과 그 자동차까지의 거리등을 바탕으로 감속하거나 가속한다. 그러나 운전자는 사람인 이상 반응시간이 한정되어 있다. 달리 말하면 주위의 상황이 어떠한지를 관찰하고 적절하게 가솔린 페달이나 브레이크를 밟기까지에는 어느 정도의 시간(대

개 수 초 정도)이 걸린다. 표준적인 "선도자 추종"이론에서는

$$u''_n(t+T) = \lambda(u'_{n-1}(t) - u'_n(t)) \qquad (*)$$

으로 가정한다. 위에서 t는 시간, T는 반응시간, u_n은 n번째 자동차의 위치이며 "민감도 계수" λ는 $u_{n-1}(t) - u_n(t)$, 자동차들 사이의 간격, 그리고 n번째 자동차의 속력인 $u'_n(t)$에 따라 좌우될 수 있다. 이 식의 배경은 다음과 같다. 운전자는 그의 앞에 있는 자동차보다 빠르게 운전하거나 그의 앞에 있는 차에 더 가까워진다면 감속하게 될 것이며 그의 앞에 있는 차보다 느리게 간다면 가속하게 될 것이다. 나아가 (특히 교통량이 많지 않은 경우) 운전자는 도로에서의 "적정" 속력(언제나 그러한 것은 아니지만 흔히 지정된 제한속력과 대등)보다 느리거나 빠르게 운전할 것인가에 따라 가속하거나 속도를 줄이려는 경향이 있다. 도로가 환형이므로 이 식에서 u_0는 u_N으로 해석된다. 여기에서 N은 총 자동차 수이다.

이 모델의 가장 간단한 형태는 "민감도 계수" λ가 (양의) 상수인 경우이다. 그러면 속도 $u'_n(t)$의 계수가 상수인 선형 미분/차분 방정식을 얻는다. 모든 속도들이 동일하며 일정하다면(즉 교통이 균일한 속력으로 흐르고 있다면) 명백히 "정상상태" 해가 존재하지만 우리가 관심있는 것은 교통흐름의 안정성, 혹은 자동차들의 속도에 있어서의 조그만 차이가 어떤 영향을 미치는지에 대한 문제이다. 식 (*)의 해는 다음과 같은 형태의 중첩된 지수해이다:

$$u_n(t) = e^{\alpha t} v_n$$

위에서 v_n과 α는 (복소수) 상수들이다. 만일 속도가 제한되지 않는다면, 즉 α의 실수부가 양이면 시스템은 불안정해질 것이다. 벡터 기호를 이용하면

$$u'(t) = e^{\alpha t} v, \quad u''(t+T) = \alpha e^{\alpha T} e^{\alpha t} v$$

이를 식 (*)에 대입하면 다음 관계를 얻는다:

$$\alpha e^{\alpha T} e^{\alpha t} v = \lambda(S-I) e^{\alpha t} v$$

위에서

$$S=\begin{pmatrix} 0 & 0 & \cdots & 0 & 1 \\ 1 & 0 & \cdots & 0 & 0 \\ 0 & 1 & \cdots & 0 & 0 \\ \vdots & \vdots & \ddots & \vdots & \vdots \\ 0 & 0 & \cdots & 1 & 0 \end{pmatrix}$$

은 "전이"행렬로서 벡터의 왼쪽에서 곱하면 그 벡터의 원소들을 환형으로 순열시킨다. 양 변의 $e^{\alpha t}$를 제거하면

$$\alpha e^{\alpha T} v = \lambda (S - I) v$$

혹은

$$\left[S - \left(1 + \frac{\alpha}{\lambda} e^{\alpha T}\right) I\right] v = 0 \qquad (**)$$

를 얻는다. 이는 고유치가 $1+\frac{\alpha}{\lambda}e^{\alpha T}$일 때 v는 S에 대한 고유벡터임을 말하여준다. S의 고유치들은 복소평면에서 단위원 둘레에 균일하게 배치된 N번째 근들로서 N이 클 때 근접하게 배열되므로 실수부가 양인 어떤 α에 대하여

$$1 + \frac{\alpha}{\lambda} e^{\alpha T}$$

의 절대값이 1인 경우 잠재적인 불안정성이 존재한다; 즉 언제건

$$\left(\frac{\alpha T}{\lambda T}\right) e^{\alpha T}$$

는 양의 실수부를 갖는 어떤 αT에 대하여 $e^{i\theta}-1$의 형태를 가질 수 있다. 불안정성이 나타나는지의 여부는 곱 λT의 값에 따라 좌우된다. 이 사실은 임계선 Re z = 0 상의 복소수인 $z=\alpha T = iy$에 대하여 ze^{z} 값들의 그래프를 그리고 이를 다양한 파라미터 λT들에 대하여 $\lambda T(e^{i\theta}-1)$의 그래프와 비교함으로써 확인할 수 있다.

```
syms y expand(i*y*(cos(y) + i*sin(y)))

ans =
i*y*cos(y)-y*sin(y)
```

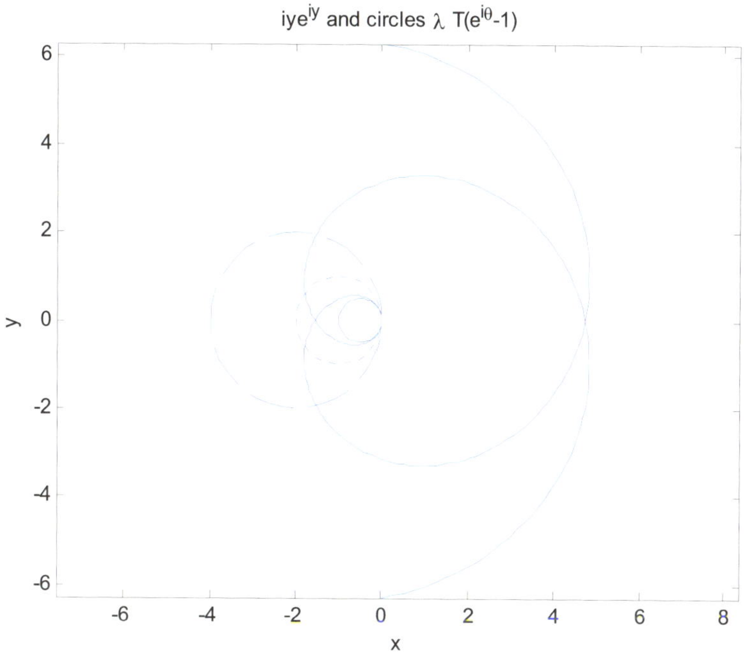


```
ezplot(-y*sin(y), y*cos(y), [-2*pi, 2*pi]); hold on
theta = 0:0.05*pi:2*pi;
plot((1/2)*(cos(theta) - 1), (1/2)*sin(theta), '-');
plot(cos(theta)  -1, sin(theta), ':')
title('iye^{iy} and circles \lambda T(e^{i\theta}-1)')
hold off
```

그림에서 작은 실선원은 $\lambda T = \frac{1}{2}$에 해당되며 이 원은 나선모양에 근접하게 "접하고" 있긴 하지만 ze^z(z는 Re z = 0 선상의 복소수)로 생성된 나선모양을 교차하지 않기 때문에 바로 안정성의 경계에 있는 것이다. 점선과 띠선 원들은 λT = 1이나 2에 해당되며 나선모양과 교차하지 않음으로 불안정한 교통흐름에 해당된다.

Simulink를 이용한 모사를 통하여 이러한 이론적 예측들을 확인하여 볼 수 있다. 먼저 Simulink 모델을 제시한 다음 이를 설명하고자 한다.

```
>> open_system traffic
```

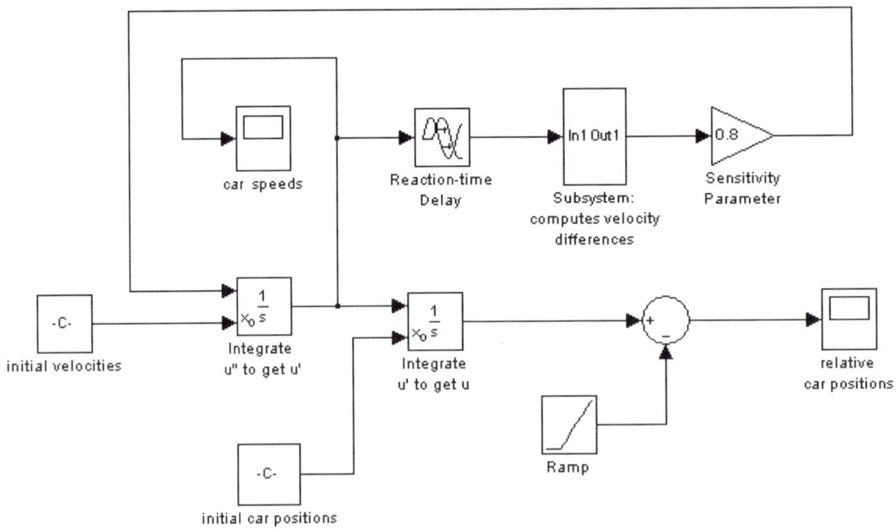

위에서 Subsystem은 S-I에 의한 곱에 해당되며 다음과 같다:

```
>> open_system 'traffic/Subsystem computes velocity differences'
```

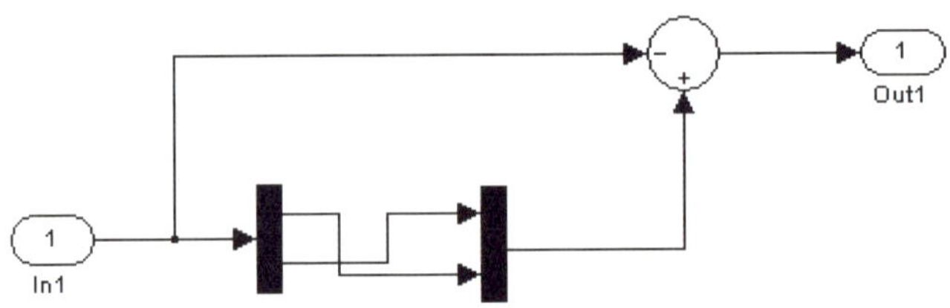

모델의 대부분은 자동차의 위치를 나타내는 미지함수(여기에서는 u)가 스칼라가 아닌 벡터값을 갖는다는 점을 제외하면 제 8장에 보인 보기와 유사하다. 주요 차이점들은 다음과 같다:

- 반응시간 지연을 감안할 필요가 있으므로 Continuous 블록 라이브러리에서 Transport Delay 블록을 끌어오고 "Time delay" 파라미터를 0.5로 설정한다.
- 파라미터 λ는 오른쪽 상부의 "Sensitivity parameter" Gain 블록에 보인 이득값을 갖는다.
- 상대적인 위치만이 문제가 되므로 자동차의 위치를 그래프로 나타내는 것 자체는 결코 도움이 되지 못한다. 그러므로 자동차 위치를 "relative car positions"라는

라벨이 붙은 Scope 블록에 나타내기 전에 Sources 블록 라이브러리로부터의 Ramp 블록으로 생성된 일정한 선형함수(이는 평균 자동차 속력에서의 균일한 운동에 해당된다)를 뺀다.

- Integrator 블록들의 옵션을 초기조건들을 내장하는 대신 외부에서 입력하도록 변경한다. 이는 논리적 구조를 더욱 명료하게 만들어 준다.
- 여기에서는 Simulink의 부함수 기능을 이용하였다. 다수의 블록들을 마우스를 끌어 지정한 다음 모델의 Edit 메뉴에서 "Create subsystem" 항목을 클릭하면 Simulink는 이들을 부시스템으로 묶어준다. 이는 사용자의 모델이 크거나 두 번 이상 사용할 것으로 기대되는 블록들의 조합이 있을 경우에 도움이 된다. 여기에서의 부시스템은 벡터 v를 $(S-I)v=Sv-v$로 보낸다. (하나의 부호가 음인) Sum 블록을 이용하여 벡터 뺄셈을 하고 있다. S의 작용을 모델링하기 위해 Signal Routing 블록 라이브러리로부터 Demux와 Mux 블록들을 이용하였다. "number of outputs" 파라미터를 [4, 1]로 설정한 Demux 블록은 5차원 벡터를 4차원 벡터와 하나의 스칼라(마지막 자동차에 해당)로 구성되는 쌍으로 나눈다. 다음에 순서를 반대로 하여 이 과정을 반복하고 이를 Mux 블록에 넣는다. 이 블록에서 "number of inputs" 파라미터는 [1, 4]로 설정된다.

일단 모델이 구성되면 입력을 여러 가지로 하여 이를 수행할 수 있다. 두 개의 Scope 창에서 결과들을 볼 수 있지만 여기에서는 명령어 라인에서 모사를 수행하고 결과를 simplot 명령어로 도시하여 보기로 한다. 이 명령어는 통상의 MATLAB 그림창에서 Scope와 거의 동일한 기능을 수행한다. 다음 그림들은 안정한 흐름에 해당하는 $\lambda=0.8$(사실은 자동차 두 대가 간단히 서로를 추월하게 하고 있다!)에 따라 생성되었다.

```
set_param('traffic/Sensitivity Parameter', 'Gain', '0.8');
[t, x] = sim('traffic');
```

변수 t는 시간 파라미터를 저장하며 변수 x는 처음 5열들에 자동차 속도를, 두 번째 5열들에는 자동차 위치를 저장한다. 위의 보기에서 평균속도는 3.15이다. 먼저 상대위치를 도시한 다음 속도를 나타내어 보자.

```
relpos = x(:,6:10) - 3.15*t*ones(1,5);
simplot(t, relpos), title('자동차의 상대적 위치')
axis([0, 20, 0, 1]), axis normal
```

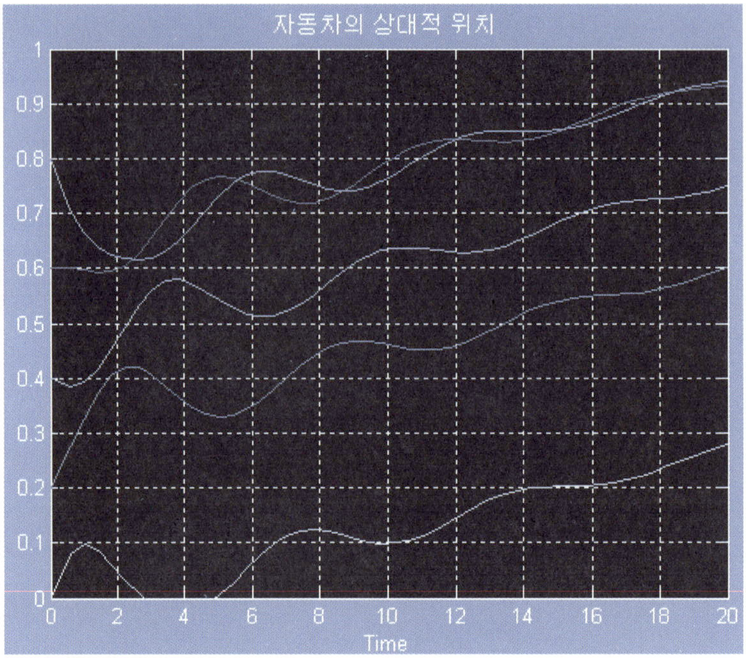


```
simplot(t, x(:,1:5)), title('자동차 속도')
axis([0, 20, 3, 3.3])
```

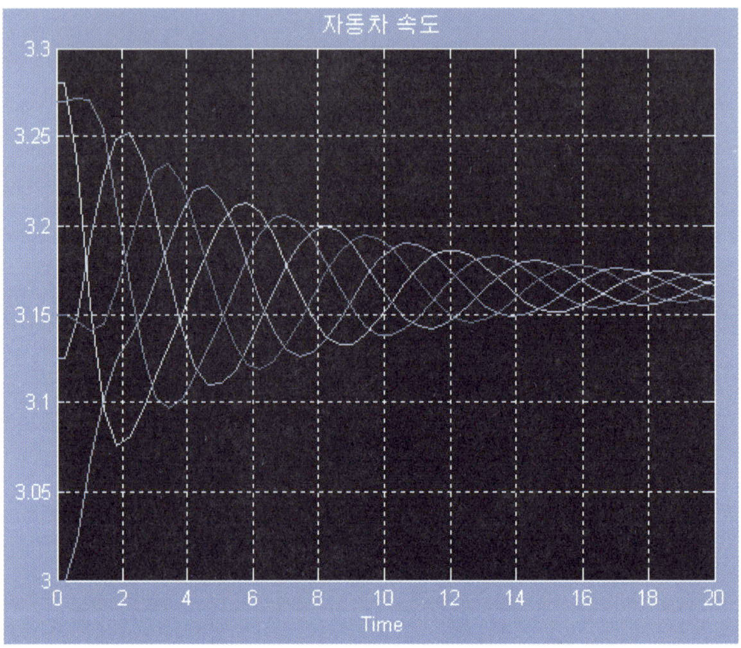

그림에서 알 수 있는 바와 같이 속력은 변동을 보이지만 궁극적으로 하나의 값으로 수렴하며 자동차들 사이의 구분은 결국 안정화된다. 한편 만일 상부 오른쪽의 Gain 블록에서 "sensitivity parameter"를 변경시켜 λ를 증가시킨다면(이를테면 0.8에서 2.0으로) 다음과 같은 출력을 얻게 되는데 이는 대표적인 불안정성을 보여준다.

```
set_param('traffic/Sensitivity Parameter', 'Gain', '2.0');
[t, x] = sim('traffic');
relpos = x(:,6:10) - 3.15*t*ones(1,5);
simplot(t, relpos), title('자동차의 상대적 위치')
axis([0, 20, -10, 10])
```

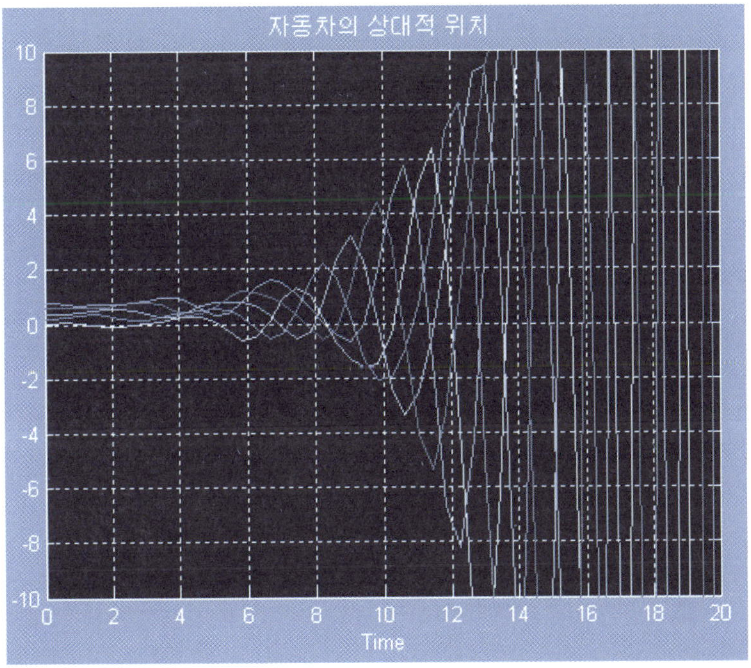

```
simplot(t, x(:,1:5)), title('자동차 속도')
axis([0, 20, -10, 10])
```

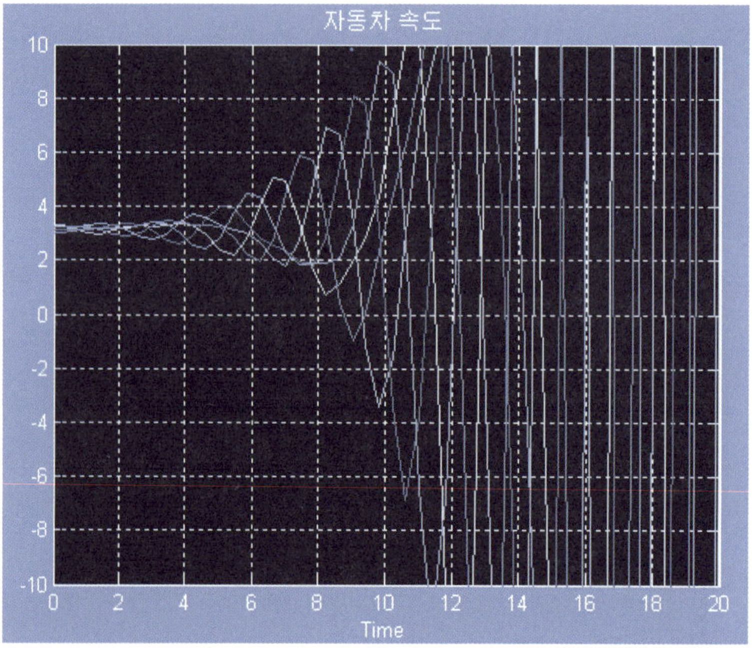

여러분들이 뒤로 돌아가서 모델에 대하여 더 생각해 보고(예를 들면 자동차들 사이의 간격에 반비례하도록 민감도 파라미터를 설정) 그 결과를 살펴보기를 바란다.

마지막으로 다음 코드로 동영상을 만들 수 있다:

```
clf reset
set(gcf, 'Color', 'White')
clear M
theta = (0:0.025:2)*pi;
for j = 1:length(t)
   plot(cos(x(j, 1:5)), sin(x(j, 1:5)), 'o');
   axis([-1, 1, -1, 1]);
   hold on
   plot(cos(theta), sin(theta), 'r');
   hold off
   axis equal
   M(j) = getframe;
end
```

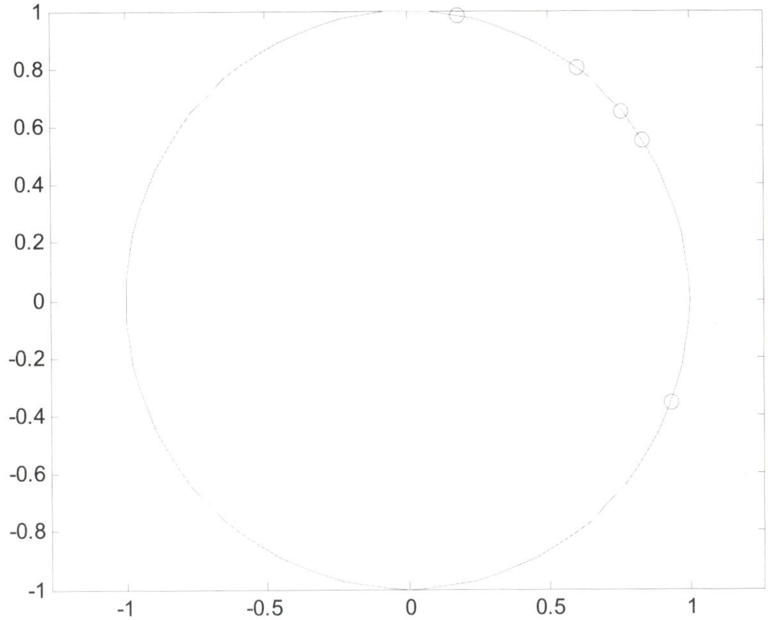

여기에서는 반경 1(단위는 적절한 것을 사용)인 원형의 도로를 취함으로써 명령어 plot(cos(theta), sin(theta), 'r')가 동영상의 각 프레임에서 붉은 원(도로를 나타낸다)을 그리도록 하고 있으며 그 위에서 자동차들은 움직이는 작은 원들로 나타나 있다. 위의 그래프는 동영상의 마지막 프레임이다; movie(M)이나 movieview(M)을 입력하면 전체 동영상을 볼 수 있다. 한번 해 보라!

여기에서 실제 동영상을 만드는 데에 필요한 한 가지 요점을 언급하고자 한다. t 값들의 간격은 균일할 필요가 있다 - 그렇지 않으면 자동차들은 시간간격이 큰 경우 더 빠르게 움직이는 것처럼 보일 것이며 시간간격이 작을 경우에는 더 느리게 움직이는 것처럼 보일 것이다. 기본 조작모드에서 Simulink는 MATLAB의 명령어 ode45에 바탕을 둔 가변스텝 미분방정식 풀이기를 사용하므로 t의 원소들은 간격이 동일하지 않을 것이다. 여기에서는 모델창의 **Simulation** 메뉴를 이용하여 **Configuration Parameters** 대화상자를 열어 이를 고정시켰으며 **Data Import/Export** 항목에서 **Output options** 상자를 변경시켜 Output times를 [0:0.5:20]으로 선택하고 Produce specified output only를 읽도록 하였다. 그러면 모델은 시간이 0.5의 배수가 될 때에만 자동차 위치를 출력할 것이며 위의 MATLAB 프로그램은 41 프레임의 동영상을 생성할 것이다.

연습 C
MATLAB® 기법의 향상

문제 5, 7, 14 및 15는 다른 것들보다 약간 더 고급이다. 문제 8과 9는 Simulink의 simlp나 최적화 툴박스를 필요로 한다. 문제 11(가)는 기호 수학 툴박스를 필요로 하지만 다른 것들은 그렇지 않다. 문제 12와 13에서는 Simulink가 요구된다.

1. Picard 대장은 한 변이 50 m인 정사각형 모양의 구역에 숨어 있으며 이 구역는 수준 5의 힘장으로 보호되어 있다. 불행히도 그 구역을 향해 발사하는 Cardassians는 그 힘장을 두과할 수 있는 살상광선을 지니고 있다. 살상광선의 충격점은 10,000 illumaton의 치명적 방사능에 노출되어 있다. 선장을 해치우기 위해서는 단지 50 illumaton만이 필요하며 이보다 적으면 아무런 효과가 없다. 살상광선이 점 (x_0, y_0)의 바닥 위 1m를 타격하는 경우 점 (x,y)에 도달하는 illumaton 수는 역 제곱 규칙, 즉

$$\frac{10000}{4\pi[(x-x_0)^2+(y-y_0)^2+1]}$$

에 의하여 지배된다. Cardassians의 센서들은 Picard의 정확한 위치를 찾을 수 없으므로 그 구역의 임의의 위치를 향해 발사한다.

(1) contour를 사용하여 살상광선을 불규칙적으로 5회 발사한 후의 구역을 나타내어라. 방사능의 반감기는 매우 짧으므로 거의 즉시 소멸된다고 가정할 수 있다 – 단지 그 초기 발사만이 어떤 효과를 갖는다. 그렇긴 하지만 모든 5회의 발사를 시간 경과 사진처럼 그림에 포함시켜 보라. 대장 Picard는 구역의 어느 곳에 숨어야 한다고 생각하는가?

(2) Picard는 구역의 복판에 서 있다고 가정하자. 나아가 Cardassians는 살상광선을 100회 발사하며 각각의 발사는 구역의 임의의 지점에 타격된다고 가정하자. Picard는 사망하는가?

(3) 위의 (2)번 "실험"을 100회 수행하여 보고 100회의 발사에서 대장 Picard가 살아남을 확률을 근사적으로 구하여라.

(4) 이번에는 대장이 한 변의 절반인 곳(즉 구역의 좌표가 $0 \le x \le 50$, $0 \le y \le 50$인 경우 x=37.5에서 y=25이다)에 위치한다고 하고 위의 (3)을 다시 수행하여라.

(5) 대장이 완전히 한 변 쪽에 있다가 최종적으로 구석에 있다고 가정하고 모사를 다시 수행하여라. 어떤 자체적으로 분명한 사실이 보다 강력하게 되었는가?

2. M 달러가 예치되어 있으며 매월 이자 J를 지불하는 계좌를 고려하여 보자. 어느 시점에서 시작하여 S 만큼의 금액이 매월 예치되며 어떠한 출금도 이루어지지 않는다고 가정하자.

(1) S=0이라고 가정하자. 제 10장의 주택 할부금 지급 응용을 모델로 하여 J, M, 경과 월 수 n, 그리고 n 개월 후에 계좌에 남아있는 총 금액 T 들을 연관시켜 주는 식을 유도하여라. 이자는 매월 마지막 날에 지불되며 총 금액 T는 이자가 지불된 마지막 날 후에 계산되는 것으로 가정한다.

(2) 이제 M=0이며 S는 매월 첫째 날에 입금되고 이전과 같이 이자는 매월 마지막 날에 지불되며 총 금액 T는 이자가 지불된 마지막 날 후에 계산되는 것으로 가정하자. 다시 주택 할부금 지급 응용을 모델로 하여 J, S, 경과 월 수 n, 그리고 n 개월 후에 계좌에 남아있는 총 금액 T 들을 연관시켜 주는 식을 유도하여라.

(3) 위에서 얻은 두 모델을 결합시켜 모든 M, S, J, n, 그리고 T 들을 연관시켜 주는 식을 유도하여라. 물론 계좌에는 초기 예치금액(M)이 있으며 매월 S 만큼 예치되는 것으로 가정한다.

(4) 연이율이 5%이고 매월 예치되는 금액이 없다면 몇 년이 지나서야 처음 넣어둔 돈이 두 배가 되는가? 연이율이 10%라면 어떠한가?

(5) 이 문제와 다음 문제에서 초기 예치금은 없다. 연이율이 8%라고 가정하자. 35년(직업을 갖고 있는 동안) 후에 백만장자가 되려면 매월 얼마씩 예치하여야 하는가?

(6) 이율은 (5)에서와 같으며 매월 $300씩만 예치할 수 있다고 할 때 백만장자로 은퇴하기 위해서는 얼마나 오랫동안 일해야 하는가?

(7) 복권에 당첨되어 $100,000을 획득하였다. 이 때 두 가지 선택을 할 수 있

다: 당첨금을 취하고 세금을 납부한 다음 나머지 금액을 투자한다; 혹은 20년 동안 매월 $100,000/240 씩 수령하고 세금납부 후의 금액을 예치하여 둔다. $100,000을 횡재하면 연방 및 주 세금으로 $35,000을 지불해야 하지만 보다 작은 규모로 매월 수령한다면 단지 20%의 세금만 내면 된다. 어느 방법이 20년 후 더 유리할 것인가? 여기에서는 연이율을 5%로 한다.

(8) 역사적으로 은행들은 대략 5%를 유지해 왔지만 주식시장은 평균 10년 주기에 걸쳐 8%의 회수율을 유지해온 경향이 있다. 그러므로 문제 (5)와 (6)은 예금보다는 투자에 더 관련이 있다. 그러나 시장이 5년 주기로 매년 연이어서 13%, 15%, −3%, 5%, 그리고 10%의 회수율을 보이며 이 사이클이 반복된다고 가정하자. (여기에서는 비록 기하평균이 더 관련이 있지만 산술평균은 8%임을 주목하자.) 5년 시장주기의 시초에 $50,000이 투자된다고 가정하자. 이 금액은 5년 동안 얼마나 커질 것인가? 이제 이 사이클에 2년째, 3년째, 4년째, 그리고 5년째의 처음에 들어간다고 가정하고 이 계산을 네 번 더 반복하여 보라. 어느 선택으로부터 최선/최악의 결과를 얻는가? 그 이유를 설명할 수 있는가? 이 결과들을 8%를 지급하는 고정이율의 경우와 비교하여라. 단순 연이율을 가정하라. 매 해 시초에 $10,000이 투자된다고 가정하고 위의 5회 투자계산을 반복하여 보라. 이로부터 얻은 결과를 분석하여라.

3. Tony Gwynn의 평균 타율은 0.338이었다. 이는 1000번의 타석에서 338개의 안타를 친 것을 의미한다. (이 문제에서 사구, 희생타, 그리고 공식적인 타석에 따른 출루가 아닌 것은 무시하기로 한다.) 어느 해에 그는 500회의 공식적인 타석을 기록하였다.

(1) Tony의 선수경력에서 한 해의 Monte Carlo 모사를 고안하여라. 그의 평균 타율은 얼마인가?

(2) 이제 20년 동안의 선수생활을 모사하여라. 매년 500회의 공식 타석을 가정한다. 그의 선수경력에서 가장 뛰어난 타율은 얼마인가? 그리고 가장 나쁜 타율은 얼마인가? 그의 평생 동안의 평균타율은 얼마인가?

(3) 20년 선수경력에 대한 모사를 4번 더 수행하여라. 4번의 모사 각각에 대하여 (2)에 제시된 질문들에 답하여라.

(4) 위의 (2)와 (3)에서 계산한 5회의 평생 평균타율들에 대한 평균을 계산하여라. 20년 경력에 대한 모사를 100회 수행하고 100회의 모사 모두에 대

한 평생 평균들의 평균을 취한다면 어떻게 될 것이라고 생각하는가?

다음의 4 문제들은 약간의 기본적인 MATLAB 프로그램 기법들을 예시하고 있다.

4. 양의 정수 n에 대하여 A(n)은 n×n 행렬로서 (i,j) 위치의 원소는 $a_{ij} = \frac{1}{i+j-1}$ 로 주어진다고 하자. 예를 들면

$$A(3) = \begin{pmatrix} 1 & \frac{1}{2} & \frac{1}{3} \\ \frac{1}{2} & \frac{1}{3} & \frac{1}{4} \\ \frac{1}{3} & \frac{1}{4} & \frac{1}{5} \end{pmatrix}$$

A(n)의 고유치들은 모두 실수이다. 다른 출력은 없이 A(500)의 가장 큰 고유치를 보여주는 스크립트 M-파일을 작성하여라. (*힌트*: A를 정의하기 위해 루프 안에 루프를 이용한다면 M-파일의 수행에 시간이 좀 걸릴 것이다. 이를 피하도록 하라!)

5. ☆ 가운데에 빨간 원이 있고 그 주위로 흑백의 원형 (환형)줄들이 (이를테면 각각 10개씩) 교차되어 있는 소 눈의 형상을 그려주는 스크립트 M-파일을 작성하여라. 최종적으로 나타나는 것은 타원들이 아닌 원들임을 확실히 해야 한다. (*힌트*: 두 원들 사이의 영역을 칠하는 한 가지 방법은 외부 원 전체를 검게 만든 후에 내부원의 안쪽을 하얗게 하는 것이다.)

6. MATLAB®은 두 수들의 최소 공배수를 구하는 함수 lcm을 지니고 있다. 별도의 인수들이나 하나의 벡터로 주어지는 임의의 개수의 양의 정수들에 대한 최소 공배수를 구하는 함수 M-파일 mylcm.m을 작성하여라. 예를 들면 mylcm(4, 5, 6) 및 mylcm([4 5 6])으로부터 모두 60이라는 결과를 얻어야 한다. 이 프로그램은 입력들 가운데 어느 것이라도 양의 정수가 아니면 도움이 될 만한 오류 메시지를 제시해야 한다. (*힌트*: 세 숫자들의 경우 lcm을 이용하여 처음 두 수들의 최소 공배수 m을 구한 다음 다시 lcm을 적용하여 m과 세 번째 수의 최소 공배수를 구할 수 있다. 여러분의 M-파일은 이 방법을 일반화시킬 수 있다.)

7. ☆ 입력으로서 텍스트 파일의 이름을 포함하는 문자열을 취하고 그 파일에서 A부터 Z까지의 각 글자에 대한 출현빈도를 보여주는 히스토그램을 작성하는 함

수 M-파일을 작성하여라. 그림과 축에 가급적 유용하도록 라벨을 붙여보라.

8. 다음의 선형 계획법 문제를 고려하여 보자. Jane Doe는 지금 살고 있는 카운티 위원 후보로 뛰고 있다. 그녀는 그 카운티에 있는 고탐, 메트로폴리스, 오즈, 그리고 리버의 4개 주요 도시에서 개인적으로 유권자들에게 유세하러 다니기를 원하고 있다. 그녀는 각 도시에서 방문해야 하는 가구들(개인 집, 아파트 등)이 얼마나 되는지 알 필요가 있다. 제약조건들은 다음과 같다.

   가) 각 가정에 선거운동 팸플릿을 나누어 주고자 한다; 팸플릿은 단지 50,000장이 사용 가능하다.

   나) 각 가정에 대하여 계상한 여행비용은 고탐과 메트로폴리스의 경우 $0.50, 오즈의 경우 $1, 그리고 리버의 경우 $2이다; 여기에 할당된 비용은 $40,000이다.

   다) 각 가정의 방문에 소요되는 평균시간(분)은 고탐의 경우 2분, 메트로폴리스의 경우 3분, 오즈의 경우 1분, 그리고 리버의 경우 4분이다; 그녀가 각 가정의 방문에 쓸 수 있는 시간은 300시간이다.

   라) 정치적인 프로파일로 인하여 Jane은 메트로폴리스보다 고탐에서 더 많은 가정을 방문해서는 안되며 메트로폴리스와 오즈에서 아무리 많은 가정을 방문한다고 하더라도 이들 두 도시에서의 방문가구 수의 합은 리버에서의 방문가구 수를 초과하지 않아야 함을 알고 있다.

   마) Jane이 방문중에 받을 것으로 기대하는 각 가정으로부터의 평균 선거 기부금은 고탐의 경우 $1, 메트로폴리스의 경우 $0.25, 오즈의 경우 $0.5, 리버의 경우 $3이다. 그녀는 전체 선거운동 중에 적어도 $10,000을 모아야 한다.

   Jane의 목표는 지지자 수(그녀에게 투표할 것 같은 유권자 수)를 최대화시키는 것이다. 그녀가 방문하는 각 가정에 대하여 지지자를 확보할 것으로 추정하는 확률은 고탐의 경우 0.6, 메트로폴리스의 경우 0.6, 오즈의 경우 0.5, 리버의 경우 0.3이다.

   (1) 4개 도시 각각에서 그녀는 얼마나 많은 가구들을 방문해야 하는가?

   (2) 방문에 이용할 수 있는 총 시간을 두 배로 할 수 있다고 가정하자. 그렇다면 방문 방침은 어떠한가?

   (3) 그러나 ((2)에서) 여분의 시간에 따라 그녀가 받는 기부금 액수도 두 배가 되어야 한다고 가정하자. 그렇다면 방문 방침은 어떠한가?

9. 다음과 같은 선형 계획법 문제를 고려하여 보자. 유명한 풋볼 코치 Joe Glibb은 다음 주 동안에 쿼터백, 러닝백, 리시버, 그리고 라인맨들과 같은 그의 공격팀 멤버들과 몇 시간을 보내야 할 것인지를 결정하고자 한다. 제약조건들은 다음과 같다.

가) 그 주 동안에 Joe가 사용할 수 있는 시간은 50시간이다.

나) Joe는 다음 게임에서 이기기 위해서는 20점이 필요할 것으로 생각하고 있다. 그는 쿼터백과 보내는 매 시간에 대하여 0.5점의 회수를 기대하고 있으며 러닝백, 리시버, 그리고 라인맨에 대해서는 각각 0.3, 0.4, 그리고 0.1을 기대하고 있다.

다) 그 큰 덩치에도 불구하고 선수들은 상대적으로 약하다. 쿼터백과 한 시간을 보낼 때마다 Joe는 그를 한 번 야단칠 필요가 있을 것으로 보인다. 다른 세 그룹들에 대하여 시간당 야단칠 수 있는 횟수는 러닝백의 경우 2회, 리시버의 경우 3회, 그리고 라인맨의 경우 0.5회이다. Joe는 이성을 잃기 전까지 한 주일 동안에 겨우 75회만 야단칠 수 있을 것으로 생각하고 있다.

라) 마지막으로 선수들은 경쟁심이 강한 *프리마 돈나*들이다. 이 때문에 Joe는 리시버들과 보낸 시간과 동일한 시간을 러닝백들과 보내야 하며 적어도 러닝백 및 리시버들과 보낸 시간을 합한 시간을 쿼터백과 보내야 하고 적어도 라인맨들과 보낸 시간만큼을 리시버들과 보내야 한다.

Joe는 게임의 결과에 상관없이 시즌이 끝날 때에는 물러나야 할 것으로 생각하고 있으며(구단주만이 알고 있을 것이다) 따라서 그의 일차적인 목표는 다음 주 동안에 즐거움을 최대화시키는 것이다. 0에서 1까지의 척도로 본다면 쿼터백과 보내는 매 시간당 얻는 개인적 만족도는 0.2가 될 것으로 그는 추정하고 있다. 러닝백, 리시버 및 라인맨들의 경우에는 각각 0.4, 0.3 및 0.6이다.

(1) Joe는 각 그룹과 몇 시간을 보내야 하는가?
(2) Joe가 이기기 위해서는 15점만이 필요하다고 가정하자; 그러면 각 그룹과 몇 시간을 보내야 하는가?
(3) 마지막으로 15점만이 필요함에도 불구하고 선수들이 안절부절 하지 못하여 이번 주에는 야단을 70회만 해치울 수 있다고 가정하자. Joe는 이번 주에 최대한의 수확을 얻을 것인가?

10. 이 문제는 저자들의 동료인 Tom Antonsen이 제안한 것으로서 전기회로에 관한 것이며 회로 성분들 가운데 하나는 선형적으로 거동하지 않는다. 그림 C.1에 보인 회로를 고려하여 보자.

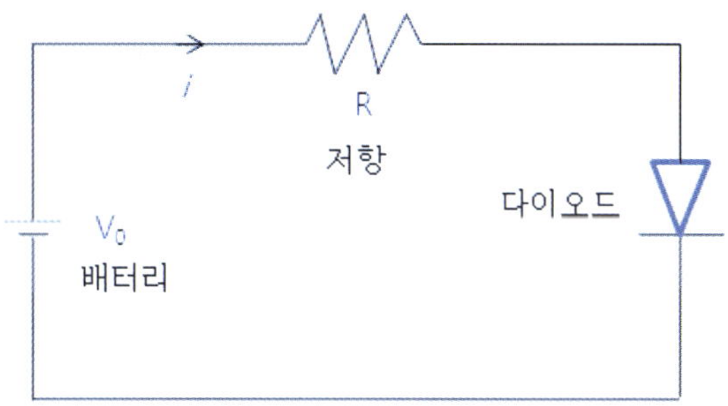

그림 C.1. 비선형 회로.

저항과는 달리 다이오드는 비선형 요소이다 – 다이오드는 Ohm의 법칙을 따르지 않는다. 다이오드의 실제 거동은 다음 공식으로 정해진다:

$$i = I_0 e^{V_D / V_T} \tag{C.1}$$

위에서 i는 다이오드의 전류(이는 Kirchhoff의 전류법칙에 따라 저항에서의 전류와 같다), V_D는 다이오드의 전위차, I_0는 다이오드의 누출전류, 그리고 $V_T = \frac{kT}{e}$ 이며 k는 볼츠만 상수, T는 다이오드의 온도, 그리고 e는 전기적 전하이다.

이제 저항에 Ohm의 법칙을 적용하여 우리는 또한 $V_R = iR$ 임을 알 수 있다. 여기에서 V_R은 저항을 통한 전위차이며 R은 저항이다. 그러나 Kirchhoff의 전위 법칙에 따르면 $V_R = V_0 - V_D$ 의 관계를 얻는다. 이에 따라 다이오드 전류와 전압을 관련지어 주는 두 번째 식

$$i = \frac{V_0 - V_D}{R} \tag{C.2}$$

을 얻는다. 식 (C.2)는 i가 V_D의 감소하는 선형함수이며 V_D가 0일 경우 i는 $\frac{V_0}{R}$의 값을 가짐을 말하여 주고 있다. 동시에 (C.1)은 i가 I_0에서 시작하는 V_D의 지수적으로 증가하는 함수임을 말하여 준다. 통상적으로 $RI_0 < V_0$이므로

i를 V_D의 함수로 나타내는 두 곡선들은 한 번 교차하여야 한다. 두 식에서 i를 소거하면 다이오드의 전압은 다음과 같은 초월 방정식

$$\frac{V_0 - V_D}{R} = I_0 e^{V_D / V_T}$$

혹은

$$V_D = V_0 - RI_0 e^{V_D / V_T}$$

를 만족해야 한다.

(1) 전기적 상수들에 대한 적절한 값은 $V_0 = 1.5$볼트, $R = 1000$ ohms, $I_0 = 10^{-5}$ 암페어, 그리고 $V_T = 0.0025$볼트이다. fzero를 이용하여 전압 V_D와 회로의 전류 i를 구하여라.

(2) 이하에서 배터리의 전압 V_0와 저항요소의 저항 R은 변하지 않는다고 가정한다. 그러나 다이오드의 전기적 특성들을 변경할 수는 있다고 하자. 예를 들면 I_0는 절반으로 되었다고 가정한다. 그렇다면 전압에는 어떤 변화가 일어나는가?

(3) I_0를 절반으로 하는 대신 V_T를 절반으로 줄였다고 가정하자. 그러면 V_D에 대한 영향은 무엇인가?

(4) I_0와 V_T 모두를 절반으로 줄였다고 가정하자. 그러면 어떤 변화가 일어나는가?

(5) 마지막으로 I_0와 V_T 모두가 0을 향하여 감소된다고 할 때 전압의 거동을 조사하여 보고자 한다. $I_0 = 10^{-5}x$, 그리고 $V_T = 0.0025x$로 설정하였다고 가정하고 $x \to 0$이라고 하자. $x = 10^{-j}$, $j = 0, \cdots, 5$에 대한 해를 구한 다음 전압을 I_0의 함수로 하여 해 값들의 loglog 그래프를 나타내어 보라. 이로부터 얻는 결론은 무엇인가?

11. 이 문제는 제 10장의 *개체 동특성*과 360° *단진자* 문제에 근거하고 있다. 전자의 경우 개체의 증가는 *차분 방정식*으로 모델을 구성하였다. 이 문제에서 우리는 개체 증가의 모델을 위의 후자에서와 유사하게 *미분방정식*으로 나타내고자 한다. 사실 우리는 개체 x의 로지스틱 증가에 대한 미분방정식 모델을 다음 식에 따라 시간 t의 함수로 나타낼 수 있다:

$$x' = x(1-x) = x - x^2 \tag{C.3}$$

위에서 x'는 t에 대한 x의 미분을 나타낸다. 여기에서 x는 어떤 가능한 최대 개체의 분율로 간주된다. 제 10장에서의 이산모델에 대한 위의 연속모델의 한 가지 장점은 (정수구간이 아닌) 임의의 시점에서 개체를 "읽을" 수 있다는 점이다.

(1) # 미분방정식 (C.3)의 풀이는 상미분 방정식에 대한 입문과정에서 다루어지고 있지만 명령어 dsolve를 이용하여 이를 쉽게 풀 수 있다(온라인 도움말을 통하여 구문을 찾아본다).

(2) 이제 x의 초기값이 $x_0 = x(0)$이라 가정하고 해를 구하여라. 초기값으로 $x_0 = 0$, 0.25, ⋯, 2.0 들을 사용한다. 해의 그래프들을 그려보고 얻은 그림을 이용하여 다음과 같은 주장을 정당화하여 보라: "$x_0 > 0$에 관계없이 (C.3)의 해는 궁극적으로는 일정한 해 $x(t) \equiv 1$에 접근한다."

로지스틱 모델은 개체성장에 대한 두 가지 기본적인 특성들을 상정하고 있다: 가) 이상적으로 개체는 현재의 총 수에 비례하여 팽창한다(즉 지수적 성장이다 – 이는 (C.3)의 우변의 x 항에 해당된다); 나) 개체 수와 성장에 대한 자연적 한계 사이의 상호 간섭작용으로 인하여 제약없는 지수적 성장은 (C.3)에서 $-x^2$로 주어지는 로지스틱 항에 의하여 감시된다. 이제 동일한 사원에 대하여 생존경쟁을 벌이는 두 가지의 종 x(t)와 y(t)가 있다고 가정하자. 그러면 두 종들 사이의 상호 간섭을 반영하는 다른 음수 항이 미분방정식에 존재할 것이다. 통상적인 모델은 이 항이 두 개체들의 곱에 비례할 것으로 가정하며 비례상수가 클수록 상호 간섭작용이 더 심각함은 물론 얻어지는 개체 성장에 대한 감시도 더 심각해질 것이다.

(3) 다음은 경쟁하는 두 종 x(t)와 y(t)의 개체 성장을 나타내어 주는 통상적인 한 쌍의 미분방정식 모델이다:

$$\begin{aligned} x'(t) &= x - x^2 - 0.5xy \\ y'(t) &= y - y^2 - 0.5xy \end{aligned} \tag{C.4}$$

명령어 dsolve는 여러 쌍의 미분방정식(특히 선형인 미분방정식)들을 풀 수 있다. 그러나 (C.4)에서는 혼합된 2차항들로 인하여 기호적으로 풀 수가 없으므로 단진자 응용에서와 같이 수치적 ODE 풀이기를 사용할 필요가 있다. 그 응용에서의 명령어들을 템플레이트로 사용하여 다음과 같은 초기값

에 대한 시스템 (C.4)의 수치해 곡선들을 그려보라:

```
x(0) = 0:1/12:13/12
y(0) = 0:1/12:13/12
```

(*힌트*: axis를 이용하여 정사각형 $0 \le x, y \le \frac{13}{12}$에 대한 시각을 한정시킨다.)

(4) 여러분이 얻은 그림은 시스템의 *위상도*라고 불린다. 이를 설명하여라. 단지 한 가지의 종 만이 존재하는 것으로 시작하는 임의의 개체분포에 대한 장기간에 걸친 거동을 설명하고 이를 (2)와 연관시켜 보라. 시초에 두 개체들이 모두 존재하는 경우 오랜 시간 후에는 무슨 일이 일어나겠는가? 교란되지 않은 채로 남아있는 초기 개체분포가 존재하는가? 이것은 무엇인가? 이 수들을 모델 (C.4)와 연관시켜 보라.

(5) 모델에서 0.5를 2로 대체시킨 새로운 모델

$$x'(t) = x - x^2 - 2xy$$
$$y'(t) = y - y^2 - 2xy \tag{C.5}$$

를 고려하여 보자. 이에 대한 위상도를 그려보라. (동일한 초기 데이터와 시각 사각형을 사용한다.) (4)에서의 질문에 답하여라. 원점 근처에서 방사하여 특정한 고정점으로 향하는 특별해의 궤적을 볼 수 있는가? 상부 오른쪽으로부터 다른 궤적이 그 고정점으로 향하는 것을 볼 수 있는가? 이 궤적들 상에서 출발하지 않는 모든 개체분포들에는 무슨 일이 일어나는가?

(6) 모델 (C.4)가 왜 "평화적 공존"이라고 불리고 모델 C.5가 왜 "세상의 마지막 날"이라고 불리는지 설명하여라. 이제 0.5로부터 2로의 계수 변화가 왜 공존을 최후의 날로 전환시키는지를 경험적으로 설명하여 보라.

12. 제 10장의 *360° 단진자*에서의 다음과 같은 단진자 방정식에 해당하는 Simulink 모델을 구성하여라:

$$x''(t) = -0.5x'(t) - 9.81\sin(x(t)) \tag{C.6}$$

Math 라이브러리로부터 삼각함수 블록이 필요할 것이다. 구성한 모델을 이용하여 위상도들의 일부를 다시 그려보라.

13. 모두가 알다시피 갈릴레오와 뉴턴은 지구 표면에 가까운 모든 물체들은 중력에 의하여 동일한 중력 가속도 g(대략 $32.2ft/sec^2$)로 낙하할 것이라는 사실을 발견하였다. 그러나 실제 물체들은 또한 공기저항에 의한 힘을 받는다. 중력과 공기저항을 모두 감안한다면 운동하는 공은 다음과 같은 미분방정식으로 나타낼 수 있다:

$$x'' = [0, \ -g] - c \parallel x' \parallel x' \tag{C.7}$$

여기에서 시간 t의 함수인 x는 공의 위치를 나타내는 벡터이며(첫 번째 좌표는 수평방향을, 두 번째 좌표는 수직방향을 나타낸다) x'는 공의 속도벡터, x''는 공의 가속도, $\parallel x' \parallel$는 속도의 크기, 즉 속력을 나타내고 c는 표면의 특성, 공의 질량, 그리고 공기의 밀도에 따라 좌우되는 상수이다. (공의 회전에 따른 양력은 여기에서는 무시하는데 이 힘은 커브볼의 경로나 바람에 따른 힘을 분석하는 것과 같은 어떤 상황에서는 주된 역할을 할 수 있다.) 야구공의 경우 거리 단위가 피트이고 시간단위가 초일 때 상수 c는 대략 0.0017인 것으로 밝혀졌다. (예를 들어 Robert Banks가 쓴 *응용수학에서의 빙산 견인, 도미도의 넘어짐, 그리고 다른 모험들*(프린스턴 대학교 출판부, 프린스턴, 1998)의 제 18장 "볼과 스트라이크와 홈런"을 참조한다.) 식 (C.7)에 해당하는 Simulink 모델을 구성하고 이를 이용하여 베트에 맞은 야구공의 궤적을 조사하여라. 나음은 몇 가지 힌트이다. x'', x', 그리고 x를 두 Integrator 블록들에 의하여 결합된 벡터 신호들로 나타낸다. (C.7)에 따르면 x''는 두 벡터입력에 따라 Sum 블록으로부터 계산되어야 한다. 하나는 벡터값이 [0, −32.2]인 중력값을 나타내는 상수벡터이어야 하며 다른 하나는 x' 값으로부터 계산되는 식 (C.7)의 우변의 지연항을 나타내어야 한다. 파라미터들 가운데 하나를 변경시켜 공기저항이 있을 경우와 없을 경우(각각 c=0.0017 및 c=0일 경우이다) 무슨 일이 일어나는지 살펴볼 수 있어야 한다. 출력을 XY Graph 블록에 부착시키고 파리미터들을 x−min=0, y−min=0, x−max=500, y−max=150으로 하여 홈 플레이트로부터 500피트까지의 거리와 150피트의 높이까지 공의 경로를 볼 수 있도록 하여라.

(1) $x(0) = [0, \ 4]$, $x'(0) = [80, \ 80]$으로 하자. (이는 공이 t=0일 때 홈 플레이트에서 바닥으로부터 4피트 떨어진 위치에서 속도의 수평 및 수직성분이 모두 80 ft/sec인 값으로 날아가기 시작하는 것에 해당된다. 이는 공이 배트로부터 약 77 mph의 속력으로 날아가는 것에 해당되는데 이 값은 비현실적이지는 않다.) 공이 땅에 떨어지기 전에 공기저항이 있을 경우와 없을

경우 얼마나 멀리(대략적인 값을 찾는다 – XY 그래프 출력으로부터 읽을 수 있다) 날아가겠는가? 공이 땅에 떨어지기까지 얼마나 오래 걸리며 그 시점에서(여기에서도 공기저항이 있을 경우와 없을 경우 모두에 대하여) 공은 얼마나 빠르게 운동할 것인가? (이 문제의 마지막 부분은 외야수들과 관련이 있다.)

(2) 야구게임이 콜로라도 덴버에서 열린다고 가정하자. 그 곳은 높은 고도에 따른 희박한 대기로 인하여 c는 겨우 0.0014 정도이다. 이번에는 공은 얼마나 멀리 날아갈 것인가(초기속도는 (1)에서와 같다)?

(3) (이 문제는 MATLAB 문제가 아니다.) 위의 (1)과 (2)에 대한 답의 비교로부터 고도가 콜로라도 록키 팀의 평균 팀 타율과 평균 팀 득점에 어떤 영향을 미칠 것인지를 추정하여 보라.

14. ☆ 가장 최근에 수정된 M–파일에 대한 현 디렉토리를 검색하고 이를 편집기/디버거에서 열어주는 (입력인수나 출력이 없는) 함수 M–파일을 작성하여라. 현재의 디렉토리에 아무런 M–파일도 포함되어있지 않다면 오류 메시지를 제시해 주어야 한다. 이상적으로는 윈도우즈나 유닉스에서 작동되는 M–파일을 작성하려고 시도해야 하지만 적어도 사용자 자신의 운영 시스템에서는 작동되어야 한다.

15. ☆ 규칙 $z_{n+1} = z_n^2 - 0.75$에 따라 초기값 z_0로부터 생성되는 복소수들의 수열을 고려하여 보자. 어떤 z_0 값에 대해서는 n이 증가함에 따라 이 수열은 발산할 것이지만 어떤 z_0 값에 대해서는 이 수열은 제한된 영역 안에 영원히 머무를 것이다. 후자의 z_0 값들로 구성되는 집합의 경계는 함수 $f(z) = z^2 - 0.75$에 대한 *Julia 집합*이라고 불린다. image나 imagesc를 이용하여 이 Julia 집합의 그림을 그려보라. (*힌트*: Julia 집합은 z_0의 실수부가 −2와 2 사이이고 허수부가 −1.5와 1.5 사이인 영역 내에 존재한다. 이 사각형 내에서 z_0 값들의 격자(대략 300×400 크기의 배열을 권장한다)를 형성하고 어떤 n에 대하여 해당되는 값 $z_1, z_2, \cdots, z_n$들을 계산하여라. 해당되는 z_n이 얼마나 큰가에 따라 각 z_0의 픽셀에 색을 입혀보라. n을 크게 할수록 그림은 더 정확해질(그리고 더 흥미로워질) 것이지만 계산시간은 더 오래 걸릴 것이므로 비교적 작은 값의 n으로 시작하고 이를 점점 키워간다.)

제 11 장
오류의 해결

이 장에서는 여러분이 마주칠 수 있는 몇 가지 공통적인 문제들의 처리에 대한 충고를 제시하고 있다. 아울러 MATLAB 사용자들이 일으키는 가장 흔한 오류들을 열거하고 이에 대하여 언급하고 있다. 마지막으로 사용자의 M-파일을 디버깅하기 위한 간단하면서도 유용한 몇 가지 기법들을 제시하고 있다.

공통적인 문제들

문제들은 여러 가지 방법들로 스스로를 드러낸다: 전혀 예기치 않거나 단순히 잘못된 결과가 나타난다; MATLAB이 오류 메시지(혹은 적어도 경고 메시지)를 생성한다; MATLAB이 입력라인 처리를 거부한다; 이전에는 작동되었던 것이 작동하지 않는다; 혹은 가장 좋지 않은 것으로서 컴퓨터가 멈춘다. 다행히도 이러한 문제들은 종종 쉽게 인식될 수 있고 교정 가능한 몇 가지 실수들에 의하여 야기된다. 다음에 보인 것은 일부 공통적인 문제들에 대한 설명과 가능한 원인들의 제시 및 제안된 해결책, 그리고 예증하여 주는 보기들이다. 아울러 관련 주제들이 논의되는 경우 이 책의 해당 부분을 인용하고 있다.

다음은 문제들을 열거한 것이다:

- 잘못되거나 예기치 않은 결과
- 구문 오류
- 철자 오류
- 그래프 작성시의 오류나 경고 메시지
- 이전에 저장된 M-파일이 다르게 기능
- 컴퓨터가 응답하지 않음

잘못되거나 예기치 않은 결과

이 문제를 일으키는 요인들이 많이 있지만 이들은 다음 것들 가운데 하나일 것이다.

원인: **변수들을 없애거나 재설정하는 것을 망각함**
해결방안: 특히 긴 작업에 있어서 변수들을 사용하기 전에 없애거나 초기화시켜준다.

☞ *제 2장*의 변수와 할당을 참조한다.

보기: 다음과 같은 루프를 설정했다고 가정하자:

```
>> for i = 1:10
...
end
```

그리고 이후의 작업에서 복소수 2+i를 입력한다고 하자; 그러면 실제로는 12라는 숫자를 입력하는 셈이다. 그 이유는 루프의 끝에서 변수 i는 10과 동일하게 지정되기 때문이다. 이를 고유값 $\sqrt{-1}$로 되돌리기 위해서는 clear i를 입력할 필요가 있다.

원인: **설정(및 정의)끼리의 충돌**
해결방안: 서로 다른 두 함수나 변수들에 대하여 같은 이름을 사용하지 말고 특히 임의의 MATLAB 내장함수들의 이름에 덮어쓰면 안 된다. 잘못해서 MATLAB의 내장 M-파일을 같은 이름을 가진 사용자의 M-파일이나 변수로 가려버릴 수 있다(이에는 아마도 인라인 함수나 익명함수도 해당될 것이다). 예기치 않은 출력이 나타나고 그 원인이 이와 같을 것으로 생각한다면 which를 사용하여 어떤 M-파일, 함수, 혹은 변수가 실제로 인용되는지를 알아내는 것이 도움이 된다. 앞의 보기는 이 문제를 예시하여 주고 있지만 다음 보기는 아마도 좀 더 극단적인 보기가 될 것이다.
보기:

```
>> plot = gcf;
>> x = -2:0.1:2;
>> plot(x, x.^2)
??? Subscript indices must either be real positive integers or
logicals.
```

여기에서 잘못된 것은 plot이 같은 이름을 가진 변수로 가려졌다는 것이다. 이를 다음과 같이 검지해 낼 수 있다:

```
>> which plot
plot is a variable.
```

clear plot을 입력하고 다시 plot 명령어를 실행한다면 원하는 포물선의 그림을 얻을 것이다. plot을 사용하지 않을 것으로 생각하고 다른 그래픽 스크립트 M-파일을 호출한 다음 이를 간접적으로 사용할 의도에서 고의적으로 위와 같이 했을 때 좀 더 미묘한 사례가 발생할 수 있다.

원인: **ans를 계속 추적하지 않음**

해결방안: 출력이 어떤 것이든 앞으로 이용하려면 변수 이름을 부여한다. 작업 도중의 어떤 시점에서 이름이 붙여지지 않은 이전의 출력을 인용하려고 한다면 그 출력에 이름을 붙이고 다시 명령어를 실행한다. (상향 화살표 키나 명령어 히스토리 창을 이용하여 이를 편리하게 편집할 수 있다.) ans는 이전의 출력을 인용하는 명령어를 실행하기 전에 덮어 쓰여질 수가 있으므로 ans에 의존하면 안 된다.

원인: **내장함수의 부적절한 사용**

해결방안: 내장함수의 이름은 언제나 MATLAB이 지정한 대로 사용해야 한다; 입력은 언제나 중괄호나 대괄호가 아닌 소괄호로 감싼다; 입력들은 항상 요구되는 순서대로 열거한다.

☞ *제 2장*의 변수운용 및 온라인 도움말을 참조한다.

원인: **산술연산들의 우선순위에 주의한다.**

해결방안: 산술이나 대수식들을 입력할 때에는 소괄호들을 자유롭고 올바르게 사용한다.

보기: MATLAB®은 다른 계산기와 마찬가지로 소괄호로 순서가 다르게 지정되지 않는다면 먼저 멱급수, 다음에 나누기와 곱하기, 그리고 마지막에 더하기와 빼기를 수행한다. 그러므로 $5^{2/3} - \frac{25}{2 \cdot 3}$을 다음과 같이 계산한다고 하자:

```
>> 5^2/3 - 25/2*3
ans =
  -29.1667
```

MATLAB®에서 얻는 답은 예상했던 답이 아니다. 이는 2가 3으로 나누어지기 전에 5의 멱급수 연산이 수행되었으며 2가 3으로 곱해지기 전에 25가 2로 나누어졌기 때문이다. 올바른 계산은 다음과 같다:

```
>> 5^(2/3) - 25/(2*3)
ans =
   -1.2426
```

구문 오류

원인: **소괄호, 인용부호, 중괄호, 혹은 대괄호의 부조화**

해결방안: 괄호나 부호 가운데 빠진 것이나 과다한 것이 있는지 입력라인을 주의깊게 살펴본다. MATLAB은 대개 이런 종류의 오류를 잡아낸다. 나아가 MATLAB 데스크탑은 사용자가 타이프해나감에 따라 짝이 되는 괄호 부분을 자동적으로 강조하여 주며 문자열(단일 인용부호로 감싸이는 표현)들을 색으로 입혀서 시작부분과 끝부분이 어디인지를 알아볼 수 있게 하여준다. 그러나 MATLAB® 5 및 그 이전 버전들의 명령어 창에서는 짝이 되는 괄호나 부호들을 직접 찾아내야 한다.

원인: **잘못된 구분문자: 대괄호 대신 소괄호의 사용, 혹은 그 반대의 경우 등**

해결방안: MATLAB에서의 구분문자들에 대한 기본적인 규칙들을 상기한다. *소괄호*들은 산술적 표현들을 그룹으로 만들거나 MATLAB 명령어, M-파일, 혹은 인라인 함수로의 입력들을 제한시키는 데에 사용된다. 이들은 또한 행렬 원소의 참조에도 이용된다. *대괄호*들은 벡터나 행렬의 정의에 이용된다. *단일 인용부호*는 문자열들의 정의에 사용된다.

보기: 다음은 위와 같은 규칙들을 따르지 않을 때 무슨 일이 일어날 수 있는지를 보여준다:

```
>> X = -1:0.01:1;
>> X[1]
??? X[1]
     |
Error: Unbalanced or misused parentheses or brackets.

>> A = (0,1,2)
??? A = (0,1,2)
          |
Error: Expression or statement is incorrect--possibly
unbalanced (,{,or[.
```

이 보기들은 이해하기가 매우 쉽다; 첫 번째 경우 X(1)을 의도한 것이었으며 두 번째 경우에서는 A = [0,1,2]를 의도한 것이었다. 다음은 좀 더 교묘한 예이다:

```
>> abs 3
ans =
   51
```

여기에서는 아무런 오류 메시지가 나타나지 않지만 자세히 보면 MATLAB은 3이 아닌 51의 절대값을 제시함을 알 수 있다. 그 이유는 다음과 같다: 하나의 MATLAB 명령어 다음에 빈 칸이 이어지고 이 명령어에 대한 인수가 나타날 때마다(clear x에서와 같이) 그 인수는 언제나 문자열로 해석된다. 그러므로 MATLAB은 3을 숫자 3이 아닌 문자열 '3'으로 해석한 것이다! 이는 다음으로부터 확실해 진다:

```
>> char(51)
ans =
3
```

달리 말하면 MATLAB의 암호화 기법에서 문자열 '3'은 숫자 51로 저장되는데 이는 abs 3(혹은 abs('3')도 마찬가지)이 출력으로서 51의 절대값을 생성하는 이유이다.

*중괄호*나 *굽어진 대괄호*들은 소괄호나 대괄호들보다 적게 사용되며 초보자들은 보통 이들을 필요로 하지 않는다. 이 기호들은 주로 셀 배열과 함께 사용된다. 염두에 두어야 할 한 가지 보기는 M-파일을 이용하여 다수의 입력을 취하거나 다수의 출력을 생성하고자 하는 경우 이들은 셀 배열 varargin 및 varargout에 저장되며 중괄호들은 이 배열들의 셀들을 참조하는 데에 사용된다는 것이다. 마찬가지로 case는 때로는 switch 구문 가운데에서 중괄호와 함께 사용된다. 문자열들의 배열을 구성하고자 한다면 중괄호를 사용해야 한다. 그 이유는 문자열들에 대괄호를 적용하는 경우 대괄호는 연결기능으로 해석되기 때문이다.

```
>> {'a', 'b'}
ans =
   'a'    'b'
>> ['a', 'b']
ans =
ab
```

원인: **연산기호의 부적절한 사용**

해결방안: 구문 오류를 대하게 될 때에는 입력 라인에서 타이프 실수가 있었는지를 주의 깊게 살핀다.

보기: 2 곱하기 -4를 실행하려는 사용자가 부주의로 기호를 바꾸어 버리면 결과는 다음

과 같다:

```
>> 2 - * 4
??? 2 - * 4
        |
Error: Unexpected MATLAB operator.
```

여기에서 수직 막대는 오류가 있을 곳으로 MATLAB이 추정한 위치를 강조하여 준다. 이 경우 실제 오류는 입력라인의 더 앞쪽에 위치한다.

철자 오류

원인: MATLAB® 명령어에서 소문자 대신 대문자의 사용이나 명령어 철자입력에서의 오류
해결방안: 철자를 수정한다. 다음과 같은 우연한 철자오류를 고려하여 보자.
보기:

```
>> Sin(pi/2)
??? Undefined command/function 'Sin'.

>> ffzero(@(x) x^2 - 3, 1)
??? Undefined command/function 'ffzero'.

>> fzero(@(x) x^2 - 3, 1)
ans =
    1.7321
```

그래프 작성시의 오류나 경고 메시지

원인: 몇 가지 가능한 설명이 있을 수 있지만 문제는 보통 선택된 그래프 명령어에 대한 입력의 타이프 오류이다.
해결방안: 그래프 명령어의 help 도움말에서 제시된 보기들을 잘 살펴보고 오류나 경고 메시지에 주의를 기울인다.
보기:

```
>> X = -3:0.05:3;
>> plot(X, X.^(1/3))
??? Subscript indices must either be real positive integers or
logicals.
```

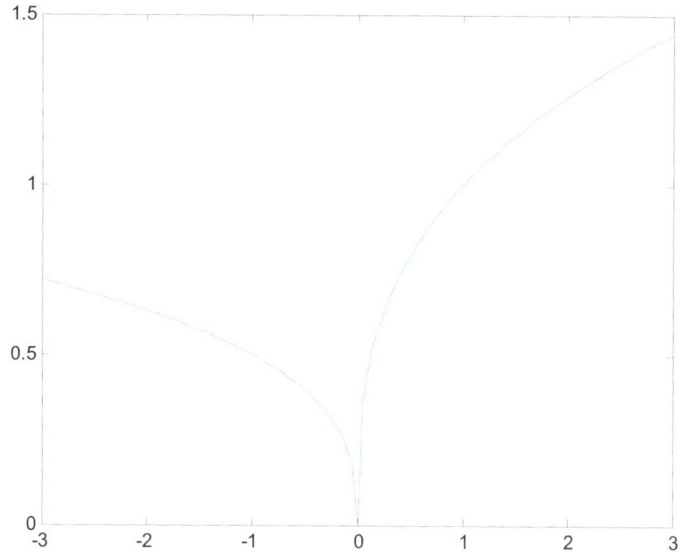

그림 11.1. $y = x^{1/3}$의 잘못된 그래프.

그림 11.1은 구간 $-3 \le x \le 3$에서의 $y = x^{1/3}$의 그래프가 아니다. 사실 원점 오른쪽의 그래프는 정확한 것처럼 보이지만 원점의 왼쪽 그래프는 확실히 틀린 그래프이다. 경고 메시지가 열쇠를 제공하여 주고 있다. MATLAB은 $x^{1/3}$의 실수부에 대한 그래프를 그리지만 이는 여러 값을 갖는 함수에서 우리가 원하는 값이 아닌 다른 부분에 대한 그래프이다. x가 음일 때 MATLAB은 $x^{1/3}$이 $\left(\frac{1+\sqrt{3}\,i}{2}\right)x^{1/3}$를 나타내는 것으로 해석한다. 이 문제를 해결하려면 MATLAB의 함수를 좀 더 주의깊게 지정하여야 한다. 다음으로부터 그림 11.2에 보인 제대로 된 그래프를 얻을 수 있다:

```
>> X = -3:0.05:3;
>> plot(X, sign(X).*abs(X).^(1/3))
```

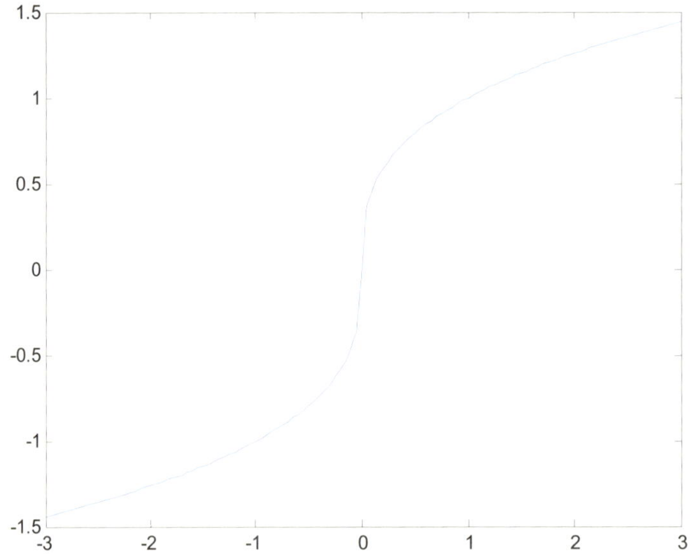

그림 11.2. $y = x^{1/3}$의 올바른 그래프.

이전에 저장된 M-파일이 다르게 기능

여러분이 마주칠 수 있는 가장 당황스러운 문제 가운데 하나는 제대로 되어있을 것으로 확신하고 있는 이전에 저장하여 둔 파일이 새로운 작업에서 실행되지 않거나 틀리게 수행되는 경우이다.

원인: **실행순서의 변경이나 변수의 초기화에 실패.**

해결방안: M–파일에의 입력이 아닌 변수들을 지우거나 반드시 초기화시킨다.

보기: 간단하지만 부적절하게 고안된 다음의 프로그램은 이 문제를 예시하고 있다. $n!$ (n–팩토리얼)을 계산하기 위해 어떤 사용자가 다음과 같은 M–파일을 작성하였다:

```
%% n!의 계산
for k = 1:n
    f = f*k;
end
f
```

여기에서 사용자는 n을 선택할 때 외부에서 f=1이라고 초기화시킬 것을 생각하고 있다. f를 초기화시키지 않는다면 이 파일을 두 번째로 실행시킬 때 큰 놀라움에 직면하게 된다. 왜 그런지 알고 있는가?

컴퓨터가 응답하지 않음

원인: MATLAB®이 아주 대규모의 계산에 매여 있거나 어떤 다른 재앙이 발생하여 응답에 실패하는 경우이다. 아마도 여러분은 자신의 컴퓨터 메모리가 처리하기에는 너무 큰 배열을 사용하고 있다.

해결방안: CTRL+C를 눌러 계산을 중지시킨다. 컴퓨터 메모리의 일부가 문제라면 좀 더 작은 배열, 즉 3D 그래프에서 격자의 수를 줄이거나 대규모의 벡터 계산을 루프를 이용하는 소규모의 작은 부분들로 나누는 방법을 이용하여 다시 계산을 시도해 본다. 작업공간에서 대규모의 배열을 지워버리는 것도 도움이 될 수 있다.

보기: 직접 보면 알게 될 것이다!

가장 흔한 실수들

가장 흔히 발생하는 실수들은 앞에서 언급한 문제들의 원인들에서 다루어졌다. 그러나 이러한 실수들을 방지하는 것을 돕기 위하여 이들을 여기에 하나의 목록으로 정리함으로써 여러분이 때때로 이를 참조할 수 있도록 하고자 한다. 이렇게 하는 것은 여러분이 "좋은 MATLAB 습관"을 길러 나가는 데에 도움이 될 것이다.

- 변수들의 삭제나 조기화를 망각
- 내장함수의 부적절한 사용
- 산술 연산들의 우선순위에 대한 부주의
- 연산 기호들의 부적절한 사용
- 제한부호들의 부조화
- 잘못된 제한부호들의 사용
- 잘못된 객체의 그래프
- MATLAB 명령어에서 소문자 대신에 대문자를 사용하거나 명령어의 철자를 잘못 타이프

디버깅 기법

가장 흔한 실수들에 대하여 논의하였으므로 이제 여러분의 M-파일을 어떻게 디버깅할 것인가, 그리고 위의 범주에 들지 않는 성가신 문제들을 어떻게 찾아내고 고칠 것인가에 대하여 언급할 시점이 되었다.

여러분의 M-파일들 가운데 하나가 기대한 바 대로 작용하지 않는 경우 이를 디버깅하기 위해 여러분이 할 수 있는 가장 쉬운 일은 파일의 중간 어딘가 쯤에 명령어 keyboard를 삽입하는 것이다. 이 명령어는 실행을 잠시 멈추게 하고 (그러나 중지시키는 것은 아니다) 명령어를 키보드로 되돌려 보내는데 여기에는 K가 있는 특별한 프롬프트가 제시된다. 이 위치에서 여러분이 원하는 어떤 명령(예를 들면 변수들의 일부를 조사)도 실행시킬 수 있다. M-파일의 실행으로 되돌아가려면 return이나 dbcont ("디버깅을 계속하라"의 준말)을 입력한다.

M-파일을 디버깅하는 좀 더 조직적인 방법은 MATLAB M-파일 편집기/디버거의 디버깅 속성들을 사용하는 것이다. 메뉴 항목 **Tools:Check Code with M-Lint**를 선택하는 것으로 시작한다. 이 항목은 M-파일의 코드를 검사하여 통상적인 실수 및 구문 오류들을 확인하고 가능한 문제가 어디에 존재하는지를 지정하는 결과를 프린트하여 준다. (명령어 창에서 명령어 mlint 다음에 빈 칸과 파일 이름을 입력함으로써 동일한 작업을 수행할 수 있다.) 다음에 디버거를 이용하여 파일 안에 "분기점"을 삽입한다. 이는 보통 편집기/디버거 창 상부의 **Breakpoints** 메뉴나 "Set/clear breakpoint" 아이콘을 통하여 이루어지지만 명령어 창에서 명령어 dbstop을 이용할 수도 있다. (이에 대한 온라인 도움말을 참조한다.) 다음에 M-파일을 호출하면 분기점에서 실행이 멈추며 keyboard의 경우에서와 마찬가지로 제어는 명령어 창으로 되돌아간다. 이 창에서는 K가 포함된 프롬프트가 제시될 것이다. 여기에서도 M-파일을 다시 수행할 준비가 되면 dbcont를 입력한다. 디버깅 과정을 마치면 dbclear는 M-파일로부터 분기점을 "제거하여" 준다.

실제 보기를 들어 이 기법들을 예시하여 보기로 한다. 입력으로서 두 표현 f와 g(이들은 기호식이나 문자열로 주어진다) 및 두 수 a와 b를 취한 다음 x=a와 x=b 사이에서 함수 f와 g의 그래프를 그리고 그들 사이의 영역을 칠하여 주는 함수 M-파일을 작성한다고 가정하자. 첫 번째 시도로서 다음에 주어진 9줄짜리 함수 M-파일 shadecurves.m으로 시작할 수 있다:

```
function shadecurves(f, g, a, b)
%SHADECURVES는 두 곡선들 사이의 영역을 나타내어 준다.
% SHADECURVES(f, g, a, b)는 f와 g에 대한 문자열이나 식 표현을 취하여
% 이들을 함수로 해석하고 x=a와 x=b 사이에서 이들의 그래프를 작성한 다음
% 이 곡선들 사이의 영역을 진하게 한다.
% 보기: shadecurves('sin(x)', '-sin(x)', 0, pi)
ffun = inline(vectorize(f)); gfun = inline(vectorize(g));
xvals = a:(b - a)/50:b;
plot([xvals, xvals], [ffun(xvals), gfun(xvals)])
```

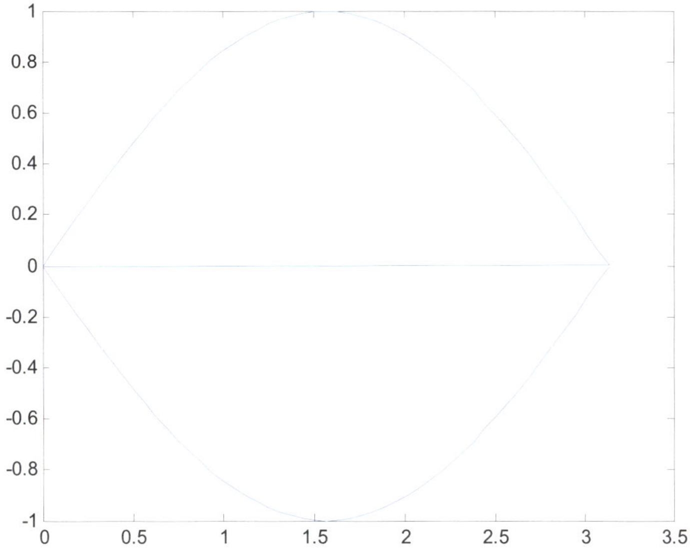

그림 11.3. $\sin x$와 $-\sin x$ 사이의 영역을 진하게 하기 위한 첫 번째 시도.

그림 11.3에 보인 그래프는

```
>> shadecurves('sin(x)', '-sin(x)', 0, pi)
```

을 수행하거나

```
>> syms x; shadecurves(sin(x), -sin(x), 0, pi)
```

를 수행하여 얻은 것이다.
그림 11.3의 그래프는 우리가 원하는 것이 아니다; 우리가 얻고자 하는 것은 그림 11.4에 보인 그래프이다.

무엇이 잘못되었는지를 결정하기 위하여 이를테면 다음과 같은 다른 보기를 시도하여 보자:

```
>> syms x; shadecurves(x^2, sqrt(x), 0, 1); axis square
```

이로부터 그림 11.5에 보인 출력을 얻는다.

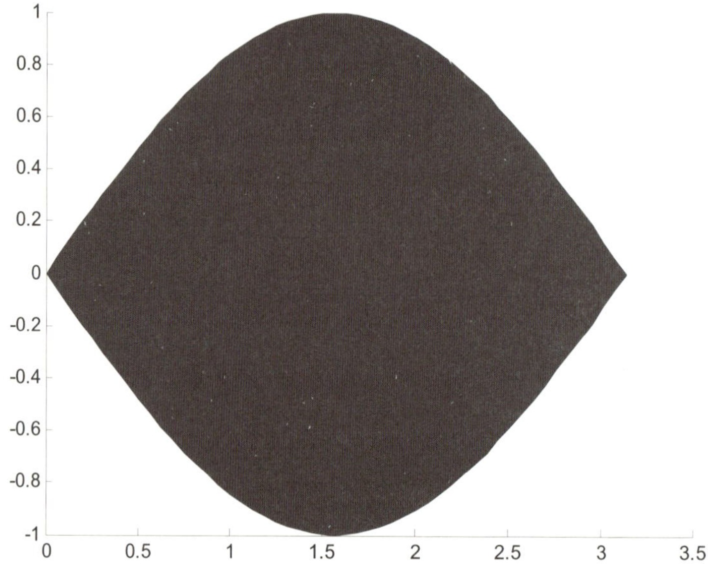

그림 11.4. $\sin x$와 $-\sin x$ 사이의 진한 영역.

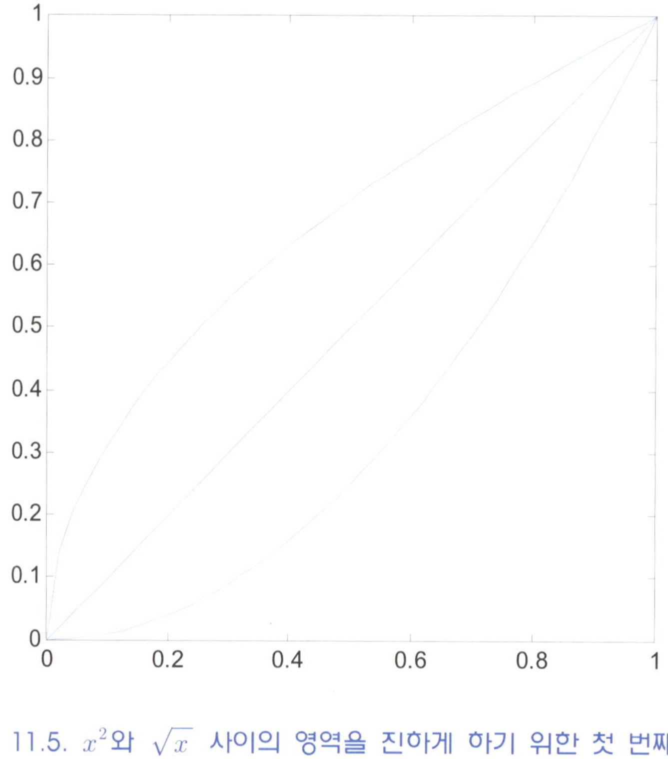

그림 11.5. x^2와 $\sqrt{x}$ 사이의 영역을 진하게 하기 위한 첫 번째 시도.

곡선들 사이의 영역이 왜 진하게 되지 않았는가를 파악하는 것은 어렵지 않다; 이는 patch(채워진 영역을 도시) 대신 plot(곡선의 그래프를 작성)을 사용하였기 때문이다. 그러므로 이는 M-파일의 마지막 줄을 다음과 같이 변경시킬 것을 권유하여 주는 셈이다:

```
patch([xvals, xvals], [ffun(xvals), gfun(xvals)])
```

이로부터 다음과 같은 오류 메시지가 나타난다:

```
>> shadecurves('sin(x)', '-sin(x)', 0, pi)
??? Error using ==> patch
Not enough input arguments.

Error in ==> shadecurves at 9
patch([xvals, xvals], [ffun(xvals), gfun(xvals)])
```

그러므로 다시 뒤로 가서 다음을 시도하여 구문을 바르게 하였는지의 여부를 살펴본다:

```
>> help patch
```

도움말로부터 patch는 영역이 칠해질 색을 지정하는 세 번째 인수(RGB 좌표)를 필요로 함을 알 수 있다. 그러므로 M-파일의 마지막 줄을 이를테면 다음과 같이 변경시켜 준다:

```
patch([xvals, xvals], [ffun(xvals), gfun(xvals)], [.5, 0, .7])
```

이로부터

```
>> syms x; shadecurves(x^2, sqrt(x), 0, 1); axis square
```

의 출력은 그림 11.6과 같음을 알 수 있다.

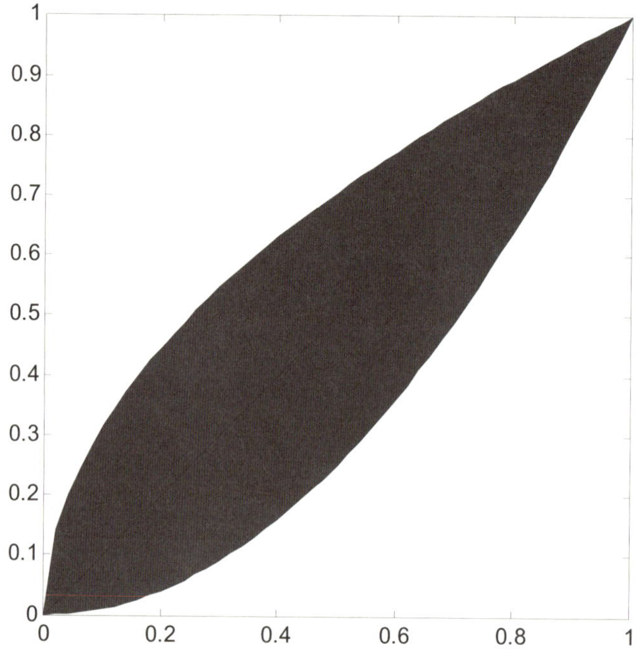

그림 11.6. x^2와 $\sqrt{x}$ 사이의 영역을 진하게 하기 위한 두 번째 시도.

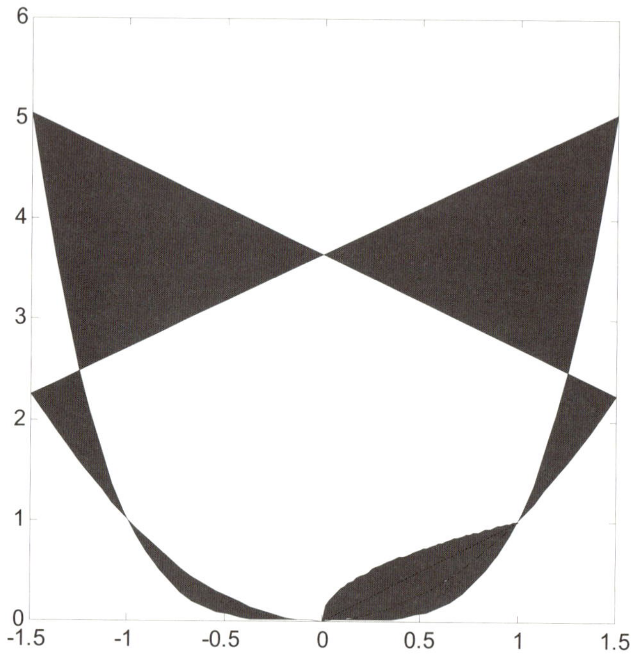

그림 11.7. x^2와 x^4 사이의 영역을 진하게 하기 위한 첫 번째 시도.

이는 더욱 나아진 것이지만 가운데에 알 수 없는 대각선이 있음을 볼 수 있으므로 정확히 맞는 것은 아니다. 그뿐 아니라 만일

```
>> syms x; shadecurves(x^2, x^4, -1.5, 1.5)
```

을 실행한다면 그림 11.7에 보인 이상한 그림을 얻게 될 것이다. M-파일이 길지는 않으며 7번째와 8번째 줄에는 이상이 없다. 그러므로 마지막 줄에 문제가 있을 것이다. patch에 대한 온라인 도움말을 다시 읽을 필요가 있다. 이 도움말에 따르면 patch는 처음 두 입력들인 벡터 X와 Y로 정의되는 2차원 다각형을 채우는 것임을 알 수 있다. 이것이 어떻게 작용하는지를 알아내는 한 가지 방법은 M-파일의 8번째 줄의 "50"을 이를테면 5와 같은 더욱 작은 어떤 값으로 변경시킨 다음 9번째 줄 이전에서 M-파일에 분기점을 삽입하는 것이다. 이 시점에서 편집기/디버거의 M-파일은 그림 11.8에 보인 바와 같을 것이다.

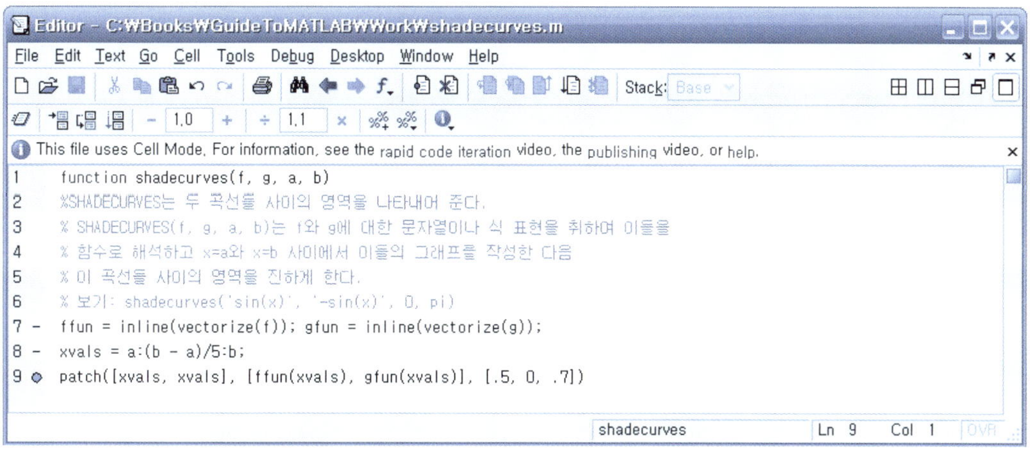

그림 11.8. 편집기/디버거.

마지막 줄의 왼쪽에 있는 분기점을 나타내는 큰 점을 유의하자. 동일한 입력으로 M-파일을 다시 실행하면 명령어 창에 K>> 프롬프트가 나타난다. 이 시점에서 진하게 채워질 다각형의 모서리들을 나타내는 점들의 좌표를 열거하여 보도록 하는 것이 합리적이므로 다음을 시도하여 본다:

```
K>> [[xvals, xvals]', [ffun(xvals), gfun(xvals)]']
ans =
   -1.5000    2.2500
   -0.9000    0.8100
   -0.3000    0.0900
    0.3000    0.0900
    0.9000    0.8100
    1.5000    2.2500
   -1.5000    5.0625
   -0.9000    0.6561
   -0.3000    0.0081
    0.3000    0.0081
    0.9000    0.6561
    1.5000    5.0625
```

이제

```
K>> dbcont
```

을 입력한다면 그림 11.9에 보인 그림창을 얻게 된다:

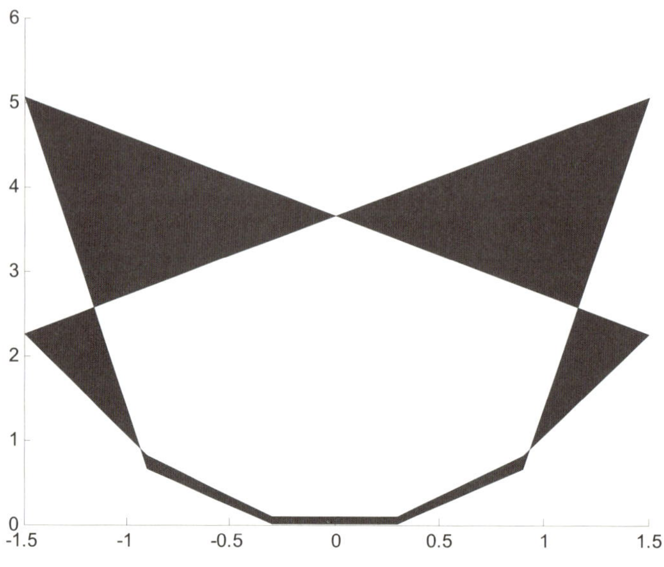

그림 11.9. x^2와 x^4 사이의 영역을 진하게 하기 위한 두 번째 시도.

마침내 우리는 무슨 일이 일어나고 있는지를 이해할 수 있게 되었다; MATLAB은 좌표가 위에 보인 바와 같은 점들을 이용하여 "서로 점들을 연결시켜" 주었다. 특히 MATLAB은 점 (1.5, 2.25)로부터 점 (−1.5, 5.0625)까지의 선을 나타내었다. 이는 우리가 원한 것은 아니다; 우리는 MATLAB이 곡선 $y=x^2$ 상의 점 (1.5, 2.25)를 곡선 $y=x^4$ 상의 점 (1.5, 5.0625)과 연결시켜 주기를 원하였다. 두 번째 함수 g를 계산하는 x 좌표의 순서를 거꾸로 함으로써 이를 수정할 수 있다. 그러므로 slavx를 거꾸로 된 xvals라 하면 다음과 같이 M-파일을 수정할 수 있다:

```
function shadecurves(f, g, a, b)
%SHADECURVES는 두 곡선들 사이의 영역을 나타내어 준다.
% SHADECURVES(f, g, a, b)는 f와 g에 대한 문자열이나 식 표현을 취하여
% 이들을 함수로 해석하고 x=a와 x=b 사이에서 이들의 그래프를 작성한 다음
% 이 곡선들 사이의 영역을 진하게 한다.
% 보기: shadecurves('sin(x)', '-sin(x)', 0, pi)
ffun = inline(vectorize(f)); gfun = inline(vectorize(g));
xvals = a:(b - a)/50:b; slavx = b:(a - b)/50:a;
patch([xvals, slavx], [ffun(xvals), gfun(slavx)], [.5, 0, .7])
```

이제 이 파일은 제대로 작용한다. 이 M-파일로부터 얻은 한 가지 출력은 그림 11.4에 보인 바와 같다. 이를 우리가 논의했던 다른 보기들이나 여러분이 선택한 문제들에 대하여 시도해 보라.

부록
연습의 풀이

연습 A: 대수와 산술연산

1.

(1)

```
>> 1111 - 345
ans =
   766
```

(2)

```
>> format long; [exp(14), 382801*pi]
ans =
  1.0e+006 *
   1.20260428416478   1.20260480938683
```

두 번째 수가 더 크다.

(3)

```
>> [2709/1024; 10583/4000; 2024/765]
ans =
   2.64550781250000
   2.64575000000000
   2.64575163398693
>> sqrt(7)
ans =
   2.64575131106459
```

세 번째 수 2024/765가 가장 우수한 근사이다.

2.

(1)

```
>> cosh(0.1)
ans =
   1.00500416805580
```

(2)

```
>> log(2)
ans =
   0.69314718055995
```

(3)

```
>> atan(1/2)
ans =
   0.46364760900081
>> format short
```

3.

```
>> [x, y, z] = solve('3*x + 4*y + 5*z = 2', '2*x - 3*y + 7*z = -1', ...
'x - 6*y + z = 3', 'x', 'y', 'z')
x =
241/92
y =
-21/92
z =
-91/92
```

이제 답을 검증하여 본다.

```
>> A = [3 4 5; 2 -3 7; 1 -6 1]; A*[x; y; z]
ans =
  2
 -1
  3
```

4.

```
>> [x, y, z] = solve('3*x - 9*y + 8*z = 2', '2*x - 3*y + 7*z = -1', ...
'x - 6*y + z = 3', 'x', 'y', 'z')
x =
22/5+39/5*y
```

```
y =
y
z =
-9/5*y-7/5
```

여기에서는 변수 y에 따라 좌우되는 1-파라미터 답들을 얻었다. 사실 3개의 선형 방정식들에 의하여 결정되는 3개의 면들은 서로 독립적이지 않다. 이는 첫 번째 방정식이 두 번째와 세 번째 식의 합이기 때문이다. 3개의 방정식들을 만족하는 점들의 궤적은 3개의 독립적인 면들의 교차점인 점이 아니라 두 개의 서로 다른 면들의 교차를 나타내는 직선이나. 다시 답을 검증하여 보자.

```
>> B = [3 -9 8; 2 -3 7; 1 -6 1]; B*[x; y; z]
ans =
  2
 -1
  3
```

5.

```
>> syms x y; factor(x^4 - y^4)
ans =
(x-y)*(x+y)*(x^2+y^2)
```

6.

(1)

```
>> syms x; simplify(1/(1 + 1/(1 + 1/x)))
ans =
(x+1)/(2*x+1)
```

(2)

```
>> syms x; simplify(cos(x)^2 - sin(x)^2)
ans =
2*cos(x)^2-1
```

simplify 대신 simple을 시도하여 보자.

```
>> syms x; [better, how] = simple(cos(x)^2 - sin(x)^2)
better =
cos(2*x)
how =
```

```
combine(trig)
```

7.

```
>> 3^301, pretty(sym('3')^301)
ans =
  4.1067e+143

  41067443717576512797397808214626494789939108687601230941444 0\
  57023510699153249722978140061846706682416475145332179398212 8\
  4405381982970873236980 03
```

그러나 다음을 주목하자:

```
>> sym('3^301')
ans =
3^301
```

sym 자체는 계산을 수행하지 않으므로 이로부터는 답을 얻을 수 없다.

8.

(1)

```
>> solve('67*x + 32 = 0', 'x')
ans =
-32/67
```

(2)

```
>> vpa(ans, 15)
ans =
-.477611940298507
```

(3)

```
>> pretty(solve('x^3 + p*x + q = 0', 'x'))

        [                     1/3        p                      ]
        [                1/6 %1     - 2 -----                   ]
        [                                1/3                    ]
        [                              %1                       ]
        [                                                       ]
        [        1/3     p             1/2 /      1/3        p  \]
```

```
[- 1/12 %1    + ----- + 1/2 I 3    |1/6 %1    + 2 ----- |]
[                1/3               |               1/3 |]
[             %1                   \             %1    /]
[                                                       ]
[        1/3    p             1/2 /      1/3       p   \]
[- 1/12 %1    + ----- - 1/2 I 3    |1/6 %1    + 2 ----- |]
[                1/3               |               1/3 |]
[             %1                   \             %1    /]

                                   3        2 1/2
            %1 := -108 q + 12 (12 p   + 81 q )
```

pretty가 모든 세 근들에 대한 공식에서 나타나는 다음 식을 어떻게 나누고 이름을 붙이는지를 주목하자:

$$-108q+12\sqrt{12p^3+81q^2}$$

이 식은 3차 방정식의 판별식과 밀접하게 연관되어 있다.

(4)

```
>> ezplot('exp(x)'); hold on; ezplot('8*x - 4')
>> title('e^x and 8x-4')
>> hold off
```

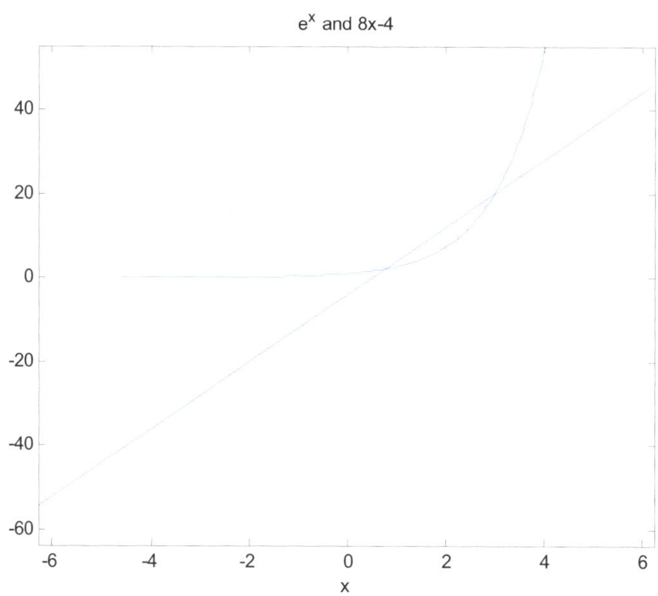

```
>> fzero('exp(x) - 8*x + 4', 1)
ans =
    0.7700
>> fzero('exp(x) - 8*x + 4', 3)
ans =
    2.9929
```

9.

(1)

```
>> ezplot('x^3 - x', [-4 4])
```

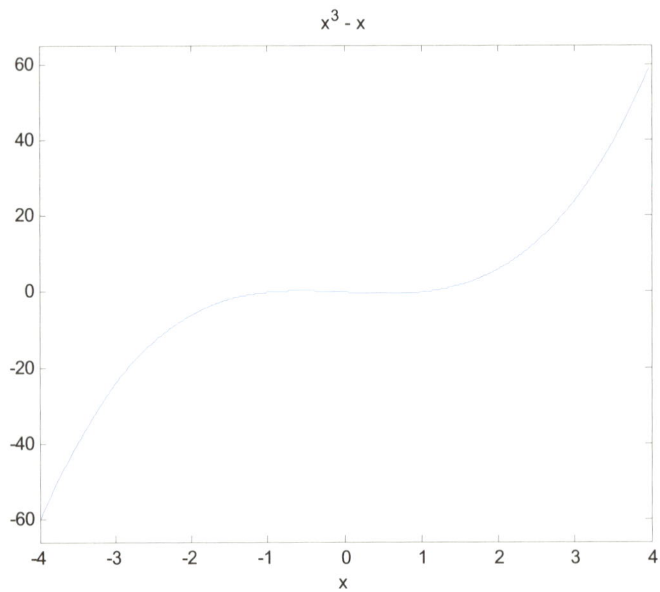

(2)

```
>> ezplot('sin(1/x^2)', [-2 2])
```

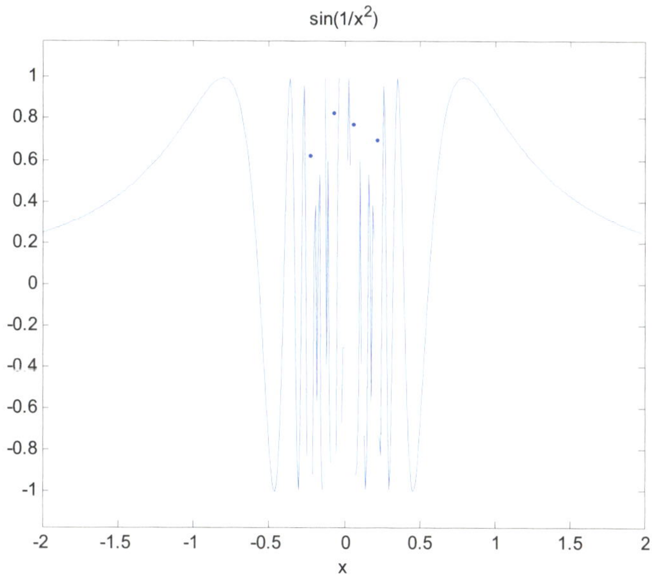


```
>> X = -2:0.1:2; plot(X, sin(1./X.^2))
Warning: Divide by zero
```

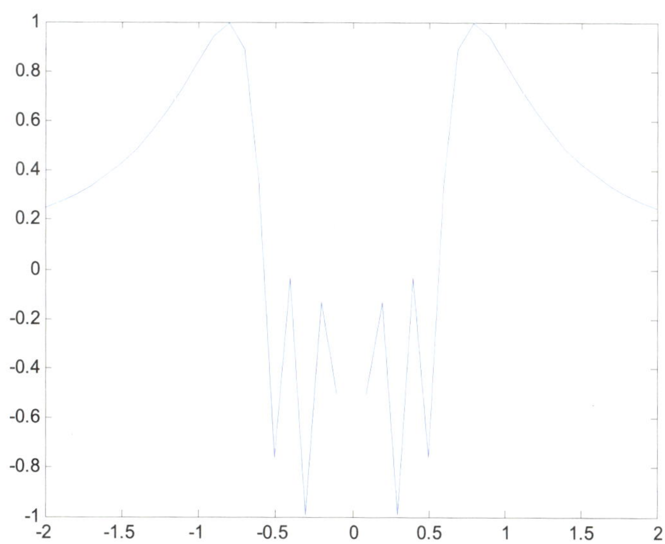

위의 두 그래프들은 불완전하다. 격자를 조정하면 무슨 일이 일어나는지 살펴보기로 하자.

```
>> X = -2:0.001:2; plot(X, sin(1./X.^2))
Warning: Divide by zero.
```

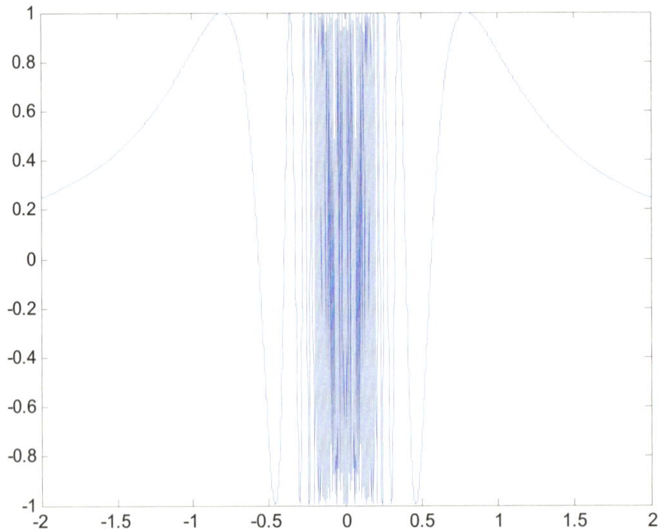

이 그래프는 더 나아졌지만 x=0 근처에서의 과격한 진동으로 plot이나 ezplot 어느 것도 함수에 대한 완전히 정확한 그래프를 제공하여 주지 못한다.

(3)

```
>> ezplot('tan(x/2)', [-pi pi]); axis([-pi, pi, -10, 10])
```

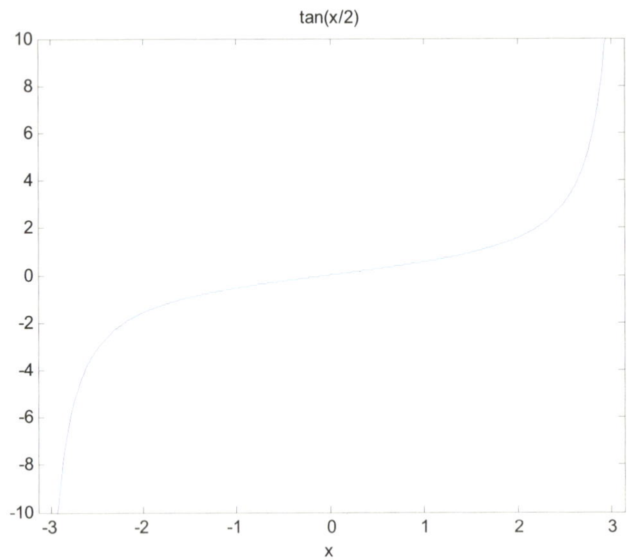

(4)

```
>> X = -1.5:0.01:1.5;
>> plot(X, exp(-X.^2), X, X.^4 - X.^2)
```

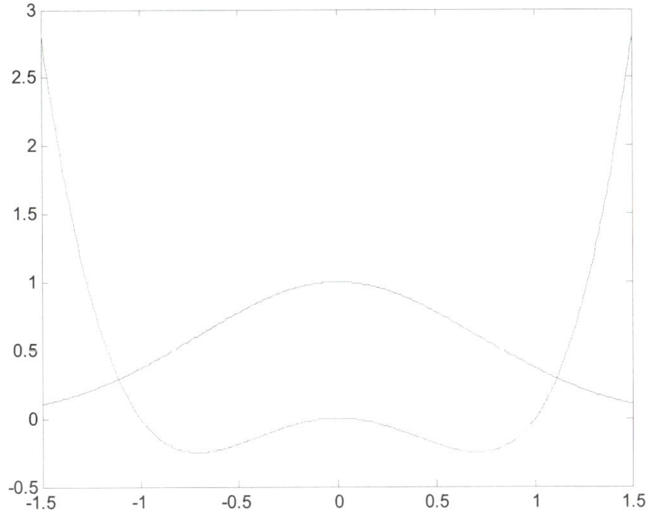

10.

2^x 와 x^4의 그래프를 그리고 교차점들을 찾아보자. 먼저 이들을 ezplot으로 나타내어 그래프에 대한 감각을 얻기로 한다.

```
>> ezplot('x^4'); hold on; ezplot('2^x'); hold off
>> title('x^4 and 2^x')
```

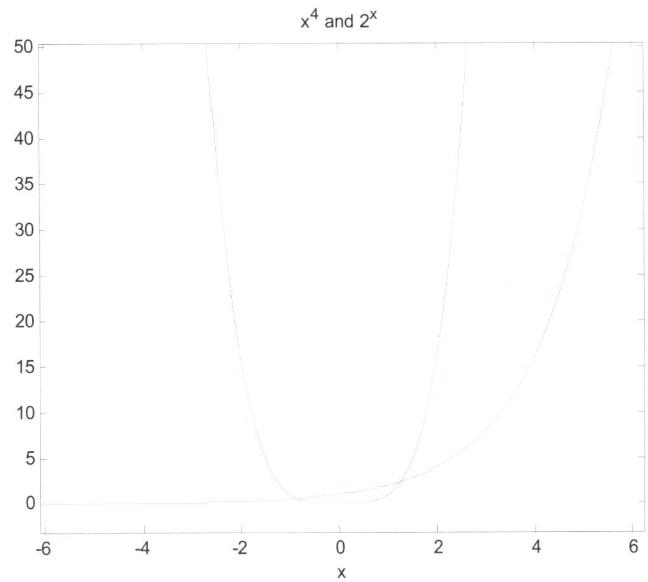

수직 범위가 매우 큼을 주목하자. 그래프로부터 2와 6 사이, 혹은 −6과 −2 사이에는 교차점이 없음을 알 수 있다; 그러나 −2와 2 사이에는 명백히 두 개의 교차점이 존재한다. 이제 plot으로 바꾸고 −2와 2 사이의 구간에 초점을 맞추어 보자. x^4는 점선으로 나타내기로 한다.

```
>> X = -2:0.1:2; plot(X, 2.^X);
>> hold on; plot(X, X.^4, ':'); hold off
```

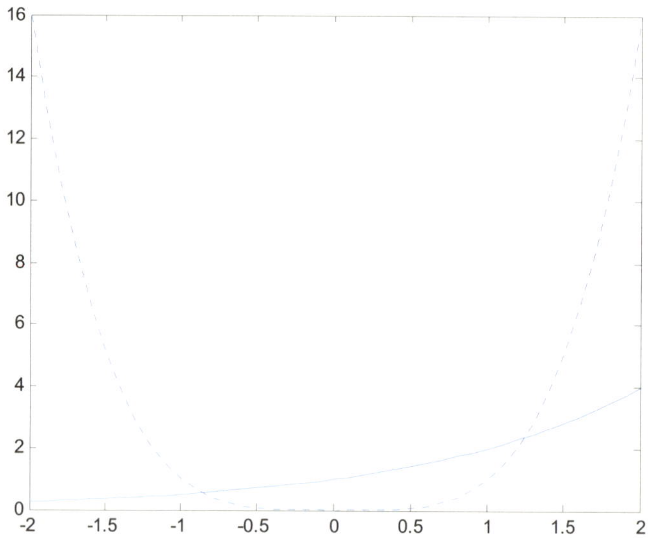

−0.9와 1.2 근처에 교차점들이 위치함을 알 수 있다. 다른 교차점들이 있는가? 0의 왼쪽에서 2^x는 언제나 1보다 작은 반면에 x^4는 x가 음의 무한으로 커짐에 따라 무한대로 증가한다. 한편 2^x와 x^4 모두는 x가 무한대로 커짐에 따라 역시 무한대로 증가하므로 그래프는 6의 오른쪽에서 다시 교차할지도 모른다. 이를 조사하여 보자.

```
>> X = 6:0.1:20; plot(X, 2.^X);
>> hold on; plot(X, X.^4, ':'); hold off
```

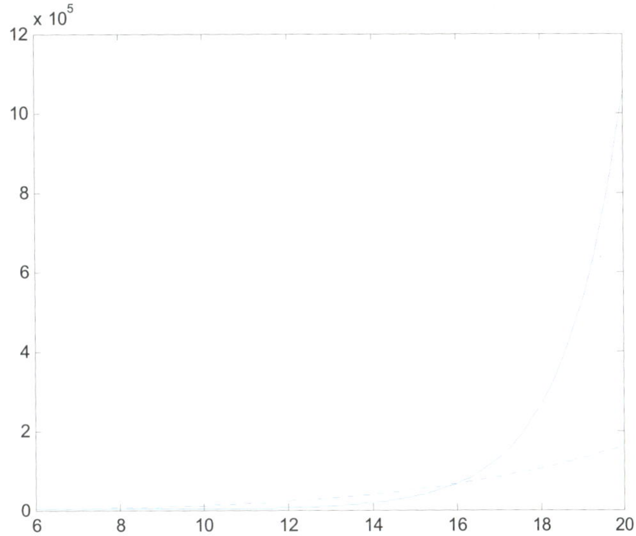

그래프들은 x=16 근처에서 다시 교차함을 알 수 있다. 미적분학에 대하여 약간의 지식이 있다면 (예를 들어 로그를 취하거나 하여) 여러분은 그래프들이 또 다시 교차하지는 않을 것임을 보일 수 있으므로 우리는 모든 교차점들을 찾아낸 셈이다. 이제 fzero를 이용하여 이들 교차점들을 수치적으로 구하여 보자. fzero 명령어는 주어진 시작점 근처에서 해를 찾는다. 세 개의 서로 다른 교차점들을 찾으려면 세 개의 서로 다른 시작점들을 이용해야 한다. 위의 그래프들로부터 적절한 시작점들을 얻을 수 있다.

```
>> r1 = fzero('2^x - x^4', -0.9), r2 = fzero('2^x - x^4', 1.2), ...
    r3 = fzero('2^x - x^4', 16)
r1 =
   -0.8613
r2 =
    1.2396
r3 =
    16
```

이제 이들 "해"가 식을 만족하는지 검증하여 보자.

```
>> subs('2^x - x^4', 'x', r1), subs('2^x - x^4', 'x', r2), ...
    subs('2^x - x^4', 'x', r3)
ans =
  1.1102e-016
```

```
ans =
 -8.8818e-016
ans =
     0
```

따라서 r1과 r2는 매우 근접하게 식을 만족시키며 r3은 완전하게 만족시킨다. 16이 해임은 쉽게 알 수 있다. 이 방정식에 대하여 solve를 시도하여 보는 것도 재미있다.

```
>> symroots = solve('2^x - x^4 = 0')
symroots =
      -4*lambertw(-1/4*log(2))/log(2)
  -4*lambertw(-1,-1/4*log(2))/log(2)
   -4*lambertw(-1/4*i*log(2))/log(2)
       -4*lambertw(1/4*log(2))/log(2)
    -4*lambertw(1/4*i*log(2))/log(2)
```

함수 lambertw는 MATLAB에 내장된 "특수 함수"이다. help lambertw를 입력하여 이에 대하여 더 살펴볼 수 있다. 해의 십진수 값을 알아보자.

```
>> double(symroots)
ans =
   1.2396
  16.0000
  -0.1609 + 0.9591i
  -0.8613
  -0.1609 - 0.9591i
```

우리는 사실상 이미 구한 세 개의 실수해들과 두 개의 허근들을 얻었다. 실수해들만이 그래프가 교차하는 점들에 해당된다.

연습 B: 미적분, 그래픽 및 선형대수

1.

(1)

```
[X, Y] = meshgrid(-1:0.1:1, -1:0.1:1);
contour(X, Y, 3*Y + Y.^3 - X.^3, 'k')
```

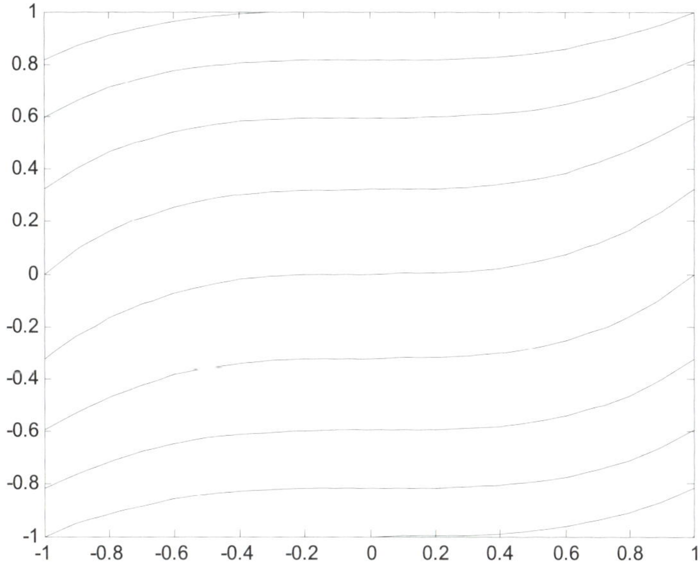


```
[X, Y] = meshgrid(-10:0.1:10, -10:0.1:10);
contour(X, Y, 3*Y + Y.^3 - X.^3, 'k')
```

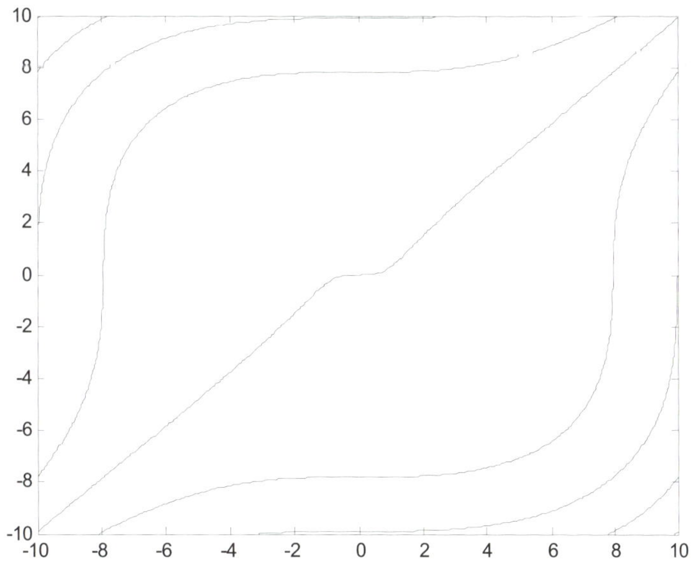


```
[X, Y] = meshgrid(-10:0.1:10, -10:0.1:10);
contour(X, Y, 3*Y + Y.^3 - X.^3, 30, 'k')
```

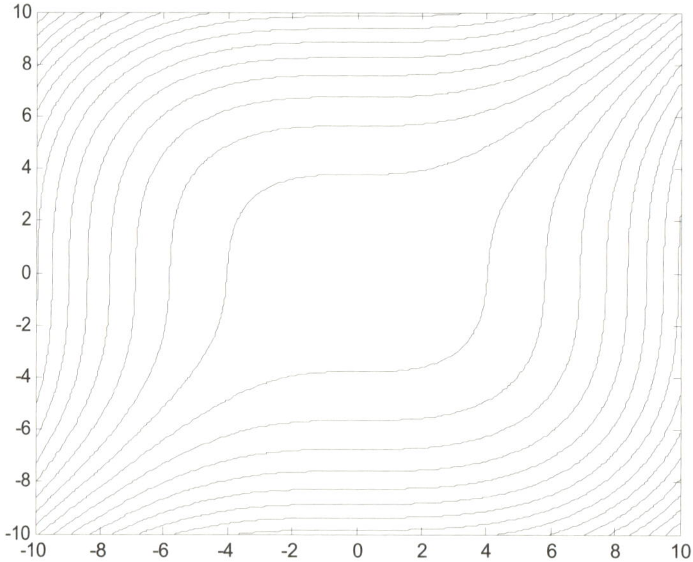

(2) 이제 5를 통하는 수준곡선을 그려본다.

```
[X, Y] = meshgrid(-5:0.1:5, -5:0.1:5);
contour(X, Y, 3*Y + Y.^3 - X.^3, [5 5], 'k')
```

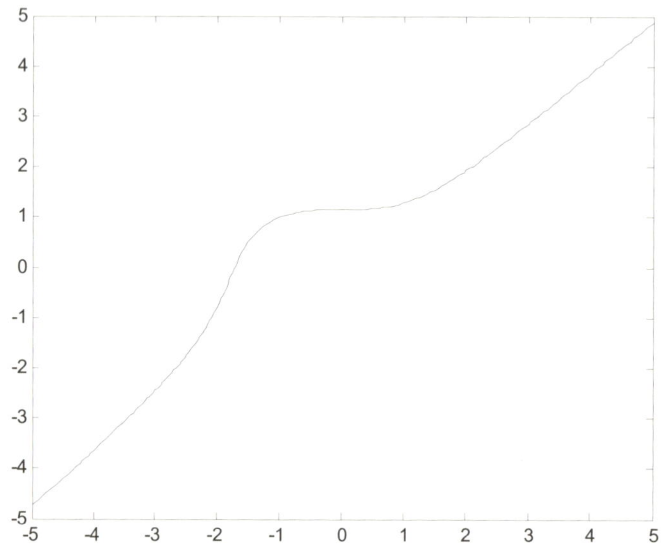

(3) f(1,1)=0이므로 점 (1,1)을 통하는 f의 수준곡선을 그리는 적절한 명령어는 다음과 같다:

```
[X, Y] = meshgrid(0:0.1:2, 0:0.1:2);
contour(X, Y, Y.*log(X) + X.*log(Y), [0 0], 'k')
Warning: Log of zero.
Warning: Log of zero.
```

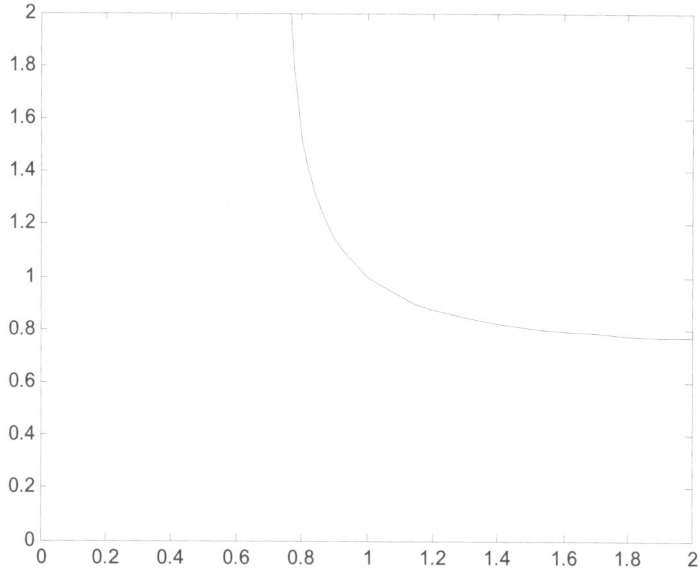

2. 주어신 함수들의 미분을 구한다.

```
>> format compact
>> syms x r
```

(1)

```
>> diff(6*x^3 - 5*x^2 + 2*x - 3, x)
ans =
18*x^2-10*x+2
```

(2)

```
>> diff((2*x - 1)/(x^2 + 1), x)
ans =
2/(x^2+1)-2*(2*x-1)/(x^2+1)^2*x
>> simplify(ans)
ans =
-2*(x^2-1-x)/(x^2+1)^2
```

(3)

```
>> diff(sin(3*x^2 + 2), x)
ans =
6*cos(3*x^2+2)*x
```

(4)

```
>> diff(asin(2*x + 3), x)
ans =
1/(-2-x^2-3*x)^(1/2)
```

(5)

```
>> diff(sqrt(1 + x^4), x)
ans =
2/(1+x^4)^(1/2)*x^3
```

(6)

```
>> diff(x^r, x)
ans =
x^r*r/x
```

(7)

```
>> diff(atan(x^2 + 1), x)
ans =
2*x/(1+(x^2+1)^2)
```

3. 주어진 적분을 계산한다.

```
>> format compact
>> syms x
```

(1)

```
>> int(cos(x), x, 0, pi/2)
ans =
1
```

(2)

```
>> int(x*sin(x^2), x)
ans =
```

```
-1/2*cos(x^2)
>> diff(-cos(x^2)/2, x)
ans =
x*sin(x^2)
```

(3)

```
>> int(sin(3*x)*sqrt(1 - cos(3*x)), x)
ans =
2/9*(1-cos(3*x))^(3/2)
>> diff(ans, x)
ans =
sin(3*x)*(1-cos(3*x))^(1/2)
```

(4)

```
>> int(x^2*sqrt(x + 4), x)
ans =
2/7*(x+4)^(7/2)-16/5*(x+4)^(5/2)+32/3*(x+4)^(3/2)
>> diff(ans, x)
ans =
(x+4)^(5/2)-8*(x+4)^(3/2)+16*(x+4)^(1/2)
>> simplify(ans)
ans =
x^2*(x+4)^(1/2)
```

(5)

```
>> int(exp(-x^2), x, -Inf, Inf)
ans =
pi^(1/2)
```

4.

(1)

```
>> syms x; int(exp(sin(x)), x, 0, pi)
Warning: Explicit integral could not be found.
> In sym.int at 58
ans =
int(exp(sin(x)),x = 0 .. pi)
>> format long; quadl(@(x) exp(sin(x)), 0, pi)
ans =
   6.20875803571375
```

(2)

```
>> quadl(@(x) sqrt(x.^3 + 1), 0, 1)
ans =
   1.11144798484585
```

(3) MATLAB®은 앞의 문제 3번의 (5)에서 주어진 함수를 엄밀하게 적분하였다; 이를 수치적으로 적분하고 답을 비교하여 보자. 불행히도 적분 범위는 무한이므로 quadl을 사용하기 위해서는 구간을 근사해야 한다. 그런데

```
>> exp(-35)
ans =
     6.305116760146989e-016
```

이므로 이는 부동 소수점 정확도에 근접하다. 따라서

```
>> format long; quadl(@(x) exp(-x.^2), -35, 35)
ans =
   1.77245385102263
>> sqrt(pi)
ans =
   1.77245385090552
```

즉 답은 적어도 8자리까지는 서로 일치한다.

5.

(1)

```
>> limit(sin(x)/x, x, 0)
ans =
1
```

(2)

```
>> limit((1 + cos(x))/(x + pi), x, -pi)
ans =
0
```

(3)

```
>> limit(x^2*exp(-x), x, Inf)
ans =
0
```

(4)

```
>> limit(1/(x-1), x, 1, 'left')
ans =
-Inf
```

(5)

```
>> limit(sin(1/x), x, 0, 'right')
ans =
-1 .. 1
```

이는 −1과 +1 사이의 구간에 존재하는 모든 실수는 x가 0으로 감에 따라 sin(1/x)의 "극한점"임을 의미한다. 구간 [0, 1] 상에 sin(1/x)의 그래프를 그려보면 그 이유를 알 수 있다.

```
>> ezplot(sin(1/x), [0 1])
```

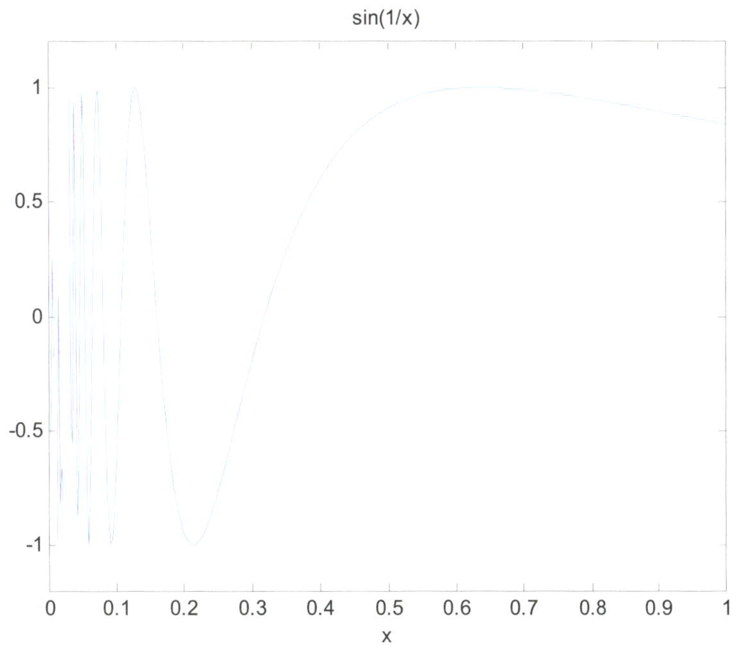

6.

```
>> syms k n r x z
>> format compact
```

(1)

```
>> symsum(k^2, k, 0, n)
ans =
1/3*(n+1)^3-1/2*(n+1)^2+1/6*n+1/6
>> simplify(ans)
ans =
1/3*n^3+1/2*n^2+1/6*n
```

(2)

```
>> symsum(r^k, k, 0, n)
ans =
r^(n+1)/(r-1)-1/(r-1)
>> pretty(ans)

                           (n + 1)
                          r              1
                          -------- - -----
                           r - 1      r - 1
```

(3)

```
>> symsum(x^k/factorial(k), k, 0, Inf)
??? Error using ==> factorial
N must be a matrix of non-negative integers.
```

다음은 이 어려움을 돌아가는 두 가지 방법이다.

```
>> symsum(x^k/gamma(k+1), k, 0, Inf)
ans =
exp(x)

>> symsum(x^k/sym('k!'), k, 0, Inf)
ans =
exp(x)
```

(4)

```
>> symsum(1/(z-k)^2, k, -Inf, Inf)
ans =
pi^2+pi^2*cot(pi*z)^2
```

7.

```
>> syms x
>> format compact
```

(1)

```
>> taylor(exp(x), 7, 0)
ans =
1+x+1/2*x^2+1/6*x^3+1/24*x^4+1/120*x^5+1/720*x^6
```

(2)

```
>> taylor(sin(x), 5, 0)
ans =
x-1/6*x^3
>> taylor(sin(x), 6, 0)
ans =
x-1/6*x^3+1/120*x^5
```

(3)

```
>> pretty(taylor(sin(x), 6, 2))
                                                       2                 3
  sin(2) + cos(2) (x - 2) - 1/2 sin(2) (x - 2)  - 1/6 cos(2) (x - 2)
                                   4                 5
        + 1/24 sin(2) (x - 2)  + 1/120 cos(2) (x - 2)
```

(4)

```
>> taylor(tan(x), 7, 0)
ans =
x+1/3*x^3+2/15*x^5
```

(5)

```
>> taylor(log(x), 5, 1)
ans =
x-1-1/2*(x-1)^2+1/3*(x-1)^3-1/4*(x-1)^4
```

(6)

```
>> pretty(taylor(erf(x), 9, 0))
                                  3              5              7
                      x           x              x              x
                  2 ----- - 2/3 ----- + 1/5 ----- - 1/21 -----
                     1/2          1/2           1/2            1/2
                   pi           pi            pi             pi
```

8.

(1)

```
>> syms x y; ezsurf(sin(x)*sin(y), [-3*pi 3*pi -3*pi 3*pi])
```

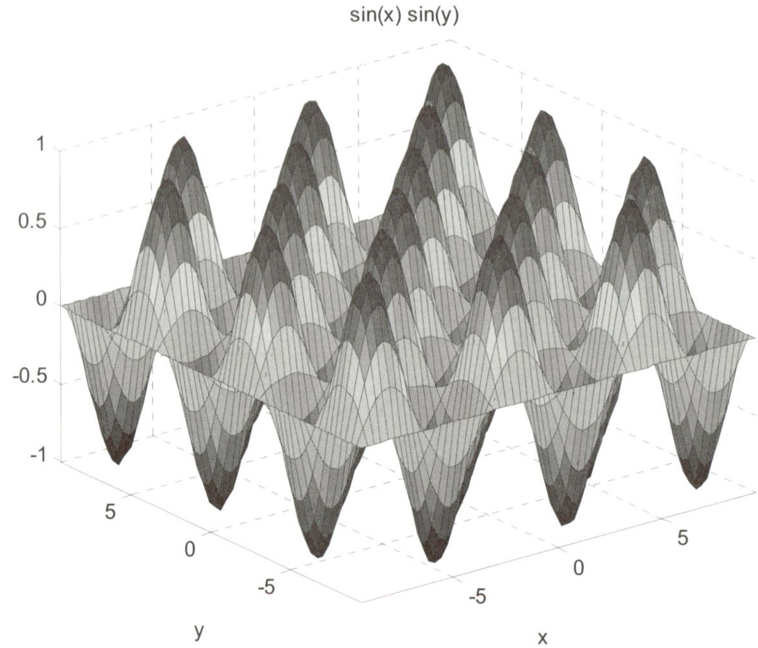

(2)

```
>> syms x y; ezsurf((x^2 + y^2)*cos(x^2 + y^2), [-1 1 -1 1])
```

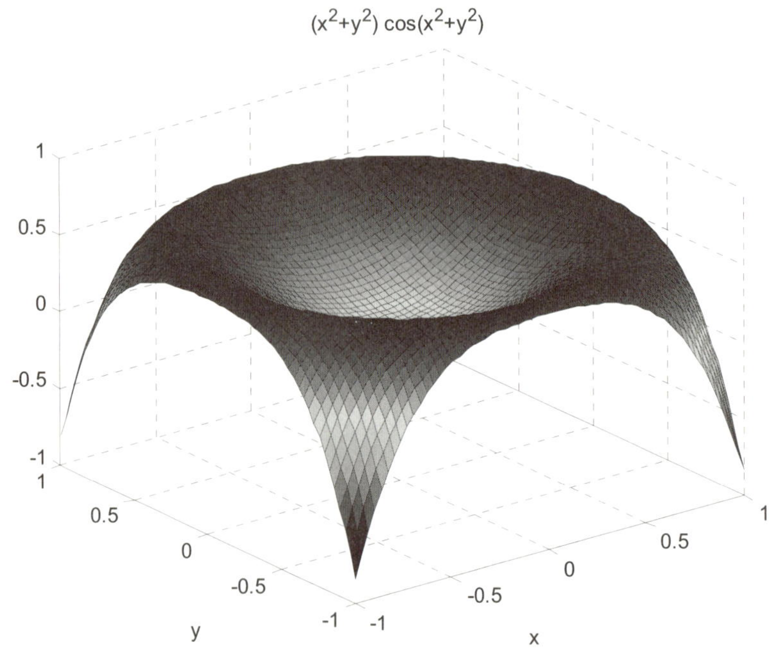

9.

```
T = 0:0.01:1;
for j = 0:16
   fill(4*cos(j*pi/8)+(1/2)*cos(2*pi*T), ...
      4*sin(j*pi/8)+(1/2)*sin(2*pi*T), 'r');
   axis equal axis([-5 5 -5 5]);
   M(j+1) = getframe;
end
movie(M)
```

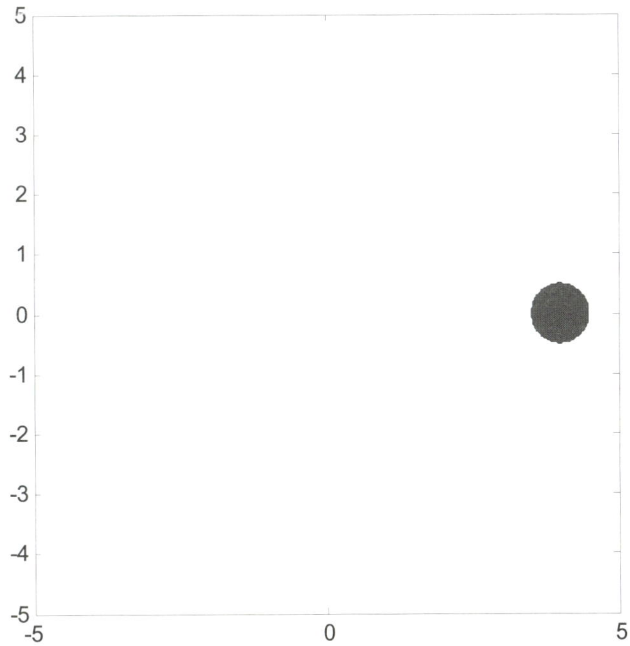

10.

(1)

```
>> A1 = [3 4 5; 2 -3 7; 1 -6 1]; b = [2; -1; 3];
>> format short; x = A1\b
x =
    2.6196
   -0.2283
   -0.9891
>> A1*x
ans =
    2.0000
   -1.0000
    3.0000
```

(2)

```
>> A2 = [3 -9 8; 2 -3 7; 1 -6 1]; b = [2; -1; 3];
>> x = A2\b
Warning: Matrix is close to singular or badly scaled.
         Results may be inaccurate. RCOND = 4.189521e-018.
x =
   -6.0000
   -1.3333
    1.0000
>> A2*x
ans =
     2
    -1
     3
```

행렬 A2는 특이행렬이다. 실제로

```
>> det(A2)
ans =
     0
```

(3)

```
>> A3 = [1 3 -2 4; -2 3 4 -1; -4 -3 1 2; 2 3 -4 1];
>> b3 = [1; 1; 1; 1]; x = A3\b3
x =
    -0.5714
     0.3333
    -0.2857
          0
>> A3*x
ans =
     1.0000
     1.0000
     1.0000
     1.0000
```

(4)

```
>> syms a b c d x y u v
>> A4 = [a b; c d]; A4\[u; v]
ans =
  (d*u-v*b)/(-c*b+a*d)
```

```
 -(c*u-a*v)/(-c*b+a*d)
>> det(A4)
ans =
-c*b+a*d
```

계수행렬의 행렬값은 얻은 답의 분모가 된다. 그러므로 계수행렬이 비특이 행렬일 때만 답을 얻는다.

11. 다음에서 A1, A2, A3, A4는 위의 문제 10에서 정의된 행렬들이다.

(1)

```
>> rank(A1)
ans =
     3
>> rank(A2)
ans =
     2
>> rank(A3)
ans =
     4
>> rank(A4)
ans =
2
```

여기에서 MATLAB은 ad−bc가 0이 아닌 것으로 가정한다.

(2) 두 번째에서 계산된 것만이 특이행렬이다.

(3)

```
>> det(A1)
ans =
    92
>> inv(A1)
ans =
    0.4239   -0.3696    0.4674
    0.0543   -0.0217   -0.1196
   -0.0978    0.2391   -0.1848
>> det(A2)
ans =
     0
```

행렬 A2의 역행렬은 존재하지 않는다.

```
>> det(A3)
ans =
   294
>> inv(A3)
ans =
    0.1837   -0.1531   -0.2857   -0.3163
         0    0.1667         0    0.1667
    0.1633    0.0306   -0.1429   -0.3367
    0.2857   -0.0714         0   -0.2143
>> det(A4)
ans =
-c*b+a*d
>> inv(A4)
ans =
[  d/(-c*b+a*d), -b/(-c*b+a*d)]
[ -c/(-c*b+a*d),  a/(-c*b+a*d)]
```

12. 다음에서 A1, A2, A3, A4는 위의 문제 10에서 정의된 행렬들이다.

(1)

```
>> [U1, R1] = eig(A1)
U1 =
  -0.9749             0.6036                0.6036
  -0.2003             0.0624 + 0.5401i      0.0624 - 0.5401i
   0.0977            -0.5522 + 0.1877i     -0.5522 - 0.1877i
R1 =
   3.3206                  0                     0
        0            -1.1603 + 5.1342i           0
        0                  0               -1.1603 - 5.1342i
>> A1*U1 - U1*R1
ans =
  1.0e-014 *
   0.3109             0.2331 - 0.3109i      0.2331 + 0.3109i
  -0.0444            -0.0444 - 0.0222i     -0.0444 + 0.0222i
  -0.0833             0.0444 - 0.0888i      0.0444 + 0.0888i
```

이들은 사실상 0이다.

```
>> [U2, R2] = eig(A2)
U2 =
```

```
   0.9669           0.7405                 0.7405
   0.1240           0.4574 - 0.2848i       0.4574 + 0.2848i
  -0.2231           0.2831 + 0.2848i       0.2831 - 0.2848i
R2 =
  -0.0000                0                      0
        0           0.5000 + 6.5383i            0
        0                0                 0.5000 - 6.5383i
>> A2*U2 - U2*R2
ans =
  1.0e-014 *
  -0.2217          -0.2831 - 0.5329i      -0.2831 + 0.5329i
  -0.1497           0.0888 + 0.0888i       0.0888 - 0.0888i
  -0.1158           0.0444 + 0.0888i       0.0444 - 0.0888i
```

이들 역시 사실상 0이다.

```
>> [U3, R3] = eig(A3);
>> max(abs(A3*U3 - U3*R3))
ans =
  1.0e-014 *
    0.7022    0.7022    0.4052    0.4052
```

이들도 사실상 0이다. (첫 번째 명령어의 출력을 억세하였으며 A3*U3 − U3*R3의 각 열 원소들의 절대값들에 대한 최대값을 취하였다.)

```
>> [U4, R4] = eig(A4);
>> pretty(U4)

        [1 , 1]

        [                             2             2           1/2
        [  - 1/2 d + 1/2 a - 1/2 (d  - 2 a d + a  + 4 c b)
        [- ---------------------------------------------------- ,
        [                          b

                                       2             2           1/2]
            - 1/2 d + 1/2 a + 1/2 (d  - 2 a d + a  + 4 c b)    ]
          - ----------------------------------------------------]
                                   b                            ]
>> pretty(R4)
```

```
[                          2             2          1/2    ]
[1/2 d + 1/2 a + 1/2 (d  - 2 a d + a  + 4 c b)      , 0]
[                                                          ]
[                              2             2          1/2]
[0 , 1/2 d + 1/2 a - 1/2 (d  - 2 a d + a  + 4 c b)    ]
>> simplify(A4*U4 - U4*R4)
ans =
[ 0, 0]
[ 0, 0]
```

(2)

```
>> A = [1 0 2; -1 0 4; -1 -1 5];
>> [U1, R1] = eig(A)
U1 =
   -0.8165    0.5774    0.7071
   -0.4082    0.5774   -0.7071
   -0.4082    0.5774         0
R1 =
    2.0000         0         0
         0    3.0000         0
         0         0    1.0000
>> B = [5 2 -8; 3 6 -10; 3 3 -7];
>> [U2, R2] = eig(B)
U2 =
    0.8165   -0.5774    0.7071
    0.4082   -0.5774   -0.7071
    0.4082   -0.5774    0.0000
R2 =
    2.0000         0         0
         0   -1.0000         0
         0         0    3.0000
```

U1의 첫 번째와 두 번째 열은 U2의 해당되는 열들의 음이며 세 번째 열들은 서로 같음을 알 수 있다.

```
>> A*B - B*A
ans =
     0     0     0
     0     0     0
     0     0     0
```

13.

(1) X_n을 원소가 x_n, y_n 및 z_n인 열 행렬이라 하고 M을 원소가 [1, 1/4, 0; 0, 1/2, 0; 0, 1/4, 1]인 정방행렬이라 하면 $X_{n+1} = MX_n$이다.

(2) 위의 결과로부터 $X_n = MX_{n-1} = M^2X_{n-2} = \cdots = M^nX_0$ 임을 쉽게 알 수 있다.

(3)

```
>> M = [1, 1/4, 0; 0, 1/2, 0; 0, 1/4, 1];
>> [U,R] = eig(M)
U =
    1.0000         0   -0.4082
         0         0    0.8165
         0    1.0000   -0.4082
R =
    1.0000         0         0
         0    1.0000         0
         0         0    0.5000
```

(4) M은 URU^{-1}이어야 한다. 이를 확인하여 보자.

```
>> M - U*R*inv(U)
ans =
     0     0     0
     0     0     0
     0     0     0
```

R^n은 원소가 1, 1, $\dfrac{1}{2^n}$인 대각행렬이므로 R_∞는 원소가 1, 1, 0인 대각행렬임을 알 수 있다. 따라서 $R_\infty = UR_\infty U^{-1}$이다. 그러므로

```
>> Minf = U*diag([1, 1, 0])*inv(U)
Minf =
    1.0000    0.5000         0
         0         0         0
         0    0.5000    1.0000
```

(5)

```
>> syms x0 y0 z0; X0 = [x0; y0; z0]; Minf*X0
ans =
 x0+1/2*y0
         0
 1/2*y0+z0
```

혼합된 유전자형의 절반은 우성 유전자형으로 이동하며 나머지 절반은 열성 유전자형으로 이동한다. 이들은 원래의 두 순수한 형태에 더해지는데 그 비율은 보전된다.

(6)

```
>> M^5*X0
ans =
 x0+31/64*y0
     1/32*y0
 31/64*y0+z0
>> M^10*X0
ans =
 x0+1023/2048*y0
       1/1024*y0
 1023/2048*y0+z0
```

(7) 제안된 다른 모델에 따르면 표의 처음 세 열들만이 상관관계가 있으며 전이행렬 M은 M = [1 1/2 0; 0 1/2 1; 0 0 0]이 된다. 궁극적인 개체 분포는 [1 0 0]이 됨을 계산할 수 있으며 이는 초기 개체군과는 무관하다.

14. 다음 명령어들은 프랑스 국기에 대한 JPEG 파일을 생성한다. set 명령어는 JPEG 파일에 영향을 미치지 않는다; 이는 단지 그림창에서 축 눈금표시를 없애기 위해 포함시킨 것이다.

```
A = zeros(200, 300, 3);
A(:, 1:100, 3) = ones(200, 100);
A(:, 101:200, 1) = ones(200, 100);
A(:, 101:200, 2) = ones(200, 100);
A(:, 101:200, 3) = ones(200, 100);
A(:, 201:300, 1) = ones(200, 100);
image(A); axis equal tight
set(gca, 'XTick', []), set(gca, 'YTick', [])
imwrite(A, 'tricolore.jpg')
```

이제 배열의 가장 왼쪽 세 번째 색을 다시 정의하여 이탈리아 국기의 JPEG 파일을 만들어 보기로 한다.

```
A = zeros(200, 300, 3);
A(:, 1:100, 3) = zeros(200, 100);
A(:, 1:100, 2) = ones(200, 100);
A(:, 101:200, 1) = ones(200, 100);
A(:, 101:200, 2) = ones(200, 100);
A(:, 101:200, 3) = ones(200, 100);
A(:, 201:300, 1) = ones(200, 100);
image(A); axis equal tight
set(gca, 'XTick', []), set(gca, 'YTick', [])
imwrite(A, 'italia.jpg')
```

연습 C: MATLAB® 기법의 향상

1.

(1)

```
clear all
radiation = @(x, y, x0, y0) 10000./(4*pi*((x - x0).^2 + ...
     (y - y0).^2 + 1));
x0 = 50*rand(1, 5);
y0 = 50*rand(1, 5);
[X, Y] = meshgrid(0:0.1:50, 0:0.1:50);
contourf(X, Y, radiation(X, Y, x0(1), y0(1)) + ...
    radiation(X, Y, x0(2), y0(2)) + ...
    radiation(X, Y, x0(3), y0(3)) + ...
    radiation(X, Y, x0(4), y0(4)) + ...
    radiation(X, Y, x0(5), y0(5)), 20)
colormap('gray')
```

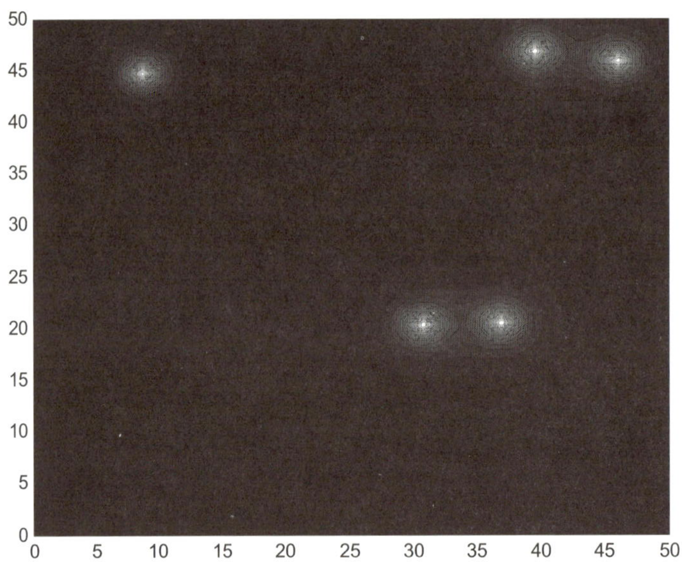

그림으로부터 어디에 숨어야 할 지 그렇게 뚜렷하지는 않지만 대장이 소수의 발사들로부터 살아남을 수 있는 확률은 상당히 좋은 것으로 보인다. 그러나 100회의 발사는 그를 찾아내기에 충분할 것이다. 직감에 따르면 그는 경계 근처에 머물러야 한다.

(2) 다음은 Picard를 구역의 복판에 위치시키고 살상광선을 100회 발사한 후에 Picard의 상태를 확인하는 일련의 명령어들이다. 이 명령어들에서는 한 번의 발사 후에 대장의 운명을 계산하여 주는 아래와 같은 함수 M-파일 lifeordeath.m을 이용하고 있다.

```
>> type lifeordeath

function r = lifeordeath(x1, y1, x0, y0)
% 이 함수는 살상광선이 점 (x0, y0) 바로 위 1m인 위치를 타격한다고
% 가정하고 점 (x1, y1)에 도달히는 illumaton들의 수를 계산한다.
% 이 수가 50을 초과하면 변수 "r"에 "1"이 반환되고 그렇지 않으면
% 변수 "r"에 "0"이 반환된다.
dosage = 10000/(4*pi*((x1 - x0)^2 + (y1 - y0)^2 + 1));
if dosage > 50
    r = 1;
else
    r = 0;
end
```

다음은 대장이 살아남을 가능성을 시험하는 일련의 명령어들이다.

```
clear all;
x1 = 25; y1 = 25; h = 0;
for n = 1:100
    x0 = 50*rand;
    y0 = 50*rand;
    r = lifeordeath(x1, y1, x0, y0);
    h = h + r;
end
if h > 0
    disp('대장은 사망.')
else
    disp('Picard는 살아있다!')
end
```

실행결과:

```
대장은 사망.
```

사실 위와 같은 일련의 명령어들을 여러 번 실행한다면 대장이 살아남는 것보다 사망하는 경우가 더 많음을 알게 될 것이다.

(3) 여기에서는 (2)의 루프를 100회 수행하고 Picard의 위치가 입력으로 주어질 때 그가 몇 번 살아남는지를 알려주는 다른 M-파일 simulation.m을 이용한다.

```
>> type simulation

function c = simulation(x1, y1)
c = 0;
for k = 1:100
    h = 0;
    for n = 1:100
        x0 = 50*rand;
        y0 = 50*rand;
        r = lifeordeath(x1, y1, x0, y0);
        h = h + r;
    end
    if h == 0
        c = c + 1;
    end
end
```

Monte Carlo 모사를 수행하여 Picard가 살아날 확률이 얼마인지 알아보자:

```
clear all
x1 = 25; y1 = 25;
disp(['Picard가 살아날 가능성은 ', ...
num2str(simulation(x1, y1)/100),' 이다.'])
```

실행결과:

```
Picard가 살아날 가능성은 0.18 이다.
```

이 모사를 수차례 실행하여 살아날 확률이 8%에서 19% 범위임을 알았다.

(4)

```
clear all
x1 = 37.5; y1 = 25;
disp(['Picard가 살아날 가능성은 ', ...
num2str(simulation(x1, y1)/100),' 이다.'])
```

실행결과:

```
Picard가 살아날 가능성은 0.18 이다.
```

이번에는 확률이 10%와 24% 사이이었다. 그를 가장자리로 계속 움직이게 하여 보자.

(5)

```
clear all
x1 = 50; y1 = 25;
disp(['Picard가 살아날 가능성은 ', ...
num2str(simulation(x1, y1)/100),' 이다.'])
```

실행결과:

```
Picard가 살아날 가능성은 0.45 이다.
```

이 방안을 수차례 실행하여 보면 확률이 32%와 46% 사이에서 변화함을 알 수 있다; 그러므로 마지막으로 그가 구석에 웅크리고 있다고 가정하여 보자.

```
clear all
x1 = 50; y1 = 50;
disp(['Picard가 살아날 가능성은 ', ...
num2str(simulation(x1, y1)/100),' 이다.'])
```

실행결과:

```
Picard가 살아날 가능성은 0.56 이다.
```

확률은 54%와 68% 사이이다. 용감한 사람은 한 번 죽으며 어리석은 사람은 천 번을 죽는다고 말한다. 그러나 그렇게 말한 사람은 아마도 Cardassians를 만난 적이 없을 것이다. Picard 만세!

2.

(1) 매월 마지막 날의 은행 계좌의 상태를 고려하여 보자. 첫 번째 달의 마지막 날에 계좌에는 $M+M\times J=M(1+J)$ 달러가 있다. 두 번째 달의 마지막 날에는 계좌

에는 $[M(1+J)](1+J)=M(1+J)^2$ 달러가 있다. 마찬가지로 하여 n 번째 달의 마지막 날에는 계좌에는 $M(1+J)^n$ 달러가 있을 것이다. 그러므로 공식은

$$T=M(1+J)^n$$

이 된다.

(2) 이제 M=0으로 하고 매월 S 달러를 적립한다고 하자. 첫 번째 달의 마지막 날에 계좌에는 $S+S\times J=S(1+J)$ 달러가 있다. 다음날 S 달러가 그 금액에 더해지며 두 번째 달의 마지막 날에는 계좌에는 $[S(1+J)+S](1+J)=S[(1+J)^2+(1+J)]$ 달러가 있다. 마찬가지로 하여 n 번째 달의 마지막 날에는 계좌에는 $S[(1+J)^n+(1+J)^{n-1}+\cdots+(1+J)]$ 달러가 있을 것이다. 이 등비수열을 합하면 n 번째 달 뒤의 총액 T는 다음과 같이 주어진다:

$$T=S\left[\frac{(1+J)^{n+1}-(1+J)}{(1+J)-1}\right]=S\left[\frac{(1+J)^{n+1}-1}{J}-1\right]$$

(3) 위의 두 모델을 결합하면 최초 금액 M과 월별 적립액 S에 따라 n 개월 뒤의 총 금액 T는 다음과 같이 주어짐을 잘 알 수 있다:

$$T=M(1+J)^n+S\left[\frac{(1+J)^{n+1}-1}{J}-1\right]$$

(4) $J=\frac{0.05}{12}$ 일 때와 $J=\frac{0.1}{12}$ 일 때 식 $(1+J)^n=2$를 풀어야 한다.

```
months = solve('(1 + 0.05/12)^n = 2');
years = double(months)/12

years =
   13.8918

months = solve('(1 + 0.1/12)^n = 2');
years = double(months)/12

years =
    6.9603
```

이율을 두 배로 하면 목표를 달성하는 데에 소요되는 시간이 대략 반으로 줄어든다.

(5)

```
format bank
1000000/(((1 + 0.08/12)^(12*35 + 1) - 1)/(0.08/12) - 1)

ans =
        433.06
```

매월 $433.06을 적립할 필요가 있다.

(6)

```
syms n
T = 300*(((1 + 0.08/12)^(n + 1) - 1)/(0.08/12) - 1);
months = solve(T - 1000000);
years = double(months)/12

years =
   39.3650
```

거의 5년을 더 일해야 한다.

(7) 먼저 한꺼번에 취하는 경우를 보면 세금 후에 남은 $65,000은 20년 뒤에는 다음과 같다:

```
clear all;
option1 = 65000*(1 + 0.05/12)^(12*20)

option1 =
     176321.62
```

금액은 약 $176,322에 이른다. 두 번째 옵션으로부터 다음을 얻는다:

```
S = 0.8*(100000/240);
option2 = S*(((1 + 0.05/12)^(12*20 + 1) - 1)/(0.05/12) - 1)

option2 =
     137582.10
```

이 방법으로는 겨우 \$137,582를 축적한 셈이다. 한꺼번에 수령하는 것이 명백히 더 좋은 전략이다.

(8)

```
clear all
rates = [.13, .15, -.03, .05, .10, .13, .15, -.03, .05];
for k = 0:4
   T = 50000;
   for j = 1:5
      T = T*(1 + rates(k + j));
   end
   disp([k + 1, T])
end
```

실행결과:

```
  1.00      72794.74
  2.00      72794.74
  3.00      72794.74
  4.00      72794.74
  5.00      72794.74
```

결과는 모두 동일하다; 사이클 내 어디에서 들어가더라도 곱 $\prod_{1 \le j \le 5} [1+\mathrm{rates}(j)]$는 인수를 배치하는 순서에는 무관하기 때문이다. 이율이 8%인 은행계좌에 \$50,000을 적립한다면

```
>> 50000*(1 + 0.08)^5
ans =
     73466.40
```

을 얻는다. 즉 위에서 얻은 \$73,466은 시장보다 낫다. 시장의 유동성은 은행의 안정성에 비해 여러분을 우롱한 것이다. 그러나 이는 물론 8%를 지급하겠다는 은행을 찾는다는 가정 하에서다. 이제 적립한 금액은 없지만 대신 연간 투자를 시행할 때 무슨 일이 일어나는지 살펴보자. 이 경우 분석은 좀 더 미묘하다. S = \$10,000이라고 하자. 1년의 끝에서 계좌에는 $S(1+r_1)$이 들어있다; 두 번째 해 끝에서는 계좌에는 $[S(1+r_1)+S](1+r_2)$이 들어있게 된다. 여기에서 r_j는 rates(j)를 의미한다. 그러므로 5년 뒤에는 계좌에 들어있는 금액은 S에 다음을 곱한 금액이 들어있

을 것이다:

$$\prod_{j \geq 1}(1+r_j)+\prod_{j \geq 2}(1+r_j)+\prod_{j \geq 3}(1+r_j)+\prod_{j \geq 4}(1+r_j)+(1+r_5)$$

사이클에서 다른 해에 들어간다면 항들은 적절히 순환될 것이다. 그러므로 이제 다음과 같이 계산해 볼 수 있다.

```
for k = 0:4
    T = ones(1, 5);
    for j = 1:5
        TT = 1;
        for m = j:5
            TT = TT*(1 + rates(k + m));
        end
        T(j) = TT;
    end
    disp([k + 1, 10000*sum(T)])
end
```

실행결과:

```
1.00      61196.47
2.00      64000.40
3.00      68357.67
4.00      61884.76
5.00      60192.11
```

모든 금액들은 원래 금액 $50,000을 모두 한꺼번에 투자하여 얻는 것보다 적다는 것은 놀랄만한 일이 아니다. 그러나 이 모델에서는 여러분이 언제 사이클에 들어가느냐가 문제가 된다. 불경기가 심할 때 투자 프로그램을 시작하여 호경기일 때 마치는 것이 분명히 최선이다. 이 경우 은행모델로부터 우연히 다음을 얻는다:

```
>> 10000*(((1 + 0.08)^6 - 1)/0.08 - 1)
ans =
     63359.29
```

이는 어떤 투자모델들보다는 더 좋으며 다른 것들보다는 더 나쁘다.

3.

(1) (rand < 0.338)을 이용하여 0과 1 사이에서 선택한 불규칙 수를 바탕으로 Tony가 한 번의 배팅에서 안타를 칠 것인가의 여부를 계산할 수 있다. 이 불규칙 수가 0.338보다 작다면 이 표현으로부터 1을 얻으며 Tony는 안타를 칠 것이다; 그렇지 않으면 이 표현은 0을 반환하고 Tony는 아웃될 것이다.

하나의 루프에서 위의 표현을 500회 실행함으로써 Tony의 운동경력에서의 어느 한 해를 모사할 수 있다. 보다 간단히 500개의 불규칙 수들을 한꺼번에 위의 표현에 적용하고 이로부터 얻어지는 결과를 합한 다음 500으로 나누어 그 해에 대한 Tony의 평균타율을 얻는다. 다음 함수는 바로 이를 수행하는데 여기에서는 500회가 되지만 보다 일반적으로 한 해에 n회의 타석을 허용하고 있다.

```
>> yearbattingaverage = @(n) sum(rand(n, 1) < 0.338)/n;
>> format short
>> yearbattingaverage(500)
ans =
   0.3720
```

(2) 이제 20년 운동경력을 모사하는 함수 M-파일을 작성하기로 한다. 한 해 동안의 타석수는 물론 경력기간도 변할 수 있도록 한다.

```
>> type career

function ave = career(n, k)
% 이 함수 파일은 매년 n회의 타석을 가정할 때 k년 경력동안의
% 매 해에 대한 평균타율을 계산한다. 다음에 경력동안의 각 해에
% 대한 평균타율을 제시하고 마지막으로 평생 평균타율을 계산한다.
Y = zeros(1, k);
for j = 1:k
   Y(j) = sum(rand(n, 1) < 0.338)/n;
end
ave = sum(Y)/k;
disp(['가장 좋은 평균타율: ', num2str(max(Y), 4)])
disp(['가장 나쁜 평균타율: ', num2str(min(Y), 4)])
disp(['평생 동안의 평균타율: ', num2str(ave, 4)])
```

이제 모사를 하여 본다:

```
>> ave1 = career(500, 20);
```

```
가장 좋은 평균타율: 0.386
가장 나쁜 평균타율: 0.306
평생 동안의 평균타율: 0.3429
```

(3) 모사를 4차례 더 수행하여 본다.

```
>> ave2 = career(500, 20);
가장 좋은 평균타율: 0.366
가장 나쁜 평균타율: 0.288
평생동안의 평균타율: 0.3337

>> ave3 = career(500, 20);
가장 좋은 평균타율: 0.39
가장 나쁜 평균타율: 0.308
평생동안의 평균타율: 0.342

>> ave4 = career(500, 20);
가장 좋은 평균타율: 0.368
가장 나쁜 평균타율: 0.3
평생동안의 평균타율: 0.3434

>> ave5 = career(500, 20);
가장 좋은 평균타율: 0.368
가장 나쁜 평균타율: 0.314
평생동안의 평균타율: 0.3435
```

(4) 5가지의 서로 다른 20년 경력에 대한 평균은 다음과 같다:

```
>> (ave1 + ave2 + ave3 + ave4 + ave5)/5
ans =
    0.3411
```

그렇게 나쁘지 않다. 실제로 모사를 100회 수행한 다음 평균을 취해 보면 0.338에 매우 근접할 것이다.

4. 먼저 n을 500으로 하여 이어지는 줄들에서의 타이핑을 절약하도록 하고 후에 이 값을 변경하는 것을 더 쉽도록 만든다. 다음에 적절한 크기의 0 행렬 A를 설정하고 이 행렬의 각 행을 연속적으로 정의하는 루프를 시작한다. 마지막으로 A의 고유치들의 목록으로부터 최대값을 뽑아낸다.

```
clear all
n = 500;
A = zeros(n);
for k = 1:n
   A(k,:) = 1./(k:(k + n - 1));
end
max(eig(A))
```

실행결과:

```
ans =
   2.3769
```

5. 나중에 원들을 $x = r\cos t$, $y = r\sin t$와 같이 파라미터로 나타낼 수 있도록 먼저 0과 2π 사이의 값들로 구성되는 벡터 t를 정의한다. 다음에 혹시 존재할 지도 모르는 이전의 그림들을 없애고 몇 가지 단계에 따라 그림의 작성을 준비한다. 이를테면 붉은 원은 반경이 1이라고 하자; 그러면 첫 번째 검은색 원은 내부 반경이 2이고 외부 반경이 3이어야 하며 따라서 10번째 검은색 원은 내부반경이 20이고 외부반경이 21이어야 한다. 가장 큰 원을 검은색으로, 그 다음으로 큰 원을 흰색으로 채워서 검은색 링을 남겨두고 다시 그 다음의 가장 큰 원을 검은 색으로 채워서 흰색 링을 남겨두고 하는 방식을 이용하기 위해 가장 외부로부터 시작한다. if 문장은 r이 홀수이면 참이고 짝수이면 거짓을 반환한다. 반경이 2이면 검정과 흰색 사이의 변경을 중단시켜서 마지막 원이 검은색이 아닌 붉은 색이 되도록 한 다음 축을 조정하여 원이 둥글게 나타나도록 한다.

```
t = linspace(0, 2*pi, 100);
cla reset; hold on
for r = 21:-1:2
   if mod(r,2)
      fill(r*cos(t), r*sin(t), 'k')
   else
      fill(r*cos(t), r*sin(t), 'w')
   end
end
fill(cos(t), sin(t), 'r')
axis equal; hold off
```

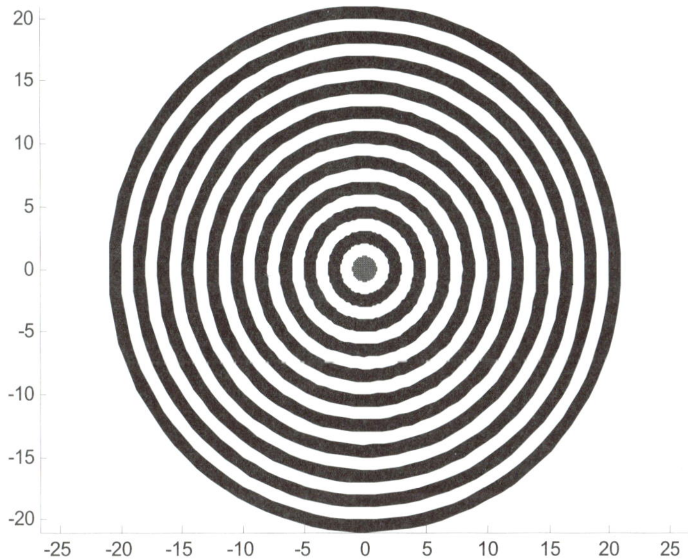

6. 다음은 이 문제의 풀이를 위한 M-파일이다.

```
>> type mylcm

function m = mylcm(varargin)
nums = [varargin{:}];
if ~isnumeric(nums) | any(nums ~= round(real(nums))) | ...
        any(nums <= 0)
   error('인수들은 양의 정수들이어야 한다.')
end
for k = 2:length(nums);
   nums(k) = lcm(nums(k), nums(k-1));
end
m = nums(end);
```

다음은 몇 가지 예이다.

```
>> mylcm([4 5 6])
ans =
    60

>> mylcm([6 7 12 15])
ans =
   420
```

다음은 오류가 발생하는 경우들이다.

```
>> mylcm(4.5, 6)
??? Error using ==> mylcm
인수들은 양의 정수들이어야 한다.

>> mylcm('a', 'b', 'c')
??? Error using ==> mylcm
인수들은 양의 정수들이어야 한다.
```

7. 다음은 이 문제의 풀이를 위한 M-파일이다.

```
>> type letcount

function letcount(file)
if isunix
    [stat, str] = unix(['cat ' file]);
else
    [stat, str] = dos(['type ' file]);
end

letters = 'abcdefghijklmnopqrstuvwxyz';
caps = 'ABCDEFGHIJKLMNOPQRSTUVWXYZ';
for n=1:26
    count(n) = sum(str == letters(n)) + sum(str == caps(n));
end
bar(count)
ylabel 'Number of occurrences'
title(['Letter frequencies in ' file])
set(gca, 'XLim', [0 27], 'XTick', 1:26, 'XTickLabel', ...
    letters')
```

다음은 이 M-파일 자체를 가지고 실행하였을 때의 결과이다.

```
>> letcount('letcount.m')
```

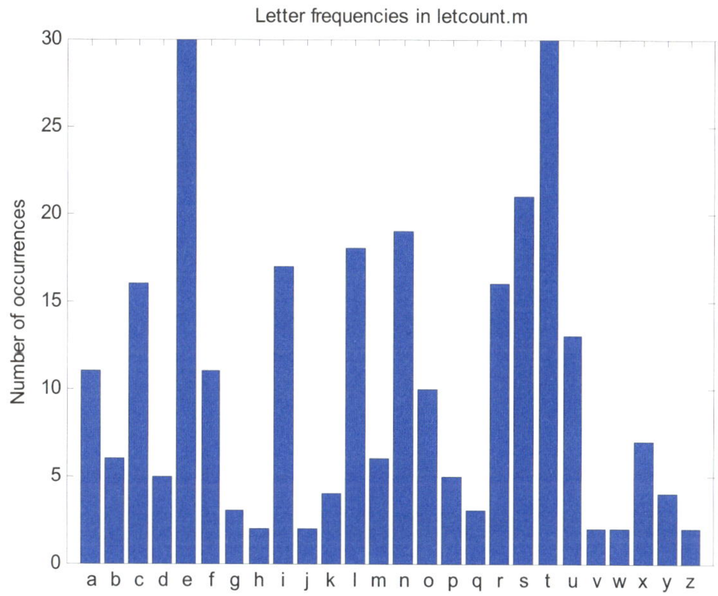

8. w, x, y, 그리고 z를 각각 네 개의 도시 고탐, 메트로폴리스, 오즈, 그리고 리버에서 유세하러 다닌 가구 수라고 하자. 그러면 주어진 데이터로부터 설정되는 선형 부등식 제약조건들은 다음과 같다:

- 음이 아닌 데이터 조건: $w \geq 0,\ x \geq 0,\ y \geq 0,\ z \geq 0$;
- 팜플렛: $w + x + y + z \leq 50{,}000$;
- 이동경비: $0.5w + 0.5x + y + 2z \leq 40{,}000$;
- 가용시간: $2w + 3x + y + 4z \leq 18{,}000$;
- 선호도: $w \leq x,\ x + y \leq z$;
- 기부금: $w + 0.25x + 0.5y + 3z \geq 10{,}000$.

최대화시켜야 할 양은 다음과 같다:

- 유권자 지지: $0.6w + 0.6x + 0.5y + 0.3z$

(1) 이로부터 다음과 같이 선형계획법 문제를 MATLAB으로 설정하고 해결할 수 있다:

```
f = [-0.6 -0.6 -0.5 -0.3];
A = [1 1 1 1; 0.5 0.5 1 2; 2 3 1 4; 1 -1 0 0; 0 1 1 -1; ...
    -1 -0.25 -0.5 -3; -1 0 0 0; 0 -1 0 0; 0 0 -1 0; 0 0 0 -1];
b = [50000; 40000; 18000; 0; 0; -10000; 0; 0; 0; 0];
simlp(f, A, b)

ans =
  1.0e+003 *
     1.2683
     1.2683
     1.3171
     2.5854
```

Jane은 고탐과 메트로폴리스에서 각각 1268 가구, 오즈에서 1317 가구, 그리고 리버에서 2585 가구들에 대하여 유세를 해야 한다.

(2) 가용시간이 두 배가 되면 결과는 다음과 같다:

```
b = [50000; 40000; 36000; 0; 0; -10000; 0; 0; 0; 0];
simlp(f, A, b)

ans =
  1.0e+003 *
     4.0000
     4.0000
          0
     4.0000
```

Jane은 고탐과 메트로폴리스 및 리버에서 각각 4000 가구들에 대하여 유세를 하고 오즈는 무시해야 한다.

(3) 나아가 기부금을 $20,000 만큼 조성해야 할 필요가 있다면 결과는 다음과 같다:

```
b = [50000; 40000; 36000; 0; 0; -20000; 0; 0; 0; 0];
simlp(f, A, b)

ans =
  1.0e+003 *
     2.5366
     2.5366
```

```
2.6341
5.1707
```

Jane은 고탐과 메트로폴리스에서 각각 2537 가구, 오즈에서 2634 가구, 그리고 리버에서 5171 가구들에 대하여 유세를 해야 한다.

9. w, x, y, 그리고 z를 각각 Joe가 쿼터백, 러닝백, 리시버, 그리고 라인맨들과 보내는 시간이라고 하자. 그러면 주어진 데이터로부터 설정되는 부등식 제약조건들은 다음과 같다:

- 음이 아닌 데이터 조건: $w \geq 0$, $x \geq 0$, $y \geq 0$, $z \geq 0$;
- 가용시간: $w+x+y+z \leq 50$;
- 회수점수: $0.5w+0.3x+0.4y+0.1z \geq 20$;
- 야단치는 횟수: $w+2x+3y+0.5z \leq 75$;
- 프리마 돈나 상태: $x=y$, $w \geq x+y$, $x \geq z$

최대화시켜야 할 양을 다음과 같다:

- 개인적인 만족: $0.2w+0.4x+0.3y+0.6z$

(1) 이로부터 다음과 같이 선형계획법 문제를 MATLAB으로 설정하고 해결할 수 있다:

```
f = [-0.2 -0.4 -0.3 -0.6];
A = [1 1 1 1; -0.5 -0.3 -0.4 -0.1; 1 2 3 0.5; 0 -1 1 0;, ...
   0 1 -1 0; -1 1 1 0; 0 -1 0 1; -1 0 0 0; 0 -1 0 0; ...
   0 0 -1 0; 0 0 0 -1];
b = [50; -20; 75; 0; 0; 0; 0; 0; 0; 0; 0];
simlp(f, A, b)

ans =
  25.9259
   9.2593
   9.2593
   5.5556
```

Joe는 러닝백 및 리시버와 각각 9.3시간을 보내야 하고 라인맨과 5.6 시간을 보내야 하며 그의 대부분의 시간인 25.9 시간을 쿼터백과 함께 보내야 한다.

(2) 팀이 이기기 위해서 15점만이 필요하다면

```
b = [50; -15; 75; 0; 0; 0; 0; 0; 0; 0; 0];
simlp(f, A, b)

ans =
  20.0000
  10.0000
  10.0000
  10.0000
```

Joe는 그의 시간을 좀 더 균등하게 분배할 수 있다; 러닝백, 리시버 및 라인맨과 각각 10시간을 보내야 하지만 여전히 가장 많은 20 시간을 쿼터백과 함께 보내야 한다.

(3) 마지막으로 이에 추가하여 야단치는 횟수가 70으로 줄어든다면

```
b = [50; -15; 70; 0; 0; 0; 0; 0; 0; 0; 0];
simlp(f, A, b)

ans =
  18.6667
   9.3333
   9.3333
   9.3333
```

Joe는 쿼터백과 $18\frac{2}{3}$ 시간을 보내야 하고 나머지 그룹들과 각각 $9\frac{1}{3}$ 시간을 보내야 한다. 총 시간은 50을 넘지 않음으로써 Joe가 그의 NASCAR 팀에 할애할 수 있는 약간의 자유시간이 남아 있음을 주목하자.

10. f를 0으로 설정되는 양이라고 하자. f는 다이오드 전압 VD, 그리고 파라미터 V0, R, I0 및 VT의 함수이다. 0과 V0 사이의 어떤 값에서 f는 0이 되어야 함을 유의하자.

```
f = @(V, V0, R, I0, VT) V - V0 + R*I0*exp(V/VT);
```

(1)

```
f1 = @(V) f(V, 1.5, 1000, 10^(-5), .0025);
VD = fzero(f1, [0, 1.5])
I = (1.5 - VD)/1000

VD =
    0.0125
I =
    0.0015
```

(2)

```
f = @(V, V0, R, I0, VT) V - V0 + R*I0*exp(V/VT);
f2 = @(V) f(V, 1.5, 1000, 10^(-5)/2, .0025);
fzero(f2, [0, 1.5])

ans =
    0.0142
```

전압이 조금씩 높아진다는 것은 놀랄 일이 아니다.

(3)

```
f2 = @(V) f(V, 1.5, 1000, 10^(-5), .0025/2);
fzero(f2, [0, 1.5])

??? Error using ==> fzero
Function values at interval endpoints must be finite and real.
```

문제는 지수값이 시험구간의 오른쪽 끝에서 너무 커진다는 점이다. 구간의 크기를 해를 구하기에 충분할 만큼 설정해야 하지만 오른쪽 끝점에서 지수가 대폭적으로 증가되는 것을 막기에 충분할 만큼 작게 해야 한다. 이는 다음의 (5)에서 더욱 극적인 경우가 될 것이다.

```
fzero(f2, [0, 0.5])

ans =
    0.0063
```

이번에는 전압이 낮아진다.

(4) 다음은 두 가지를 모두 반으로 해 보자:

```
f2 = @(V) f(V, 1.5, 1000, 10^(-5)/2, .0025/2);
fzero(f2, [0, 0.5])

ans =
    0.0071
```

전압은 (2)에서보다는 작지만 (3)에서보다는 크다.

(5)

```
f = @(V, V0, R, I0, VT) V - V0 + R*I0*exp(V/VT);
X = 10.^(0:-1:-5);
f3 = @(V, x) f(V, 1.5, 1000, 10^(-5)*x, 0.0025*x);
VD = 0:5;   % VD 값들의 벡터를 초기화
for j = 1:6
    f4 = @(V) f3(V, X(j));
    VD(j) = fzero(f4, [0, X(j)/10]);
end
loglog(10^(-5)*X, VD, 'x-')
xlabel 'I_0'
ylabel 'V_D'
```

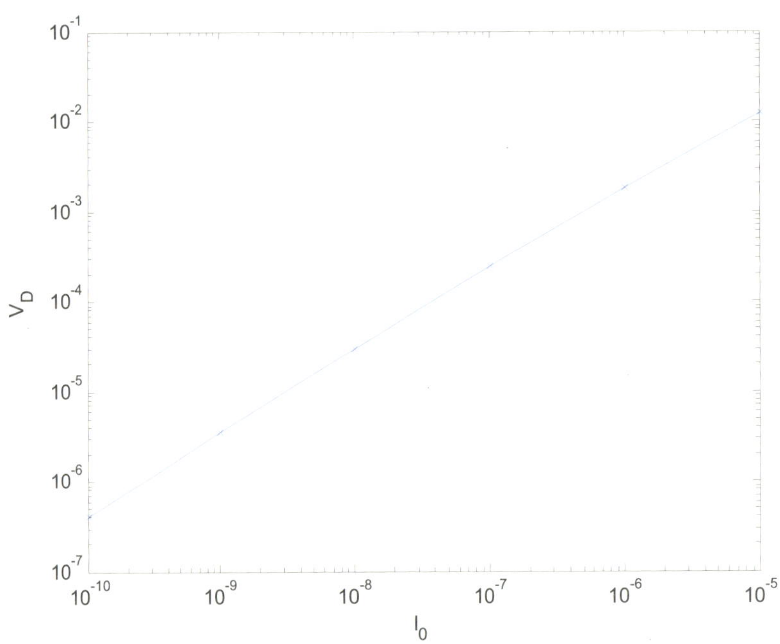

loglog 그래프는 선형처럼 보인다. 이는 VD가 대략 10의 급수의 일정 배수임을 말해준다.

11.

(1)

```
dsolve('Dx = x - x^2')
ans =
1/(1+exp(-t)*C1)

syms x0 sol = dsolve('Dx = x - x^2', 'x(0) = x0')
sol =
1/(1-exp(-t)*(-1+x0)/x0)

bettersol = simplify(sol)
bettersol =
-x0/(-x0-exp(-t)+exp(-t)*x0)

subs(bettersol, x0, 0)
ans =
0
```

(2) 위에서 이미 (1)의 식을 풀었으므로 우리가 해야 할 일은 x0의 초기조건들을 대입하고 그 결과들을 그래프로 나타내는 것뿐이다. LineWidth을 기본값으로부터 증가시켜서 해가 더 잘 보이도록 한다.

```
T = 0:0.1:5;

dsolve('Dx = x - x^2');
syms x0 sol = dsolve('Dx = x - x^2', 'x(0) = x0');
bettersol = simplify(sol);

cla reset hold on
solcurves = @(t,x0) eval(vectorize(bettersol));
for initval = 0:0.25:2.0
   plot(T, solcurves(T, initval), 'LineWidth', 1.5)
end

axis tight
title 'Solutions of Dx = x - x^2, with x(0) = 0, 0.25, ..., 2'
xlabel 't'
```

```
ylabel 'x'
hold off
```

그래프는 0에서 출발하는 해는 그대로 0으로 유지되고 있음을 보여준다; 다른 해들은 모두 일정한 해 1을 향하여 다가가고 있다.

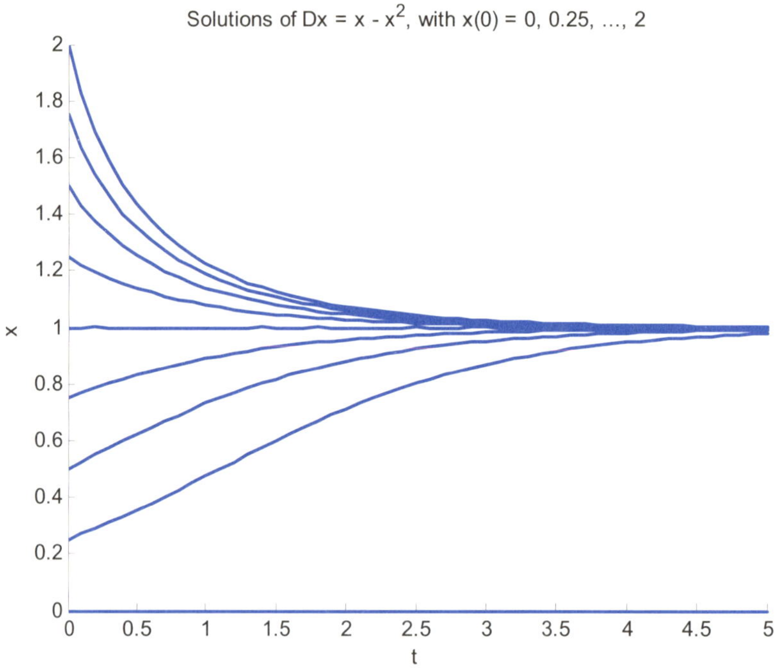

(3) ode45를 사용하려면 미분방정식을 벡터변수 x에 의한 하나의 식으로 나타내어야 한다. x의 두 성분들은 두 개체 x와 y를 나타낸다.

```
cla reset hold on
f = @(t,x) [x(1) - x(1)^2 - 0.5*x(1)*x(2); ...
    x(2) - x(2)^2 - 0.5*x(1)*x(2)];
for a = 0:1/12:13/12
    for b = 0:1/12:13/12
        [t, xa] = ode45(f, [0 3], [a, b]);
        plot(xa(:, 1), xa(:, 2))
    end
end
axis([0 13/12 0 13/12]); hold off
```

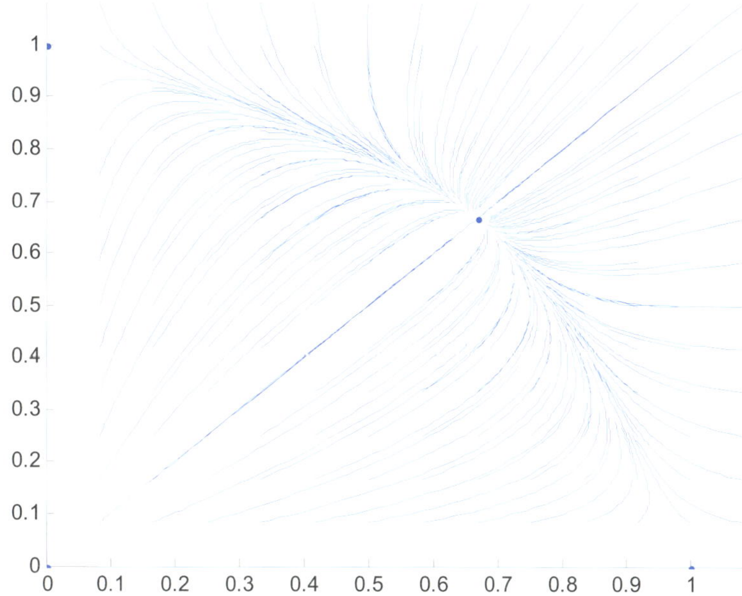

(4) 곡선들의 양 끝점들이 출발점이 된다. 그러므로 분명히 제 1 사분면 안에서 출발하는 임의의 곡선, 즉 두 개체들이 시작점에 존재하는 상황에 해당하는 곡선은 유일한 점으로 수렴하는 경향이 있다 – 이 점은 그래프 상에서 대략 (2/3, 2/3)인 것으로 보인다. 사실 $x = y = 2/3$이라면 (C.4)의 두 식들의 우변은 사라지므로 미분들은 0이 되며 $x(t)$와 $y(t)$ 값들은 일정하게 유지된다 – 이들은 시간 t와는 무관하다. 시작점에서 하나의 개체만이 존재한다면, 즉 두 축들 가운데 어느 하나에서 출발한다면 존재하는 종이 x, 혹은 y인가에 따라 해는 (1,0)이나 (0,1)로 수렴한다. 이는 우리가 바로 (2)에서 보았던 거동이다.

(5)

```
cla reset hold on
f = @(t,x) [x(1) - x(1)^2 - 2*x(1)*x(2); ...
    x(2) - x(2)^2 - 2*x(1)*x(2)];
for a = 0:1/12:13/12
    for b = 0:1/12:13/12
        [t, xa] = ode45(f, [0 3], [a, b]);
        plot(xa(:, 1), xa(:, 2))
    end
end
axis([0 13/12 0 13/12]); hold off
```

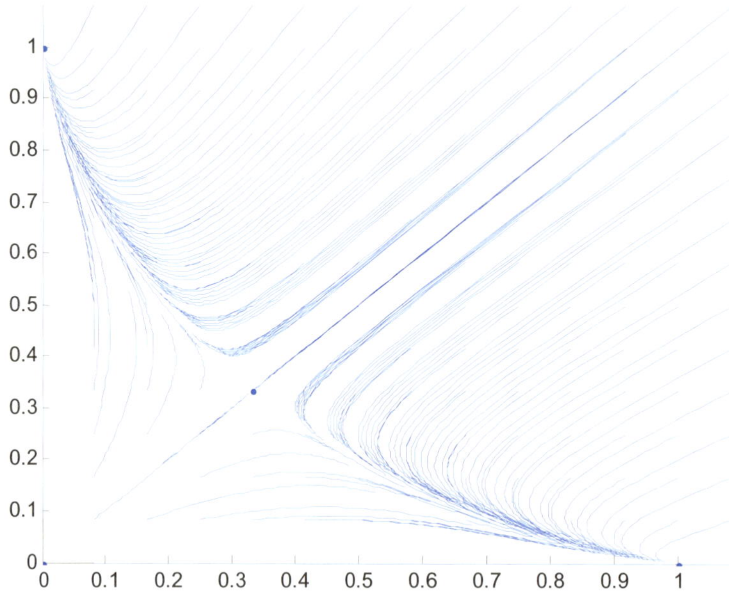

이번에는 대부분의 곡선들이 점 (1,0)이나 (0,1) 가운데 어느 하나로 수렴하는 것으로 보인다 - 특히 두 축들 가운데 어느 하나(다른 종에 대해서는 초기 개체값이 없는 경우에 해당)에서 출발하는 임의의 해 곡선이 그러하다. 시작할 때 개체 수가 더 많은 종이 모든 개체수를 점유하는 것으로 보인다 - 다른 종은 사라질 것이다. 그러나 그 사이에서는 미묘한 균형이 존재한다 - 만일 시작할 때 두 개체들이 대체로 서로 같다면 이들은 유일한 개체분포에 수렴함을 보이며 그 분포값에서 출발한다면 아무 일도 일어나지 않는다. 그 값은 (1/3, 1/3)인 것으로 보인다. 사실 이 값은 (C.5)의 양 변을 0으로 하여주는 값이다 - 이는 (4)에서 점 (2/3, 2/3)의 역할과 유사하다.

(6) 모델 (C.4)를 "평화적 공존"이라고 일컫는 것은 의미가 있다. 이는 초기 개체수가 얼마이던 간에 두 개체들이 존재한다면 궁극적으로는 동일한 개체수가 되기 때문이다. 모델 (C.5)에 대하여 "세상의 마지막 날"이라고 이름붙인 것 역시 적절하다. 이는 서로 다른 개체 수로 시작한다면 개체수가 작은 그룹은 사라져 버리기 때문이다. 작은 계수 0.5는 두 종 간의 상대적으로 작은 상호간섭을 의미하며 이는 곧 그들의 공존을 가능케 하여준다. 보다 큰 계수인 2는 좀 더 강한 상호작용과 경쟁을 뜻하며 두 종 모두의 생존을 불가능하게 한다.

12. 다음은 제 10장의 단진자 응용을 다시 수행하여보기 위한 Simulink 모델이다.

```
>> open_system pendulum
```

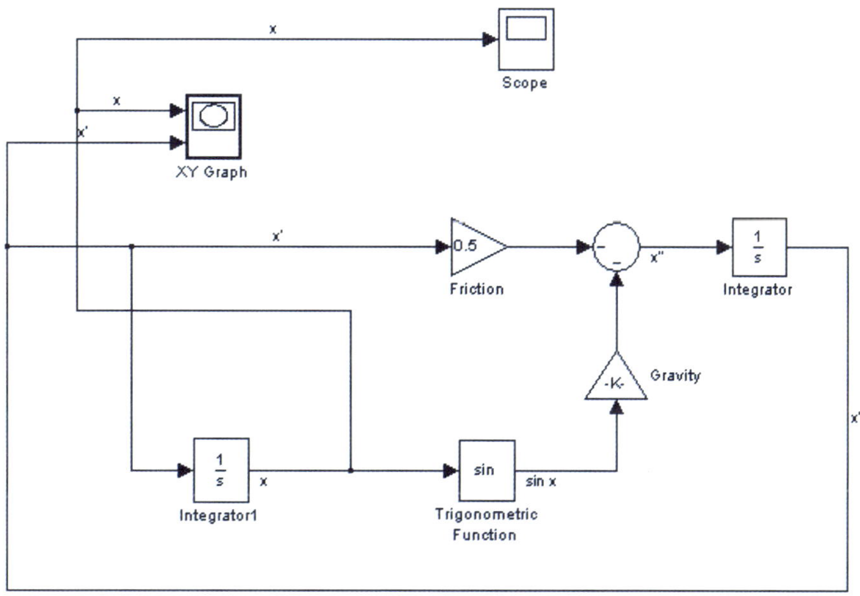

초기조건이 $x(0) = 0$ 및 $x'(0) = 10$일 때 XY Graph 블록은 다음과 같은 x'에 대한 x의 위상도를 보여준다.

```
[t, x] = sim('pendulum')
```

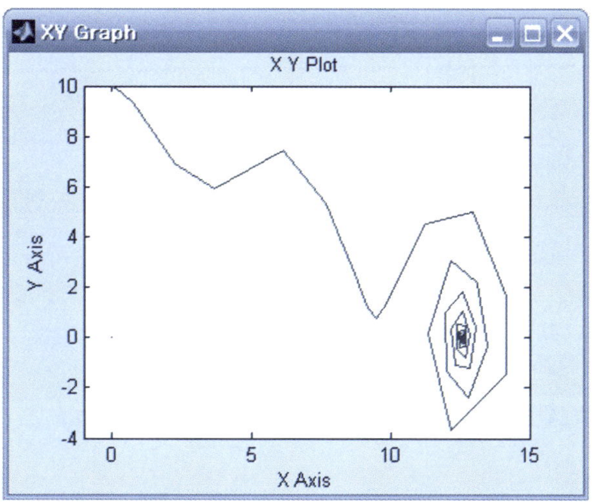

한편 Scope 블록은 x를 t의 함수로 나타내는 다음과 같은 그래프를 제공하여 준다.

```
simplot(t, x(:,1))
axis([0 30 0 15])
```

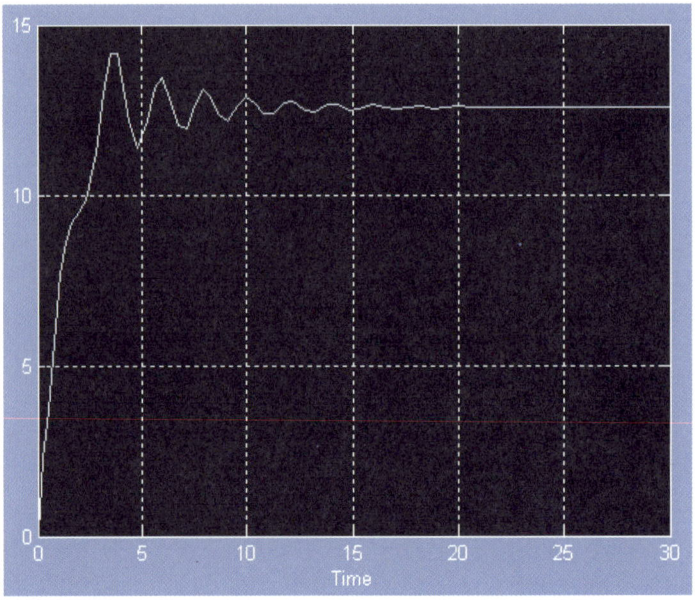

13. 다음은 야구공의 운동 방정식을 살펴보기 위한 Simulink 모델이다.

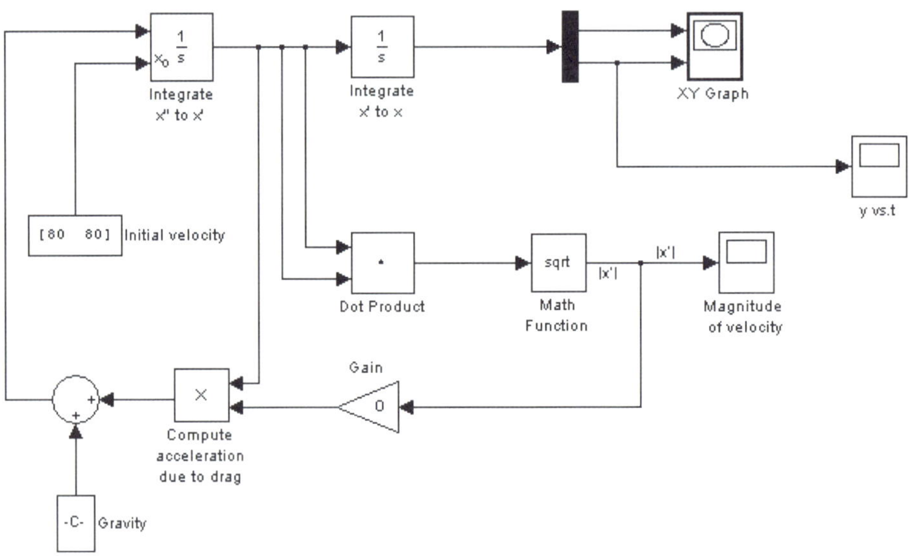

이 모델이 작용하는 방식은 비교적 간단하다. 상부 왼쪽의 Integrator 블록은 가속도(벡터 양이다)를 적분하여 속도(역시 벡터이다)를 제공한다. 이 블록에서는 초기 조건으로서 속도의 초기값을 필요로 한다; 이 값은 "Initial velocity" Constant 블록에서 정의된다. 첫 번째 Integrator 블록으로부터의 출력은 두 번째 Integrator 블록으로 도입되는데 이 블록은 속도를 적분하여 위치(역시 벡터이다)를 계산한다. 위치에 대한 초기조건 [0, 4]는 이 두 번째 Integrator의 파라미터로 저장된다. 위치벡터는 Demux 블록으로 도입되는데 이 블록은 위치의 수평 및 수직성분을 분리한다. 이들은 XY Grapg 블록으로 유입되며 아울러 수직 성분은 Scope 블록으로 도입됨으로써 우리는 공의 높이를 시간의 함수로 볼 수 있다. 가장 어려운 부분은 (C.7)의 우변의 계산이다. 이는 왼쪽 아래의 Sum 블록을 이용하여 우변의 두 항들을 더하여 계산된다. "Gravity" Constant 블록에는 [0, −g] 값(g=32.2로 한다)이 저장된다. 우변의 두 번째 항은 "Compute acceleration due to drag"이라는 라벨이 붙은 Product 블록에서 계산되는데 이 블록은 속도(벡터)에 속력(스칼라)을 −c배 한 양을 곱하여 준다. 속력은 속도 자체의 벡터곱을 행한 다음 제곱근을 취함으로써 계산된다. 다음에 모델의 중앙 하부에 있는 Gain 블록에서 속력에 −c를 곱하여 준다. 하부 오른쪽의 Scope 블록은 공의 속력을 시간의 함수로 보여준다.

(1) c를 0(공기저항이 없음)으로 두고 초기속도를 [80, 80]으로 하면 아래 그림에 보인 바와 같이 공은 우리에게 익숙한 포물선 궤적을 그린다.

```
[t, x] = sim('baseball')
```

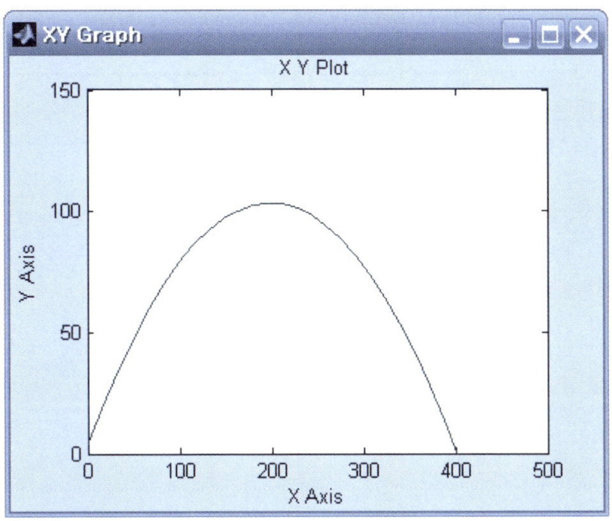

공은 땅에 닿기 전에 약 400 피트를 이동함으로써 궤적은 대부분의 구장에서 홈런이 되기에 필요한 정도이다. 다른 두 Scope 들로부터 공이 날아간 시간과 최종 속력을 읽을 수 있다.

```
simplot(t, x(:,4))
axis([0 10 0 150])
title 'Height vs. Time'
```

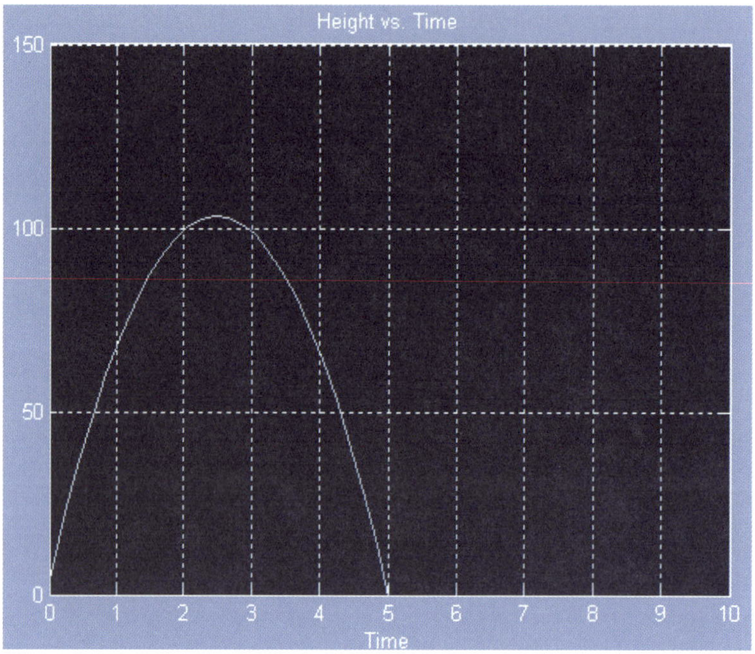


```
simplot(t, sqrt(x(:,1).^2 + x(:,2).^2))
axis([0 10 50 300])
title 'Speed vs. Time'
```

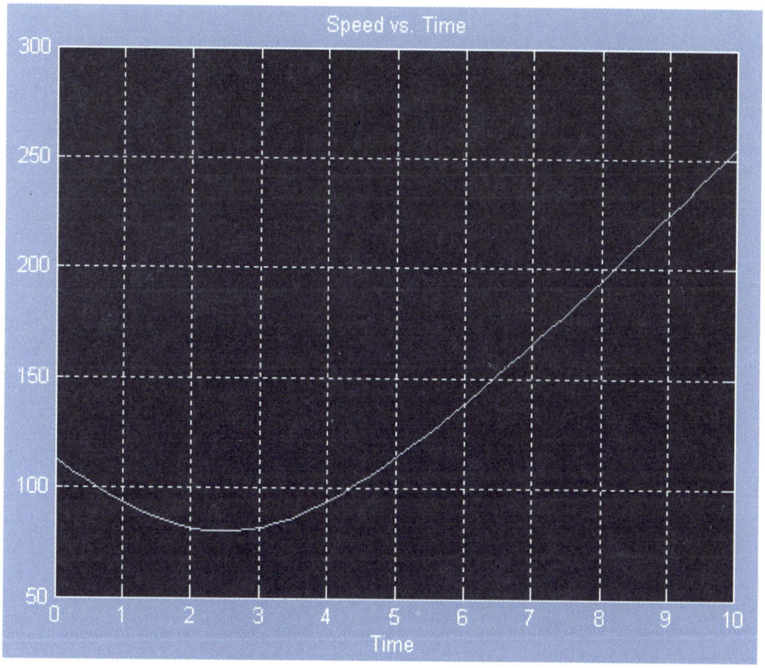

따라서 공은 공기중에 약 5초 동안 머무르며 땅에 닿는 순간 약 115 ft/sec로 날아간다. (모사는 이 시간 후까지 지속됨을 주목하자; 모델은 공이 지면에 닿는 것까지 감안하지는 않기 때문에 마치 공을 절벽 아래로 쳐낸 것처럼 높이는 계속 감소하며 속도는 계속 증가한다.)

이제 초기속도를 여전히 [80, 80]으로 설정하고 공기 저항을 감안할 때 무슨 일이 일어나는지 살펴보자. 먼저 c=0.0017을 취한다. 궤적은 다음과 같이 나타날 것이다:

```
set_param('baseball/Gain', 'Gain', '-0.0017')
[t, x] = sim('baseball');
```

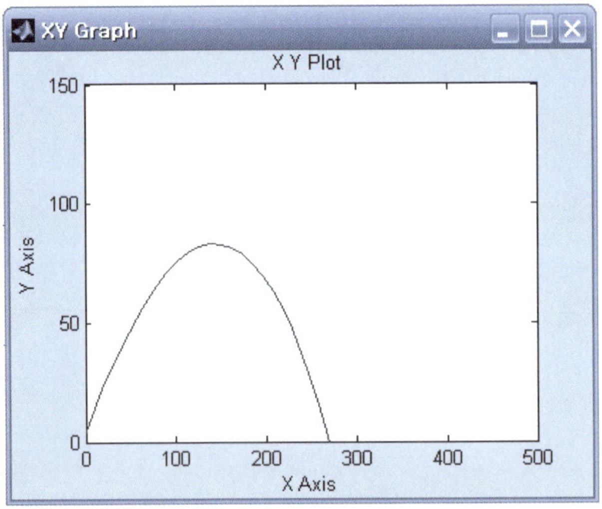

공기 저항이 만들어 내는 커다란 차이를 주목하자; 공은 겨우 약 270피트 정도만 날아간다. 다른 두 Scope들로부터 공의 비행시간과 속력을 살펴볼 수 있다:

```
simplot(t, x(:,4))
axis([0 10 0 150])
title 'Height vs. Time'
```

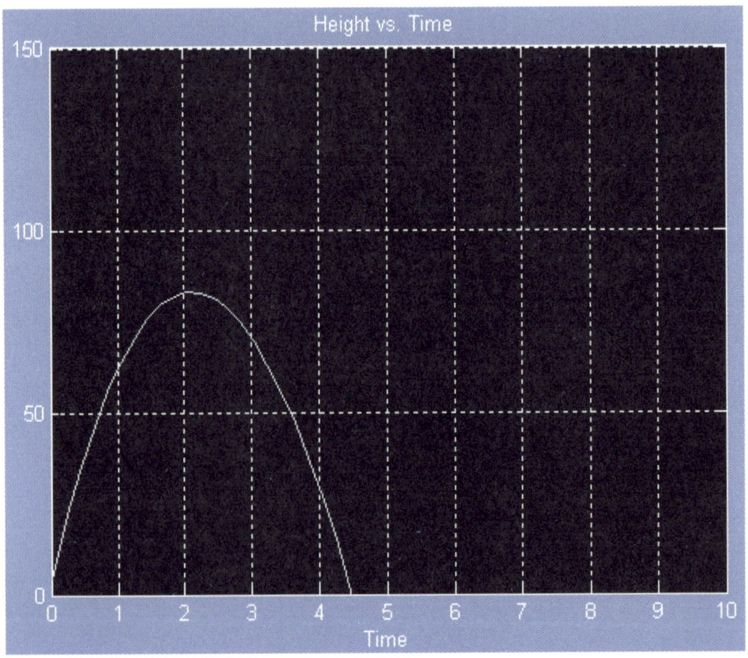

```
simplot(t, sqrt(x(:,1).^2 + x(:,2).^2))
axis([0 10 50 300])
title 'Speed vs. Time'
```

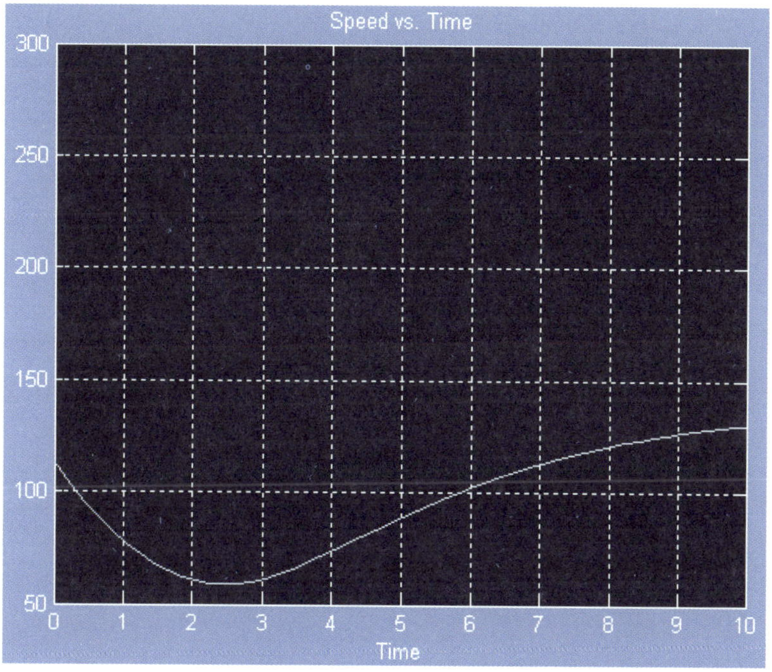

그러므로 공은 공기 중에서 약 80피트의 최고높이에 도달하며 약 4.5초 후에 지면에 떨어진다.

(2) 위와 동일한 계산을 c=0.0014(덴버 구장에 해당)으로 하여 다시 수행하여 보자. 공의 궤적은 다음과 같다:

```
set_param('baseball/Gain', 'Gain', '-0.0014')
[t, x] = sim('baseball');
```

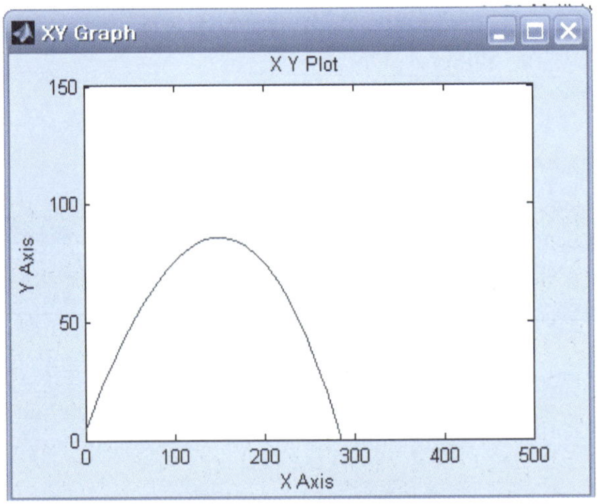

공은 약 285피트, 혹은 해수면 높이에서 경기할 때보다 15피트 더 날아간다. 이러한 특별한 공은 다루기가 쉬울 것이지만 어떤 강하게 타격된 공의 경우 그러한 추가의 15피트는 아웃과 홈런 사이의 차이를 뜻하는 것이 될 수도 있다. 덴버 계산에 대한 높이 Scope를 살펴본다면 다음을 알 수 있다:

```
simplot(t, x(:,4))
axis([0 10 0 150])
title 'Height vs. Time'
```

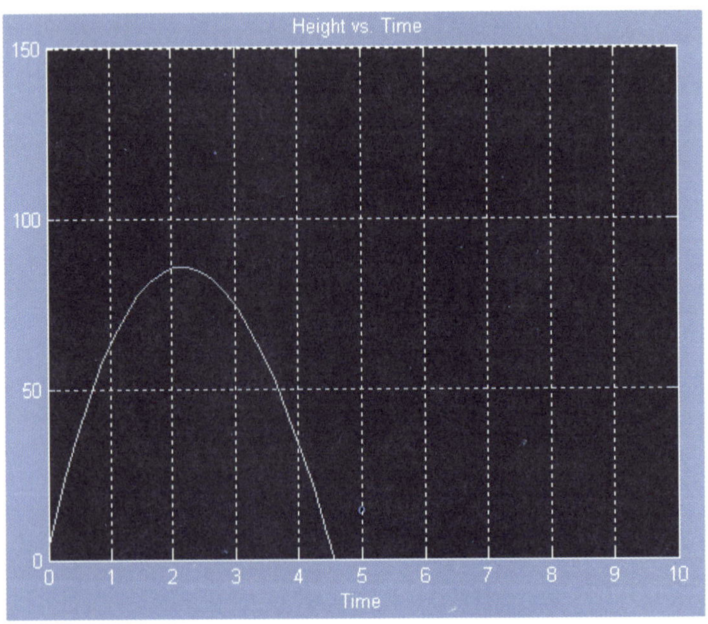

그러므로 공의 비행시간은 아주 조금만 증가한다. 마찬가지로 덴버 계산의 속력 Scope를 본다면 다음을 알 수 있다:

```
simplot(t, sqrt(x(:,1).^2 + x(:,2).^2))
axis([0 10 50 300])
title 'Speed vs. Time'
```

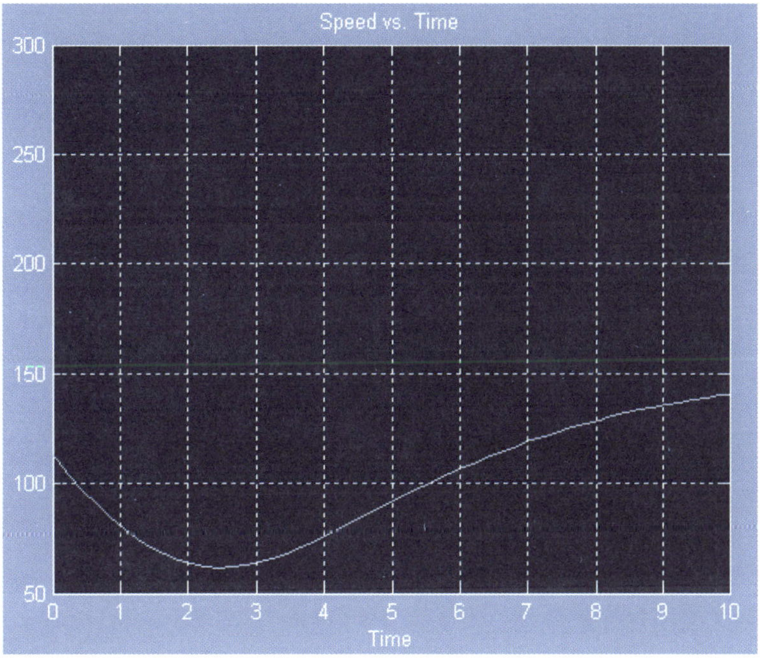

따라서 최종 속력은 약 83 ft/sec로서 조금 더 빠르다.

(3) 메이저 리그 야구 통계에 따른 경우에서도 실제로 그렇듯이 누구나 평균 타율과 획득한 평균 점수는 덴버에서 더 높을 것으로 기대할 것이다.

14. 다음의 M-파일은 원하는 작업을 수행한다:

```
>> type editrecent

function editrecent
directory = dir('*.m');
if any(size(directory) == 0)
```

```
    error('No M-files found.')
end
dates = datenum({directory.date});
[maximum, index] = max(dates);
edit(directory(index).name)
```

dir의 출력을 하나의 변수에 할당함으로써 현재 디렉토리에 있는 모든 M-파일들의 이름들과 이들의 수정날짜들을 포함하는 구조배열을 얻는다. 만일 이 구조배열의 원소가 없다면 오류 메시지가 나타나고 그렇지 않으면 날짜를 문자열의 셀 배열로 구성한 후 datenum을 이용하여 문자열을 숫자로 전환시킨다. 가장 최근의 날짜를 나타내는 가장 큰 수의 지수를 구하고 최종적으로 해당되는 파일의 이름을 edit로 보낸다.

15. 힌트에서 제시한 바와 같이 실수부를 벡터 xvals에서 선택하고 허수부를 벡터 yvals에서 선택한 허수들의 배열 z를 정의하는 것으로 시작한다.

```
xvals = linspace(-2, 2, 400);
yvals = linspace(-1.5, 1.5, 300);
[X, Y] = meshgrid(xvals, yvals);
Z = X + i*Y;
```

다음에 주어진 함수를 배열의 각 수에 100회 적용한다. 그때에 가서는 무한으로 발산하게 되는 대부분의 수열들은 이미 MATLAB이 저장할 수 있는 가장 큰 부동소수점 수보다 더 커졌을 것이다.

```
for k = 1:100
    Z = Z.^2 - 0.75;
end
```

이제 isfinite을 이용하여 여전히 유한한 부동소수점 수들로 남아있는 배열의 값들에 1을 할당하고 발산한 값들에는 0을 할당한다. 다음에 imagesc를 이용하여 값이 1인 점들을 0인 점들과 다르게 색을 입히고 gray 컬러맵을 사용하여 색깔을 흰색과 검정색으로 한다. 마지막으로 set을 이용하여 수직 축을 역전시킨다; 이 명령어가 없다면 작은 수들은 그래프의 상부에 나타날 것이다. 이는 image와 imagesc에 대해서는 기본적이지만 수학적 그래프가 작성되는 통상적인 방법은 아니다.

```
clf reset
set(gcf, 'Color', 'White')
imagesc(xvals, yvals, isfinite(Z))
colormap(gray)
set(gca, 'YDir', 'normal')
axis equal tight
```

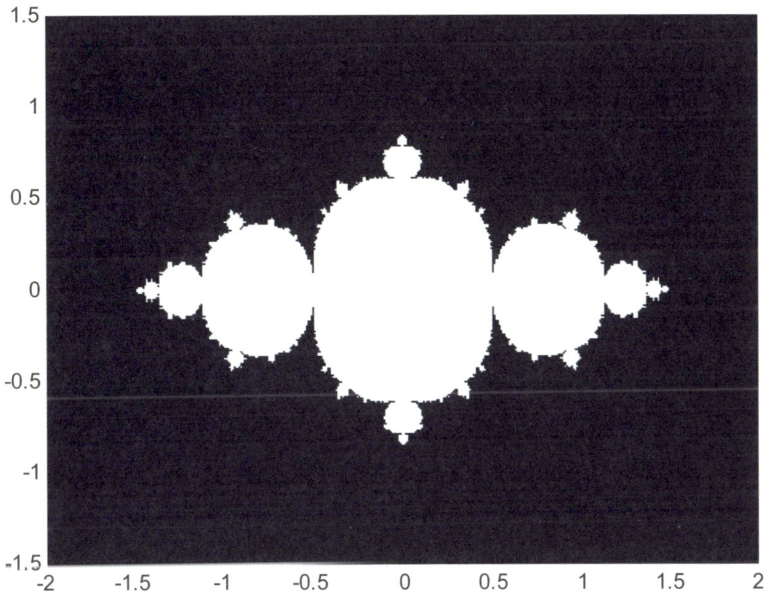

Julia 집합은 (대략적으로) 검은 영역과 흰 영역 사이의 경계로 구성된다. 이 경계는 "프랙탈"의 한 가지 예이며 식 $z^2-0.75$를 변경함으로써 다양한 다른 프랙탈들을 그려볼 수 있다. 예를 들어 0.75를 $0.75+0.1i$로 바꾸고 어떤 차이가 발생하는지 살펴보자!

용어해설

여기에서는 가장 흔히 사용되는 MATLAB 객체들을 연산자, 내장상수, 내장함수, 명령어, 그래픽 명령어, 그리고 MATLAB 프로그래밍 구조의 6가지 부류로 나누어 제시하였다. 그 다음에는 가장 중요한 Simulink 명령어와 블록들을 열거하였다. 비록 MATLAB은 명령어와 함수를 구분하지 않지만 MATLAB 함수를 우리가 통상적으로 생각하는 수학적 함수로 간주하는 것이 편리하다. MATLAB 함수는 계산되거나 그래프로 나타낼 수 있는 대상이다; 명령어는 데이터나 식을 처리하거나 어떤 과정을 시작하여 주는 요소이다.

각 연산자, 함수, 그리고 명령어들이 그 효과에 대한 간단한 설명과 함께 열거되고 한 개, 혹은 그 이상의 보기가 제시된다. 많은 MATLAB 명령어들은 여러 가지 다른 형태로 나타날 수 있는데 그 이유는 이들이 서로 다른 종류의 객체들로 적용될 수 있기 때문이다. 제시된 보기들에서는 가장 흔히 사용되는 명령어의 형태들을 예시하였다. 많은 명령어들은 또한 수많은 선택적 인수들을 지닌다; 여기에서는 매우 공통적인 옵션들만을 포함시켰다. help <명령어 이름>이나 doc <명령어 이름>을 입력하여 얻을 수 있는 도움말 텍스트로부터 모든 형태의 명령어들에 대한 완전한 설명과 그 명령어에서 가능한 모든 선택적 인수들에 대한 좀 더 완전한 설명을 찾아볼 수 있다.

여기에서의 용어해설은 포괄적인 것은 아니다. 선택된 MATLAB 명령어들은 이 책에서 중요한 역할을 하는 것들이거나 사용자에게 가장 도움이 될 것이라고 여겨지는 것들이다. 여러분은 도움말 탐색기로부터 보다 광범위한 목록을 찾아볼 수 있다.

☞ *도움말 탐색기에 대한 자세한 설명은 제 2장의* 온라인 도움말*을 참조한다.*

MATLAB® 연산자

\ 왼쪽 행렬 나눗셈. X = A\B는 방정식 A*X = B의 해이다. 더 알아보려면 help slash를 입력한다.

```
A = [1 0; 2 1]; B = [3; 5];
A\B
```

/ 통상적인 스칼라 나눗셈, 혹은 오른쪽 행렬 나눗셈. 행렬들의 경우 A/B는 A*inv(B)와 사실상 대등하다. 더 알아보려면 help slash를 입력한다.

* 스칼라, 혹은 행렬의 곱셈. mtimes에 대한 온라인 도움말을 참조한다.

. MATLAB 연산자 자체는 아니다. 산술 연산자들과 결합 사용되어 배열에서 원소끼리의 연산을 강요한다. 아울러 구조 배열의 필드를 취하는 데에 이용된다.

```
a = [1 2 3]; b = [4 -6 8];
a.*b
syms x y; solve(x + y - 2, x - y); ans.x
```

.* 배열에서 원소들끼리의 곱셈. 위 항목과 times에 대한 온라인 도움말을 참조한다.

^ 스칼라나 행렬의 멱급수. mpower에 대한 온라인 도움말을 참조한다.

.^ 원소들끼리의 멱급수. power에 대한 온라인 도움말을 참조한다.

: 영역 연산자로서 벡터와 행렬의 정의에 사용된다. 더 알아보려면 help colon을 입력한다.

, 행렬의 행이나 명령어에 대한 인수들을 구분. 명령어 라인에서 명령어들을 구분하는 데에 사용될 수도 있다.

; MATLAB 명령어들의 출력을 억제. 아울러 명령어 라인에서 명령어들을 구별하는 데에 사용될 수 있다. 또한 행렬이나 열벡터의 행들을 구분하는 데에 이용된다.

```
X = 0:0.1:30;
[1; 2; 3]
```

' 행렬의 복소 공액 전치. ctranspose를 참조한다. 아울러 문자열의 시작과 끝을 한정시켜 준다.

.' 행렬의 전치. ctranspose를 참조한다.

... 라인 연속 연산자. 인용되는 문자열에서 사용될 수 없다. 더 알아보려면 help punct를 입력한다.

```
1 + 3 + 5 + 7 + 9 + 11 ...
      + 13 + 15 + 17
```

```
['This is a way to create very long strings that ', ...
'span more than one line.  Note the square brackets.']
```

! 운영 시스템으로부터 명령어를 수행한다.

```
!C:\Programs\program.bat
```

% 코멘트. MATLAB은 같은 줄의 나머지 부분을 무시한다.

%% 새로운 셀을 시작(스크립트 M-파일에서 어떤 라인의 처음에 나타나는 경우).

@ 함수 핸들이나 익명함수를 생성

```
fminbnd(@cos, 0, 2*pi)
f = @(x) x.^2 - x
```

내장상수

eps 컴퓨터의 부동 소수점 반올림 오차의 개략적인 크기; 대부분의 컴퓨터에서 이 값은 2×10^{-16} 근처이다.

exp(1) $e = 2.71828 \cdots$. e 자체는 특별한 의미가 없음을 유의하자.

i $i = \sqrt{-1}$. for 루프에서 i를 지수로 사용하는 경우에서와 같이 이는 덮어 쓸 수 있다. 이 경우 j가 허수 단위로 사용될 수 있다.

Inf ∞. inf도 마찬가지이다.

NaN 숫자가 아니다. 0/0과 같은 부정적 표현에 대하여 사용된다.

pi $\pi = 3.141592 \cdots$

내장함수

abs $|x|$.

acos $\arccos x$.

asin $\arcsin x$.

atan $\arctan x$. 점 (x,y)의 각좌표 θ를 원한다면 atan2를 대신 사용한다.

bessel Bessel 함수. besselj(n, x)와 bessely(n, x)들은 차수 n인 Bessel 방정식의 선형적으로 독립인 해들이다.

conj 복소수의 공액 복소수.

```
conj(1 - 5*i)
```

cos $\cos x$.

cosh $\cosh x$.

cot $\cot x$.

erf 에러 함수 $erf(x)=\frac{2}{\sqrt{\pi}}\int_0^x e^{-t^2}dt$.

exp e^x.

expm 지수행렬.

gamma 감마 함수 $\Gamma(x)=\int_0^\infty e^{-t}t^{x-1}dt$ (Re x > 0). 음이 아닌 정수 k에 대하여 $\Gamma(k+1)=k!$의 관계가 때로는 유용하다.

imag 복소수의 허수부분 imag(z).

log 자연로그 $\ln x=\log_e x$.

real 복소수의 실수부분 real(z).

sec $\sec x$.

sech $\operatorname{sech} x$.

sign 인수가 음, 0, 혹은 양이냐에 따라 각각 −1, 0, 혹은 1을 반환.

sin $\sin x$.

sinh $\sinh x$.

sqrt $\sqrt{x}$.

tan $\tan x$.

tanh $\tanh x$.

MATLAB® 명령어

addpath 지정된 디렉토리를 MATLAB의 파일탐색 경로에 추가.

```
addpath C:\my_mfiles
```

ans 할당되지 않은 가장 최근의 출력값을 지니고 있는 변수.

cd 지정된 디렉토리를 현 (작업) 디렉토리로 설정.

```
cd C:\mydocs\mfiles
```

char 기호 표현을 문자열로 전환. 인라인 함수의 정의에 유용.

```
syms x y; f = inline(char(sin(x)*sin(y)))
```

clear 변수와 함수들에 대한 값들과 정의를 삭제. 하나, 혹은 그 이상의 변수들을 지정한다면 이 변수들만 삭제된다.

```
clear
clear f g
```

collect 주어진 기호 표현에서 지정된 기호 변수의 멱급수의 계수들을 취합.

```
syms x y; collect(x^2 - 2*y*x^2 + 3*x + x*y, x)
```

compose 함수들의 합성.

```
syms x y; f = exp(x); g = sin(y); h = compose(f, g)
```

ctranspose 행렬의 공액 전치행렬. 대개 ' 연산자로 호출된다. 실수행렬인 경우 transpose로 계산된다.

```
A = [1 3 i]
A'
```

D 실제 MATLAB 명령어는 아니다. dsolve에서 미분을 나타내는 데에 사용된다. diff를 참조하라.

```
dsolve('x*Dy + y = sin(x)', 'x')
```

delete 파일을 삭제.

```
delete <파일이름>
```

det 행렬의 행렬값.

```
det([1 3; 4 5])
```

diag 대각벡터가 미리 정해진 정방행렬을 제시. 혹은 정방행렬로부터 대각원소들을 취한다.

```
V = [2 3 4 5]; diag(V)
X = [2 3; 4 5]; diag(X)
```

diary MATLAB 작업을 파일에 기록.

```
diary <파일이름>
diary off
```

diff 기호 미분 연산자(아울러 차분 연산자).

```
syms x; diff(x^3)
diff('x*y^2', 'y')
```

dir 현재 작업 디렉토리의 파일들을 열거. ls와 유사.

disp 그 이름을 먼저 제공하지 않고 출력을 보여줌.

```
x = 5.6; disp(x)
syms x; disp(x^2)
disp('This will print without quotes.')
```

doc 특정 명령어에 대한 설명을 위한 도움말 탐색기를 연다.

```
doc print
```

double 수치나 기호 양에 대하여 이중 정밀도 값을 제공한다. 문자열에 적용되면 double은 문자열의 글자들에 대한 ASCII 코드로 이루어지는 벡터를 반환한다.

```
z = sym('pi'); double(z)
double('think')
```

dsolve 기호 ODE 풀이기. 기본적으로 독립변수는 t이지만 마지막 인수로서 다른 변수가 지정될 수 있다.

```
dsolve('D2y - x*y = 0', 'x')
dsolve('Dy +y^2 = 0', 'y(0) = 1', 'x')
[x, y] = dsolve('Dx = 2x + y', 'Dy = -x')
```

echo 스크립트 M-파일 내에서 명령어의 반복을 활성화시키거나 무력화시킨다.

edit 편집기/디버거에서 지정된 M-파일을 연다.

```
edit mymfile
```

eig 정방행렬의 고유치와 고유벡터를 계산.

```
eig([2,3; 4,5])
[e, v] = eig([1, 0, 0; 1, 1, 1; 1, 2, 4])
```

end 벡터의 마지막 원소. 아울러 프로그램 명령어이다.

```
v(end)
v(3:end)
```

eval 문자열을 MATLAB 표현으로 계산. M-파일에서 유용하다.

```
eval('cos(x)')
```

expand 대수식을 전개.

```
syms x y; expand((x - y)^2)
```

eye 지정된 크기의 항등행렬.

```
eye(5)
```

factor 다항식이나 정수를 인수분해.

```
syms x y; factor(x^4 - y^4)
```

feval 문자열로 지정된 함수를 계산. 함수 M-파일에서 유용하다.

```
feval('exp', 1)
```

find 벡터나 행렬의 0이 아닌 원소들의 지수를 규명.

```
X = [2 0 5]; find(X)
```

fminbnd 어떤 구간에 대하여 함수의 (근사적) 최소값을 규명.

```
fminbnd(@(x) x^4 - x^2 +1, 0, 1)
```

format 수치 변수들에 대한 출력 형식을 지정.

```
format long
```

fzero 주어진 출발점 근처나 지정된 구간에서 정해진 함수의 근을 찾는다.

```
fzero(@(x) cos(x) - x, 1)
fzero(@cos, [-pi, 0])
```

guide GUI 디자인 환경을 연다.

```
guide mygui
```

help 어떤 MATLAB 명령어에 대한 문서를 요청한다. 아울러 lookfor를 참조하라.

```
help factor
```

inline 문자열 표현으로부터 MATLAB 인라인 함수를 구성.

```
f = inline('x^5 - x'); f(3)
```

int 정적분 및 부정적분에 대한 적분 연산자.

```
int('1/(1 + x^2)', 'x')
syms x; int(exp(-x), x, 0, Inf)
```

inv 정방행렬의 역행렬.

```
inv([1 2; 3 5])
```

jacobian Jacobian 행렬의 계산. 혹은 스칼라 함수에 대하여 기호 기울기를 계산.

```
syms x y; f = x^2*y^3; jacobian(f)
```

length 벡터나 문자열의 원소 수를 반환.

```
length('abcde')
```

limit 존재한다면 양 극한을 규명. 한 쪽만의 극한에 대해서는 'right'나 'left'를 사용한다.

```
syms x; limit(sin(x)/x, x, 0)
syms x; limit(1/x, x, Inf, 'left')
```

linspace 선형적으로 나누어진 점들의 벡터를 생성.

```
linspace(0, 2*pi, 30)
```

load 디스크 파일로부터 작업공간 변수들을 불러온다.

```
load <파일이름>
```

lookfor MATLAB 경로에서 발견되는 모든 M-파일들의 첫 번째 줄에 있는 지정된 문자열을 탐색

```
lookfor ode
```

ls 현 작업 디렉토리의 파일들을 열거. dir과 유사.

maple Maple 커널에 직접 접속. 학생용 버전에서는 사용불가.

```
maple('csgn', '-1+i')
```

mhelp Maple 명령어에 대한 도움말을 얻기 위해 Maple 커널에 질문. 학생용 버전에서는 사용불가.

```
mhelp csgn
```

max 벡터 원소들의 산술적 최대값을 계산.

```
X = [3 5 1 -6 23 -56 100]; max(X)
```

mean 벡터 원소들의 산술적 평균을 계산.

```
X = [3 5 1 -6 23 -56 100]; mean(X)
```

median 벡터 원소들의 산술적 중간값을 계산.

```
X = [3 5 1 -6 23 -56 100]; median(X)
```

min 벡터 원소들의 산술적 최소값을 계산.

```
X = [3 5 1 -6 23 -56 100]; mix(X)
```

more MATLAB 출력이 페이지 단위로 넘어가는 것을 활성화(혹은 억제). 다음 페이지로 넘어가려면 SPACE BAR를, 한 줄씩 넘어가려면 RETURN 키를, 그리고 출력을 포기하려면 Q를 사용한다.

```
more on, help print
more off
```

notebook M-북을 연다(윈도우즈에서만 가능).

```
notebook problem1.doc
notebook -setup
```

num2str 숫자를 문자열로 전환. 프로그래밍에서 유용.

```
disp(['The value of pi is ', num2str(pi)])
```

ode45 1차 미분방정식의 수치적 ODE 풀이기. 다른 MATLAB ODE 풀이기들에 대해서는 MATLAB의 온라인 도움말을 참조한다.

```
[t, y] = ode45(@(t, y) t^2 + y, [0 10], 1);
plot(t, y)
```

ones 1로 이루어지는 행렬을 생성.

```
ones(3)
ones(3, 1)
```

open 파일을 연다. 여는 방법은 파일이름의 확장자에 따라 좌우된다.

```
open myfigure.fig
```

path 인수가 없으면 탐색경로를 보여준다. 인수가 있으면 탐색경로를 설정한다. 자세한 내용은 help path를 입력하여 알아본다.

pathtool "Set Path" 도구를 연다.

pretty 기호식을 보다 읽기 쉬운 형식으로 보여준다.

```
syms x y; expr = x/(x - 3)/(x +2/y)
pretty(expr)
```

prod 벡터 원소들의 곱을 계산.

```
X = [3 5 1 -6 23 -56 100]; prod(X)
```

publish M-파일을 실행하고 이를 "출판"한다. 기본적으로는 html로 출판하지만 다른 형식을 지정할 수 있다.

```
publish('mymfile', 'latex')
```

pwd 현 (작업) 디렉토리의 이름을 보여준다.

quadl 수치적분 명령어. MATLAB® 5.3 및 그 이전버전에서는 quad8을 대신 사용한다.

```
format long; quadl(@(x) sin(exp(x)), 0, 1)
g = inline('sin(exp(x))'); quad8(g, 0, 1)
```

quit MATLAB 작업을 종료.

rand 불규칙 수를 생성; 0과 1 사이의 불규칙 숫자들의 배열을 생성.

randn 정규 불규칙 수를 생성; 평균이 0이고 편차가 1인 정규 불규칙 숫자들의 배열을 생성한다.

rank 행렬의 계수를 생성.

```
A = [2 3 5; 4 6 8]; rank(A)
```

roots 계수들이 벡터 인수의 원소들로 주어지는 다항식의 근들을 규명.

```
roots([1 2 2])
```

round 어떤 수를 가장 근접한 정수로 반올림.

save 작업공간 변수들을 지정된 파일로 저장. 아울러 diary와 load를 참조.

```
save <파일이름>
```

simple 여러 방법들을 이용하여 식을 단순화.

```
syms x y;
[expression, how] = simple(sin(x)*cos(y) + cos(x)*sin(y))
```

simplify 식을 기호적으로 단순화.

```
syms x; simplify(1/(1 + x)^2 - 1/(1 - x)^2)
```

size 행렬에서 행과 열의 수를 반환.

```
A = [1 3 2; 4 1 5];
[r, c] = size(A)
```

solve 하나, 혹은 일련의 방정식들을 풀이. 식의 우변이 생략되면 "0"으로 간주된다.

```
solve('2*x^2 - 3*x + 6')
[x, y] = solve('x + 3*y = 4', '-x - 5*y = 3', 'x', 'y')
```

sound 컴퓨터 스피커를 통하여 벡터를 실행.

```
sound(sin((0:0.1:1000)*pi))
```

str2num 문자열을 숫자로 전환. 프로그래밍에서 유용.

```
constant = 'a7'
index = str2num(constant(2))
```

subs 식의 부분들을 치환.

```
subs('x^3 - 4*x + 1', 'x', 2)
subs('sin(x)^2 + cos(x)', 'sin(x)', 'z')
```

sum 벡터, 혹은 행렬의 열들의 합을 계산.

```
k = 1:10; sum(k)
```

sym 기호변수나 기호숫자를 생성.

```
sym pi
x = sym('x')
constant = sym('1/2')
```

syms 기호변수들을 정의 – syms x는 x = sym('x')와 대등.

```
syms x y z
```

symsum 원소의 수가 무한개일 수 있는 벡터의 기호 합 계산을 수행.

```
syms x k n; symsum(x^k, k, 0, n)
syms n; symsum(n^(-2), n, 1, Inf)
```

taylor 지정된 점(기본은 0)에서 지정된 항의 개수(기본은 6개)로 Taylor 근사를 수행. 주의: 항의 수에는 상수항이 포함되므로 기본 설정에 따르면 6차가 아닌 5차의 다항식이 된다.

```
syms x; taylor(cos(x), 8, 0)
```

```
taylor(exp(1/x), 10, Inf)
```

transpose 행렬의 전치(ctranspose와 비교하여 보라). 열벡터를 행벡터로 전환 (혹은 이의 반대를 수행). 대개 .' 연산자로 호출된다.

```
A = [1 3 4]
A.'
```

type 지정된 파일의 내용을 보여준다.

```
type myfile.m
```

vectorize 기호식을 벡터화. 인라인 함수의 정의에 유용.

```
f = inline(vectorize('x^2 - 1/x'))
```

vpa 변수 정밀도 연산을 이용하여 지정된 정도의 정확도로 식을 계산.

```
vpa('1/3', 20)
```

web 웹 탐색기를 연다.

```
web('http://www.mathworks.com')
```

which 주어진 이름을 갖는 명령어의 경로이름을 보여준다.

```
which ezplot
which ezplot -all
```

whos 작업공간의 모든 변수들에 대한 현재의 정보를 열거.

zeros 0들로 이루어지는 행렬을 생성.

```
zeros(10)
zeros(3, 1)
```

그래픽 명령어

area x 축과 곡선 사이의 영역을 짙게 한 그래프를 생성.

```
X = (0:0.01:4)*pi; Y = sin(X); area(X, Y)
```

axes 빈 그림창을 생성.

axis 축의 척도와 모양을 설정.

`axis([xmin xmax ymin ymax])` – 축들의 범위를 설정.
`axis tight` – 데이터의 전체 범위에 대한 축의 한계를 설정.
`axis equal` – 수직 및 수평 척도를 같게 한다.
`axis square` – 축 상자를 정사각형으로 만든다.
`axis off` – 축과 눈금표시를 감춘다.

bar 막대 그래프를 그린다.

```
bar([2, 7, 1.5, 6])
```

cla 축들을 지운다.

close 현재의 그림창을 닫는다. close all은 모든 그림창들을 닫는다.

colormap 현 그림의 컬러맵 속성들을 설정; 보기를 보려면 help graph3d를 입력한다.

```
ezmesh sin(x)*cos(y); colormap cool
```

comet 동영상으로 된 파라미터 그래프를 보여준다.

```
t = (0:0.01:4)*pi; comet(t.*cos(t), t.*sin(t))
```

contour 두 변수 함수의 수준곡선을 그려준다; 보통 meshgrid와 함께 사용된다.

```
[X, Y] = meshgrid(-3:0.1:3, -3:0.1:3);
contour(X, Y, X.^2 - Y.^2)
```

contourf 채워진 수준곡선 그래프를 작성. 종종 colormap과 함께 이용된다.

```
[X, Y] = meshgrid(-2:0.1:2, -2:0.1:2);
contourf(X, Y, X.^2 - Y.^3)
colormap autumn
```

ezcontour 수준곡선들에 대한 쉬운 그래프 명령어.

```
ezcontour('x^2 - y^2')
syms x y; ezcontour(x - y^2)
```

ezmesh 표면들의 격자 시각에 대한 쉬운 그래프 명령어.

```
ezmesh('x^2 + y^2')
syms x y; ezmesh(x*y)
```

ezplot 기호식에 대한 손쉬운 그래프 명령어.

```
ezplot('exp(-x^2)', [-5, 5])
syms x; ezplot(sin(x))
```

ezplot3 3D 파라미터 곡선들에 대한 쉬운 그래프 명령어.

```
ezplot3('cos(t)', 'sin(t)', 't')
syms t; ezplot3(1 - cos(t), t - sin(t), t, [0 4*pi])
```

ezsurf 표면들의 표준 음영시각에 대한 쉬운 그래프 명령어.

```
ezsurf('(x^2 + y^2)*exp(-(x^2 + y^2))')
syms x y; ezsurf(sin(x*y), [-pi pi -pi pi])
```

figure 새로운 그림창을 생성.

fill 채워진 다각형을 생성. 아울러 patch를 참조하라.

```
fill([0 1 1 0], [0 0 1 1], 'b'); axis equal tight
```

findobj 지정된 속성값들을 갖는 그래픽 객체들을 찾는다.

```
findobj('Type', 'Line')
```

gca 현재의 축들을 취한다.

gcf 현재의 그림을 취한다.

get 그림의 속성들을 취한다.

```
get(gcf)
```

getframe 동영상의 프레임들을 취하는 명령어.

```
T = (0:0.01:2)*pi;
for j = 1:12
   plot(5*cos(j*pi/6)+cos(T), 5*sin(j*pi/6)+sin(T));
   axis([-6 6 -6 6]);
   M(j) = getframe;
end
movie(M)
```

ginput 마우스를 이용하여 그림의 좌표를 모은다(마치려면 ENTER나 RETURN 키를 누른다).

```
[X, Y] = ginput
```

grid 그림에 격자를 삽입.

gtext 마우스를 이용하여 텍스트 라벨을 붙인다.

```
gtext('Region of instability')
```

hist 히스토그램을 작성.

```
hist(rand(200, 1))
```

hold 현재의 그래프를 유지. 현재의 그림 위에 MATLAB으로부터 생성된 새로운 그래픽을 겹쳐 그린다.

```
hold on
hold off
```

image 행렬을 이미지로 표현.

```
image(ones(50,100))
```

imagesc image와 유사하지만 필요할 경우 데이터 척도를 변경.

```
imagesc(randn(50,100))
```

imread 그래픽 파일을 읽어들이고 이를 행렬로 전환.

```
A = imread('myimage.jpg');
```

imwrite 행렬을 그래픽 파일로 전환.

```
imwrite(A, 'picture.jpg')
```

legend 그림의 범례를 생성.

```
t = 0:0.1:2*pi;
plot(t, cos(t), t, sin(t))
legend('cos(t)', 'sin(t)')
```

loglog 로그-로그 그래프를 작성.

```
x = 0.0001:0.1:12; loglog(x, x.^5)
```

mesh 격자 표면을 그린다.

```
[X, Y] = meshgrid(-2:.1:2, -2:.1:2);
mesh(X, Y, sin(pi*X).*cos(pi*Y))
```

meshgrid contour, quiver, 혹은 surf와 같은 그래픽 명령어에 대한 입력으로 사용될 수 있는 벡터 배열을 생성.

```
[X, Y] = meshgrid(0:0.1:1, 0:0.1:2)
contour(X, Y, X.^2 + Y.^2)
```

movie 동영상을 재생. getframe 항목을 참조.

movieview movie와 유사하지만 재생 버튼을 갖는다.

patch 채워진 다각형이나 색이 입혀진 표면 구역을 생성. fill을 참조.

```
t = (0:1:5)*2*pi/5; patch(cos(t), sin(t), 'r'); axis equal
```

pie 벡터 데이터의 파이 그래프를 작성.

```
Z = [34 5 32 6]; pie(Z)
```

plot 데이터 벡터의 그래프를 작성.

```
X = [0:0.1:2];
plot(X, X.^3)
```

plot3 3차원 공간에서 곡선들을 도시.

```
t = [0:0.1:30];
plot3(t, t.*cos(t), t.*sin(t))
```

polar 극좌표 그래프 명령어.

```
theta = (0:0.01:2)*pi;  rho = theta; polar(theta, rho)
```

print 현 그림창의 내용을 프린터나 파일로 보낸다.

```
print
print -deps picture.eps
```

quiver 평면상에 (수치적) 벡터필드를 도시한다.

```
[x, y] = meshgrid(-4:0.5:4, -4:0.5:4);
quiver(x, y, x.*(y - 2), y.*x); axis tight
```

semilogy 수직 축이 로그 척도인 반 로그 그래프를 생성.

```
x = 0:0.1:12; semilogy(x, exp(x))
```

set 그림의 속성들을 설정.

```
set(gcf, 'Color', [0, 0.8, 0.8])
```

subplot 그림창을 보다 작은 그래프들의 격자로 나눈다.

```
subplot(2, 2, 1), ezplot('x^2')
subplot(2, 2, 2), ezplot('x^3')
subplot(2, 2, 3), ezplot('x^4')
subplot(2, 2, 4), ezplot('x^5')
```

surf 곡면을 도시.

```
[X, Y] = meshgrid(-2:0.1:2, -2:0.1:2);
surf(X, Y, sin(pi*X).*cos(pi*Y))
```

text 그림의 지정된 좌표에 텍스트를 위치시켜 수석을 단다.

```
text(x, y, 'string')
```

title 현재의 그림창에 타이틀을 부여.

```
title 'Nice picture'
```

xlabel 수평 좌표축에 라벨을 부여.

```
xlabel('Year')
```

ylabel 수직 좌표축에 라벨을 부여.

```
ylabel('Population')
```

view 3D 그래프를 볼 수 있는 위치를 지정.

```
ezsurf('(x^2 + y^2)*exp(-(x^2 + y^2))'); view([0 0 1])
syms x y; ezmesh(x*y); view([1 0 0])
```

zoom 지정된 정도만큼 그림의 척도를 재조정. zoom 자체는 마우스에 의한 확대/축소 기능을 활성화 시켜준다.

```
zoom
zoom(4)
```

MATLAB® 프로그래밍

any 배열의 임의의 원소가 0이 아니면 참.

```
if any(imag(x) ~= 0); error('Inputs must be real.'); end
```

all 배열의 모든 원소들이 0이 아니면 참.

break for나 while 루프 밖으로 빠져나감.

case switch 문 다음에 경우들을 제한하는 데에 사용.

computer MATLAB이 수행되고 있는 컴퓨터 형태를 출력.

dbclear 파일의 분기점을 해제.

```
dbclear all
```

dbcont 분기점에서 멈춘 후 M-파일로 되돌아감.

dbstep 분기점에서 멈춘 후 M-파일을 한 줄씩 실행.

dbstop 파일에 분기점을 삽입.

```
dbstop in <파일이름> at <linenumber>
```

dbquit 분기점에서 정지한 후 M-파일을 종료.

dos 운영 시스템에서 명령어를 수행하고 결과를 변수에 저장. unix와 유사.

end if, for, while, 혹은 switch 문들을 종료.

else 조건문에서의 선택. if를 참조.

elseif 조건문에서의 중첩된 선택. if에 대한 온라인 도움말을 참조.

error 오류 메시지를 보여주고 M-파일 수행을 포기.

find 배열의 0이 아닌 원소들의 지수를 제시.

```
n = find(isspace(mystring));
if ~isempty(n)
    firstword = mystring(1:n(1)-1);
    restofstring = mystring(n(1)+1:end);
end
```

for 루프를 시작. end로 종료되어야 한다.

```
close; axes; hold on
t = -1:0.05:1;
for k = 0:10
    plot(t, t.^k)
end
```

function M-파일을 함수 M-파일로 만들기 위해 첫 번째 줄에서 사용.

```
function y = myfunction(x)
```

if MATLAB 문들의 조건적 수행을 허용. end로 종료되어야 한다.

```
if (x >= 0)
   sqrt(x)
else
   error('Invalid input.')
end
```

input 사용자 입력을 위한 프롬프트.

```
answer = input('Please enter [x, y] coordinates: ')
```

isa 어떤 객체가 주어진 클래스(double, sym 등)인지를 조사.

```
isa(x, 'sym')
```

ischar 배열이 문자열이면 참.

isempty 배열이 비어있으면 참.

isequal en 배열이 같은지를 조사. ==와 달리 두 배열의 크기가 서로 다르더라도 오류 메시지를 내보내지 않는다.

```
isequal([1 2], [1 2 3])
```

isfinite 배열의 원소들이 유한인지를 조사.

```
isfinite([1 0 1]./[1 0 0])
```

ishold hold on이 유효하면 참.

isinf 배열의 원소들이 무한한지를 조사.

```
isinf([1 0 1]./[1 0 0])
```

isletter 문자열의 원소들이 알파벳 글자인지를 조사.

```
str = 'remove my spaces'; str(isletter(str))
```

isnan 배열의 원소들이 "숫자가 아닌지"를 조사(이는 0/0과 같은 부정형으로부터 야기된다).

```
isnan([-1 0 1]/0)
```

isnumeric 객체가 수치 클래스이면 참.

ispc MATLAB이 윈도우즈 컴퓨터상에서 실행되고 있으면 참.

isreal 배열이 실수들로만 구성되어 있으면 참.

isspace 문자열의 원소들이 빈 칸, 혹은 탭 등인지를 조사.

isunix MATLAB이 유닉스 컴퓨터상에서 실행되고 있으면 참.

keyboard M-파일로부터 키보드로 제어를 이동. M-파일의 디버깅에 유용.

mex MEX 프로그램을 컴파일.

mlint 공통적인 구문 오류에 대하여 M-파일을 조사.

```
mlint mymfile
```

nargin 함수 M-파일로 전달된 입력인수들의 갯수를 반환.

```
if (nargin <2); error('Wrong number of arguments'); end
```

nargout 함수 M-파일로부터 요구되는 출력인수들의 개수를 반환.

otherwise switch 문 다음에 선택적인 경우들을 해제하는 데에 사용.

pause 사용자가 키를 누를 때까지 M-파일의 실행을 억제.

return M-파일의 수행을 조기에 종료하거나 keyboard 명령어 다음에 M-파일로 귀환.

```
if abs(err) < tol; return; end
```

switch if에 대한 대안으로서 두 가지 경우 이상으로의 분기를 가능케 하여준다. end로 종료되어야 한다.

```
switch num
case 1
   disp('Yes.')
case 0
   disp('No.')
otherwise
   disp('Maybe.')
end
```

unix 명령어를 운영 시스템에서 실행하고 결과를 하나의 변수에 저장한다. dos와 유사.

varargin 함수 M-파일에서 입력의 수가 변하는 경우를 처리하는 데에 사용된다.

varargout 함수 M-파일에서 출력의 수가 변하는 경우를 처리하는 데에 사용된다.

warning 경고 메시지를 보여준다.

```
warning('Taking the square root of negative number.')
```

while 조건이 맞게 되지 않을 때까지 명령어들의 블록을 반복수행. end로 끝나야 한다.

```
mysum = 0;
x = 1;
while x > eps
   mysum = mysum + x;
   x = x/2;
end
mysum
```

Simulink 명령어

find_system 원하는 Simulink 시스템의 이름을 찾는다.

```
find_system(gcs, 'Type', 'block')
```

gcs "현재의 시스템을 취한다". 현재의 Simulink 모델의 이름을 반환한다.

get_param Simulink 블록이나 Simulink 시스템의 파라미터들을 취한다.

open_system Simulink 모델을 연다.

set_param Simulink 블록이나 Simulink 시스템의 파라미터들을 설정한다.

sim Simulink 모델을 실행한다.

```
sim('model', [0, 20])
```

simlp 선형 계획법 문제를 푼다.

```
simlp([-1 -1], [1 4; 2 3; 4 1], [3; 2; 3])
```

simplot Simulink Scope 창의 스타일로 그래프를 그린다. 대부분의 경우 plot과 유사하다.

simulink Simulink 라이브러리를 연다.

Simulink 블록

Algebraic Constraint(Math Operations Library) fzero와 같은 방정식 풀이기.

Clock(Sources Library) 모사 시간을 출력.

Constant(Sources Library) 지정된 상수를 출력.

Demux(Signal Routing Library) 벡터 신호를 성분들로 분해.

From Workspace(Sources Library) MATLAB 작업공간으로부터 입력을 취한다.

Gain(Math Operations Library) 상수나 상수 행렬을 곱한다.

Integrator(Continuous Library) 지정된 초기조건을 이용하여 정적분을 계산.

Math Function(Math Operations Library) 지수, 로그 등을 계산.

Mux(Signal Routing Library) 스칼라 신호들을 하나의 벡터 신호로 조합.

Polynomial(Math Operations Library) 다항식 함수를 계산.

Product(Math Operations Library) 신호를 곱하거나 나눈다. 행렬 신호들을 전환시킬 수도 있다.

찾아보기

숫자 · 기호

A

B

C

역자약력 • 여 영 구

1972년: 서울대학교 화학공학과(공학사)
1982년: 서울대학교 화학공학과(공학석사)
1986년: AUBURN대학교 화학공학과(공학박사)
1993년: KIST 책임연구원
현 재: 한양대학교 화학공학과 교수
주요저서: 공정제어공학(한양대학출판부)
석유화학공학(CRI화학경제연구원)
한국화학공학의과제(금빛출판사)
화학공학열역학(아진출판사)
MATLAB® 공정제어(아진출판사)
Moler의 MATLAB® 수치해석학(아진출판사)
필터링 MATLAB® 이미지 처리(아진출판사)
MATLAB® 금융분석(아진출판사)

기초부터 응용까지

MATLAB® 프로그래밍 응용

A-JIN

지은이와 협의 인지 생략

인 쇄 : 2007년 10월 5일
발 행 : 2007년 10월 10일
역 자 : 여영구
발 행 처 : 도서출판 아진
135-010
서울시 강남구 논현동 148-9
한미빌딩 201호
TEL:02-737-0663 FAX:02-737-0664
Homepage:ajin.to
E-mail:kgb@ajin.to
발 행 인 : 김 근 배
등록번호 : 제300-1995-56호
ISBN : 978-89-5761-223-1 93560

가격 20,000원